LES

ŒUVRES

COMPLETES

DE

VOLTAIRE

16

VOLTAIRE FOUNDATION

OXFORD

2003

ISBN 0 7294 0794 2

Voltaire Foundation Ltd
99 Banbury Road
Oxford OX2 6JX

PRINTED IN ENGLAND

AT THE ALDEN PRESS

OXFORD

Writings of 1736

CONTENTS

ILLUSTRATIONS

ABBREVIATIONS AND ACRONYMS

Barbier   *Chronique de la régence et du règne de Louis XV*, [1857]-1866

Bengesco   *Voltaire: bibliographie de ses œuvres*, 1882-1890

Bh   Bibliothèque historique de la ville de Paris

BnC   BnF, *Catalogue général des livres imprimés*, Auteurs, ccxiv [Voltaire]

BnF   Bibliothèque nationale de France

Br   Bibliothèque royale, Brussels

Brenner   *A bibliographical list of plays in the French language*, 1947

BV   *Bibliothèque de Voltaire: catalogue des livres*, 1961

D   Voltaire, *Correspondence and related documents*, OC 85-135, 1968-1977

IMV   Institut et Musée Voltaire, Geneva

Kehl   *Œuvres complètes de Voltaire*, 1784-1789

M   *Œuvres complètes de Voltaire*, ed. Louis Moland, 1877-1885

OC   *Œuvres complètes de Voltaire / Complete works of Voltaire*, 1968- [the present edition]

OH   Voltaire, *Œuvres historiques*, éd. R. Pomeau (Paris 1957)

Registres   H. C. Lancaster, *The Comédie française*, *1701-1774*, 1951

Rhl   *Revue d'histoire littéraire de la France*

SVEC   *Studies on Voltaire and the eighteenth century*

Trapnell   William H. Trapnell, 'Survey and analysis of Voltaire's collective editions', *SVEC* 77 (1970), p.103-99

KEY TO THE CRITICAL APPARATUS

The critical apparatus, printed at the foot of the page, gives variant readings from the manuscripts and editions discussed in the introductions to the texts.

Each variant consists of some or all of the following elements:

— The number of the text line or lines to which the variant relates.

— The sigla of the sources of the variant as given in the bibliography. Simple numbers, or numbers followed by letters, generally stand for separate editions of the work in question; letters followed by numbers are normally collections of one sort or another, w being reserved for collected editions of Voltaire's works and T for collected editions of his theatre.

— A colon, indicating the start of the variant; any editorial remarks after the colon are enclosed within square brackets.

— The text of the variant itself, preceded and followed by one or more words from the base text, to indicate its position.

The following signs and typographic conventions are employed:

— Angle brackets < > encompass deleted matter.

— Beta β stands for the base text.

— The forward arrow → means 'replaced by'.

— A superior V precedes text in Voltaire's hand.

— Up ↑ and down ↓ arrows precede text added above or below the line. + terminates such an addition.

— A pair of slashes // indicates the end of a paragraph or other section of text.

ACKNOWLEDGEMENTS

The *Œuvres complètes de Voltaire* rely on the competence and patience of the personnel of many research libraries around the world. We wish to thank them for their generous assistance, in particular the personnel of the Bibliothèque nationale de France and the Bibliothèque de l'Arsenal, Paris; the Institut et musée Voltaire, Geneva; the Taylor Institution Library, Oxford; and the National Library of Russia, St Petersburg.

PREFACE

Alzire was first performed at the Comédie-française on 27 January 1736: 'Nous avons joué notre tragédie, mon charmant ami,' wrote Voltaire modestly to Thiriot, 'et nous n'avons point été sifflés' (D996). In fact, the play went on to have an extremely successful run, including two performances at court, and Voltaire found himself praised on all sides. An epistle addressed to him appeared in the *Mercure* in February 1736 (p.245):

> Rare génie, ornement de la France,
> Sublime Auteur, dont la vaste science
> Embrasse tout, passe l'effort humain [...].

Prévost's report of *Alzire* in *Le Pour et contre* (viii.37-45, 97-107) included a lavish, if nuanced, eulogy of its author, and even Desfontaines added his voice to the general praise (see D996, n.1). De Verrières published a sixteen-page *Epître à M. de Voltaire* (the addressee remarked dryly that the young poet would do well to concentrate on improving his own poetic style, D1037), while Paul Desforges-Maillard sent his long verse epistle in praise of the *philosophe* to Voltaire privately (D1053), publishing it only much later. Voltaire had rarely known a period of such adulation. No wonder that he had to ask the abbé Moussinot in Paris to oversee the production of several copies of his portrait in pastel by Quentin de La Tour (D1058).

  W. H. Barber, to whom we are indebted for the most incisive overview of Voltaire's activities at Cirey, has shown not just Voltaire's extraordinary appetite for work but also the quite remarkable range of projects upon which he was engaged during the years spent with Mme Du Châtelet.[1] The texts brought

[1] 'Voltaire at Cirey: art and thought', in *Studies in eighteenth-century French literature presented to Robert Niklaus* (Exeter 1975), p.1-13.

together in this volume, ranging from a comedy, *L'Enfant prodigue*, and a major philosophical poem, *Le Mondain*, to occasional poetry and satire, reaffirm this breadth of activity. Voltaire evidently relished such diversity: in April 1736 he wrote to Formont: 'Je fais partir par la même poste, mon cher et aimable philosophe, deux choses bien différentes: des rêveries métaphysiques ci-jointes, et des rêveries poétiques intitulées les Américains, tragédie' (D1061). Yet even these works, wide-ranging as they are, do not exhaust the full spectrum of Voltaire's activities at Cirey during the year 1736, for many other works were begun or planned, while earlier works continued to require correction, as Voltaire explained to Thiriot (D1035): 'Bauche va réimprimer *Zaïre*. Je la corrige. Praut réimprimera *La Henriade*. Je la corrige aussi. Je corrige tout hors moi. Savez-vous bien que je retouche *Adélaïde*, et que ce sera une de mes moins mauvaises filles?' The theme returns in his next letter to Thiriot: 'C'est ce qui fait que je me corrige tous les jours moi, et mes ouvrages' (D1037). Most importantly, Voltaire planned a new edition of *La Henriade* (D1035, D1155, D1174), and even dreamed that Oudry might design a set of tapestries at Beauvais based on scenes from the epic poem: 'Il ne tiendrait qu'au pinceau d'Oudry d'immortaliser *La Henriade*' (D1058; cf. D1196, D1201, D1213).

On the philosophical front, the delicate treatment of Locke in the *Lettres philosophiques* is still in Voltaire's mind, as we see in his discussion with Formont of the question of thinking matter (D988). His thoughts are also turned to history at this time, for he begins to work on *Le Siècle de Louis XIV* (D978). In the field of science, he is studying Newton, and in 1736 makes his first specific allusion to the *Eléments de la philosophie de Newton* (D1113); meanwhile he is also discussing problems of physics with Henri Pitot (D1137), and questions of optics with Mairan (D1215). Voltaire's interest in science is underscored when he writes to the abbé Moussinot, asking, in the strictest confidence, the subject of this year's prize proposed by the Académie des sciences (D1138). Nor is poetry neglected, and in correspondence with Louis Racine, Voltaire remains preoccupied with arguments about the utility of rhyme (D1074, D1106). In addition to the major achievement of *Le Mondain*, there is much minor verse, and even the poems aimed at Jean-Baptiste Rousseau produced, alongside much that was ephemeral, one of Voltaire's most arresting satires in *La Crépinade*. Private verse remains as important as public verse: in 1736, Voltaire sends his first verse epistle to Frederick; he writes a poem for Algarotti, 'une chose que je n'avais faite de ma vie, un sonnet' (D1037); and he sends an ode (presumably 'Sur l'ingratitude') to d'Argental. Voltaire's correspondence in this period provides the usual testimony to the vitality of his still growing network of friends and acquaintances: this is the year of his first recorded letters to Baculard d'Arnaud (D994) and to Françoise de Graffigny (D1123), and above all, this year marks the beginning of his epistolary exchange with Frederick of Prussia (D1126, D1139), the start of a remarkable correspondence memorably described and analysed by Christiane Mervaud as 'une dramaturgie des Lumières'.

Voltaire's relationship with Mme Du Châtelet continues to exercise a dominant influence on his intellectual and literary activities, and his dependence on her judgement is evident in his report to Thiriot that they have read together the libretto of *Samson*: 'Je viens de le lire avec madame du Châtelet, et nous sommes convenus l'un et l'autre que'; 'nous trouvons que'; 'nous ne voyons rien de plus intéressant que' (D1003). The theatre at Cirey evidently occupied much of their time, and in January 1736, we have the first mention in the correspondence of their theatrical activities, when Mme Du Châtelet writes to a friend: 'Nous allons jouer dans notre petite république de Cirey une comédie que [Voltaire] a faite pour nous et qui ne le sera que par nous' (D978). Soon after, in a letter to Thiriot, Voltaire describes the range of his activities in a single day (D995): 'J'ai passé toute la journée mon cher ami, à éplucher de la métaphysique, à corriger les Américains, à répéter une très mauvaise comédie de ma façon que nous jouons à Cirey. (N. b. qu'Emilie est encor une actrice admirable.)'

All in all, then, it is hard to accept at face value the lament to Thiriot (repeated to other correspondents, D1209, D1220) that only reasons of friendship keep him on French soil (D990):

Mon cher ami, je suis dans l'amertume. Il est affreux pour moi de vivre en France mais l'amitié me retient, et me rend tout supportable. Divertissez-vous bien, celui qui ne cherche que son plaisir doit vivre à Paris, celui qui veut écrire librement et vivre pour la posterité doit aller à Londres ou à la Haye.

It would be wrong, on the other hand, to suggest that life at Cirey in 1736 was untroubled and altogether studious. The habitual literary antagonisms rumbled on, and there were tensions with Desfontaines (D1140, D1192), with Marivaux (D1030, D1038), and, most notably in this year, with Jean-Baptiste Rousseau, who sent a letter to the *Bibliothèque française* detailing his quarrel with Voltaire (D1096), to which Voltaire published a reply (D1150). On the publishing front, Voltaire was fully occupied not merely with new works, as when he gave final instructions for the printing of *Alzire* (D1040), but also with continuing worries concerning earlier works such as the *Lettres philosophiques* (D1067, D1069), and with his increasingly complex dealings with publishers: he won a case against Bauche (D1085), and had to face up to Jore's attempts to blackmail him (D1045, D1072, D1080); when, after many twists and turns, the Rouen publisher withdrew his action, Voltaire was much chagrined to be condemned to pay Jore 500 *livres* (D1107) in compensation.

The haven of Cirey proved illusory, therefore. In any case, Voltaire was unable to spend the entire year there: he left for Paris in late April, remaining absent from Cirey for over two months (D1112), in order to deal with the law-suits against the publishers Bauche and Jore – and also with a third law-suit against a tailor who was suing him for unpaid bills (D1114). Then, in November, he became increasingly disturbed by the hostile reception given in the capital to *Le Mondain*, and by the end of the month he was announcing to Thiriot his departure for Berlin: 'Ces persécutions d'un côté, et de l'autre une nouvelle invitation du prince de Prusse et du duc de Holstein, me forcent enfin à partir. Je serai bientôt à Berlin' (D1210). He left Cirey in early December (D1224), travelling to Brussels, and at the end of the month he gave Thiriot an address in Antwerp (D1234). The word 'persécution' recurs in the letters of these weeks (D1220, D1222), and the year which had begun with such lavish praise for *Alzire* ended in something close to ignominy, as Voltaire fled to the Low Countries. Mme Du Châtelet complained that 'depuis un an, il avait donné une comédie et une tragédie, et des menaces ne devaient pas être la récompense d'un homme qui faisait tant d'honneur à son pays' (D1230). To his friend Cideville, Voltaire wrote in early December that 'il s'est élevé contre moi une cabale qui a juré ma perte' (D1220); and, more trenchantly, to the comte de Tressan: 'Cet acharnement à troubler le repos de ma vie, sur des prétextes aussi misérables, ne peut venir que d'un dessein formé de m'accabler et de me chasser de ma patrie' (D1222). The reputation of the *philosophe* was undimmed, perhaps even enhanced, by the unwelcome publicity surrounding *Le Mondain*, but by the end of 1736 the idyllic haven of Cirey no longer seemed quite so secure as it had done at the beginning of the year.

NEC

L'Enfant prodigue, comédie

Critical edition

by

John Dunkley and Russell Goulbourne

CONTENTS

INTRODUCTION

Voltaire's career as a comic dramatist began in 1725 with *L'Indiscret* and *La Fête de Bélébat*. It was interrupted by his move to England in 1726. Although he returned to France in 1728, it was not until 1734, when he established himself at Cirey, that he resumed the comic genre. The Cirey period (1734-1749) saw the composition and performance of eight comedies. The first was *Le Comte de Boursoufle*, which Voltaire began in 1734, although it was probably first performed at Cirey in January 1736. The second Cirey comedy, *L'Enfant prodigue*, was Voltaire's first since *L'Indiscret* to be performed on the public stage in Paris. It is a play about fraternal rivalry and competition for a woman. Euphémon fils, the prodigal son of the title, goes off the rails, leaving behind his conceited brother, Fierenfat, who, with the approval of Rondon, Lise's father, forces his attentions on Lise, the sometime fiancée of Euphémon fils, who returns in time to foil his brother's plans. The play seems conventional: numerous eighteenth-century comedies revolve around transgression and repentance. But *L'Enfant prodigue* is in many ways more unusual, more experimental, than is commonly thought.

1. *Composition*

Voltaire wrote *L'Enfant prodigue* probably between the end of February and the middle of March 1736. Between then and the following October, when the play was first performed at the Comédie-Française, he seems to have made a number of revisions to the play on the advice of d'Argental and Mlle Quinault, who was to perform the role of the baronne de Croupillac. On 16 March, having sent the manuscript to d'Argental, he tells Mlle Quinault of 'le peu de temps' that he has taken to write the play (D1036), and on about 21 March he promises her a copy and asks her to be lenient about 'les petites plaisanteries que vous y trouverez. Que la supériorité de votre goût s'accommode un peu à la gaieté du parterre. Il veut du plaisant plutôt que du fin' (D1043).[1] But she seems not to have been lenient, as Voltaire's letter of 30 March suggests: he claims self-consciously that 'ce comique n'est point du tout de mon goût', and he resolves to write only for 'des gens de goût' (D1050). Voltaire showed considerable concern for the reactions of connoisseurs. On 10 October 1736, the day of the première of the play, he wrote to Berger to ask him to let him know the judgements of people of taste, a request couched in terms which suggest the aesthetic objective he had set himself: 'Mandez-moi ce que vous en pensez et recueillez les jugements des connaisseurs, c'est à dire des gens d'esprit, qui ne viennent à la comédie que pour avoir du plaisir: *hoc est enim omnis homo*,[2] et le plaisir est le but universel. Qui l'attrape a fait son salut' (D1165).

Nonetheless, it is clear that, like other contemporary dramatists, Voltaire is in fact trying to reconcile the tastes of an educated and cultivated intelligentsia, the group to which writers for the Comédie-Française naturally belonged and whose approval they sought, with the demands of the boisterous and unpredictable *parterre* for something which would make it laugh. Already in August 1725 Voltaire had shown his awareness of this dilemma in a letter to Mme de Bernières: 'Le peuple n'est pas content quand on ne fait rire que l'esprit. Il faut le faire rire tout haut' (D246). In a letter to Thiriot on about 30 September 1736, while *L'Enfant prodigue* was in rehearsal, his first thoughts are with the 'jugements de nos seigneurs du parterre' (D1158). And such is the unpredictability of audiences that, in a letter to Mlle Quinault of 19 October 1736, Voltaire alludes to criticisms which must have been voiced even while the play was enjoying its first success: 'Le public est donc bien raffiné! Il trouve mauvais qu'il y ait du plaisant dans

---

[1] For consistency with our treatment of other quotations we have modernised quotations from Voltaire's correspondence.

[2] Ecclesiastes, xii.13: 'Now all has been heard; here is the conclusion of the matter: fear God and keep his commandments, for this is the whole duty of man.'

l'enfant prod. et s'il n'y en avait point eu, il aurait dit, c'est une tragédie' (D1177).

Voltaire has difficulty in responding to Mlle Quinault's other far-reaching suggestions about the length of the play: 'Il me sera assez difficile de réduire la chose en trois actes, mais je vais essayer de vous obéir, et ordonner au cothurne de se ranger pour faire place au brodequin que vous prenez sous votre protection' (D1050). Mlle Quinault also seems to have objected to the play's unusual combination of the comic and the sentimental. But in a letter to her on 26 November 1736 Voltaire insisted on the validity of his experimentation: 'Ce mélange de plaisanterie et d'attendrissement me paraît la vraie peinture de la vie civile' (D1209).

On 4 April 1736, sending d'Argental a revised manuscript, Voltaire explains that he has been unable to reduce the play to three acts (D1052). This letter is particularly important since it shows the dramatist at work on a particular text in such a way as to reveal his craft along with the theory that underpins it:

Je vous avais mandé, par ma dernière, que je souscrivais à toutes vos critiques; vous saurez, par celle-ci, que je les ai regardées comme des ordres, et que je les ai exécutées. Il est vrai que je n'ai pu remettre les cinq actes en trois; l'intérêt serait étranglé et perdu; il faut que des reconnaissances soient filées pour toucher; mais j'ai retranché la Croupille, mais j'ai refondu la Croupillac, mais j'ai retouché le cinquième acte, mais j'ai refait des scènes et des vers partout. Il y a une seule chose dans laquelle je n'ai obéi qu'à demi aux aimables frères [d'Argental, Pont-de-Veyle], c'est dans le caractère d'Euphémon, que je n'ai pu rendre implacable pendant la pièce, pour lui faire changer d'avis à la fin. Premièrement, ce serait imiter Inès; en second lieu, ce n'est pas d'une conversation longue, ménagée et contradictoire entre le père et le fils, que dépend l'intérêt au cinquième acte. Cet intérêt est fondé sur la manière adroite et pathétique dont l'aimable Lise tourne l'esprit du père Euphémon; et, dès qu'Euphémon fils paraît, la réconciliation n'est qu'un instant. En troisième lieu, si vous me condamniez à une longue scène entre le père et le fils, si vous vouliez que le fils attendrît son père par degrés, ce ne serait qu'une répétition de la scène qu'il a eue déjà avec sa maîtresse. Peut-être même y a-t-il de l'art à avoir fait rouler tout le grand intérêt de ce cinquième acte sur Lise.

The space of five acts is needed, therefore, for the full development of character and plot and Voltaire cannot do with less, although he is prepared to pare down the grotesque element by the elimination of one character.[3] Voltaire retains the full range of comic and serious elements, a fact which had interesting consequences for the generic description of the play, as he suggested in his letter to Mlle Quinault of 16 March 1736: 'Le nom de comédie ne lui convient peut-être pas, à cause de l'extrême intérêt qui règne dans la pièce. Appelons-la si vous voulez, *pièce de théâtre*. Ce nom répond à tout' (D1036).

On 24 August 1736 Voltaire agrees to Mlle Quinault's request that he insert some new lines at the end of the play after Euphémon père's optimistic curtain line about the virtues of youth. He proposes making the baronne de Croupillac address some characteristically self-obsessed words to the recalcitrant Fierenfat:

> C'est fort bien dit, à la fin je raurai
> Mon président, je vous le rangerai
> Je vous; ...Allons qu'on nous conjoigne ensemble,
> Viens ça pédant, qu'on m'épouse et qu'on tremble.

He defers to Mlle Quinault's judgement: 'Jugez-en, vous vous connaissez assurément en bonne plaisanterie. Je ne m'y connais guère, et je ne me crois pas du tout plaisant' (D1133). Voltaire is clearly here envisaging a comic twist at the end of the play to undermine the apparent seriousness of Euphémon père's words, but the lines do not appear in any manuscripts or editions.

Voltaire's constant concern during the composition of his play

---

[3] A one-act manuscript version of the play, not in Voltaire's hand and dating probably from the 1750s, is held in the Comédie-Française archives (ms. 133; see below 'Manuscripts'). It achieves the reduction rejected by Voltaire by the removal of all the amusing characters (Croupillac, Rondon, Fierenfat), thus adopting the normal length of a farce while transforming the comedy into something approaching a *drame*.

and the preparations for the first performance is to maintain anonymity. On 3 April he writes to Mlle Quinault in despair because La Marre, one of his protégés, has found out that he is the author of *L'Enfant prodigue*, and he pleads with her to keep his authorship secret and to attribute the play to Gresset (D1051), a plea which he repeats in late August (D1133). Similarly, he asks Thiriot to ensure secrecy on two occasions in September (D1146, D1152) and twice again in October (D1168, D1179); he also enlists the support of Berger on 18 October: 'Mentir pour son ami est le premier devoir de l'amitié' (D1173).

Why did Voltaire choose Gresset to be the surrogate author? Jean-Baptiste-Louis Gresset (1709-1777) was known at the time not as a dramatist but as a poet, a writer of light or satirical verse, such as his mock-epic about a parrot, *Ver-Vert* (1733) which, like *L'Enfant prodigue*, is in decasyllables, and his poem *La Chartreuse* (1735), written while he lived in an attic at the Collège Louis-le-Grand. It was partly on account of this latter work that Gresset fell out of favour with the Jesuits. He had begun his noviciate in 1725 at the age of 16 and had taught for a time in various colleges, but he severed his links with the Jesuits, without taking his vows, in 1735. These facts help to explain Voltaire's strategy in trying to have *L'Enfant prodigue* attributed to him. 'Il me semble que le titre est tout jésuitique. De plus ce Gresset est un enfant prodigue revenu au monde qu'il avait abandonné' (D1167; to Mlle Quinault, 13 October 1736).[4] Voltaire's attempted attribution wittily implies a criticism of the Jesuits.

Voltaire's obsession with concealing his authorship not only involved the preparation for performance but was even carried into the arrangements which Berger undertook with Prault for the publication of the play (D1165, D1173, D1181). This was not simply because Voltaire was reluctant to be recognised as the

---

[4] Voltaire had already commented on this episode in a letter to Cideville on 19 January 1736: 'Je suis fort aise qu'il [Gresset] les ait quittés [les révérends pères]. Un poète de plus, et un jésuite de moins, c'est un grand bien dans le monde' (D992).

author if the play failed. [5] The point is rather that his reputation in Paris in 1736 was low, and he was far away. The fate of new plays depended heavily on the cabals organised in the literary cafés, especially the Procope. If distance prevented Voltaire's organising a 'claque', vicious rumours about the author could well be sufficient to get the play hissed, as Voltaire recognised (D1036, D1178). And such rumours abounded, thanks partly to the notoriously spiteful J.-B. Rousseau. [6] Voltaire defends himself against Rousseau's accusations in a letter of 20 September 1736, addressed to the *Bibliothèque française* (D1150). Rousseau was discovering his spiritual proclivities and seeking rehabilitation. At the same time he was spreading rumours via La Varenne's *Observateur* and *Glaneur* to the effect that Voltaire was impious and, condemned to life imprisonment in Paris, had fled to Prussia. This rumour having failed, Rousseau alleged that Voltaire was in Leiden, propagating atheism. Voltaire was, as he told d'Argental on 27 January 1737, only too aware of the damage which such repeated calumnies could do him: '[Ces calomnies] peuvent beaucoup me nuire à Paris. Elles m'y ont déjà fait des blessures,

[5] Many plays did flop, and their authors rarely died of a broken heart, although Voisenon suggests, entertainingly, that Françoise de Graffigny provides an example: 'Elle crut faire présent d'un trésor aux comédiens en leur donnant *la Fille d'Aristide*. Elle me la lut; je la trouvai mauvaise. Elle me trouva méchant. Elle fut jouée: le public mourut d'ennui, et l'auteur de chagrin' (*Anecdotes littéraires*, Paris 1880, p.81).

[6] Exiled in 1712 after the 'Affaire des couplets', Rousseau had wandered the Continent, where he gained a reputation for speaking ill of people, even those who had befriended him. Piron's apprehensions, voiced in a letter to Mlle de Bar after meeting Rousseau in Brussels, are typical: 'Rousseau est devenu mon vieillard de la mer [...]. Son assiduité me sert à me le développer, et je vous avoue qu'il n'est pas trop bon. C'est un consommé de Panurge et de la Rancune. Il ne dit bien de personne, et je ne l'échapperai pas plus qu'un autre, quelque attention que j'aie à lui complaire, et quelque goût qu'il paraisse prendre à moi. Tout autre qui le connaîtrait moins se flatterait qu'il aurait quelque pudeur et qu'il n'oserait médire de quelqu'un qu'il loue à toute outrance; mais je vois que ces sortes de contradictions ne l'embarrassent point du tout. Il pousse même les choses à une grande imprudence pour un homme d'esprit; et quand on le connaît, on ne peut plus s'étonner de ses malheurs' (Piron, *Œuvres inédites*, ed. H. Bonhomme, Paris 1859, p.10-11).

elles rouvriront les cicatrices. Je sais par expérience, combien le mal réussit dans une belle et grande ville comme Paris, où l'on n'a guère d'autre occupation que de médire. Je sais [...] que la calomnie va à tire-d'aile jusqu'aux ministres. [...] Si l'abbé de s^t Pierre a quelque projet pour arrêter la médisance, je le ferai volontiers imprimer à mes dépens' (D1270).

There was more. Formont wrote to Cideville only a week later that he had 'trouvé ici un déchaînement affreux de mauvais contes sur V'. The Leiden story was raised in more detail, and another, at least equally damaging, relayed as being about to break in Paris. It was alleged that the attractive young daughter of Mme Du Châtelet's *concierge* had so captivated her mistress that she was allowed to witness all that passed between her and Voltaire: 'Ce m^r de V. trouva la petite fille jolie et fit son marché avec elle et de plus un petit enfant'. The affair had supposedly been taken in hand by the authorities. 'Tout ceci est peu vraisemblable mais on fera semblant de le croire', notes Formont (D1278). This is exactly the point. However visibly specious such scabrous allegations were, Voltaire's reputation would sink under their weight, and whatever the quality of his work, it would be denigrated. Small wonder, then, that Voltaire should be so anxious lest La Marre might have seen pieces of manuscript (D1167), or worse, that Desfontaines suspected the truth about the play's authorship (D1208). Only if his play could achieve an incontrovertible success before its authorship was known, could he expect it to achieve any success at all.

2. *Antecedents*

On 16 March 1736 Voltaire reminds Mlle Quinault that 'c'est vous qui m'avez donné ce sujet très chrétien' (D1036). Since Grimm, critics have developed this allusion into an account of how Mlle Quinault gave Voltaire the idea for a play based on the return of the prodigal son. According to this view, Mlle Quinault saw the story of the prodigal son performed by puppets at the Foire Saint-

Germain in 1735 and suggested the topic to Destouches, but Voltaire overheard their conversation and took up the idea himself.[7] La Porte and Clément offer a variation on this story:

Nous avons souvent ouï raconter à M. Piron que s'amusant un jour à la Foire avec M. de Voltaire et plusieurs autres personnes à voir des Marionnettes représenter le trait d'Histoire de l'Enfant prodigue, et M. de Voltaire plaisantait là-dessus: 'Savez-vous, lui dit Piron, que je vois là de quoi faire une bonne comédie? C'est dans la crainte que je ne fisse ce que j'avançais, que M. de Voltaire prit les devants, et fit la pièce qu'il a donnée sous ce titre.[8]

The allusion is possibly to the anonymous three-act *divertissement*, *L'Enfant prodigue*, performed at the Foire Saint-Germain in 1714 and revived in 1735 (BnF, f.f. 25480). A letter from Françoise de Graffigny to Devaux in December 1738 indicates that Voltaire saw French marionettes perform such a play at Cirey that year (D1694). But it is still not clear whether or not Mlle Quinault and/or Voltaire saw a puppet play in or before 1736.

Other critics have looked to English literature for Voltaire's sources. Fenger suggests that Voltaire was influenced by Steele's *The Conscious lovers* (1722), a moralistic sentimental comedy based on Terence's *Andria*, but he offers no analysis of the supposed links.[9] In fact, the connections between the two plays appear to be minimal: Steele's play is about a son who wants to marry, not the respectable girl his father has offered him, but a destitute servant,

[7] For a more recent reformulation of this view see L. Willens, *Voltaire's comic theatre: composition, conflict and critics*, SVEC 136 (1975), p.69. J. Chesnais discusses puppet plays on religious themes performed in Paris in the eighteenth century, but he makes no mention of plays about the prodigal son (*Histoire générale des marionnettes*, Paris 1947, p.118-19).

[8] J. de La Porte and J.-M.-B. Clément, *Anecdotes dramatiques*, 3 vols (Paris 1775), ii.366.

[9] H. Fenger, 'Voltaire et le théâtre anglais', *Orbis litterarum* 7 (1949), p.161-287, at p.230. A. Gunny points out that *The Conscious lovers* was first translated into French in 1735 as *L'Amour confident de lui-même*; see A. Gunny, *Voltaire and English literature: a study of English literary influences on Voltaire*, SVEC 177 (1979), p.101-102.

who fortunately turns out to be the long-lost sister of the proposed bride, thus allowing the marriage to go ahead. Voltaire's play involves the return of a long-lost sibling and a wedding, but its plot, characters and tone are completely different.

Jacques Spica offers a better conjecture when he argues that Congreve's *Love for love* (1695) lies at the root of *L'Enfant prodigue*, since both plays involve the attempt to disinherit an elder son in favour of his younger brother.[10] But again there are important differences which Spica neglects. In Steele's consistently witty play the extravagant elder son still lives at home, while the sensible younger son has gone away to sea; the elder son loves, and is loved by, a wealthy girl on whom his younger brother makes no claim; the main tension in the play is between a hardhearted father and a wayward son: the two brothers have little to do with each other; and the father turns out to be a ridiculous character who is taken in by the attempt of his son's fiancée apparently to win his affections, a scheme which destroys the father's wish to disinherit his son. As with *The Conscious lovers*, the plot, characters and tone are all different, even if the vague outlines appear superficially similar.

Perhaps the most pertinent antecedent of *L'Enfant prodigue* is the New Testament, although critics have hitherto not considered the nature and scope of Voltaire's debt. The title of the play directs us to Christ's parable as related in Luke xv.11-32. In a letter to Mlle Quinault of 16 March 1736, Voltaire describes the subject of his play as 'très chrétien' and implies a link between it and *Zaïre*, seeing them both as Christian plays (D1036). Perhaps he is being ironic when he describes *Zaïre* as a Christian play.[11] Perhaps he is also suggesting that his comedy is not entirely orthodox either.

---

[10] J. Spica, 'Le Fils substitué ou les *Ménechmes* de Voltaire', in *Le Siècle de Voltaire. Hommage à René Pomeau*, ed. C. Mervaud and S. Menant, 2 vols (Oxford 1987), ii.867-80. On Voltaire's discussion of Congreve in the *Lettres philosophiques* see A. Gunny, *Voltaire and English literature*, p.99-101.

[11] See the discussion of this point by Eva Jacobs in her edition of *Zaïre* (*OC*, vol.8, p.314-22).

But this did not prevent him from inviting a pastor, Jacob Vernes, to a performance of the play at his house, Montriond, in Lausanne in 1757: he encouraged the 'ministère du s^t évangile' to come and see 'une pièce tirée de l'évangile même' (D7174). In his earlier letter to Mlle Quinault, however, Voltaire expressed reservations about the title: 'Le titre d'enfant prodigue lui ferait autant de tort que mon nom. Il faudra que vous soyez la marraine, comme vous êtes la mère de la pièce, et que vous lui trouviez un titre convenable' (D1036); the title stayed, however. Voltaire's self-consciousness on this account, as in many other aspects of the play's performance and subsequent notoriety, might suggest a certain anxiety about breaking new ground. D'Argenson saw that naming a comedy after a biblical parable was 'une nouveauté remarquable'. [12] Increasingly, then, there is the sense of something unorthodox, at least in terms of the play's subject-matter.

Voltaire's knowledge of the Bible was profound. [13] He began his biblical criticism at Cirey in the years immediately before *L'Enfant prodigue*, notably with his reading of the influential *Commentaire littéral sur tous les livres de l'Ancien et du Nouveau Testament* (1709-1730) by Augustin Calmet. [14] In 1733 Voltaire included in a letter to the duchesse de Saint-Pierre a poem in which he claimed that he spent his time reading 'très peu les nouveaux romans, / Et beaucoup la s^{te} écriture' (D676). The influence of the Bible on his thought and works even at this early stage is already evident, not least in his opera *Samson*, begun in

---

[12] D'Argenson, *Notices sur les œuvres de théâtre*, ed. H. Lagrave, *SVEC* 42-43 (1966), i.297.

[13] See Marie-Hélène Cotoni, *L'Exégèse du Nouveau Testament dans la philosophie française du XVIIIᵉ siècle*, *SVEC* 220 (1984), p.305-65, and 'Voltaire, Rousseau, Diderot', in *Le Siècle des Lumières et la Bible*, ed. Y. Belaval *et al.* (Paris 1986), p.779-803. See also François Bessire, *La Bible dans la correspondance de Voltaire*, *SVEC* 367 (1999).

[14] On Voltaire's reading of Dom Calmet see A. Ages, 'Voltaire, Calmet and the Old Testament', *SVEC* 41 (1966), p.87-187.

the winter of 1733 in collaboration with Rameau but banned in 1736. [15]

Voltaire's attitude to the parables in particular was ambivalent. On the one hand he treats them with disdain. In *Le Catéchisme de l'honnête homme*, a work which focuses mainly on how the Bible contradicts itself, the 'honnête homme' describes the Bible as consisting of 'un nombre prodigieux de fables qui semblent toutes plus absurdes que les *Métamorphoses* d'Ovide'; he expresses particular surprise at the Gospel parables, exclaiming: 'Est-ce ainsi que Dieu parle?' [16] But, on the other hand, Voltaire also sees in the parables the heart of Christ's message, one which has been interpreted in different ways by different people. In chapter 14 of the *Traité sur la tolérance*, he considers whether or not Christ taught intolerance. [17] He expresses reservations about certain parables, and he openly criticises those who have interpreted them in a literal way. He cites the banquet parables (Matthew xxii, Luke xiv) and suggests how they might be read as advocating religious intolerance: Voltaire singles out the phrase 'compel them to come in' (Luke xiv.23). [18] But he goes on to argue that Christ's message is in fact one of love and tolerance: he cites seven parables to support his case, the first being that of the prodigal son. For Voltaire, then, this parable in particular encapsulates Christ's message, all too often distorted by the established Church, of openness and tolerance. If the parable fits in with Voltaire's own

[15] See R. S. Ridgway, 'Voltaire's operas', *SVEC* 189 (1980), p.119-51, at p.130-36; J. Sgard, 'Le premier *Samson* de Voltaire', in *L'Opéra au XVIIIᵉ siècle* (Aix-en-Provence 1982), p.513-25; and B. Didier, 'Représentations du sacré dans le livret d'opéra: *Samson*', *SVEC* 358 (1997), p.237-46.

[16] M.xxiv.526, 530.

[17] *OC*, vol.56c, p.219-25.

[18] In 1686 Pierre Bayle had explored the implications of this verse in his *Commentaire philosophique*, exposing its apparent support for religious intolerance. On Voltaire's possible debt in the *Traité sur la tolérance* to Bayle's essay, see H. Mason, *Pierre Bayle and Voltaire* (Oxford 1963), p.133-38, and 'La tolérance chez Locke, Bayle et Voltaire: fausses influences?', in *Etudes sur le 'Traité sur la tolérance' de Voltaire*, ed. N. Cronk (Oxford 2000), p.7-11.

humanitarian ideals, then, this raises the question of how his play relates to the biblical original.

Voltaire's play is a retelling of the biblical parable in modern, secular garb. There are three phases to the parable: the rebellion and subsequent repentance of the younger of the two sons; the father's unconditional forgiveness; and the refusal of the elder son to celebrate his brother's return. And there are three main players in the story, all equally important. Attention usually focuses, however, on the portrait of the prodigal son and the forgiving father: the parable becomes a symbol for the relationship between God and sinful humanity, and the elder son's actions are neglected. But in its context, the last phase of the story carries the central message: Christ painted the satirical portrait of the elder brother as a rebuke to the scribes and Pharisees, who occasioned the parable by criticising him for associating himself with sinners (Luke xv.2): the parable is as much about the self-righteous as the repentant sinner. Calmet makes this precise point in his *Commentaire littéral*. [19]

It is significant, then, that Voltaire's play to some extent reflects, albeit in a distorted way, the three emphases of the biblical parable. First, the figure of the prodigal son. In the parable the younger son, tired of life at home, claims an allowance from his father and then wastes it in dissipated living. In Voltaire's play, however, it is the elder son who errs and thereby disqualifies himself from his share of the eventual inheritance. Voltaire, then, perhaps following the example of Congreve in *Love for love*, turns upside down the implicit biblical paradigm of the folly of youth versus the wisdom of maturity and introduces the question of inheritance and the *droit d'aînesse*. Second, the figure of the forgiving father. The father's irrepressible love for his rebellious son invokes appeals to nature and offers the spectacle of instinctive love and a family being reunited. Voltaire had already exploited the emotional

[19] Augustin Calmet, *Commentaire littéral sur tous les livres de l'Ancien et du Nouveau Testament*, 26 vols (Paris 1709-1730), xx.504.

potential of father-and-child alienation and reconciliation in *Zaïre*. Third, the figure of the jealous brother. Voltaire takes up and extends the element of satire in the figure of the brother who is left behind. He does this by introducing the conventional comic device of a girl being forced into a marriage, not only by her comic tyrannical father, but also by her former beloved's brother. This comic structure also becomes a vehicle for emotional appeal as the girl rebels against her tyrannical father's orders and remains devoted to the prodigal son. So part of the play's dramatic momentum derives from the dynamics of fraternal rivalry, a feature it shares with *Le Comte de Boursoufle* and *Adélaïde Du Guesclin*. Moreover, Voltaire, unlike the Bible, necessarily depicts the resolution of the family's conflicts, though exactly how he does this has implications for our understanding of the play's message compared to that of the Bible.

Voltaire's play also needs to be seen in the context of the tradition of literary representations of the parable. Since the Middle Ages the parable of the prodigal son has attracted writers, as well as artists and composers, because it provides a striking portrayal both of the eternal conflict between the generations (father/son, elder son/younger son) and the power of love to overcome all failings. Literary representations of the parable were particularly frequent in the sixteenth and early seventeenth centuries in England, Germany, the Netherlands, Spain, and France, although the first French version is a play dating from the thirteenth century, *Courtois d'Arras*.[20] Didactic plays were

[20] On literary adaptations of this parable in French see Alison M. Turner, who dismisses Voltaire's play as 'surely one of the most appallingly trite creations of a great mind' ('The motif of the prodigal son in French and German literature to 1910', doctoral dissertation, University of North Carolina at Chapel Hill, 1966, p.169); Timothy M. Scanlan, 'The return of the prodigal sons', *Studi di letteratura francese* 5 (1979), p.191-99, who compares the Bible, *Courtois d'Arras* and Gide's *L'Enfant prodigue*; and Jean-Claude Aubailly, 'Variations dramatiques sur la parabole du fils prodigue à la fin du moyen âge', in J.-C. Aubailly *et al.* (eds), *Et c'est la fin pour quoy sommes ensemble. Hommage à Jean Dufournet*, 2 vols (Paris 1993), i.109-24. There are also several useful studies of the theme in English

especially popular in the sixteenth century, particularly in England. In the seventeenth century, however, the theme does not enjoy the prominence accorded to it by Renaissance dramatists, and there is no treatment of it by any major French dramatist until Voltaire. Instead, the parable became the exclusive domain of preachers: Bossuet, Bourdaloue and Massillon all saw its didactic potential.[21]

Only one play on the theme of the prodigal son stands out before Voltaire's. In 1707 the Jesuit Jean-Antoine Du Cerceau (1670-1730) wrote his *L'Enfant prodigue* for performance by the pupils of the Collège Louis-le-Grand, where he was a tutor for a year.[22] Du Cerceau's duties as a tutor at Louis-le-Grand coincided with Voltaire's time there as a pupil between 1704 and 1711. There is no evidence to indicate that Voltaire took part in a performance of Du Cerceau's play, although it is feasible that he at least knew of its existence. Theatre played an important role in the life of a Jesuit college, and particularly in that of Louis-le-Grand,[23] where Voltaire probably had his first contact with theatrical performances.[24] The Jesuits claimed, in contrast to the majority of

literature: see Ervin Beck, 'Terence improved: the paradigm of the prodigal son in English Renaissance comedy', *Renaissance drama* 6 (1973), p.107-22; Alan R. Young, *The English prodigal son plays* (Salzburg 1979); Darryl Tippens, 'Shakespeare and the prodigal son tradition', *Explorations in Renaissance culture* 14 (1988), p.57-77; and D. L. Jeffrey, *Dictionary of biblical tradition in English literature* (Grand Rapids, Mich. 1992), p.640-44. On the depiction of the prodigal son in art see Louis Réau, *Iconographie de l'art chrétien*, 3 vols (Paris 1955-1959), ii.332-38.

21 See Turner, 'The motif of the prodigal son', p.159-68.

22 Turner discusses Du Cerceau's play, claiming that it 'belongs to the tradition of French classical theatre', but she makes no explicit link between it and Voltaire's play ('The motif of the prodigal son', p.153).

23 See E. Boysse, *Le Théâtre des jésuites* (Paris 1880); L. V. Gofflot, *Le Théâtre au collège du Moyen Age à nos jours* (Paris 1907); W. H. McCabe, *An introduction to the Jesuit theater* (St Louis, Missouri 1983); and M. de Rougemont, 'Bible et théâtre', in *Le Siècle des Lumières et la Bible*, ed. Belaval et al., p.269-87.

24 As late as 1761 Voltaire was still praising this aspect of the education he had received: 'Ce qu'il y avait de mieux au collège des jésuites de Paris où j'ai été élevé, c'était l'usage de faire représenter des pièces par les pensionnaires' (D10126).

eighteenth-century churchmen, that the theatre could be a school of virtue, an effective tool for the propagation of public and private morality. To this end, they wrote and performed their own plays on biblical and historical subjects. Du Cerceau probably chose the parable of the prodigal son because it is recommended as the subject for a school play in the Jesuit school syllabus, Jouvency's *Ratio docendi et discendi* (1684).[25] The play is close to the biblical original, although it departs from it by ending with the father and his two sons all being reconciled. Du Cerceau wrote his play in Latin, and then translated it into French for performance, before publishing it in the 1720 edition of his *Poésies diverses*. Voltaire owned the 1730 edition of Du Cerceau's *Réflexions sur la poésie* (BV1117), and he comments on the latter's poetry in *Le Siècle de Louis XIV*.[26] Voltaire's play contains no clear verbal echoes of Du Cerceau's text, but there are some parallels between the two plays: a third party announces to the father the apparent death of his prodigal son; the father is disturbed by a vision of his supposedly dead son; and the prodigal son makes his first appearance in rags. Given these parallels, Voltaire's claim in his letter to Mlle Quinault of 13 October 1736 that 'le titre est tout jésuitique' (D1167) could be seen as an allusion both to Gresset, as suggested earlier, and, more implicitly, to Du Cerceau.

3. *Aesthetics*

While *L'Enfant prodigue* is, in part, a response to the Bible and forms part of Voltaire's biblical criticism, it is also a response to contemporary French comic drama and forms part of Voltaire's constant theatrical experimentation and innovation. As he boasted to Mlle Quinault on 16 March 1736, 'l'ouvrage est neuf de toutes façons' (D1036). Three facets of the play are particularly noteworthy: form, tone, and meaning.

[25] See Boysse, *Le Théâtre des jésuites*, p.59-60.
[26] M.xiv.67.

i. Form

That Voltaire was doing something different is immediately suggested by the form of *L'Enfant prodigue*: as he claims in the preface, his is 'la première comédie qui soit écrite en vers de cinq pieds'; and to Mlle Quinault on 16 March he predicted that 'la mesure nouvelle des vers inconnue au théâtre piquera très sûrement la curiosité du public' (D1036). Decasyllables were not entirely new on the French stage: Pierre Corneille had used them in *Agésilas* (1666) and *Psyché* (1671), but there appears to be no extant comedy written in the form. [27] Voltaire had first used decasyllables between 1714 and 1716 in his early satires (*Le Bourbier*, *L'Anti-Giton*, *La Bastille*) and in some of the early verse *contes* (*Le Cocuage*, *Le Cadenas*). He used them again in 1732 in *Le Temple de l'amitié* and *La Mule du pape*, and in 1733 in the *Epître sur la calomnie*. After *L'Enfant prodigue* he wrote *La Crépinade*, a satire of Jean-Baptiste Rousseau, and, perhaps most notably, *Le Mondain* in decasyllabic verse. [28] In the course of the eighteenth century the decasyllable became increasingly common, especially in light verse, but Voltaire stands out by his use of it up to the 1730s when it was not yet widespread. [29]

The decasyllable had been the standard form of lyric verse since the Middle Ages, but it began to lose ground to the alexandrine after Marot. It was used little in the seventeenth century, except by La Fontaine. Interest in Marot was revived in the early decades of

[27] On the decasyllable see H. Morier, *Dictionnaire de poétique et de rhétorique*, 3rd ed. (Paris 1981), p.343-53.

[28] *La Crépinade* and *Le Mondain*, below in this volume. See N. Cronk, 'The Epicurean spirit: champagne and the defence of poetry in Voltaire's *Le Mondain*', *SVEC* 371 (1999), p.53-80, at p.57-58, 62-64.

[29] There are two further phases in Voltaire's use of the decasyllable: the first, c.1747-1749, includes two comedies, *La Prude* and *Nanine*, and the *Epître à Mme Denis*; the second, c.1760-1768, includes one comedy (*Le Droit du seigneur*), a conte (*Ce qui plaît aux dames*), and various satires and polemical works (*Le Pauvre Diable*, *Les Chevaux et les Anes*, *L'Eloge de l'hypocrisie*, *La Guerre civile de Genève*).

the eighteenth century. Voltaire discusses the 'style marotique', which is characterised by syntactic inversions, archaisms and elliptical constructions, in 1738 in his *Mémoire sur la satire*.[30] Traces of the style can be found in the playful tone of his early satires and verse *contes*, written at a time when he was influenced by the tastes of the Société du Temple and writers like Chaulieu, La Fare, and Jean-Baptiste Rousseau,[31] but it is far less evident in Voltaire's works in the 1730s: *L'Enfant prodigue* has none of the characteristics of the 'style marotique'.

Instead, the influence of Horace's satirical conversation pieces, or *sermones*, via La Fontaine's fables, would appear to be stronger: the style of cultivated informality, recently characterised by Sylvain Menant as an aesthetic of conversation.[32] In a later verse *conte*, *Les Trois Manières*, Voltaire reflects on the merit of decasyllables, describing how one of the Greek girls, Apamis, relates her story

> En mètres qui n'étaient ni trop longs ni trop courts;
> Dix syllabes par vers, mollement arrangées,
> Se suivaient avec art, et semblaient négligées.
> Le rythme en est facile, il est mélodieux.
> L'hexamètre est plus beau, mais parfois ennuyeux.[33]

[30] M.xxiii.54. On the popularity of the 'style marotique' see S. Menant, *La Chute d'Icare. La crise de la poésie française (1700-1750)* (Geneva 1981), p.241-45, and W. de Lerber, *L'Influence de Marot aux XVIIe et XVIIIe siècles* (Lausanne 1920), who indicates that there were five new editions of Marot's works between 1700 and 1731, the last remaining the standard edition for the rest of the century (p.2).

[31] By the time of *Le Temple du goût*, Voltaire was blaming Rousseau for encouraging 'marotisme' (see *OC*, vol.9, p.138-45). On Voltaire's marotic verse see Lerber, *L'Influence de Marot*, p.15-18, 107-11, and R. A. Nablow, *A study of Voltaire's lighter verse*, *SVEC* 126 (1974), p.37-42, 90-91, 249-50, 277.

[32] S. Menant, *L'Esthétique de Voltaire* (Paris 1995), p.55-67. Discussing Horace, M. Coffey notes that 'dialogue is the essential framework of the literary *sermo*' (*Roman satire*, London 1976, p.69). Horace is an explicit presence in the preface to *L'Enfant prodigue*: Voltaire quotes from the attack on servile imitation in the *Epistles* (I.xix.19) to support his case for innovation in comic drama.

[33] *Romans et contes en vers et en prose*, ed. E. Guitton (Paris 1994), p.396-97.

Lines of verse which flow 'avec art' but appear 'négligées': this is the essence of the Horatian style. The marquis d'Argenson's comment on the verse form of *L'Enfant prodigue* is also enlightening: 'C'est une nouveauté au théâtre que des vers de 5 pieds, cela fait à merveille au comique; c'était le goût de La Fontaine dans les apologues, cela donne l'air naïf et tendre à la diction.'[34]

Two further factors should be taken into account when trying to understand Voltaire's decision to write *L'Enfant prodigue* in decasyllables. First, in the preface he points out that the play is written in 'vers de cinq pieds', terminology which alludes, not to the French syllabic system of prosody, but to English stress-related prosody. Voltaire's choice of the decasyllable and the words he uses to describe that choice might suggest a conscious echo of Pope, whose *Essay on man* is in iambic pentameters, all of which contain ten syllables.[35] Voltaire wrote *L'Enfant prodigue* at a time when Pope's *Essay* was in his mind and was becoming the subject of much controversy in France. Second, Voltaire may have been influenced by Jean-Baptiste Rousseau's *Epître à Thalie*, a text written in decasyllables: Voltaire responds to Rousseau's

[34] D'Argenson, *Notices sur les œuvres de théâtre*, i.297. See also Voltaire's *Encyclopédie* article 'Hémistiche' (*OC*, vol.33, p.152-57), in which he argues against the use of the 'césure médiane' (5 . 5) in the decasyllable because of its 'uniformité ennuyeuse'; he prefers the traditional 'césure à minori' (4 . 6). In July 1762 Palissot was to acknowledge in a letter to Voltaire his debt to *L'Enfant prodigue* when writing his own comedy in decasyllables, *Les Méprises*: 'J'ai l'honneur de vous envoyer, monsieur, une comédie qui ne peut guère avoir été jugée, faute d'avoir été entendue. Vous avez des droits sur cet ouvrage, où j'ai tâché de saisir votre manière, comme un élève qui s'exerce sous les yeux de son maître. La pièce est écrite dans ce genre de vers que vous avez le premier introduit dans la comédie. Cette mesure plus difficile, parce qu'elle oblige plus que tout autre à la précision, doit, par cette raison-là même, produire un effet plus agréable; mais si je me suis servi de vos pinceaux, il leur a manqué d'être conduits par votre main' (D10558).

[35] Iambic pentameters need not, of course, contain ten syllables, but in Pope's generation there was a move, influenced by French poetry, towards stress regularity, which in practice meant that Pope's lines were all of ten syllables (see P. Fussell, *Theory of prosody in eighteenth-century England*, New London, Conn. 1954).

decasyllabic attack on modern comedy with a new type of comedy in decasyllables.

Early in the summer of 1736 Jean-Baptiste Rousseau published his *Epître à Thalie*, a critique of the decadence of contemporary comedy, symptomatic of which, he argued, was the intrusion of sentimentality and philosophy.[36] Voltaire was scornful of Rousseau's ideas, describing the author in a letter to Thiriot of 6 August 1736 as the 'doyen des fripons, des cyniques, et des ignorants qui s'avise de donner des règles de théâtre et de vertu, après avoir été sifflé pour ses comédies, et banni pour ses mœurs' (D1125).[37] In October 1736 Voltaire told Thiriot of his response to Rousseau: 'Je crois que la meilleure manière de lui répondre, est de donner une bonne comédie dans le genre qu'il condamne' (D1168). Two months later he went further in a letter to Cideville: 'J'ai fait cet enfant pour répondre à une partie des impertinentes épîtres de Rousseau, où cet auteur des *aïeux chimériques* et des plus mauvaises pièces de théâtre que nous ayons, ose donner des règles sur la comédie. J'ai voulu faire voir à ce docteur flamand, que la comédie pouvait très bien réunir l'intéressant et le plaisant (D1220).' From these letters *L'Enfant prodigue* emerges in a way as a critical contribution to the contemporary debate about comedy and a practical illustration of the combination of different tones in a single dramatic work.

ii. *Tone*

That the intention behind *L'Enfant prodigue* was polemical is also suggested by the preface of 1738 in which Voltaire argues for innovation in comic drama, in particular, experimentation with tone:

[36] See J.-B. Rousseau, *Epîtres nouvelles* (Amsterdam 1737), p.20, 24.

[37] See also the 1736 epigram 'Certain émérite envieux' (below) for a sustained attack on Rousseau. On Voltaire's animosity towards Rousseau see D. Williams, *Voltaire: literary critic*, *SVEC* 48 (1966), p.176-82.

Si la comédie doit être la représentation des mœurs, cette pièce semble être assez de ce caractère. On y voit un mélange de sérieux et de plaisanterie, de comique et de touchant. C'est ainsi que la vie des hommes est bigarrée; souvent même une seule aventure produit tous ces contrastes. [...] Nous n'inférons pas de là que toute comédie doive avoir des scènes de bouffonnerie et des scènes attendrissantes. [...] Il ne faut donner l'exclusion à aucun genre: et si l'on me demandait, quel genre est le meilleur, je répondrais: *Celui qui est le mieux traité.* [...] Je me bornerai simplement à insister encore un peu sur la nécessité où nous sommes d'avoir des choses nouvelles. [...] Encore une fois tous les genres sont bons, hors le genre ennuyeux. [38]

Voltaire's unconventional approach to comedy recalls Dufresny's *Amusemens sérieux et comiques*, which begins with the author reporting the reaction to his work of a ridiculously pedantic critic:

L'autre jour un de ces esprits forts qui croient que c'est une faiblesse de rire, trouva un de mes Exemplaires sous sa main: à l'ouverture du Livre, il fronça le sourcil: Que je suis indigné de ce titre, s'écria-t-il d'un ton chagrin! N'est-ce pas profaner le sérieux, que de le mêler avec du comique? Quelle bigarrure!

Cette bigarrure, lui répondis-je, me paraît assez naturelle: si l'on examine bien les actions et les discours des hommes, on trouvera que le sérieux et le comique y sont fort proches voisins. [39]

---

[38] This liberal maxim was to gain emblematic status. To celebrate the opening of the Théâtre des Variétés in 1807, Désaugiers, Moreau and Francis wrote *Le Panorama de Momus*, a comedy set in the temple of Momus: the words from Voltaire's preface are displayed above the throne of Momus, from where he addresses the comic actors: 'Sujets de notre empire, / Confondez vos accords. / De cet heureux délire / J'approuve les transports. / Ici de la folie / Je donne le signal: / Que toute votre vie / Soit un long carnaval' (scene ii; quoted in D. Quéro, *Momus philosophe: recherches sur une figure littéraire du XVIIIᵉ siècle*, Paris 1995, p.449).

[39] C. R. Dufresny, *Amusements sérieux et comiques*, ed. J. Dunkley (Exeter 1976), p.3-4. Both Voltaire and Dufresny implicitly echo Pascal's view of contradictoriness within man: 'Rien n'est simple de ce qui s'offre à l'âme, et l'âme ne s'offre jamais simple à aucun sujet. De là vient qu'on pleure et qu'on rit d'une même chose' (*Pensées*, L54). Montaigne makes a similar point in his *Essais*, I.38 ('Comme nous pleurons et rions d'une mesme chose').

Like Dufresny, Voltaire aims to represent 'la bigarrure de la vie des hommes' and he invokes the natural against the rules of art.

The polemical significance of Voltaire's championing of the combination of comedy and sentimentality emerges when seen in the context of contemporary French comic drama. By the 1730s, with the rise of sentimentality, comedy had become a problematic, fluid genre. This decade saw the vogue for Destouches's plays, most notably *Le Glorieux* (1732): the dramatist focuses on an anti-social flaw in a central character, and virtue is made to triumph in the play through the exposure and correction of that flaw. Although not devoid of comic effects, Destouches's plays are primarily serious, sentimental and edifying: by showing characters turning definitively from vice to virtue, they illustrate watertight moral aphorisms. [40] La Chaussée goes further than Destouches, making sentimentality the essence of his plays. He all but banishes the comic element, as Granet observed in his review of *L'Ecole des amis* (1737): 'Son genre de Comédie n'est ni enjoué, ni folâtre; les bouffonneries plaisantes, les obscénités et les équivoques en sont bannies; il prêche par tout une morale pure et vertueuse'; and Desfontaines was blunt about *Le Préjugé à la mode* (1735): 'On n'y rit point du tout.' [41] La Chaussée focuses on serious domestic situations, the sufferings of oppressed virtue, the undeserved pain

[40] On Destouches see J. Hankiss, *Philippe Néricault Destouches, l'homme et l'œuvre* (Debreczen 1918); A. Hoffmann-Liponska, *Philippe Néricault Destouches et la comédie moralisatrice* (Poznan 1979); J. Dunkley's introduction to his edition of Destouches's *L'Irrésolu* (Paris 1995), p.v-li; and J. Dunkley, 'Destouches and moralising comedy: the defining of a genre', in *Essays on French comic drama from the 1640s to the 1780s*, ed. D. Connon and G. Evans (Bern 2000), p.153-70.

[41] Granet, *Réflexions sur les ouvrages de littérature* 2 (1738), p.226; Desfontaines, *Observations sur les écrits modernes* 1 (1735), p.29. On La Chaussée see G. Lanson, *Nivelle de La Chaussée et la comédie larmoyante*, 2nd ed. (Paris 1903); W. D. Howarth's introduction to his edition of *Mélanide* (Brighton 1973), p.5-26; I. Bernard's introduction to her edition of *L'Ecole des mères* (Geneva 1982), p.8-23; A. Niderst, 'Aux origines de la comédie larmoyante', in *Métamorphoses de la création dramatique et lyrique à l'épreuve de la scène*, ed. I. Mamczarz (Florence 1998), p.115-24; and D. Steinberger, 'Spectacles of intimacy: a new look at the *comédie larmoyante*', *L'Esprit créateur* 39/3 (1999), p.64-75.

of innocent characters, particularly women, the helpless victims of unfortunate circumstances. His characters are essentially virtuous; even those who err are good at heart. The plot structure of *La Fausse Antipathie* (1733) is typical: a misunderstanding is drawn out by a series of romanesque complications; recognition is repeatedly and artificially delayed, building up to an emotional climax in the last scene. [42] There are some traces of comedy, but these are essentially confined to the stock roles of servants and are poorly integrated. *Mélanide* (1741), generally held to be an example of the *comédie larmoyante* in its purest state, has no comic characters at all: La Chaussée takes the familiar comic structure of an older man in love with a younger woman and drains it of its comic potential.

Voltaire objected to the contemporary vogue for sentimental comedy because it excluded the comic and appealed only to the emotions. [43] Although he appears to have welcomed the trend towards sentimentality in the comedies of Destouches, he became hostile when he saw that trend being taken to extremes in the plays of La Chaussée. He wrote to Mlle Quinault about *L'Enfant prodigue* on 26 November 1736 (D1209):

Si on n'aime plus absolument que le comique noble et intéressant, gare pour la tragédie! La comédie va prendre la place, mais notre théâtre passera en Europe pour très vicieux, et nous allons perdre la seule supériorité que nous avions. Nos comédies deviendront des tragédies bourgeoises, dépouillées de l'harmonie des beaux vers. Mon sentiment était que l'on joignit le comique à l'intérêt, et c'est de quoi j'ai vu un essai bien estimable dans le glorieux. Ce mélange de plaisanterie et d'attendrissement me paraît la vraie peinture de la vie civile. [44]

---

[42] Lanson makes the point about the protracted action in La Chaussée's plays: 'A chaque instant on rencontre dans le théâtre de La Chaussée ces tours de main par lesquels il escamote un événement logiquement nécessaire' (*Nivelle de La Chaussée*, p.190).

[43] See Williams, *Voltaire*, p.255-68.

[44] Voltaire's attitude to *Le Glorieux* and Destouches fluctuated, however. In February 1732 he observed to Cideville: '[la pièce] est froide par le fonds et par la forme et je suis persuadé qu'elle n'est soutenue que par le jeu des acteurs pour

Voltaire goes on to argue in his 1738 preface to the play that sentimentality could be introduced into comedy on the grounds that it better reflected real life. But he repeatedly insists that the sentimental should never swamp the comic. The absence of comedy was his chief criticism of the *comédie larmoyante* in his *Encyclopédie* article 'Faible': 'La comédie la mieux écrite est *faible*, si elle manque de ce que les Latins appelaient *vis comica*, la force comique [...]. C'est surtout en quoi a péché souvent la comédie nommée *larmoyante*.' [45] He rejects the *comédie larmoyante* because of the inherent threat to genre divisions: he is opposed to untalented writers blurring the boundaries between comedy and tragedy by turning comedies into quasi-tragedies and tragedies into little more than bourgeois domestic dramas. Voltaire, the admirer and self-styled successor of Racine, did not want to change the nature of tragedy, with which the *comédie larmoyante* had come into competition. Rather, he wanted to extend the limits of comedy so that it might make audiences both laugh and cry. [46] While repeatedly emphasising the distinction between comedy and tragedy, he also calls, more experimentally, for innovation within comedy, as in 1739 in the *Conseils à un journaliste*: 'L'art d'étendre [les] limites [de la comédie] sans les confondre avec celles de la tragédie est un grand art qu'il serait beau d'encourager et honteux de vouloir détruire.' [47] He sees danger in generic flux,

---

lesquels il a travaillé', although his view may have been biased by the play's competition with his own *Eriphyle* (D459). In February 1733 he told Cideville that Destouches was 'de tous les comiques le moins comique' (D571). But in April 1746, when he was seeking election to the Académie française, he tried to win Destouches's support by flattering him, addressing him as 'mon cher Térence' (D3353). For further discussion see A. Hoffmann-Liponska, 'Destouches et Voltaire: relations et correspondance', *Cahiers de Varsovie* 10 (1982), p.251-58.

[45] *OC*, vol.33, p.64.

[46] M. Sandhu is misleading in her summary of Voltaire's argument in the preface to *L'Enfant prodigue*: 'La tragédie peut donc être mêlée de comique, la comédie de tragique, cela est même souhaitable' ('Le Théâtre de Voltaire: tragédie ou drame?', *Dalhousie French studies* 38, 1997, p.77-84, at p.82).

[47] M.xxii.248.

but he wants to encourage innovation within generic limits: tradition can encapsulate innovation.

Modern critics tend to consider the rise of sentimental comedy as an uncomplicated process. But the 1730s and 1740s saw an increasingly noisy debate about the theatrical genres and about the nature of comedy in particular: a veritable *querelle du comique larmoyant*. The term is not anachronistic, as Gabriel-Henri Gaillard's discussion of the controversy suggests:

Nous avons vu de nos jours naître un genre de spectacle nouveau, où la Muse Tragique et la Muse Comique se réunissent pour fournir des plaisirs plus variés.

Cette nouveauté hardie a eu le sort de toutes les autres, elle a excité la bile des censeurs, on a sonné l'alarme; on a crié à l'erreur, au paradoxe. Les inventeurs du système se sont armés pour sa défense: voilà la guerre allumée sur le Parnasse; la jalousie et la malignité, autant que l'envie d'avoir raison, ont fait éclore de part et d'autre divers petits écrits assez ingénieux dont le public a profité, mais qui (comme on s'imagine bien) n'ont point fait changer d'opinion à ceux que l'esprit de parti avait saisis: enfin le résultat de cette fameuse querelle est que (sans rien rabattre de l'admiration qu'on aura toujours pour Molière) le nouveau système, lorsqu'il est bien exécuté, est fort applaudi de ceux qui sont assez raisonnables pour voir une pièce sans autre disposition que de prendre tous les plaisirs qu'on voudra ou qu'on pourra leur donner. [48]

In 1761 Simon Augustin Irailh gives a similarly detailed account of what he refers to as 'une dispute très vive et très importante, qui dure encore'. [49] He and Gaillard summarise the different arguments for and against the *comédie larmoyante*: those in favour point to its historical precedent in ancient comedy (notably Terence), its success in the theatre (not least with women), its moral function, and its 'realism'; those against criticise its departure from the model of Molière, its failure to integrate the

---

[48] G.-H. Gaillard, *Poétique française à l'usage des dames*, 2 vols (Paris 1749), ii.137-38.
[49] S. A. Irailh, *Querelles littéraires*, 4 vols (Paris 1761), ii.370.

comic and the sentimental, and its failure to fulfil the conventional aim of comedy, namely to ridicule.

L'Enfant prodigue became an important point of reference in the debates about the *comédie larmoyante*. One of the participants in the debate, Jean-Jacques Garnier, made a vital distinction between 'deux espèces de comédies touchantes: celles où tout est attendrissement, comme *Cénie*; et celles où les scènes attendrissantes sont égayées par des scènes d'une nature toute contraire, comme l'*Enfant prodigue*'. [50] Unlike many of his contemporaries and generations of critics since, Garnier was aware of the gap, in terms of both theory and dramatic practice, between Voltaire and dramatists like La Chaussée and Françoise de Graffigny: Voltaire was doing something different.

Voltaire distinguished himself from La Chaussée primarily by his experimentation with tone. His innovation in *L'Enfant prodigue*, as he suggested to Cideville in December 1736, is to 'réunir l'intéressant et le plaisant' (D1220). The criticism that he fails has a long pedigree. In 1736 an anonymous writer described the play as 'un mélange monstrueux de tragique et de comique, qui ne semblent associés que pour se détruire l'un l'autre', whereas for Contant d'Orville the play was 'tout fondé sur le pathétique'. [51] Le Blanc wrote to Bouhier on 19 November 1736 with the following judgement: 'Quant à l'*Enfant prodigue*, il n'est pas encore imprimé, mais je l'ai vu jouer. J'y ai même pleuré, mais il n'y a pas moyen d'y rire. C'est un monstre que cette comédie-là. Le bas y tient lieu de plaisant' (D1205). More recently, Lilian Willens has argued that 'starting with act IV, scene iii, the comic and the burlesque characters disappear and are replaced by very serious and tearful ones', and Jack Yashinsky has suggested that there is a fundamental disjuncture between the two tones: 'There is perfect

[50] J.-J. Garnier, *Le Bâtard légitimé ou le triomphe du comique larmoyant* (Amsterdam 1757), p.13.

[51] *Mercure de France*, December 1736, p.2934; G. V. Contant d'Orville, *Lettre critique sur la comédie intitulée l'Enfant prodigue ou l'école de la jeunesse* (Paris 1737), p.6.

proportion among all the characters: three of them designed to elicit laughter, three of them to stir an emotional response.'[52] But a close reading of the play suggests firstly, that comedy and sentimentality interact across the play as a whole and within individual scenes; secondly, that the characters do not divide neatly into comic and serious, but are subtle and nuanced; and thirdly, that Voltaire engineers dramatic situations which invite mixed responses from characters and audience alike.

The importance which Voltaire attached to the comic in *L'Enfant prodigue* is suggested by the amount of space he devotes in the play's preface to discussing the techniques of making audiences laugh. He identifies two sources of laughter: ridiculous characters and misunderstandings.[53] The play depicts three ridiculous characters. Rondon, Lise's father, is the conventional comic figure of the authoritarian father who tries to force his daughter to marry against her will. His self-obsession is comically juxtaposed with his base motives and twisted values: he dislikes Fierenfat, but is happy for him to marry his daughter because 'Il est avare; et tout avare est sage. / Oh! c'est un vice excellent en ménage' (I.i.35-36); the maxim is comically oxymoronic. The character of the miserly and authoritarian old man owes much to Molière, most obviously Harpagon in *L'Avare*, but also Arnolphe in *L'Ecole des femmes*.

Euphémon père's self-obsessed son is appropriately called Fierenfat, a name which Voltaire defended in a letter to Thiriot on 1 December 1738 by referring to a comic tradition which culminates in Molière: 'Vos amis sont-ils revenus de la critique de *Fierenfat*? Un nom doit-il choquer? et ignore-t-on que dans Ménandre, Plaute et Térence tous les noms annoncent les

---

[52] L. Willens, *Voltaire's comic theatre*, p.71; J. Yashinsky, 'Voltaire's *Enfant prodigue*', *SVEC* 163 (1976), p.31-51, at p.48, who implicitly echoes R. S. Ridgway, *Voltaire and sensibility* (Montreal 1973), p.212.

[53] Jaucourt later cites at length Voltaire's discussion of the sources of laughter in comic drama in his *Encyclopédie* article 'Rire': *Encyclopédie ou dictionnaire raisonné des sciences, des arts et des métiers*, 28 vols (Paris, Neuchâtel 1751-1772), xiv.298-300.

caractères? et qu'Arpagon signifie *qui serre?*' (D1670).[54] Fierenfat recalls Damis, the protagonist of Voltaire's *L'Indiscret*, and the comte de Tufière, the protagonist of Destouches's *Le Glorieux*. Like Damis, he is firmly in the theatrical tradition of the *petit-maître*. Like the comte de Tufière, he is self-obsessed, cruel, and prepared to marry for wealth rather than love: Rondon's description of him as 'gonflé d'impertinence' (I.i.27) is a key verbal link with Destouches's play. And like the Bailli in Voltaire's *Le Droit du seigneur*, he is also a descendant of the pedant of the *commedia dell'arte* tradition, a self-absorbed, bookish fool dressed in a gown and hat: Marthe describes him as 'un fat en robe, enivré de lui-même' and refers to his 'air de pédant' (I.iii.204-205), while Rondon criticises him for 'l'air pédant dont il est encroûté' (I.i.18) and calls him 'le roi des pédants fades' (II.v.208).

Fierenfat is also a *président*, a senior magistrate. Voltaire thought this role essential to the comic impetus of his play. But before the play could be performed, the censor, Crébillon père, obliged Voltaire to change *président* to *sénéchal*. Voltaire was particularly irritated by this forced change. While convention demanded that legal officers, as an institution of the State, should not be held up to ridicule on stage,[55] the position of seneschal was, as Voltaire put it in a letter to d'Argental, 'si provincial et si antiquaille que je ne peux m'y faire' (D1214). Indeed, as Marcel Marion noted, it was especially current in Languedoc and Brittany, and provincial connotations were a risk with a metropolitan audience.[56] This formal designation was in fact a contrivance so transparent as to be at best worthless and at worst absurd. Unsurprisingly, Voltaire ensured that *président* appeared in later productions and editions.[57]

The third ridiculous character is the baronne de Croupillac,

[54] On onomastics in ancient comedy see A. Barton, *The Names of comedy* (Oxford 1990), p.27-34. The name Harpagon is of Greek origin, as G. Couton points out (Molière, *Œuvres complètes*, 2 vols, Paris 1971, ii.1383).

[55] See H. Lagrave, *Le Théâtre et le public à Paris de 1715 à 1750* (Paris 1972), p.62.

[56] M. Marion, *Dictionnaire des institutions de la France aux XVIIᵉ et XVIIIᵉ siècles* (Paris 1923), p.507A.

[57] See P. M. Conlon, *Voltaire's literary career from 1728 to 1750*, *SVEC* 14 (1961),

who forms a comic contrast with Lise. Her name evokes the tradition of the ubiquitous comic Gascon, an echo reinforced by Voltaire's choice of Cognac as the setting for his comedy.[58] Croupillac is a wealthy, middle-aged widow, desperate to marry Fierenfat, who abandoned her in favour of Lise, and she is prepared to instigate legal proceedings to this end. Marthe sums her up neatly: 'On dit qu'elle est assez grande épouseuse, / Un peu plaideuse, et beaucoup radoteuse' (II.iii.87-88). 'Epouseuse' stands out as a scurrilous neologism, a feminised form of the noun 'épouseur', which was first used in 1665 by Molière in *Dom Juan*: Sganarelle describes the eponymous hero as 'un épouseur à toutes mains' (I.i) and as 'l'épouseur du genre humain' (II.iv).[59]

---

p.87-88. L. Fontaine gives a possible explanation for Voltaire's choice of satirical target: 'Voltaire n'aimait pas messieurs des Parlements; il ne pouvait leur pardonner la proscription des œuvres philosophiques ni certaines sentences injustes qu'il fit casser par l'opinion: dans sa comédie de l'*Enfant prodigue*, le rôle du président Fierenfat est tout à fait digne du nom qu'il a imaginé pour ce personnage sot, égoïste et plein de morgue' (*Le Théâtre et la philosophie au XVIIIe siècle*, Versailles 1878, p.208).

[58] The eponymous protagonist of Molière's *Monsieur de Pourceaugnac*, Regnard's baron de Groupignac in *La Suite de la Foire Saint-Germain* and *Les Momies d'Egypte*, his baron d'Aubignac in *Le Bal* and his Mme Grognac in *Le Distrait*, Boindin's Monsieur Spadagnac in *Les Trois Gascons*, Marivaux's Fontignac in *L'Ile de la raison*, and Jean-Baptiste Rousseau's self-obsessed comtesse de Critognac in *Les Aïeux chimériques* are all ancestors of Voltaire's baronne. The implicit allusion to J.-B. Rousseau's comedy is particularly significant: given his animosity towards Rousseau, Voltaire was delighted that *Les Aïeux chimériques* was a complete failure on its first performance in 1734, as several of his letters between October and December 1736 suggest (D1142, D1150, D1168, D1220). On the Gascon in seventeenth- and eighteenth-century French comedy see C. Mazouer, 'Le Gascon dans le théâtre comique sous Louis XIV', *Cahiers de l'université de Pau et des pays de l'Adour* 21 (1984), p.85-108, and A. Tissier, *M. de Crac, gentilhomme gascon. Etude de la formation littéraire et des transformations d'un 'type populaire'* (Paris 1959), p.17-22, who quotes C.-F. Pannard's complaint in *La Critique de l'Opéra-Comique* (1742) that 'depuis vingt ans et plus nos pièces sont farcies de Gascons' (p.18).

[59] 'Qui est en disposition de se marier et connu pour tel. [...] Il est du style familier' (*Dictionnaire de l'Académie française*, Paris 1740, i.612); the examples given are all of its use in the masculine. The 1985 edition of *Le Grand Robert* confirms that 'épouseur' was first attested in 1665, and claims that, although grammatically possible, 'épouseuse' appears never to have been used (iv.74-5).

The echo is rich in comic irony: a scheming and seductive womaniser has become a ridiculous old woman desperate for a husband. The adjective 'plaideuse' both foreshadows the readiness with which she will threaten legal proceedings in order to achieve her own ends and recalls the character of Racine's comtesse de Pimbêche, a parallel first suggested by Françoise de Graffigny in a letter to Devaux in December 1738 (D1677). Furthermore, the adjective 'radoteuse' anticipates the comic spectacle of the self-obsessed baronne talking endlessly about her own concerns. It also has implications for the delivery of her lines: Voltaire seems to have heeded Grimarest's advice in his influential *Traité du récitatif* (1707) on how the comic actor should perform the role of a provincial: 'Le Gascon exige une prononciation vive, précipitée, et une voix claire.'[60]

Significantly, these three ridiculous characters were the target of much contemporary criticism. The *Mercure de France* observed: 'Le comique de cette pièce est d'un bas et d'un trivial, qu'on passerait à peine dans la farce la plus ignoble'; and the *Observations sur les écrits modernes* described Rondon as 'misérable', the baronne as 'un personnage extravagant et très plat', and Fierenfat as 'outré'.[61] On 7 September 1736, in a letter to Mlle Quinault, Voltaire insisted on keeping the role of the baronne: 'Cette bégueule-là gâte à mon gré un ouvrage qui pourrait réussir' (D1143); but the following month he wrote to her again and apologised for making her play the role (D1177). The comic force of Voltaire's ridiculous characters is not subtle. As Racine observed in his preface to *Les Plaideurs*, exaggeration works well in the comic theatre, a point which Voltaire reiterates in a letter to Vauvenargues on 7 January 1745: 'Il faut au public des traits plus marqués. De plus ces ridicules si délicats ne peuvent guère fournir des personnages de théâtre. Un défaut presque imperceptible n'est guère plaisant. Il faut des ridicules forts' (D3062).

---

[60] Jean-Léonor de Grimarest, *Traité du récitatif* (Amsterdam 1740), p.109.
[61] *Mercure de France*, December 1736, p.2934; *Observations sur les écrits modernes* 6 (1736), p.313-14.

Voltaire also uses misunderstandings to create comic effects. Perhaps the best example comes in IV.iv. In IV.iii Euphémon fils and Lise are reunited and swear undying love for each other: Euphémon fils kneels before Lise in supplication and humility. But sentimentality gives way to comedy as they are interrupted by the surprise entrance of Fierenfat (IV.iv), who assumes that Lise has been unfaithful with the man at her feet, whom he believes to be one of his servants. In IV.vii, as he tries to explain to Rondon what has happened, he is haunted by the prospect of 'cocuage', echoing Arnolphe's comic paranoia in *L'Ecole des femmes* and flouting Voltaire's observation in the *Vie de Molière* that 'il y a aussi des termes que la politesse a bannis aujourd'hui du théâtre, comme *carogne, cocu*, etc'. [62] This scene of misunderstanding can be read as a comic re-working of the scene in Racine's *Britannicus* where Néron surprises Britannicus kneeling before Junie and has them both arrested (III.viii). The situation is similar here, but the reaction of the intruder is significantly different: in comic contrast to Néron's dramatic decisiveness, Fierenfat rants before exiting defeated. Coincidentally, at the first performance of *L'Enfant prodigue* at the Comédie-Française on 10 October 1736, the audience had been led to believe that it was about to see a performance of *Britannicus*. [63] The spectators would have had Racine's play in their mind, so they would have been particularly sensitive to a comic re-working of a scene from that play. The fact that this surprise performance, the first at the Comédie-Française, was a deliberate ruse on Voltaire's part is surely significant. [64]

[62] *OC*, vol.9, p.418. Voltaire was determined that this 'cocuage' scene should not be altered by the actors, as his letter to Mlle Quinault on 24 August 1736 suggests: 'Je supplie votre aréopage de faire une brigue pour rétablir ce beau mot de cocu. Si cet admirable mot est banni de la langue française, il n'y a plus moyen de travailler' (D1133).

[63] See Willens, *Voltaire's comic theatre*, p.77.

[64] The idea of performing a new play by surprise was a new trick in the eighteenth century: it was a way of drawing attention to a work and of lessening, or at least delaying, the effect of 'cabales'. The strategy was first used at the Théâtre Italien for Marivaux's *Le Prince travesti* on 5 February 1724; the first performance of *L'Enfant*

Voltaire combines with these comic effects an appeal to the audience's emotions. The play does this in three ways: it arouses the audience's sympathy at the spectacle of suffering; it depicts instinctive feelings; and it offers climactic recognition scenes. Like the father in Piron's *Les Fils ingrats* (1728), Euphémon père suffers because his sons have failed him.[65] Like Monrose in *L'Ecossaise* (IV.vi), he characterises himself as 'un père infortuné' (I.i.58), an echo of Lycandre's observation in Destouches's *Le Glorieux* when his pompous son refuses to recognise him in public (IV.vii). In II.vi Euphémon père announces that Euphémon fils is dead and, in tears, he asks for the wedding between Fierenfat and Lise to be postponed to allow him to grieve, but Rondon is cruelly dismissive of the news. The scene marks a turning point, as the ridiculous characters, Rondon in particular, take on repugnant overtones. Euphémon père's response is significant: 'Dans ces moments un père est toujours père' (II.vi.360); his paternal feelings cannot be suppressed. The emotional impact is heightened by an echo of Œnone's assurance to Phèdre in Racine's tragedy that Thésée will act mercifully towards Hippolyte: 'Un père, en punissant, madame, est toujours père' (*Phèdre*, III.iii); the pastiche of Racine suggestively indicates the mixture of tones that Voltaire seeks to achieve in his comedy.

Like Euphémon père, Lise suffers for love. The audience sympathises with her determination not to be forced into a marriage. She also suffers by deluding herself about Euphémon fils. In I.iii she refuses to talk to Marthe about her sometime fiancé,

---

prodigue in 1736 was the first occasion on which the Comédie-Française followed the example (see Lagrave, *Le Théâtre et le public à Paris de 1715 à 1750*, p.490-92).

[65] The Greek derivation of Euphémon suggests a person who speaks auspicious words or words of good omen: *eu* (good) and *phemia* (speech), whence euphemism. Voltaire had used the name Euphémie for the babbler's wise mother in *L'Indiscret*. His use of names with meaningful Greek derivations recalls Boursault's *Les Fables d'Esope* (1690), which includes a character called Euphrosine, a name derived from the Greek word for gladness; Marivaux also uses the name in *L'Ile des esclaves* (1725).

but her words are undermined by her actions: the stage directions show that Marthe twice attempts to leave and twice Lise stops her; the repeated action is significant. Lise cannot avoid recalling the attractions of Euphémon fils's youth. She then emphatically shifts the blame for his waywardness away from him, whom she now describes as 'le malheureux', and on to his friends, 'ses faux amis, indigents scélérats' (I.iii.241, 253). The striking shift in her tone indicates her need or attempt to exculpate the man she loves in order to justify morally to herself her continued love for him.

Even before he appears on stage, Euphémon fils becomes an object of the audience's sympathy: the prodigal son *malgré lui* whose family have unjustly turned their backs on him. Rondon's verbal attack on him for his dissolute living (I.i) is qualified by Lise's account of his youth (I.iii): her stress on innate goodness is redolent of many sentimental comedies of the period, most notably those of Destouches. The emotional appeal is heightened when Euphémon fils finally appears (III.i): like the long-lost Lysimon in Destouches's *Le Glorieux*, he wears rags. He describes his fall from grace and the time he spent in Bordeaux,[66] and he sheds tears when Jasmin mentions Lise. The scene between Euphémon fils and Jasmin reaches its sentimental climax when, now apparently equals, they seal their solidarity with an embrace.[67] The scene made an impact on Diderot, who cites it in his *Entretiens sur le Fils naturel* as an example of the type of emotional appeal he wants the *drame bourgeois* to make: 'Je te

[66] The relationship of Euphémon fils with his servant and his bitter account of his fair-weather friends recall those of Cléon in act V of Destouches's *Le Dissipateur*, which was published in 1736 but not performed until 1753. Voltaire refers to the publication of the play in a letter to Mlle Quinault on 7 September 1736 (D1143).

[67] The name Jasmin echoes characters in Lesage's *Turcaret* and Dufresny's *Le Faux Honnête Homme*, and its botanical derivation recalls La Fleur in Voltaire's *L'Indiscret* and in Destouches's *Le Glorieux*. Masters commonly gave their servants botanical names: see J. Emelina, *Les Valets et les servantes dans le théâtre comique en France de 1610 à 1710* (Grenoble 1975), p.346, and S. C. Maza, *Servants and masters in eighteenth-century France: the uses of loyalty* (Princeton, N.J. 1983), p.176-78.

rappellerais les larmes que nous a fait répandre la scène de l'Enfant prodigue et de son valet.'[68]

Voltaire's play also appeals to the audience's emotions by the depiction of instinctive feelings. In III.iii Euphémon père glimpses the supposedly dead Euphémon fils. In his soliloquy he admits to being obsessed with his long-lost son, but reproaches himself for it: the memory of Euphémon fils is 'un retour cruel' which torments 'ce cœur trop paternel'; life has become 'un poids qui m'accable' (III.iii.235-236, 245). The scene is revealing: Euphémon père is beset by instinctive grief, but plagued too by self-doubt. His emotional turmoil appeals to the contemporary audience's pleasure in vicarious pain.[69]

If the depiction of instinctive feelings was one of the staple ingredients of eighteenth-century sentimental drama, so too were recognition scenes. Voltaire incorporates two recognition scenes in his play. In IV.iii Euphémon fils throws himself at Lise's feet, and in V.vi he kneels before his father and asks for forgiveness.[70] These two scenes are carefully prepared and bring to an emotional climax dramatic tensions that have been mounting throughout the course of the play. As Voltaire observed to d'Argental in response to criticism of this aspect of his play: 'il faut que des reconnaissances soient filées pour toucher' (D1052).[71]

[68] Diderot, Œuvres complètes, ed. H. Dieckmann et al. (Paris 1975-), x.116.

[69] See J.-B. Du Bos, Réflexions critiques sur la poésie et sur la peinture, 2 vols (Paris 1719), i.11-23 ('De l'attrait des spectacles propres à exciter en nous une grande émotion').

[70] This sentimental climax is depicted in Eisen's illustration for the 1751 edition of Voltaire's works, in Gravelot's 1768 illustration, which is reproduced in the encadrée edition, and in Moreau's illustration for the Kehl edition (see below, p.61). The 1738 Ledet edition of L'Enfant prodigue includes an illustration (drawn by L.F.D.B., engraved by Tanjé) of the final scene of the play: the baronne de Croupillac stands behind Euphémon fils and Lise, who kneel before Euphémon père.

[71] The fact that recognition scenes were a standard feature of eighteenth-century drama probably accounts for Voltaire's categorical assertion that they should arrive in a series if the audience was to feel their full emotional impact. While it may be to the credit of the dramatist as craftsman that he can engineer a series of recognitions consequent upon one another, such situations, rare in life, risk betraying the artifice

So, how does Voltaire combine the comic and the sentimental in his play? Across the play as a whole there is a rhythmic movement between comedy and sentimentality: this dynamic interplay between the two tones reflects the forward movement of the plot. This interplay depends crucially on Voltaire's re-working of the biblical parable of the prodigal son. Whereas the biblical story allows only for sentimental appeal, the distinctive features of Voltaire's version underline his attempt to bring together the comic and the sentimental. Into the outlines of the original story of the rebellion and subsequent repentance of a son, Voltaire integrates the conventional comic device of an enforced marriage, thus adding a new twist to the fraternal rivalry. The question of marriage opens up comic and sentimental possibilities. The characters who seem to be primarily comic are thus integrated into the dramatic structure as a whole. Rondon and Fierenfat wield power over Euphémon père and Lise, and they try to exclude Euphémon fils entirely. Besides, the baronne de Croupillac is a face from the past who adds to our understanding of both Fierenfat and Euphémon fils, who influences the actions of both Lise and Euphémon fils, and who ultimately helps to seal Fierenfat's downfall.

How do comedy and sentimentality interact in individual scenes? A minority of scenes adopt a uniform tone throughout: II.ii-iv, for example, are primarily comic, dominated by the baronne de Croupillac; V.iv-vi, on the other hand, are uniformly serious: they focus on the reunion of father and son. In the majority of scenes, however, the comic and the sentimental combine, and the situation depicted invites a mixed response from the audience. Voltaire achieves this by creating complex, nuanced characters. In I.i, for example, we laugh at the ridiculous

---

that created them and hence destroy the dramatic illusion. Indeed, according to Bergson, the fact of repetition is not touching but the very opposite, amusing: see Henri Bergson, 'Le rire. Essai sur la signification du comique', in Œuvres, ed. A. Robinet and H. Gouhier, 2nd ed. (Paris 1963), p.381-485, at p.429-30.

Rondon's self-obsession and hollow authority, and we sympathise with the suffering of Euphémon père. At the same time, however, Euphémon père turns the tables on Rondon and questions his moral authority over Lise: 'Je doute un peu pourtant qu'elle s'enflamme / Par vos leçons' (I.i.120-121). The reference to 'leçons' reminds us of Molière's *L'Ecole des femmes*: Rondon, like Arnolphe, thinks he can dictate a young woman's behaviour, only to find himself comically outwitted by her. The spectacle of Rondon's confidence being shaken, linked to his desperate attempt to regain control of the situation, is comic. [72]

Comedy and sentimentality are again deployed simultaneously in III.ii. The baronne de Croupillac recognises Euphémon fils as a young man she once knew in Angoulême, although she does not know his true identity. In consequence, she unwittingly obliges him to listen to an account of his debauchery. The comic device of being frank with an inappropriate person again recalls *L'Ecole des femmes*, but Voltaire does something different. The device is invested with sentimental overtones: whereas we do not sympathise with Molière's Arnolphe when he is forced to listen to Horace's stories about Agnès, we pity the dazed Euphémon fils as his dark past is evoked: 'En vérité... je suis confus dans l'âme' (III.iii.181); his words and his implied silence speak loudly of his pain. Voltaire picked out this scene for special mention in his letter to Thiriot of 1 December 1738: 'N'est-il pas plaisant et

---

[72] The same is true of the following scene (I.ii): Lise's crisp reply to her father's orders, 'Non, mon père', signals Rondon's comic deflation. She contradicts him in this way three times in rapid succession (I.ii.140, 146, 148). Lise comically punctures her father's pomposity, and in so doing she also defends her right to marry for love. This comic effect of Rondon being contradicted is used again on two occasions. When Euphémon refuses to sign the marriage contract, Rondon is characteristically exasperated: 'Quoi? tout le monde est-il devenu fou? / Chacun dit non: comment? pourquoi? par où?' (II.vi.309-310); the fool thinks that everyone around him is a fool. And when Rondon challenges Lise about her apparent infidelity, his frustrated outburst offers a moment of comic relief: 'Encore des *non*? toujours ce chien de ton; / Et toujours *non*, quand on parle à Rondon!' (V.iii.85-86); the phonetic patterning adds to the comic effect of Rondon's losing the little grip he thought he had on the world.

intéressant tout ensemble que cette Croupillac lui dise bonnement du mal de lui-même?' (D1670); it is a model of the effect he wanted to achieve.

The characters in *L'Enfant prodigue* do not divide neatly into the comic and the serious. Rather, they cross over the supposed boundary between the tones. Euphémon père enjoys making fun of Rondon (I.i); Lise is adept at undermining her father's self-importance (I.ii, V.iii), and she engages in a witty exchange with the baronne (II.ii); Euphémon fils comically outwits his brother (IV.iv); the otherwise witty Jasmin makes a serious first appearance in the play with his moving display of resilient stoicism (III.i); Marthe, the 'bonne à tout faire', is also alive to Lise's emotions, able to probe them deeply and to feel compassion (V.ii); and while Rondon and Fierenfat may be ridiculous buffoons, they also display a more sinister determination to achieve their own ends. Their callous reaction to the news of the apparent death of Euphémon fils effectively tips the scales from the comic to the repugnant, and their actions become a source of anxiety both for the other characters and the audience (II.vi). By combining the comic and the sentimental, Voltaire distinguishes himself from La Chaussée, as Gabriel-Henri Gaillard observed in 1749: *L'Enfant prodigue* is not like a conventional *comédie larmoyante*, because it integrates ridiculous characters who are 'la source d'une infinité de plaisanteries dans le goût de celles de Molière'.[73] Voltaire responds to La Chaussée by echoing Molière.

iii. *Meaning*

The final aspect of Voltaire's innovation and critical response to contemporary comedy in *L'Enfant prodigue* is his experimentation with didacticism. In a letter to Mlle Quinault of 13 October 1736, Voltaire underlined 'le fonds de vertu qui est dans cet ouvrage' and highlighted some of the reasons for the play's success: 'le langage

[73] Gaillard, *Poétique française à l'usage des dames*, ii.142.

du cœur [...], le ton de l'honnête homme, les mœurs ont réussi. Le fonds de vertu qui est dans cet ouvrage devait vous plaire, et a subjugué le public' (D1167). More than twenty years later, in a letter to Capacelli of 23 December 1760, he defined comedy as 'l'art d'enseigner la vertu et les bienséances en action et en dialogues' and claimed that *L'Enfant prodigue* was a good example of such a play: 'Je pourrais citer plus de six fils de famille que la comédie de l'Enfant prodigue a corrigés' (D9492). Modern critics have viewed the play differently. Ridgway describes it as a 'dramatized sermon'.[74] The implication is that, like the moralising comedies of Destouches and La Chaussée, it explicitly and insistently presents us with a clear and unequivocal message. But this view is open to question.

D. B. Krummrich argues that the play's message is threefold: the criticism of forced marriages, the satire of an egotistical *président*, and a plea for social equality.[75] He reaches his conclusion by lifting passages from the text and citing them as the 'message'. We can say that forced marriages are criticised, if we quote some of Lise's words. In I.ii, for example, annoyed at the prospect of being forced to marry Fierenfat, she puts her case to Rondon in the form of maxims: 'Les sentiments ne se commandent point. / N'ordonnez rien, l'amour fuit l'esclavage' (I.ii.158-159). The play might also offer a defence of social equality, if we quote Jasmin, who portrays poverty as the great leveller and, anticipating Candide, urges Euphémon fils to be content with his lot and join him in working in a garden. Euphémon fils seems even more radical: for him, it is not poverty that makes all people equal, but birth itself (III.i). These ideas recur in the first of the *Discours en vers sur l'homme*, 'De l'égalité des conditions', which follows Pope's *Essay on man* in its optimistic insistence on the equality of mankind ('Les mortels

---

[74] Ridgway, *Voltaire and sensibility*, p.212.

[75] D. B. Krummrich, 'The theater of ideas: the treatment of the moral and social collective themes in French philosophical comedy and drama in the first half of the eighteenth century', doctoral dissertation, Fordham University 1976, p.256.

sont égaux', 'C'est du même limon que tous ont pris naissance') and the universal attainability of happiness: 'Quel que soit ton état, quel que soit ton destin, / Sois sage, il te suffit, ton bonheur est certain'.[76]

But these are serious messages only if we quote them out of context; in their dramatic context, their connotations are quite different. The tonality of Lise's protest in I.ii is resolutely comic. We enjoy the comic spectacle of her puncturing the ridiculous Rondon's inflated ego. And the other characters enjoy it too: the normally sober Euphémon père observes ironically to Rondon: 'Ah, ah, notre féal, / Votre pouvoir va, ce me semble, un peu mal: / Qu'est devenu ce despotique empire?' (I.ii.141-143). Moreover, Lise's protest is both brief and conventional: she is one of many daughters on the French comic stage who has to do battle with an obstinate father in order to ensure a happy ending. The messages of social equality in III.i are also significantly relativised by their dramatic context. There is no threat to the status quo. As soon as he finds out who Euphémon fils really is, Jasmin resumes his proper place in the social hierarchy, signalled by his shift from 'tutoiement' to 'vouvoiement', a shift which, significantly, Euphémon fils does nothing to oppose: social equality has its limits. Citing parts of the text out of context can falsify their true connotations: maxims are unstable vehicles for conveying philosophy. The happy ending reasserts the familial and social status quo: apparent subversion is itself subverted.

Rather than abstract maxims from the text, we need to consider the dramatic action of the play in its entirety when trying to assess its possible message. Doing this would lead us to conclude, with Krummrich, that part of the play's broader message, like that of Voltaire's *Les Originaux*, is the satire of the egotistical *président*: Fierenfat is exposed to ridicule and ultimately outwitted. This satire is mirrored by the praise of love, compassion and reconciliation in the play: Euphémon fils insists on his change from vice to

---

[76] *OC*, vol.17, p.458-59, 468.

virtue, and he is reconciled with Lise and his father. [77] Like the dénouements of *Zaïre* and *Alzire*, [78] and anticipating the message of the seventh *Discours en vers sur l'homme*, the sentimental climax of the play foregrounds tolerance and humanity.

Crucially, however, Voltaire disrupts conventions by unsettling this sense of domestic harmony and optimism in two ways. Firstly, Fierenfat shows no sign of changing his conduct: he shows less concern for his brother than for his own finances since he will not be able to marry Lise (V.vii). Voltaire's deviation from the biblical model is significant: whereas the Bible does not indicate the embittered brother's final reaction, Voltaire highlights his comic resistance to moral reform. The dénouement alludes to the biblical intertext and to the optimistic vice-into-virtue model characteristic of much sentimental comedy, but unexpectedly subverts them both: there is no sense of moral closure. Voltaire's second subversive trick is to invest the closing lines of the play with unsettling irony. Euphémon père praises God for ensuring

[77] Ridgway suggests that *L'Enfant prodigue* offers the reverse image of Voltaire's poem of the same year, *Le Mondain*: while the latter praises the legitimate enjoyment of pleasure, the former exposes what happens when the pursuit of pleasure becomes an exclusive and degrading passion (*Voltaire and sensibility*, p.212). But this view needs to be qualified. Ridgway sees Euphémon fils in negative terms, but the latter's actions are counterbalanced by those of Fierenfat, an avaricious and self-obsessed fool. The contrast suggests that the play is not just a negative reverse-image of the poem, but that it highlights the pitfalls of both too much and too little honest pleasure. By contrast, Voltaire's *Le Comte de Boursoufle* appears to offer a negative image of 'mondanité' through the ridiculous character of Thérèse: she is obsessed with Paris, which comically anticipates the last line of the first edition of *Le Mondain*: 'Le paradis terrestre est à Paris'. Voltaire returns to the themes of 'mondanité' and town-versus-country in two later comedies: *La Prude* and *La Femme qui a raison*.

[78] In the 'Discours préliminaire' to *Alzire* Voltaire claims that 'on retrouvera dans presque tous mes écrits cette humanité qui doit être le premier caractère d'un être pensant' (*OC*, vol.14, p.118). W. H. Barber notes that 'the plays on which [Voltaire] is working in the years 1734-1740 are dominated to a striking degree by the themes of compassion, forgiveness, and reconciliation' ('Voltaire at Cirey: art and thought', in *Studies in eighteenth-century French literature presented to Robert Niklaus*, ed. J. H. Fox, M. H. Waddicor and D. A. Watts, Exeter 1975, p.1-13, at p.5).

the defeat of vice and the triumph of virtue: 'rendons grâces aux cieux, / Dont les bontés ont tout fait pour le mieux' (V.vii.297-298). But his analysis contrasts with that of Jasmin and Euphémon fils: the former twice attributes their chance return, not to God, but to 'le diable' (III.iii.257-258), and the latter attributes his reform, not to divine guidance, but to the power of his love for Lise (IV.iii). In context, then, Euphémon père's words seem facile. Indeed, the effect is almost parodic, since they echo Enrique's ironic optimism at the end of Molière's *L'Ecole des femmes* ('[Allons...] rendre grâce au ciel qui fait tout pour le mieux', V.ix) and Brutus's closing lines after the execution of his son in Voltaire's tragedy of that name ('Rendons grâces aux dieux', V.ix). Like Molière, Voltaire seems deliberately to emphasise the conventionality of the ending in order to subvert it: the traces of artificiality make us question the sort of black-and-white optimism which is characteristic of much sentimental comedy. *L'Enfant prodigue* is characterised by theatrical experimentation. The play offers more than just facile morality: it undermines dramatic conventions by disrupting the sort of clear-cut morality normally associated with sentimental comedy.

Experimentation is also evident in Voltaire's use of tone: he fully integrates the comic and the sentimental, setting himself apart from contemporary dramatists like La Chaussée. As we have already seen, Voltaire knew that his play was innovative, modern even, in this respect, suggesting to Mlle Quinault in March 1736 that it be referred to simply as 'pièce de théâtre', rather than 'comédie' (D1036). Martine de Rougemont's observation is helpful here: 'Le XVIIIe siècle se débat lui-même à l'intérieur d'un système qui l'entrave et dont il ne se libère qu'en inventant d'appeler certaines œuvres théâtrales "pièce". C'est le cas déjà pour la *Cénie* de Madame de Graffigny.' [79] Voltaire had anticipated Françoise de Graffigny by fourteen years and in a very different

[79] M. de Rougemont, *La Vie théâtrale en France au XVIIIe siècle* (Paris 1988), p.23.

44

way, as Jean-Jacques Garnier was to observe in 1757.[80] Contemporary audiences and critics seem to have appreciated the play's novelty: one critic highlighted 'le goût singulier de cet ouvrage, qui ne ressemble à aucun de ce genre'; La Porte and Chamfort observed that 'la comédie de l'*Enfant prodigue* est d'un genre qui a fait naître bien des difficultés'.[81] *L'Enfant prodigue* establishes a comic aesthetic which differs crucially from that of the *comédie larmoyante*: 'C'est une pièce où l'on pleure beaucoup, et où l'on ne rit pas moins: mais (ce qui est à remarquer) ce qu'on appelle le comique larmoyant n'y domine pas trop; et par-là elle ne sort pas absolument du caractère de la comédie.'[82]

4. *Performance*

According to Lancaster's transcription of the *Registres* of the Comédie-Française, 359 paid entries were recorded for the first performance of *L'Enfant prodigue* on 10 October 1736, when the audience was expecting to see a performance of Racine's *Britannicus*.[83] This is the closest we can come to real audience figures. Paid entries include *loges*, retained for a period but not necessarily fully occupied (or indeed occupied at all) on any particular occasion, and exclude real spectators who had complimentary access. Although any individual total of paid entries is therefore only an approximate indicator of the size of an audience, a series of totals is a reasonable measure of the general rise and fall in the popularity of a particular play, when it headed the bill. The first run went to 21 performances between 10 October and 26

---

[80] See Garnier, *Le Bâtard légitimé*, p.13.

[81] *Observations sur les écrits modernes* 6 (1736), p.311; J. de La Porte and S.-R.-N. Chamfort, *Dictionnaire dramatique*, 3 vols (Paris 1776), i.431-32.

[82] *Observations sur les écrits modernes* 6 (1736), p.311-12.

[83] H. C. Lancaster, 'The Comédie-Française, 1701-1774: plays, actors, spectators, finances', *Transactions of the American philosophical society* 41 (1951), p.593-849, at p.722.

November.[84] The highest number of spectators was recorded on the second night: 921. The second highest was on the eleventh night: 902. Discounting the premiere for obvious reasons, the two lowest figures for the run were recorded at the tenth and twelfth performances: 364 and 397 entries respectively. The average number of spectators for the other sixteen performances is 578. By comparison, the average number of entries for the other performances of works from the repertoire over the two months of October and November 1736 was 286.[85] To audiences of the period, the most appealing author seems to have been Voltaire himself.[86] *Zaïre* was attracting just over 500 entries in early October, and *Œdipe* was to attract 746 in early December, the latter possibly an effect (foreseen by the company) of the success of *L'Enfant prodigue*.[87] But, apart from general success and consistent unpopularity, few watertight conclusions can be drawn from these raw data. We would need, like Lagrave, to take into account the total context, including not only obvious factors such as the Court performances which depleted the number of the best actors available in Paris, but also the day of the week, the nature of other entertainments currently on offer in the capital, other significant local events, and so on. How else could we explain anomalies like the fact that the two lowest numbers of entries for the first run of *L'Enfant prodigue* occur on either side of the second highest?

[84] Writing to Cideville on 8 December 1736, Voltaire refers to 22 performances (D1220), but he appears to be mistaken.

[85] 9708 paid entries divided by 34 nights. No performances are recorded for 5, 11, 12, 16 and 18 October or 1 November.

[86] Lagrave, who calculated that some 36,000 spectators overall attended the 82 performances of *L'Enfant prodigue* over the period covered by his study, also notes that Voltaire 'apparaît comme le grand fournisseur du Théâtre Français' (*Le Théâtre et le public*, p.597-600).

[87] At the end of 1736 the most popular author seems to have been Destouches, whose *Le Glorieux*, billed with Boindin's *Le Port de mer*, achieved 848 entries on 2 December. The least attractive author by far at this time was Regnard, with audiences so small that it is surprising that he was performed at all: 73 and 120 on 23 and 29 November for *Le Distrait*, for example.

On 8 December 1736 Voltaire told Cideville that the first run was interrupted only because an actress fell ill (D1220).[88] This is borne out by the fact that a second run followed closely upon the first, with six performances between 12 and 21 January 1737. That this was a *reprise*, and not a *remise*, is attested by the fact that an author's share continued to figure in the *Registres*, which would not have been the case if the play had been taken off.[89] In January 1737 *L'Enfant prodigue* was still immensely popular, attracting 827 paid entries on the 12th and 667 on the 19th.

The play maintained its appeal in the latter half of the century and was performed on average just over 47 times per decade between 1750 and 1790. In the decade 1780-1790 Voltaire's most popular play was *Tancrède*, which was performed on fifty-two occasions. *Alzire*, *Mahomet* and *Zaïre* were each performed fifty times, *Nanine* forty-five, and *L'Enfant prodigue* and *L'Orphelin de la Chine* forty times. Overall, most of Voltaire's plays, except those which had failed at the outset, were performed to a greater or lesser extent up to the Revolution.[90] *L'Enfant prodigue* was regularly, if briefly, revived in 1804, 1807, 1811, 1812, 1816, 1818 and 1819, for a total of 22 performances in all.[91]

L'Enfant prodigue was also performed on private stages. Françoise de Graffigny's letters to Devaux in December 1738 and February 1739 reveal that it was played at Cirey at that time (D1686, D1872; cf. D1843, D1864). Mme Du Châtelet invited Maupertuis and Algarotti to the Cirey performances (D1400, D1421, D1441, D1597). In spring 1757 the play was put on with *Zaïre* at Montriond, Voltaire's house in Lausanne, when the

[88] The actress cannot be identified, since all those who were in the cast were present on 26 November 1736, the last night of the first part of the first run (October 1736-January 1737).

[89] The total of Voltaire's shares as author (October-January) was 2,957 *livres*, 18 *sols*.

[90] See E. Kennedy *et al.*, *Theatre, opera and audiences in Revolutionary Paris: analysis and repertory* (Westport, Conn. 1996), p.247-48.

[91] See A. Joannidès, *La Comédie-Française de 1680 à 1920. Tableau des représentations par auteurs et par pièces* (Paris 1921), p.102-104.

marquise de Gentils played the baronne de Croupillac, Mme d'Hermenches played Lise, Mme d'Aubonne played Marthe, and Voltaire himself played Euphémon père (D7174). [92]

The play was also well received in Court circles. The Russian nobility performed it at the Court of Catherine II (D17694), and it was taken to the French Court fifteen times (fourteen times to Versailles, once to Fontainebleau) between 13 November 1736 and 5 January 1779. [93] Luynes notes that Mme de Pompadour played the role of Lise on 30 December 1747. [94] Ample but incomplete records of the performances of plays at Court are held in the Comédie-Française archives. At the time of the creation of L'Enfant prodigue the records did not indicate which actors assumed which roles (this was a later refinement introduced by Laporte). But the Court performance records necessarily detail which actors were called to Court to perform on particular dates because they received expenses. If these lists are read alongside the daily records of attendance at the Paris venue of the Comédie, the Fosses-Saint-Germain-des-Prés, it becomes apparent which actors were present on every occasion (or almost) when a particular play was performed and, since we know what the specialities of each actor were, we can arrive at a fairly reliable conjecture about who played which part in most of the plays that constituted the main spectacle. L'Enfant prodigue poses fewer problems than most plays in this respect.

The Comédie-Française manuscript 2AV (1737) 1, entitled 'Représentations à Versailles, année 1737', gives details of the performance of the play on 8 January of that year. The actors

---

[92] See also D7186, D7188, D7190, D7192, D7202, D7211, D7213, D7215.

[93] The dates of the Court performances are: 13 November 1736, 8 January 1737, 21 November 1741, 27 November 1742, 23 November 1743, 15 March 1746, 7 October 1749 (Fontainebleau), 12 December 1752, 19 March 1754, 14 January 1755, 17 January 1758, 20 March 1759, 17 February 1761, 14 February 1775 and 5 January 1779.

[94] Duc de Luynes, Mémoires sur la cour de Louis XV (1735-1758), ed. L. Dussieux and E. Soulié, 17 vols (Paris 1860-1865), viii.364. For the poem which Voltaire addressed to Mme de Pompadour on this occasion see M.x.531.

present at Court were: Dangeville, Du Fresne, Du Chemin, Le Grand, La Thorillière, Armand, Poisson, Sarrazin, Dangeville-jeune, Fierville. The actresses were: Quinault, Dangeville-jeune, Gaussin, Grandval, Poisson, Connell.

Over the series of 27 Parisian performances of *L'Enfant prodigue* which ran from 10 October 1736 to 21 January 1737, the following actors and actresses performed on the number of occasions listed: Messieurs Dangeville, 18; Dufresne, 27; Duchemin, 27; Legrand, 9; La Thorillière, 9; Armand, 26; Poisson, 27; Sarrazin, 27; Dangeville le jeune, 23; Fierville, 27; Mlles Quinault, 26; Dangeville la jeune, 26; Gaussin, 26; Grandval, 20; Poisson, 11; Connell, 7. It is probable that those with 27 attendances or so would be the ones involved in performing *L'Enfant prodigue*. A further indicator is the second play. Boindin's *Le Port de mer* was staged along with Voltaire's play at Versailles on 8 January, and the same combination had been played in Paris on the 26 November of the previous year. We would expect the cast-list to be the same or nearly so on both occasions, and this was indeed the case. With the exception of Dubreuil, all the actors who performed on 26 November, and only they, were included in the visit to Court. The researches of E. de Manne and Henri Lyonnet, which note the careers and specialities of the actors, confirm our census of actors involved in performing *L'Enfant prodigue*, and in some cases Voltaire's correspondence corroborates these findings. [95] This is so with Mlle Quinault, for example, whose dramatic taste and skill Voltaire rated highly and to whom he frequently apologises for giving her, of all people, the role of the baronne de Croupillac. He attributed a large measure of the play's success to her acting. [96]

The roles for the first run, including the Court performance,

---

[95] See E.-D. de Manne, *Galerie historique des portraits des comédiens français de la troupe de Voltaire* (Lyon 1877) and H. Lyonnet, *Dictionnaire des comédiens français (ceux d'hier). Biographie, bibliographie, iconographie*, 2 vols (Paris 1910-1912).

[96] See D1167, D1177, D1183 and D1186. Spire Pitou's article, 'The players' return to Versailles, 1723-1757', *SVEC* 73 (1970), p.7-145, fails to register the fact

were: Euphémon père, Sarrazin; Euphémon fils, Quinault-Dufresne; Rondon, Duchemin; Lise, Mlle Gaussin; Mme de Croupillac, Mlle Quinault; Marthe, Mlle Dangeville la jeune. Two roles cannot be attributed with certainty: those of Fierenfat and Jasmin, and two 'unattributed' actors were present on twenty-seven occasions: Fierville and Poisson. Lyonnet's description of Arnould Poisson would suit the role of Fierenfat: 'Petit, fort laid, assez mal tourné, possédant le bredouillement traditionnel dans sa famille [...] mais sa figure était si comique, son jeu si naïf, si naturel, que le public le voyait toujours avec le plus grand plaisir.'[97] This implies that the role of Jasmin would have gone to Fierville. Fierville's life appears to have been unusually active and prolonged. His career with the Comédie-Française began in 1733, when he was 62, and ended in 1741. Thereafter, he appears to have worked all over Europe and to have died in Munich in 1777, aged 106.[98]

Quinault-Dufresne was primarily known as a tragic actor, although he had played Tufière in Destouches's *Le Glorieux*, insisting on an attenuation of the character's unpleasant vanity because he did not want to appear type-cast. He had been trained by Ponteuil in the simple, more natural style of delivery (as opposed to the traditionally grandiloquent) and had consequently encountered difficulties with the *parterre*, which was unused to it.[99]

---

that *L'Enfant prodigue* was both a new play in 1736 and performed at Court in the same year (p.61). The only new play of that year performed at the Comédie-Française but not at Court was Morand's *Childéric*, which achieved seven performances between 19 December 1736 and 9 January 1737 before disappearing from the repertoire.

[97] Lyonnet, *Dictionnaire des comédiens français*, ii.539.

[98] *Ibid.*, ii.50. The alleged age of the actor at the time of his death raises doubts about the reliability of this biographical record.

[99] Victor Fournel wrote: 'Quinault Dufresne [...] fut même maltraité par le parterre tant qu'il resta le double de Beaubourg, parce qu'il offrait le contrepied de ce jeu d'énergumène auquel on était habitué' (*Curiosités théâtrales anciennes et modernes*, Paris 1859, p.213). The preference of the *parterre* is not simply a staid habit; slow and emphatic delivery would obviously be easier to follow in the circumstances.

Claude Sarrazin had recently played Lusignan in *Zaïre* and was to be the company's leading actor over a period of fifty years. Voltaire's enthusiasm for his style was not unqualified, although Grimm appreciated his capacity for conveying emotion. [100] Jeanne Gaussin had made her début as Junie in *Britannicus*, and Voltaire, who admired her, had assigned her the title rôle in *Zaïre* when it was first performed, on 13 August 1732. She also played Constance in the first performance of La Chaussée's *Le Préjugé à la mode*. [101] Marie-Anne Dangeville would later play the Baronne d'Olban in *Nanine*, and Pierre Duchemin, who had made his début as Harpagon in 1714, had recently performed as Lisimon in *Le Glorieux*.

The manuscript 'Représentations à Versailles, année 1737' which notes the actors who participated in the performance of 8 January 1737 also gives details of the expenditure involved. Stores of stage properties existed in royal palaces where performances took place. These would be drawn on as needed and, since they did not involve expenditure in connection with any one particular spectacle, are not listed. Consumables and extraordinary expenditure are included, however. For this performance of *L'Enfant prodigue*, the expenses consist mainly of payments made to ancillary personnel and tradesmen (prompter, decorator, guide, coachmen, dancers, musicians, wigmaker, etc.), plus the cost of producing various lists and a copy of the songs from *Le Port de mer*, required by the queen. The total under this head was 133 *livres*, 2 *sols*. In addition, a small sum was needed for the hire of costumes which were not available from the store-rooms: disguises for Euphémon fils and his valet (8 *livres*), plus disguises for characters in *Le Port de mer*. The hire of these properties brought the total to 157 *livres* 2 *sols*. [102]

[100] See Lyonnet, *Dictionnaire des comédiens français*, ii.638.

[101] Mme Du Châtelet, writing to d'Argental in late December 1736 (D1235), refers to a gift for 'mlle Gossein', which she has left it to her correspondent to choose. Mlle Gaussin may, therefore, have been the actress whose illness interrupted the first run.

[102] Such figures are not meaningful when they stand alone. A useful parallel with sums needed in the course of Parisian living at the same period is provided by H. Mason, *French writers and their society, 1715-1800* (London 1982), p.90-104.

The actors were paid, considerably in arrears, for a number of visits to Court. Ms. 2AV (1736) 1 includes, for example, a note of the amount disbursed to the company for visits made in that year, under the heading 'Etat de répartition de la somme de cinq mille trois cent soixante-dix-sept livres quatorze sols reçue de monsieur Hebert le vingt-cinq septembre 1738 pour trente-quatre voyages de Versailles de l'année mil sept cent trente-six'. From other documents (2AV (1743) 1-20 and 2AV (1749) 1-3) it appears that actors received a per capita sum of 30 *livres* for a visit covering three days. The visits to Court took the best actors out of the capital for periods of various durations. The company was sufficiently numerous to allow performances in Paris to continue, provided that the plays chosen matched the particular talents of those actors who remained.[103] Sometimes, however, the Paris theatre was simply closed when the principal actors were called to Court.

5. *Reception*

The number of performances at the Comédie-Française and the generally high audience figures indicate the success of *L'Enfant prodigue* in Paris in 1736-1737. Mme Du Châtelet noted this as early as 18 October 1736: 'reçue presque aussi bien qu'Alzire', she wrote to Algarotti (D1175). Some of Voltaire's other correspondents, however, had their doubts. Writing on 7 April 1737, for example, Frederick of Prussia says that *L'Enfant prodigue* is 'plein de beaux endroits; il n'y manque que la dernière main' (D1311), and on 6 July, slightly more pointedly: 'Il s'y trouve des vers que j'ai d'abord reconnus pour les vôtres; mais il y en a d'autres qui m'ont paru plutôt l'ouvrage d'un écolier que d'un maître' (D1350).[104] Formont, writing to Cideville in February

---

[103] See Lagrave, *Le Théâtre et le public à Paris de 1715 à 1750*, p.292.

[104] Voltaire's letter to Thiriot of 6 December 1737 proves, however, that Frederick did not have the final version to hand (D1396).

1737, clearly perceives a similar unevenness in the play, but he is vague about the details: 'Ce qui est bon est fort bon mais le mauvais est détestable' (D1278).

This uncertainty about the play is reflected in contemporary published criticism. The *Mercure de France* twice recorded, in October and November 1736, the success of the anonymous play, but in December it published a more critical account, condemning, as mentioned earlier, the 'mélange monstrueux de tragique et de comique, qui ne semblent associés que pour se détruire l'un l'autre', dismissing the comic element as being 'd'un bas et d'un trivial, qu'on passerait à peine dans la farce la plus ignoble', and exposing the supposed implausibility of the plot.[105] The first account of the play in the *Observations sur les écrits modernes* took a different view, arguing that it is precisely Voltaire's formal innovation that has ensured the success of *L'Enfant prodigue*: 'Le goût singulier de cet ouvrage, qui ne ressemble à aucun de ce genre, la forme même de la versification, qui est neuve au théâtre, contribuent au concours des spectateurs.' The writer also praised the 'légèreté' and 'vivacité' of the versification and 'l'enjouement du dialogue', and he highlighted, significantly, that 'ce qu'on appelle le comique larmoyant n'y domine pas trop'.[106] By contrast, a later critic in the same journal objected to 'le mélange de cet attendrissant avec le risible', claiming that 'le plaisant de la pièce [...] n'a pas réussi', and arguing, counter to Voltaire's preface to the play, that the idea of laughing and crying at the same thing is unnatural,[107] a point echoed in Granet's *Réflexions sur les ouvrages de littérature*, which argues that the play's failing is 'le mélange du sérieux attendrissant, avec le bas et fade comique'.[108]

L'Enfant prodigue became the subject of much debate. In a wide-ranging critique, Contant d'Orville denies that 'le pathétique' has a

[105] See the *Mercure de France*, October 1736, p.2341; November 1736, p.2544-45; and December 1736, p.2933-41.
[106] *Observations sur les écrits modernes* 6 (1736), p.311-13.
[107] *Ibid.* 11 (1737), p.292-96.
[108] Granet, *Réflexions sur les ouvrages de littérature* 2 (1738), p.279.

place in comedy, describes the play as being 'tout fondé sur le pathétique', ridicules the use of stock characters alongside unbelievable ones, dismisses the first two acts as being 'd'aucune utilité à la pièce, car à proprement parler, elle ne commence qu'au troisième [acte] à l'arrivée de l'enfant prodigue', and concludes that the play's dénouement is pitiful. [109]

Such views persisted. In June 1749 Collé included in his *Journal* some remarks about *Nanine*, chiefly to the effect that it was a dull play and that Voltaire was investing in its success, as he had for *Sémiramis*, by buying up places in the theatre and giving them away to female relatives and friends. In a note which he added to this entry in 1780, Collé reasserted his position with the words:

Quoique *Nanine* soit restée au théâtre, ainsi que *L'Enfant prodigue*, et quelques autres pièces larmoyantes, je ne réformerai point à cet égard les jugements que j'ai portés et de ces pièces et de leur genre. Il ne sera jamais adopté que par des auteurs qui n'ont pas assez de force comique (*vis comica*) pour composer des comédies, ou qui manquent du nerf nécessaire pour composer des tragédies. Ce qu'on nomme aujourd'hui des *drames* sont et seront toujours le partage de la fade médiocrité. [110]

With 47 and 52 performances respectively in the decade up to 1780, *Nanine* and *L'Enfant prodigue* were still clearly appealing to the public. Nonetheless, Collé is determined to dislike these two plays. It was to be all too easy for the next century to follow suit.

Much nineteenth-century criticism was ill-disposed towards the *philosophes*, and towards Voltaire in particular. Despite its success in the eighteenth century, nineteenth-century critics were unanimous in their scorn for *L'Enfant prodigue*. They dismiss it as a comedy which is overtly didactic rather than comic, an excessively sentimental example of the *comédie larmoyante* in the style of La Chaussée. Charles Lenient's chapter on Voltaire, a mixture of

---

[109] Contant d'Orville, *Lettre critique sur la comédie intitulée L'Enfant prodigue ou l'école de la jeunesse*, passim.

[110] Charles Collé, *Journal et mémoires*, ed. H. Bonhomme, 3 vols (Paris 1868), i.81n.

biographical references, associationist psychology and opinion masquerading as fact, is typical. It is notable for its incapacity or refusal to discuss the play as a dramatic spectacle. Lenient describes *L'Enfant prodigue* as Voltaire's 'premier sacrifice à ce genre larmoyant dont il [Voltaire] s'est tant moqué d'ailleurs'; the play stands out only by its 'éclatante médiocrité'.[111]

Such views were tirelessly echoed by subsequent critics, even in the twentieth century.[112] The *philosophes* and their achievements came to receive a more balanced appraisal, but the drama of the eighteenth century, with the exception of Beaumarchais and, more recently, Marivaux, has yet to be rehabilitated. Over the last half-century important studies have revealed the real interest of dramatists such as Dufresny and, more recently, even Pannard and Sade, for example. But Voltaire has not been so well served. The only book devoted to his comedies, Lilian Willens's *Voltaire's comic theatre*, offers a useful overview of the composition and performance of *L'Enfant prodigue*, but does not refrain from repeating the traditional, largely unargued evaluations of the play.[113] Jack Yashinsky has advanced a less simplistic view. He gives a more sympathetic reading of the play, emphasising both its popularity in the eighteenth century and its innovative features. But his study is problematic: he points to sources of comic effect and sentimental appeal in the play, but his discussion of them is limited; his discussion of didacticism is restricted to the theme of equality; and he claims that Voltaire combined the various

[111] C. Lenient, *La Comédie en France au XVIIIe siècle*, 2 vols (Paris 1888), ii.49, 56.

[112] E. Deschanel, *Le Théâtre de Voltaire* (Paris 1888), p.282; F. Gaiffe, *Le Drame en France au XVIIIe siècle* (Paris 1910), p.31; F. C. Green, *Minuet: a critical survey of French and English literary ideas in the XVIIIth century* (London 1935), p.152; R. Naves, *Le Goût de Voltaire* (Paris 1938), p.270-72; and Fenger, 'Voltaire et le théâtre anglais', p.229. E. F. Jourdain goes further than most when she states that *L'Enfant prodigue* and *Nanine* 'were meant to be "drames"', and lists them as such, along with *L'Orphelin de la Chine*, in her chronological table of French drama: *Dramatic theory and practice in France, 1690-1808* (London 1921), p.61, 222-27.

[113] Willens, *Voltaire's comic theatre*, p.67-81. The same is true of M. Carlson's more recent *Voltaire and the theatre of the eighteenth century* (Westport, Conn. 1998).

elements of his play – comic, pathetic and didactic – in a skilful, well-balanced manner, but without showing how this combination works. [114]

6. Publication

Voltaire was amenable to criticism of his writings from people whose judgement he respected, and a number of letters prove his readiness to take into account the suggestions of d'Argental or Mlle Quinault, for example, because he clearly saw that they were likely to improve the finished product. Understandably, he was particularly perturbed by interventions which appeared to do the opposite. He was worried by the version of the play that the *comédiens* were performing, afraid that it was a departure from what he had written and conscious that, far from Paris, he was unable to assess its effect in the theatre for himself. [115] He was also, as his letter to d'Argental at the beginning of December 1736 suggests, concerned that Minet might make copies of a text which would be defective and that his name would be associated with something of poor quality (D1214), just as he was embarrassed in October of that year that Frederick received a manuscript which he felt was not to his credit (D1376). He was also angered by the absurd interventions of the censors (D1202).

On 18 October 1736 Voltaire asked Berger to send him the original copy of the play in order to have it published by Prault or, if necessary, in a periodical such as *Le Pour et contre* (D1173). He also asked Mlle Quinault to let him have a copy of the performance text (D1177). Having received the text, he responded to Thiriot a month later with the remark: 'On l'avait estropié [...] au point qu'il

---

[114] Yashinsky, 'Voltaire's *Enfant prodigue*', *SVEC* 163 (1976), p.31-51.

[115] Some four years after the opening of *L'Enfant prodigue*, Voltaire had become more sanguine about the shortcomings of Parisian performances and wrote to La Noue to the effect that he had never seen the play performed and that he could not therefore assess its theatrical impact (D2404; *c.*January 1741).

ne pouvait marcher' (D1202). On about 18 November 1736, he asks Berger to hold Prault to a price for the text or to work with another publisher (D1203). It still awaited printing in mid-November (D1205), and Voltaire was still hesitating in early December: 'Je ne la ferai imprimer qu'après mûre délibération', he told Cideville (D1220). Presumably, he was weighing up the advantages and disadvantages of breaking his incognito and working on the final revisions of the text.

Writing to Thiriot from Leiden on 4 February 1737, Voltaire refers to a revised manuscript which he has sent him and which his correspondent has presumably failed to read, since he has criticised things in the text which Voltaire had already removed (D1279). By mid-September 1737, he was negotiating with Prault, through Moussinot, to publish the play and was asking for '600 livres comptant, et 600 après l'impression'. If this was agreed, he would have the manuscript delivered along with the *approbation*, provided always that Prault kept the business secret until the last moment (D1371). Prault presumably raised with Moussinot an objection to the appearance of the play under a Dutch imprint, and in a letter dated 4 November 1737 Voltaire explains a point which he would have expected Prault to know (D1384):

A l'égard du s^r Prault, il doit savoir qu'on ne s'interdit jamais la liberté des éditions étrangères. Sitôt qu'un livre est imprimé à Paris avec privilège, les libraires de Hollande s'en saisissent, et le premier qui l'imprime en Hollande est celui qui en a le privilège exclusif dans ce pays-là, et pour avoir ce droit d'imprimer ce livre le premier en Hollande il suffit de faire annoncer l'ouvrage dans les gazettes. C'est un usage établi et qui tient lieu de loi. Or quand je veux favoriser un libraire de Hollande je l'avertis de l'ouvrage que je fais imprimer en France, et je tâche qu'il en ait le premier exemplaire afin qu'il prenne les devants sur ses confrères.

When the play finally appeared in print, early in 1738, Voltaire wrote to Prault in emphatic terms expressing his dissatisfaction with the result: 'Je voudrais que votre édition fût brûlée, aussi bien que tout ce que j'ai fait. Je ne suis content de rien et je raccommode tout' (D1438).

Voltaire's anxieties about the publication and diffusion of a defective text in France applied beyond its borders as well, where principally Dutch publishers supplied the demands of francophone populations in Europe. Accordingly, he entered into negotiations with Ledet and Desbordes, presumably while he was in Amsterdam in the last days of 1736, to publish an edition under both their imprints. The material evidence of the editions indicates that this was an 'édition partagée', although no other documents which might prove the existence of a joint contract have come to light. The numerous single editions of the play during Voltaire's lifetime are described below. It first entered his collected works in 1740.

7. Manuscripts, editions and translations[116]

Manuscripts

No autograph manuscript survives. Those manuscripts that have come down are of unequal value and interest.

MS1

L'Enfant Prodigue / Comédie / En cinq Actes, en Vers dissillabes / De Monsieur Arouet / de Voltaire. / Copiée d'aprés le Manuscrit de Paris et telle qu'on la joüe actuellement suivant les dernières corrections de L'Auteur / à Généve / 1757. In a different hand at the bottom of the page 'cela n'est pas vray'.

---

[116] For their assistance in compiling the information for this bibliography we should like to thank Monsieur Charles Wirz, of the Institut et Musée Voltaire, Geneva; Luba Frastacky of the Thomas Fisher Rare Book Library in the University of Toronto; Dr Eileen Dunkley, who examined texts in the Österreichische Nationalbibliothek in Vienna; David Thomas, of the Taylor Institution Library, Oxford; and Dr Verena Jung, of the Department of German in the University of Leeds.

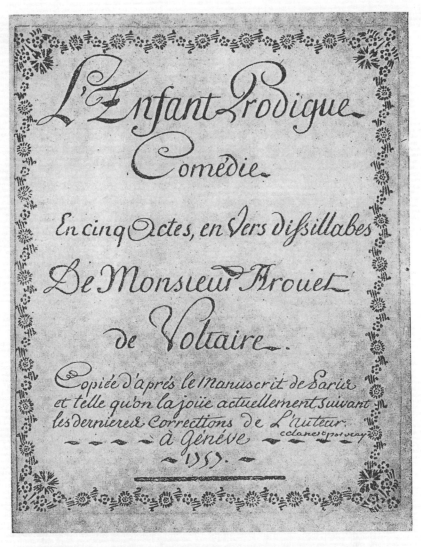

1. *L'Enfant prodigue*. St Petersburg, GpbVM 11-207, title page.

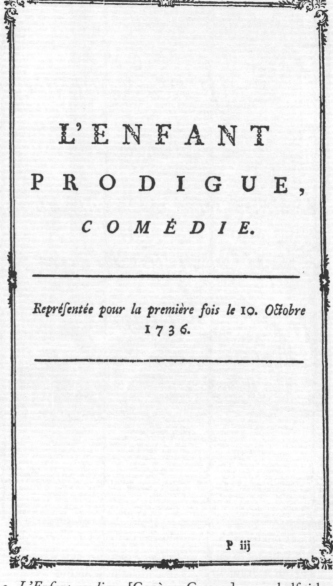

L'ENFANT

PRODIGUE,

COMÉDIE.

Représentée pour la première fois le 10. *Octobre*
1 7 3 6.

2. *L'Enfant prodigue* [Genève: Cramer], 1775, half title.

J. M. Moreau le j. inv. 1783.

3. 'Que vois-je? ô ciel!' *L'Enfant prodigue*, act V, scene vi.
(From a drawing by J.-M. Moreau le jeune, 1783,
reproduced in the Kehl 4° edition.)

BV, p.1018, no.44, Facsimile of title page on p.1021 (reproduced on page 59). Copy of the entire play in an unknown hand.
St Petersburg, GpbVM 11-207.

MS2

Lekain's copy of the role of Euphémon fils. No significant variants. Follows MS1 and 70A.
Paris, Comédie-Française ms. 20014 (1.35) (unpaginated). [117]

MS3

Copy of the role of Lise. No significant variants.
Paris, Arsenal ms. 3112, f.176-85.

MS4

Copy established from a printed edition. No significant variants.
Geneva, ImV, ms. V5, p.279-388.

MS5

Copy in an unknown hand, sent by Thiriot to Crown Prince Frederick at Potsdam.
Frederick did not admire the play as presented in this manuscript, and nor did Voltaire. [118]
Potsdam, Schloss Charlottenburg: P. 302. o. St.

[117] Lekain played Euphémon fils on 24 and 27 September 1750. Copies of individual actors' roles are not uncommon. They typically contain the speeches of one particular character (hence actor) and the last line attributed to the previous speaker. The Comédie-Française archives also hold a manuscript (ms. 133) of *L'Enfant prodigue* reduced to one act, with the suppression of the roles of Rondon, Fierenfat and Mme de Croupillac. It was probably prepared by the secretary of the duc de Nivernais in the 1750s. No account is taken of it in this edition.

[118] See B. Krieger, *Friedrich der Grosse und seine Bücher* (Leipzig 1914), p.165A. Voltaire alludes to this manuscript in a letter to Frederick II of 15 October 1737: 'Je suis indigné qu'on ait pu présenter à votre altesse royale le misérable manuscrit de l'Enfant prodigue qui est entre vos mains; cela ressemble à ma pièce comme un singe ressemble à un homme' (D1376). To Thiriot, he wrote on 6 December 1737: 'On imprime l'enfant prodigue un peu différent de la détestable copie qu'ont les comédiens, et que vous avez envoyée (dont j'enrage) au prince royal' (D1396).

Editions

The large number of editions of *L'Enfant prodigue* on its own, produced throughout Voltaire's lifetime, and indeed beyond, attests to the play's popularity. The provenances of the editions (Avignon, Marseille, The Hague, Brussels, Vienna) are not unusual in that *imprimeurs-libraires* catered for the demands of non-metropolitan readers and actors. These editions could sometimes, as in the case of those from Avignon, be produced more cheaply than those produced in Paris and in accordance with the laws governing the book trade. The system invited abuse. [119]

Collective editions of Voltaire's works are described fully in William H. Trapnell, 'Survey and analysis of Voltaire's collective editions, 1728-1789', *SVEC* 77 (1970), p.103-99.

38A

L'ENFANT / PRODIGUE, / *COMÉDIE* / DE MR. DE VOLTAIRE, / EN VERS DISSYLABES, / Représentée sur le Théâtre de la Comédie / Françoise le 10 Octobre 1736. / *Et corrigée de nouveau par l'Auteur.* / [*engraving, ancient bust in frame and two trumpeting cherubs, 56 x 30 mm*] / A AMSTERDAM, / Chez ETIENNE LEDET & Compagnie. / M. DCC. XXXVIII. / 8°. *4 A-H8 I4; [2] V [vi] 135pp.; $5 signed, arabic numerals (- *1, *4, A1, I4); page catchwords.

[*1*] title-page; [*2*] blank; [i]-v Préface de l'éditeur; [vi] Acteurs; [1] A1r L'ENFANT / PRODIGUE, / *COMÉDIE.* / DE MONSIEUR / DE VOLTAIRE.; [2] Acteurs; [3]-135, L'Enfant prodigue, comédie.

Minor differences in the two lists of characters.

Plate facing A2r.

[119] See R. Moulinas, *L'Imprimerie, la librairie et la presse à Avignon au XVIIIe siècle* (Grenoble 1974), p.131-33.

Bengesco 119.
Paris, BnF: Ye 9213 (in vol. III of w38); Arsenal: Rf. 14299.
Lausanne, BCU: AA 8555/2 (3). Neuchâtel, BV: TH. 177 ᵇ.
Oxford, Taylor: V3 A2 1768 (7); - V1 1738 (3) (in vol. III of
w38). University of Texas: PQ 2077 E4.

38B

L'ENFANT / PRODIGUE, / *COMEDIE* / EN VERS
DISSYLABES, / REPRESENTE'E / Par les Comediens François, sur le / grand Théatre de la Monnoye le / 18. Janvier 1738. /
[*engraving, vase of flowers, 38 x 27 mm*] / Suivant la Copie
imprimée à Paris. / A BRUSSELLES, / Chez N. STRYCK-
WANT, Marchand Libraire / & Imprimeur, rûë de l'Evêque.
1738. / [*rule, 71 mm*] / Avec Approbation. /
8°. A-K⁴ L²; 83pp.; $2 signed in arabic numerals (- A1, G2, I2, L2;
H2 signed G2); sheet catchwords (- B, E, F, H, K)
[1] title page; [2] Acteurs; [3]-83 L'Enfant prodigue, comédie.
Ghent, Bibliotheek der Unversiteit: BL 8933.

38P12

L'ENFANT / PRODIGUE, / COMEDIE EN / VERS DIS-
SYLABES, / Représentée sur le Théatre de la Comé- / die
Française le 10 Octobre 1736. / *Le prix est de trente sols.* /
[*engraving: flowers and foliage, 39 x 31 mm*] / A PARIS, / Chez
PRAULT fils, Quay de Conty, vis-à- / vis la descente du Pont-
neuf, à la Charité. / [*rule, 73 mm*] / M. DCC. XXXVIII. / *Avec
Approbation & privilége du Roi.* /
Besterman 1973, p.31-32, no. 40, fig. 3. 12°.
Oxford, Taylor: V3 E4 1738 (2). University of Texas: PQ 2077 E4
(1738b).

38P8

[*title-page A*] L'ENFANT / PRODIGUE, / *COMEDIE* / EN VERS DISSYLABES, / Représentée sur le Théatre de la Comédie / Française le 10 Octobre 1736. / *Le prix est de trente sols.* / [*engraving: angel, with trumpet, scattering books, foliage, motto 'undique spargit', 74 x 54 mm*] / A PARIS / Chez PRAULT fils, Quay de Conty, vis-à-vis la / descente du Pont-neuf, à la Charité / [*rule, 65 mm*] M. DCC. XXXVIII. / *Avec Approbation & Privilége du Roi.* /

[*title-page B*] [...] *sols.* / [*engraving: urns, flowers, curlicues, 58 x 44 mm*] / A PARIS, [...] /

8°. a⁴ A-F⁸ G⁴ π1 (-B8); [*8*] 104 [*2*] pp.; $4 signed in roman numerals (- a1, a3-4, G3-4); sheet catchwords.

[*1*] title-page; [*2*] blank; [*3-7*] Préface de l'éditeur; [*8*] Acteurs; [1]-104 L'Enfant prodigue, comédie; [*1*] Approbation [30.10.37, Jolly]; [*1-2*] Privilège du roi [29.11.37, Sainson].

In some copies, line 9 of the title-page reads vis-à-vis (examples noted below). The cancel at B8 adds two lines to p.32 after 'possession' (see II.v.223-224): 'A votre fille enfin m'ont fait prétendre, / Argent comptant fait & beau-père & gendre.' There are two compositions for this cancel, with variations of punctuation. Composition 1: l.17, beau-pere, / l.23, possession; / l.24 prétendre, /. Composition 2: l.17, beau-pere; / l.23, possession, / l.24 prétendre. /.

Bengesco 118.

Paris, BnF: 8° Yth 5947 (B8: composition 1; 'vis-à-vi'); 8° Yth 5950 (B8: composition 1; Jamet's copy); 8° Yth 5946 (B8: composition 2; 'vis-à-vi'); Yf 7224 (title-page B; B8 not cancelled; lacks π1); Rés. Z Beuchot 77 (title-page B; B8: composition 2). Arsenal: Rf. 14297 (B8: composition 2; 'vis-à-vi'); GD 9683 (B8: composition 1). Comédie-Française: I ENF. Vol. (B8: composition 1; 'vis-a-vis');[120] Oxford, Taylor: V3 E4 1738 (1) ('vis-à-vi'); Zah. III B

---

[120] I ENF Vol has served as a prompter's copy – possibly Minet's.

132 (10) ('vis-à-vis'; lacks π1). University of Texas: PQ 2077 E4 1738.

38P8*

A copy of 38P8 with (incomplete) manuscript emendations, not by Voltaire. In the main, although not entirely, the emendations resemble readings of 70A and LP (see end of list). Many of the emendations have been mutilated in the binding process. Beuchot could not identify the hand in which the emendations had been written, and could neither assert nor deny that Voltaire was responsible for them. The copy has the appearance of one used by an actor or prompter. It contains a manuscript cast list which includes the names of actors who were present at the opening performance of the play.

London, BL: Egerton 43. [121]

38X1

L'ENFANT / PRODIGUE, / *COMEDIE* / EN VERS DISSYLABES, / *Par M.* AROUET DE VOLTAIRE. / Représentée sur le Théatre de la Comédie / Française le 10 Octobre 1736. / [*engraving: angel with trumpet, seated on cloud and surrounded by books, 63 x 40 mm*] / A PARIS, / Chez PRAULT fils, Quay de Conty, vis-à-vis la / descente du Pont-neuf, à la Charité. / [*rule, 46 mm*] / M. DCC. XXXVIII. / *Avec Approbation & Privilége du Roy.* /

8°. A-K⁴ L²; 83pp. $2 signed in roman numerals (-A1, L2), sheet catchwords (-I). [1] title-page; [2] blank; [3]-7 Préface de l'éditeur; [8] Acteurs; [9]-83 L'Enfant prodigue, comédie.

A provincial edition.

Paris, Arsenal: Rf. 14298. University of Texas: PQ 2077 E4 (1738c).

---

[121] Letters to Lord Egerton's secretary, Mitchell, dated 28 January and 17 February 1816, contained in BL, Egerton 19, f.11-12, refer to the provenance of this edition.

38x1*

Copy by Beuchot of the corrections made to a copy of 38x1.
Paris, BnF: Rés. Z Beuchot 249.

39A1

L'ENFANT / PRODIGUE, / *COMÉDIE* / DE MR. DE
VOLTAIRE, / EN VERS DISSYLABES, / Représentée sur le
Théâtre de la Comédie / Française le 10 Octobre 1736. / *Et
corrigée de nouveau par l'Auteur.* / [*engraving: antique bust in frame
and two trumpeting cherubs, as 38A*] / A AMSTERDAM, / Chez
JACQUES DESBORDES. / M. DCC. XXXIX. /
π4, A-H⁸, I⁴.
Besterman 1973, p.32, no.41, records a Ledet copy.
Geneva, ImV: A 1743/1 (5-1). Oxford, Taylor: V1 1739 (3/2).
University of Texas: PQ 2077 E4 1739 HRC.

39A2

L'ENFANT / PRODIGUE / COMÉDIE / DE MR. DE
VOLTAIRE, / EN VERS DISSYLABES, / Représentée sur le
Théâtre de la Comédie / Française le 10 Octobre 1736. / *Et
corrigée de nouveau par l'Auteur.* / [*engraving: curlicues, 46 x
30 mm*] / A AMSTERDAM, / Chez ETIENNE LEDET &
Compagnie. / M. DCC. XXIX. /
12°. A-E¹² F²; 123pp.; $6 signed in arabic numerals (-A1, F2); sheet
catchwords. [1] title-page; [2] blank; [3]-7 Préface de l'éditeur; [8]
Acteurs; 9-123 *L'Enfant prodigue comédie*.
An imitation of 39A1, printed in Rouen to accompany w40.
Bengesco 118 (see also II, ii, and I, 30n); BnC 894.
Paris, BnF: Rés. Z Bengesco 5 *bis* (2) (in vol. III of w40); Arsenal: 8°
B 34045 (3) (in vol. III, part 2, of w40; see 39A2*, below); Br: II
22738A, XII 153 (uncut); ImV: A 1740/1 (4-2) (in vol IV, part 2, of
w40).[122]

[122] It would appear that *L'Enfant prodigue* was in some instances appended to
volume iii and in others to volume iv.

39A2*

A copy, with manuscript corrections, of 39A2, incorporated into a copy of w40, probably presented to d'Argenson by Voltaire. The emendations, not in Voltaire's hand, appear on pages 26, 64, 71 (twice), 99, 108 and 112.

Paris, Arsenal: 8° B 34045 (3).

39L

L'ENFANT / PRODIGUE, / *COMEDIE* / EN VERS DISSYLABES, / Représentée sur le Théatre de la / Comédie Françoise le 10 Octobre / 1736. / *Par M.* DE VOLTAIRE. / [*engraving: soldier wielding sword with flags and canon, signed Papillon, 47 x 38 mm*] / A LAUSANNE & à GENEVE, / Chez MARC-MICH. BOUSQUET & Comp. / [*rule, 69 mm*] / MDCCXXXIX./

8°. †⁴ A-F⁸; [*8*] 95 [96]pp.; $5 signed in arabic numerals (-†1, B5, C5); '*Tome I*' indicated (-†, B); page catchwords.

[*1*] title-page; [*2*] blank; [*3-7*] Préface de l'éditeur; [*8*] Acteurs; [1]-95 L'Enfant prodigue, comédie; [96] blank except for catchword 'LYSIMA-'.

Possibly intended for inclusion in a collection subsequently abandoned.

Geneva, Bpu: S 21778. Vienna, Österreichische National-bibliothek: 175011-A.

w40

Œuvres de M. de Voltaire. Amsterdam [Rouen?]: Compagnie, 1740. 4 vol.

Bengesco 2122; Trapnell 40R. BnC 18. See 39A2 and 39A2*.

Volume iii, p.8-123.

Paris, Arsenal: 8° B 34045 and 8° B 34046 (2 copies).

w41c (1742)

Œuvres de M. de Voltaire. Amsterdam [Paris: Didot, Barrois]: Compagnie, 1741-1742. 5 vol.
Volume iv, p.1-104.
Bengesco 2124; Trapnell 41C; BnC 20-21.
Paris, BnF: Rés Z Bengesco 471 (4).

w42

Œuvres mêlées de M. de Voltaire. Genève: Bousquet, 1742. 5 vol. 12°.
Reissue of w41c, produced with Voltaire's participation; cancels in text of *L'Enfant prodigue* at B6 and D2.
Volume iv, p.6-104.
Bengesco 2125; Trapnell 42G; BnC 22-24.
Paris, BnF: Z 24570.

w38 (1744)

Œuvres de M. de Voltaire. Amsterdam: Ledet [or] Desbordes, 1738-1750. 8 vol. 8°.
Bengesco 2120; Trapnell 39A; BnC 7 (iii) and 890; 9 (iv) and 893; 10 (iv) and 891.
Volume v, p.2-135.
Paris, BnF: Ye 9213 (2), Z. 24566 (2), and Rés. Z Bengesco 468 (IV, 2). Collection incorporating a copy of edition 39A of *L'Enfant prodigue*.

w43 (1744)

Œuvres de M. de Voltaire. Amsterdam [or] Leipzig: Arckstée et Merkus, 1743-1745. 6 vol.
Collection incorporating a copy of edition 39A1 of *L'Enfant prodigue* in volume v. No evidence of Voltaire's participation.
Bengesco 2126; Trapnell 43.
Geneva, ImV: A 1743/1. Köln, Universitätsbibliothek: S23/5856 (1-6).

w46

Œuvres diverses de Monsieur de Voltaire. Nouvelle edition, recueillie avec soin, enrichie de pièces curieuses, et la seule qui contienne / ses véritables ouvrages. Londres [Trévoux]: Nourse, 1746. 6 vol. 12°.

Volume iii, p.[193]-312.

Bengesco 2127; Trapnell 46; BnC 25-26.

Paris, BnF: Rés. Z Beuchot 8 (3); Arsenal: THEAT. N. 1043.

47B

L'ENFANT / PRODIGUE, / *COME'DIE* / DE MR. DE VOLTAIRE, / EN VERS DISSYLABES, / Représentée par les Comédiens François / sur le grand Théâtre de la Monnoye / le 18. Janvier 1738. / *Et corrigée de nouveau par l'Auteur.* / [*engraving: three males with headdresses, seated on packages, of which the right-hand one is marked 'No. 2'*] / Suivant la Copie imprimée à Paris. / [*rule 69 mm*] / A BRUXELLES, / Chez P. J. LEMMENS, Imprimeur & Libraire / ruë de l'Evêque. 1747 / *Avec Approbation.* /

8°. A-K⁴ L²; 83pp.; $2 signed in arabic numerals (-A1, L2); sheet catchwords.

[1] title-page; [2] Acteurs; [3]-83 L'Enfant prodigue, comédie.

The Brussels copy is included in a collection with the general title:

[*1*] NOUVEAU / RECUEIL / CHOISI ET MÊLÉ / DES MEILLEURES PIECES / DU / NOUVEAU THEATRE / FRANÇOIS / ET / ITALIEN, / Aussi de plusieurs Auteurs Modernes. / TOME III. / [*engraving, 47 x 31 mm*] / A PARIS, / [*rule 71 mm*] / Et se vend à BRUXELLES, / Chez PHILIPPE JOSEPH LEMMENS, Imprimeur / & Libraire, ruë de l'Evêque; 1747. / [*lines 1, 3, 5, 7, 9, 11, 12 and BRUXELLES are printed in red*]; [2] Pièces contenues en ce troisième tome.

Paris, Arsenal: Rf. 14300; Br: VI 59141 A 6.

47LH

L'ENFANT / PRODIGUE / *COME'DIE* / EN CINQ
ACTES ET EN VERS DISSYLABES. / *Par Mr. de VOL-*
TAIRE. / [*engraving: flower and foliage, 49 x 39 mm*] / A LA
HAYE / Chez P. GOSSE & Compagnie. / [*rule 76 mm*] /
MDCCXLVII. /
8°. [1] title-page; [2] blank; [3] Acteurs; [4] blank; [5]-94 L'Enfant
prodigue, comédie.
Aarhus, Statsbiblioteket: fr. Skø 82 Voltaire.

w48D

Œuvres de M^r. de Voltaire. Nouvelle edition revue, corrigée et
considerablement augmentée par l'auteur / enrichie de figures en
taille-douce. Dresden: Walther, 1748-1754.
Produced with Voltaire's participation.
Volume v, p.[201]-316.
Bengesco 2129; Trapnell 48D; BnC 33.
Paris, BnF: Rés. Z. Beuchot 12 (5).

w48R

[title unknown] Amsterdam: Compagnie [Rouen: Machuel], 1748.
12 vol. 8°.
According to the BnC note, the watermark indicates that volume
ix, which contains *L'Enfant prodigue*, was printed in 1744 or 1745
(see vol. 214, col. 140).
Bengesco 2128; Trapnell 48R; BnC 27, 145-148.
Paris, BnF: Rés Z Beuchot 26 (9).

w50

La Henriade et autres ouvrages. Nouvelle edition. Revuë, corrigée,
avec des augmentations considérables, particulières et incorporées
dans tout ce recueil, enrichi de 56 figures. No evidence of
Voltaire's participation.

Volume ix, p.[1]-136.
Bengesco 2130; Trapnell 50R; BnC 39 (vol. 6, 10).
Geneva, ImV: A 1751/1 (9). Grenoble, Bibliothèque municipale.

w51

Œuvres de M. de Voltaire. Nouvelle edition, considérablement augmentée, enrichie de figures en taille-douce. [Paris: Lambert], 1751. 11 vol. 12°. Based on w48D with additions and corrections. Produced with the participation of Voltaire.
Volume v, p.[297]-408.
Bengesco 2131; Trapnell 51P; BnC 40-41.
Oxford, Taylor: V1 1751 (5). Paris, Arsenal: 8° B 13057.

52V

L'ENFANT / PRODIGUE / *COMEDIE* / DE MR. DE VOLTAIRE, / EN VERS DISSYLABES. / [*engraving: a bust in a frame, 53 x 56 mm*] / *VIENNE EN AUTRICHE*, / Chez JEAN PIERRE VAN GHELEN, Imprimeur de / la Cour de sa Majesté Imperiale & Royale. / [*thick/thin rule, 61 mm*] / M D CC LII. /
8°. A-F⁸ (- F7, F8); 92pp; $5 signed in arabic numerals; page catchwords. [A1]*r* title-page; [A1]*v* Acteurs; A2*r*-F6*v* L'Enfant prodigue, comédie.
Bengesco 120.¹²³
Vienna, Österreichische Nationalbibliothek: 132. 791 – A; Theatermuseum: 214. 760 - A. Th. 4.

w52

Œuvres de Mʳ. de Voltaire. Nouvelle édition revue, corrigée et considerablement augmentée par l'auteur, enrichie de figures en taille-douce. Dresden: Walther, 1752. 9 vol. 8°.

---

¹²³ Bengesco's entries under 120 and 'Additions et corrections' 118, with reference to 52v and 60v, indicate only the existence of the editions and imply, wrongly, that they are similar.

Based on w48D with revisions. Produced with the participation of Voltaire.
Volume vii, p.[173]-264.
Bengesco 2132; Trapnell 52 and 70x; BnC 36, 38.
Oxford, Taylor: V1. 1752. Paris, BnF: Rés. Z. Beuchot 14 (7).
Vienna, Österreichische Nationalbibliothek: *38 L 1.

53P

L'ENFANT / PRODIGUE / *COMÉDIE* / EN VERS DIS-SYLABES, / *Par M.* AROUET DE VOLTAIRE. / Representée pour la premiere fois à Paris / sur le Théatre de la Comédie Française. / NOUVELLE EDITION. / [*engraving: angel with trumpet, 62 x 40 mm*] / A PARIS, / Chez PRAULT fils, Quay de Conty, vis-à-vis / la descente du Pont-neuf, à la Charité. / [*triple rule, 62 mm*] / M. DCC. LIII. / *Avec Approbation & Privilége du Roi.* /
[A]² B-I⁴ K² (-K2). $1. [A1]*r* title-page; [A1]*v* Acteurs; [A2]*r*-B1*v* Préface de l'Editeur; pp.[7]-70 L'Enfant prodigue, comédie. Page 18 is misnumbered 81. Sheet catchwords.
The engraving is the same as in 38x1.
Geneva, ImV: D Enfant 1753/1. Paris, Arsenal: Rf. 14301.

w56

[*half-title*] *Collection complette des œuvres de Mr. de Voltaire.* [Genève: Cramer], 1756. 17 vol. 8°.
The first Cramer edition. Produced under Voltaire's supervision.
Volume x (*Ouvrages dramatiques*, iv), p.[81]-198.
Bengesco 2133; Trapnell 56, 57G; BnC 55-56.
Paris, BnF: Z. 24585. Arsenal: 8° B 34 048 (10).

w57G1

Collection complette des œuvres de Mr. de Voltaire. [Genève: Cramer], 1757. 10 vol. 8°.

A revised edition of w56, produced with Voltaire's participation.
Volume x, p.[88]-198.
Bengesco 2134; Trapnell 56, 57G; BnC 67.
Paris, BnF: Rés Z Beuchot 21 (10).

w57G2

A reissue of w57G1.
Paris, BnF: Rés. Z. Beuchot 20. St Petersburg, GpgbVM 11-74.

w57P

Œuvres de M. de Voltaire. [Paris: Lambert], 1757. 22 vol. 12°.
Based in part upon w56 and produced with Voltaire's participation.
Volume iii, p.[87]-192.
Bengesco 2135; Trapnell 57P; BnC 45-54.
Paris, BnF: Z. 24644.

60P

L'ENFANT / PRODIGUE, / *COMÉDIE* / EN VERS
DISSILABES, / PAR Mr. AROUET DE VOLTAIRE. /
NOUVELLE ÉDITION. / [*engraving: vase of flowers in frame
of foliage, 45 x 61 mm*] / *A PARIS*, / Chez PRAULT Fils, Quay
de Conty, vis-à-vis / la descente du Pont-neuf, à la Charité. /
[*thick/thin rule, 59 mm*] / M. DCC. LX. / *Avec Approbation, &
Privilége du Roi.* /
12°. A-I⁶ K⁴ (-K4).
[1] title-page; [2] Acteurs; [3]-77 L'Enfant prodigue, comédie.
In *Comédies*, tom. 5.[124]
University of Toronto, Thomas Fisher Rare Book Library: Volt.
V65. E543. 1760.

---

[124] This is a made-up collection. None of the other plays in the volume is by
Voltaire.

60V

L'ENFANT / PRODIGUE, / *COMÉDIE* / DE MR. DE
VOLTAIRE, / EN VERS DISSYLLABES. / *Seconde Edition
revue & corrigée.* / [*engraving: two cornucopiae, 27 x 47 mm*] /
[*thick/thin rule, 76 mm*] / *VIENNE EN AUTRICHE,* / Dans
l'imprimerie de GHELEN 1760. /
8°. 110pp.
A-G⁸ (A5*, B4*, C5*, D4*, E5*, F4*, G4*. A4 (p.6) missigned A3);
$5 in arabic numerals; page catchwords.
[A1]*r* false title; [A1]*v* title-page; A2*r* Acteurs; A2*v* blank; A3*r*,
p.[4]-110 L'Enfant prodigue, comédie.
Bengesco 120.
Vienna, Österreichische Nationalbibliothek: 131. 642 - A.

61AV

L'ENFANT / *PRODIGUE,* / COMÉDIE / *Par Mr. de
VOLTAIRE,* / EN VERS DISSYLLABES, / *Représentée sur
le Théâtre de la Comédie Française,* / *le 10. Octobre 1736.* /
[*engraving: spray of flowers, 52 x 61 mm*] / A AVIGNON, /
Chez *LOUIS CHAMBEAU,* Imprimeur-Libraire, / près les
R. R. P. P. Jésuites. / [*triple rule 38 mm*] / M. DCC. LXI. /
8°. A-H⁴ (H4 blank); 62pp; $2 signed in arabic numerals (-A1,
C2); sheet catchwords.
[1] title-page; [2] Acteurs; 3-62 L'Enfant prodigue, comédie.
Bengesco 121; BnC 895.
Oxford, Taylor: V3 E4 1761. Paris, BnF: 8° Yth 5951.

61P

L'ENFAN[T] / PRODIGU[E] / *COMÉDIE EN CINQ*
[ACTES] / EN VERS DISSIL[LABES] / DE M. AROUET
DE V[OLTAIRE] / *Revûe, corrigée, et tel* [...] *représentée à* [...] /
NOUVELL[E] E[DITION.] / [*engraving 60 x 38 mm*] / A
PARIS, / Chez PRAULT, Fils, Quai de Conti, à la / descente

du Pont-neuf, à la Charité. / [*thick/thin rule 63 mm*] / M. D. C. C.
LXI. /
8°. A-H⁴. 64pp.
The title-page of this unique copy is damaged, and the characters
in square brackets are conjectural. [125]
Berne, Stadt- und Universitätsbibliothek: Fellenberg Gb 276 (2).

[62A] [126]

T62

Le Théâtre de M. de Voltaire, Amsterdam, Richoff, 1762-1763. 5
vol. 8°.
The second of a series of editions of Voltaire's theatre, probably
printed in Rouen. [127]
Volume iv, p.[83]-176.
Bengesco 309; BnC 619.
Paris, BnF: Rés. Z. Bengesco 123 (4).

63P

L'ENFANT / PRODIGUE, / COMÉDIE / EN CINQ
ACTES, / *Représenté pour la première fois, par les* / *Comédiens*
Français ordinaires du Roi, / *le* 10 *Octobre* 1736. / [*rule, 41 mm*] /
Le prix est de 30 sols. / [*rule, 41 mm*] / [*typographical ornament*] /
A PARIS, / Chez DUCHESNE, / Libraire, rue Saint Jacques, /

---

[125] The title-page has been repaired and the missing words inked in, but with
manifest errors: 'dissillabiques' for 'disyllabes', and 'tel[le] représentée à [Paris]',
which is ungrammatical. A reference to the Comédie-Française, rather than simply
to Paris, would be expected. All the other Prault title pages read 'Conty'. The form
of the date is also punctuated unusually.

[126] J.-M. Quérard mentions an Amsterdam edition dated 1762, but it is probably a
ghost (*La France littéraire, ou dictionnaire bibliographique des savants, historiens et
gens de lettres de la France, ainsi que des littérateurs étrangers qui ont écrit en français,
plus particulièrement pendant les XVIIIᵉ et XIXᵉ siècles*, 12 vols, Paris 1827-1859,
x.313, no.119).

[127] The first was a four-volume edition, dated 1753, of which only volume iv
(which does not include *L'Enfant prodigue*) is known; see Bengesco 307 and BnC 618.

76

au Temple du Goût. / [*thick/thin rule, 45 mm*] / M. DCC. LXIII. / *AVEC APPROBATION ET PRIVILEGE.* / 12°. A-D¹²; 96pp.; $6 signed in arabic numerals (-A1); sheet catchwords.

[1] title-page; [2] blank; 3-7 Préface de l'éditeur de 1738; 8 Acteurs; [9]-96 L'Enfant prodigue, comédie.

Paris, Arsenal: Rf. 14302.

64D

[No title-page; Dresden, Groll]; L'ENFANT / PRODIGUE, / *COMÉDIE.* / *Théâtre*. Tome VI. / 8°. A-G⁸ (G8 blank); 110 pp.; $5; sheet catchwords.

[1] false title; [2] blank; pp.[3]-7 Préface de l'Editeur *de l'édition de* 1737; p.[8] Acteurs; p.[9]-110 L'Enfant prodigue.

p.9 has a headband of musical instruments, a book and clouds, signed Beugnet.

Paris, BnF Musique: Th. 2135 A.

T64A

Le Théâtre de M. de Voltaire. Amsterdam: Richoff, 1764. 5 vol. 8°.

Volume iv, p.[84]-171. Cf. T62.

Geneva, ImV: BC 1764/1 (4).

T64G

Le Théâtre de M. de Voltaire. Genève: Cramer, 1764.

Volume iii, p.[1]-100.

Not a Cramer edition.

Paris, Arsenal: Rf. 14092 (3).

T64P

Œuvres de Théâtre de M. de Voltaire, de l'Académie Française, et celle de Berlin, et de la Société Royale de Londres, &c. Paris: Duchesne, 1764. 5 vol. 12°.

Volume ii, p.[85]-180.

Bengesco 311; BnC 620-621. Vols 1-3 are missing from the BnF.
Lucerne, Zentralbibliothek, B 2172 (2).

w64G

Collection complette des œuvres de M. de Voltaire. [Genève:
Cramer], 1764. 10 vol. 8°.
A revised edition of w57G produced with Voltaire's participation.
Volume x (*Ouvrages dramatiques* v), p.[93]-196.
Bengesco 2133; Trapnell 64, BnC 89.
Oxford, Merton College; Taylor.

T66

Le Théâtre de M. de Voltaire. Amsterdam: Richoff, 1766. 6
vol. 12°. Cf. T62.
Volume iv, p.[85]-178.
Aberdeen, University Library: MH 84256 T (4).

T67

*Œuvres de de théâtre de M. de Voltaire, Gentilhomme ordinaire du
roi, de l'Académie Française, &c. &c.* Genève [Paris]: Duchesne,
1767. A reissue of the sheets of T64P.
Volume ii, p.[181]-300.
BnC 622.
Paris, BnF: Yf.4260.

w68

Collection complette des œuvres de M^r. de Voltaire. [Genève:
Cramer; Paris: Panckoucke], 1768-1777. 30 vol. 4°. Volumes i-
xxiv were produced by Cramer under Voltaire's supervision.
Bengesco 2137; Trapnell 68; BnC 141-44.
Volume v (*Théâtre* iv), p.[243]-342.
Oxford, Taylor, VF.

70A

[frame] L'ENFANT / PRODIGUE, / OU / L'ÉCOLE / DE
LA JEUNESSE, / COMÉDIE / En cinq Actes & en Vers, / Par
M. DE VOLTAIRE; / RÉIMPRIMÉE d'après le Manuscrit de
/ la Comédie Françoise. / [typographical ornament] / A AMSTER-
DAM; / Et se vend A MARSEILLE, / Chez JEAN MOSSY,
Imprimeur de la / Marine, & Libraire, au Parc. / [thick/thin rule,
62 mm] / M. DCC. LXX. /

8°. A-H⁴; 63pp.; $2 signed in roman numerals (-A1, E1); sheet
catchwords.

[1] title-page; [2] Acteurs; [3]-63 L'Enfant prodigue, ou l'école de
la jeunesse.

No preface. This is the first edition with a subtitle.[128] It
incorporates the modifications for performance noted in 38P8*
(BL Eg. 43).

Paris, Arsenal: Rf. 14303 and GD 9685.

T70

Le Théâtre de M. de Voltaire, Amsterdam, Richoff, 1770. 6 vol.
12°.

A reissue of T66.

Volume iv, p.[85]-178.

Paris, BnF: Yf 4266.

[128] Contemporary accounts of the first performance, however, indicate that the
play already carried this subtitle in 1736: see Mercure de France, December 1736,
p.2933; and Contant d'Orville's Lettre critique of 1737. After the brief spate of five
école comedies in the 1660s, the eighteenth century saw more than eighty: there
were, for example, eleven plays with the title L'Ecole des pères, most notably Piron's
in 1728. La Chaussée's sentimental and didactic L'Ecole de la jeunesse ou le retour sur
soi-même appeared in 1749. See H. C. Knutson, 'Comedy as a "school": the
beginnings of a title form', Australian journal of French studies 20 (1983), p.3-14,
and C. Mazouer, 'Les Ecoles au théâtre jusqu'à Marivaux', Revue Marivaux 3 (1992),
p.5-19.

W70G

Collection complette des œuvres de M. de Voltaire. [Genève: Cramer], 1770. 10 vol. 8°.
A new edition of w64G with few changes.
Volume x (1) (*Ouvrages dramatiques* iv), p.93-196.
Bengesco 2133; Trapnell 64, 70G; BnC 90-91.
Oxford, Taylor: V1 1770G/1 (10). Paris, Arsenal: 8 BL 34054 (6).

W70L (1772)

Collection complette des œuvres de M. de Voltaire. Lausanne: Grasset, 1770-1781. 57 vol. 8°.
Some volumes, particularly the theatre, were produced with Voltaire's participation.
Volume xix (*Théâtre* vi), p.[1]-110.
Bengesco 2138; Trapnell 70L; BnC 149 (1-6, 14-21, 25).
Lausanne, Bibliothèque cantonale et universitaire. Paris, Arsenal: 8 BL 13060 (6). Taylor: V1 1770L (19).

71P

L'ENFANT / PRODIGUE, / *COMÉDIE.* / EN VERS DISSILLABES, / PAR Mr. AROUET DE VOLTAIRE. / *Conforme à l'édition in-4°. donnée par l'Auteur.* / [*engraving: spray of fruit and flowers, 41 x 75 mm*] / *A PARIS,* / Chez PRAULT Fils, Quay de Conty, vis-à- / vis la descente du Pont-neuf, à la Charité. / [*thick/thin rule, 64 mm*] / M. DCC. LXXI. / *Avec Approbation & Privilége du Roi.* 8°. A-H4, I2 (I2 lacking).
[1] title-page; [2] Acteurs; [3]-66 L'Enfant prodigue, comédie.
Toulouse, Bibliothèque Municipale: FaC 541 (4).

W71

Collection complette des œuvres de M. de Voltaire. Genève [Liège: Plomteux], 1771. 32 vol. 8°.
In this collection, the volumes devoted to the theatre were copied from w68. No evidence of Voltaire's participation.

Volume v (*Théâtre* iv), p.[203]-279.
Bengesco 2139; Trapnell 71; BnC 151.
Oxford, Taylor: VF.

72P

L'ENFANT / PRODIGUE, / OU / L'ECOLE / DE LA
JEUNESSE, / *COMÉDIE* / *En cinq Actes & en Vers*, / Par M.
DE VOLTAIRE, / *RÉIMPRIMÉE d'après le Manuscrit de la*
Comédie / *Française*. / [*typographical ornament, 14 x 33 mm*] / A
PARIS, / Chez DIDOT l'aîné, Libraire & Imprimeur, rüe Pavée,
/ près du Quai des Augustins. / [*ornamental rule, 70 mm*] / M.
DCC. LXXII. / *Avec Approbation & Privilege du Roi.* /
8°. A-H4; $2 in roman numerals; sheet catchwords; 64pp. [1] title-
page; [2] Acteurs; [3]-64 L'Enfant prodigue, comédie.
Bengesco 122.
Paris, BnF: Rés. Z Bengesco 46; Arsenal: Rf. 14304.

W72P

Œuvres de M. de V... Neufchâtel [Paris: Panckoucke], 1771-1777.
34 or 40 vol. 8° and 12°. Reproduces the text of w68. No evidence
of Voltaire's participation.
Volume vii (*Théâtre* vi), p.[49]-164.
Bengesco 2140; Trapnell 72P; BnC 152-157.
Paris, Arsenal: Rf. 14095.

W72X

Collection complette des œuvres de M. de Voltaire. [Genève:
Cramer?], 1772. 10 vol. 8°. A new edition of w70G, probably
printed for Cramer. No evidence of Voltaire's participation.
Volume x, p.[85]-182.
Bengesco 2133; Trapnell 72x; BnC 92, 105.
Oxford, Taylor: V1 1770G/2 (10). Paris, BnF: 8° Yth. 5949.

[73AM] [129]

73AV

L'ENFANT / *PRODIGUE,* / OU L'ECOLE / *DE LA JEUNESSE.* / *COMÉDIE* / EN VERS ET EN CINQ ACTES. / *Par Monsieur,* DE VOLTAIRE. / *RÉIMPRIMÉE d'après le Mauscrit de la Comédie / Françoise.* / [*ornamental rule, 68 mm*] / *NOUVELLE ÉDITION.* / [*ornamental rule, 68 mm*] / [*engraving: cornucopia and foliage, 32 x 45 mm*] / A AVIGNON, / Chez LOUIS CHAMBEAU, Imprimeur-Libraire / près le Collège. / [*ornamental rule, 58 mm*] / M. DCC. LXXIII. / 62pp.

Besterman 1973, p.32, no.42.
Geneva, ImV: D Enfant 1773/1.

73P1

L'ENFANT / PRODIGUE, / *OU* / L'ÉCOLE DE LA JEUNESSE; / *COMÉDIE* / EN CINQ ACTES, / *Représentée pour la première fois par les Comé-* / *diens Français, le* 10 *Octobre* 1736. / Par M. DE VOLTAIRE. / Édition conforme à la Représentation. / [*engraving: cockerel, hoe and bush, 36 x 20 mm*] / *A PARIS.* / Chez la Veuve DUCHESNE, Libraire, rue Saint- / Jacques, au-dessous de la Fontaine St-Benoît, / au Temple du Goût. / [*ornamental rule, 50 mm*] / M. DCC. LXXIII. / *Avec Approbation & Privilége du Roi.* /

12°. A-E¹² (E12 blank); $6; sheet catchwords.
[A1]r title-page; [A1]v Personnages; p.[3]-116 L'Enfant prodigue, comédie.
p.[3]: headband with buildings, trees and bridge, signed Beugnet.
Pages 3, 25, 49, 75 and 99 have headbands at beginning of acts.
Pages 117-118 (not present in all copies) carry a 'Catalogue des pièces de théâtre de M. de Voltaire, qui se débitent chez le même libraire'.

---

[129] See Quérard, *La France littéraire*, x.313, no.42; again, probably a ghost.

Bengesco 123.

Paris, BnF: Rés. Z Beuchot 248 (1), and Département de la Musique: Th 2135 B. Arsenal: Rf.14306 and THEAT. N. 10641.

73P2

L'ENFANT / PRODIGUE, / *COMÉDIE* / EN CINQ ACTES ET EN VERS, / Par M. DE VOLTAIRE. / *Représentée pour la premiere fois le* 10 *Octobre* 1736. / [*rule, 84 mm*] / NOUVELLE ÉDITION, / *Revue sur celle in-4°. de Geneve.* / [*rule, 84 mm*] / [*ornamental rule, 60 mm*] / Le prix est de 12 sols. / [*ornamental rule, 60 mm*] / [*engraving: dramatic emblems, 26 x 30 mm*] / *A PARIS,* / Chez la Veuve DUCHESNE, Libraire, rue St. Jacques, au- / dessous de la Fontaine St. Benoît, au Temple du Goût. / [*ornamental rule, 60 mm*] / M. DCC. LXXIII. / *Avec Approbation & Permission* /

8°. A-K4 L2 (-A1); $2 signed in roman numerals; sheet catch-words.

p.[1] title-page; p.[2] Acteurs; pp.[3]-83 L'Enfant prodigue, comédie.

Pages 3, 18, 35, 53 and 70 carry headbands and are unpaginated. The headband on p.[3] is signed 'Papillon'.

Paris, Arsenal: Rf. 14305.

T73L

Le Théâtre complet de M. de Voltaire, Amsterdam, Les Libraires Associés, 1773. 10 vol. 12°.

Volume vii, p.[161]-270.

Solothurn, Zentralbibliothek: Qb 2566 (7).

T73R

Le Théâtre de M. de Voltaire, Amsterdam, Richoff, 1773. 7 vol. 8°.

Volume iv, p.85-164.
Beaune, Bibliothèque municipale: Ancien P.1526.

74X

[*frame*] L'ENFANT / PRODIGUE, / *COMÉDIE*. / Par M. DE
VOLTAIRE. / [*engraving, 37 x 27 mm*] / [*ornamental rule, 40
mm*] / M. DCC. LXXV. /
8°. 99pp. Uncollated.
[1] title-page; [2] Acteurs; [3]-99 L'Enfant prodigue, comédie.
Pau, Bibliothèque municipale.

W75G

*La Henriade, divers autres poèmes et toutes les pièces relatives à
l'épopée*, Geneva, Cramer & Bardin, 1775. 37 [40] vol. 8°.
The *encadrée* edition, produced at least in part under Voltaire's
supervision.
Volume vii (*Ouvrages dramatiques* vi), p.[229]-332.
Bengesco 2141; Trapnell 75G; BnC 158-161. [130]
Oxford, Taylor: V1 1775 (7); VF.

W75X

Œuvres de M. de Voltaire. [Lyon?] 1775. 37 vol. 8°.
An imitation of W75G but with texts drawn from a variety of
sources. There is no evidence that it was prepared with Voltaire's
participation.
Bengesco 2141; BnC 162-163.
Paris, BnF: Z 24866.

---

[130] This is the last edition reviewed by Voltaire, known as the *encadrée*, and it
forms the base text of the present edition. On this edition and on the unauthorised
edition W75X (below), see J. Vercruysse, *Les Editions encadrées des Œuvres de
Voltaire de 1775, SVEC* 168 (1977).

T76G

Théâtre complet de M. de Voltaire, Geneva, 1776. 9 vol. 8°.
A reissue of the sheets of w75G with a title-page seemingly printed
by the printer of w75x.
Volume vi, p.231-332.
London, Queen Mary College: PQ 2076.

T76X

Théâtre complet de Monsieur de Voltaire, 1776, no place, no printer.
9 vol. 8°.
Volume iv, p.391-495.
Paris, Arsenal: Rf. 14096 (4).

T77

Théâtre complet de M. de Voltaire, Amsterdam, Les Libraires
Associés, 1777. 11 vol. 12°.
Volume viii, p.[1]-108.
Stockholm, Kungliga Biblioteket: 137 F c.

T78

Chefs d'œuvres dramatiques, Geneva, 1778. 3 vol. 12°.
Bengesco 324; BnC 636. Vols 2 and 3 are lacking in the BnF copy.

K

Œuvres complètes de Voltaire. [Kehl] Société littéraire-typogra-
phique, 1784-1789. 70 vol. 8°.
Volume vii, p.[45]-147.
Paris, BnF: Rés. p. Z. 2209 (7); Oxford, Taylor: V1 1785/2 (7).

LP (NO DATE)

L'ENFANT / PRODIGUE, / OU / L'ECOLE DE LA
JEUNESSE, / *COMÉDIE* / EN CINQ ACTES. / *Représentée*

pour la premiere fois par les Co- / médiens François, le 10 Octobre 1736. / Par M. DE VOLTAIRE. /

12°. A-C¹² D⁶; 84pp.; $6 signed in roman numerals (-A6). B6 signed Bv and D3 signed D.

A1r title-page; A1v Acteurs; pp.[3]-84, L'Enfant prodigue, ou l'école de la jeunessse.

An unidentified edition which was extensively modified by La Porte for the purpose of performance at the Comédie-Française. (He wrote his initials in the form 'DLP' partly over the headband at the start of act I.) It is what is normally referred to as a *manuscrit de théâtre*. No actors' names appear in the manuscript emendations (as they sometimes do in La Porte's *manuscrits de théâtre*) which would allow us to propose a date before which the edition must have been printed, and neither can we be sure that the edition was new when La Porte first became *secrétaire-souffleur* of the company in 1765. The copy consulted contains 84 pages, as does an edition of Duchesne printed in 1786 (Arsenal: Rf. 14307), but is not the same edition. It is bound in thick boards, covered with a cut-down vellum manuscript. La Porte's modifications bear almost entirely on entrances and exits, and hence entail changes in the numbering of scenes. La Porte has noted the number of verses to be spoken by actors (Euphémon père, 193; Euphémon fils, 332; Fierenfat, 175; Rondon, 240; Lise, 431; Baronne de Croupillac, 223; Marthe, 132; Jasmin, 194). Among the *dramatis personae*, he has written, in capitals, Recors and Domestiques, to whom no lines are attributed, and he has also included 'un laquais de Rondon', to whom four lines are attributed. He has similarly corrected the misprint, 'Lise, fille de Cléante', to 'Lise, fille de Rondon'. The performance time is noted as 1hr 45min.

The volume has no title-page, only a half title, so the date and place of publication are not stated (possibly deliberately). The text is close to that of 70A, and it is worth noting that the subtitle of the play made its first appearance in that edition. Subsequently, it was adopted for the editions produced by Didot in 1772, by Louis Chambeau, and by the Veuve Duchesne in 1773. The wording of the half title is closer to the Veuve Duchesne's than to either of the others. The fact that the author is designated as 'M. de Voltaire', as opposed to simply 'Voltaire', implies that the edition was produced during Voltaire's lifetime, though the former designation persisted in some cases well after Voltaire's death. The watermarks indicate only that the paper was manufactured after 1742. The conventions used to indicate the signatures (Roman numerals) and the sheet catchwords indicate a Parisian edition. Given the number and type of typographical errors in the volume, and the fact that three of the five headbands at the opening of the acts have broken borders (printed from worn woodblocks, therefore), one might conjecture that this is a clandestine edition, with a short print run, produced with old materials, possibly by inexperienced typographers, working under pressure. But why should anyone go to this trouble clandestinely to print a short run of a text which was commercially available and worth only thirty *sous*? The present state of our knowledge does not allow us to resolve the questions surrounding the conditions of production of this edition. Paris: Bibliothèque Mazarine: Rés. 46.143.

Translations [131]

Danish

Den ruggesløse eller forlorne Son, in *Skuespil til Brug for den danske Skueplads*, Copenhagen 1776. Translation by Bolle Willum Luxdorph.

---

[131] Bibliographical information has been derived from the following sources: H. B. Evans, 'A provisional bibliography of English editions and translations of Voltaire', *SVEC* 8 (1959), p.9-121; Th. Besterman, 'A provisional bibliography of Scandinavian and Finnish editions and translations of Voltaire', *SVEC* 47 (1966), p.53-92; J. Vercruysse, 'Bibliographie provisoire des traductions néerlandaises et flamandes de Voltaire', *SVEC* 116 (1973), p.19-64; and H. Fromm, *Bibliographie deutscher Übersetzungen aus dem Französischen, 1700-1948*, 6 vols (Baden-Baden 1950-1953), vi.261-86.

Dutch

De wedergevonden Zoon, Amsterdam 1759. Verse translation. Reprinted in 1761, 1770 and 1780.

English

The Prodigal Son, in *The Dramatic works of Mr. de Voltaire*, London 1761-63, vol.3. Translation by M. D. T. Francklin.
The Prodigal Son, in *The Dramatic works of M. de Voltaire*, London 1781, vol.2. Prose translation by David Williams. [132]

German

Der verlorene Sohn, in *Zweyte Sammlung neuer Lustspiele*, Danzig, Leipzig 1747. Translation by Adam Gottfried Uhlich.
Der verlorene Sohn, in deutsche Verse übersetzt nach der neuesten Herausgabe durchgesetzt und verändert, Hamburg 1754.
Der verlorene Sohn, Danzig 1757.
Der verlorene Sohn, in *Sämmtliche Schauspiele nebst den dazu gehörigen Schriften*, Nürnberg 1766-71, vol.2.
Der verlorene Sohn, Vienna 1774.

Swedish

Den Foerlorade Sonen, Stockholm 1750.

8. *Principles of this edition*

The base text is w75G. Variants are drawn from MS1, 38A, 38P12/38P8 (38P), w38, 39A2, w42, w46, w48R, w48D, w52, w56, w57P, 63P, 70A and K.

---

[132] See J. Dybikowski, *On burning ground: an examination of the ideas, projects and life of David Williams*, *SVEC* 307 (1993), p.305.

Treatment of the base text

The punctuation and spelling of proper nouns in the base text have been respected. The following orthographical aspects have been modified to conform to modern usage:

1. Consonants

– *p* was not used in: tems, longtems, domter
– *t* was not used in: inconvéniens, savans, sentimens, complimens, concurrens, intrigans, indigens, parens, agrémens, enfans, aman
– *d* was not used in: répon, appren, ren
– *s* was not used in: vien, ri, croi
– *ʒ* was used in: hazard
– a single consonant was used in: pourait
– a double consonant was used in: matter, protocolle, infidelle, allarme
– *ph* was used instead of *f* in: phrénésie

2. Vowels

– *y* was used in place of *i* in: ayent, enyvré
– *i* was used in place of *y* in: stile

3. Accents

The grave accent
– was not used in: enlevera

The acute accent
– was used in: piége, pétrir

The circumflex accent
– was used in: toûjours, avoûrai
– was not used in: ame, surcroit, infame, drole

The dieresis
– was used in: poëme, cohüe, rüe

4. Hyphen

– the hyphen was used in: très-bon, c'était-là, aussi-tôt, bon-homme, au-dehors

5. Capitalisation

- initial capitals were attributed to adjectives denoting nationality: Italienne
- initial capitals were not attributed to: académie française, académie des sciences
- initial capitals were attributed to: Monsieur, Madame, Dieu

6. Various

- the ampersand was used
- proper names were italicised: Le Fèvre, Réaumur, Richelieu, Rousseau
- monsieur was abbreviated: Mr.

L'ENFANT PRODIGUE,
COMÉDIE.

*Représentée pour la première fois
le 10 octobre 1736.*

PRÉFACE DE L'ÉDITEUR
DE L'ÉDITION DE 1738[1]

Il est assez étrange que l'on n'ait pas songé plus tôt à imprimer cette comédie, qui fut jouée il y a près de deux ans, et qui eut environ trente représentations. L'auteur ne s'étant point déclaré, on l'a mise jusqu'ici sur le compte de diverses personnes très estimées; mais elle est véritablement de M. de Voltaire, quoique le style de la *Henriade* et d'*Alzire* soit si différent de celui-ci, qu'il ne permet guère d'y reconnaître la même main.

C'est ce qui fait que nous donnons, sous son nom, cette pièce au public, comme la première comédie qui soit écrite en vers de cinq pieds.[2] Peut-être cette nouveauté engagera-t-elle quelqu'un à se servir de cette mesure. Elle produira sur le théâtre français de la

5

10

---

a-100   MS1, 70A: [*absent*]

a-b   38P, 38A, 39A2, W42, W46, W48R: Préface de l'éditeur//

b   W48D, W52, W56, W57G, W70L: de l'édition de 1737

3-7   38P: L'auteur ne s'est point encore déclaré. On l'a attribuée à l'auteur de la *Henriade* et d'*Alzire*: nous ne voyons pas trop sur quel fondement; le style de ces ouvrages est si différent de celui-ci, qu'il ne permet guère d'y reconnaître la même main. On a prétendu qu'elle était d'un homme de la cour déjà connu par des choses très ingénieuses qu'on a de lui. On l'a donnée à un homme d'une profession plus sérieuse.//

8   38P: Quel que soit l'auteur, nous présentons cette

---

[1] Just as he does with *Adélaïde Du Guesclin* and *Les Guèbres*, Voltaire presents his *Préface* as that of an anonymous *éditeur* (see also p.151, n.14, below). The original form of the preface (published by Prault late in 1737 but dated 1738), which implies that Voltaire was not the author of *L'Enfant prodigue*, was reproduced in the edition published by Prault in 1753, despite the fact that this edition carries Voltaire's name on the title-page, and despite the fact that the Ledet 1738 edition incorporated both Voltaire's name and a revised preface: see C. Wirz, *L'Institut et musée Voltaire en 1980* (Geneva 1981), p.2.

[2] See introduction, p.20-23.

variété; et qui donne des plaisirs nouveaux, doit toujours être bien reçu.

Si la comédie doit être la représentation des mœurs, cette pièce semble être assez de ce caractère. On y voit un mélange de sérieux et de plaisanterie, de comique et de touchant. C'est ainsi que la vie des hommes est bigarrée; souvent même une seule aventure produit tous ces contrastes.[3] Rien n'est si commun qu'une maison dans laquelle un père gronde, une fille occupée de sa passion pleure; le fils se moque des deux: et quelques parents prennent différemment part à la scène. On raille très souvent dans une chambre de ce qui attendrit dans la chambre voisine; et la même personne a quelquefois ri et pleuré de la même chose dans le même quart d'heure.

Une dame très respectable[4] étant un jour au chevet d'une de ses filles[5] qui était en danger de mort, entourée de toute sa famille, s'écriait en fondant en larmes: 'Mon Dieu, rendez-la-moi, et prenez tous mes autres enfants!' Un homme,[6] qui avait épousé une de ses filles, s'approcha d'elle, et la tirant par la manche: 'Madame', dit-il, 'les gendres en sont-ils?' Le sang-froid et le comique avec lequel il prononça ces paroles, fit un tel effet sur cette dame affligée, qu'elle sortit en éclatant de rire; tout le monde la suivit en riant, et la malade ayant su de quoi il était question, se mit à rire plus fort que les autres.

Nous n'inférons pas de là que toute comédie doive avoir des scènes de bouffonnerie et des scènes attendrissantes. Il y a beaucoup de très bonnes pièces où il ne règne que de la gaieté: d'autres toutes sérieuses: d'autres mélangées: d'autres où l'attendrissement va jusqu'aux larmes. Il ne faut donner l'exclusion à

12   38P: nouveaux, est toujours bien
34   38P: rire comme les autres.

[3] See introduction, p.23-25.
[4] The Kehl editors identify her as the first maréchale de Noailles.
[5] The Kehl editors identify her as Mme de Gondrin, later the comtesse de Toulouse.
[6] The Kehl editors identify him as the duc de La Vallière.

aucun genre: et si l'on me demandait, quel genre est le meilleur, je   40
répondrais: *Celui qui est le mieux traité.*

Il serait peut-être à propos et conforme au goût de ce siècle
raisonneur, d'examiner ici quelle est cette sorte de plaisanterie qui
nous fait rire à la comédie.

La cause du rire est une de ces choses plus senties que connues.   45
L'admirable Molière, Regnard qui le vaut quelquefois, et les
auteurs de tant de jolies petites pièces, se sont contentés d'exciter
en nous ce plaisir, sans nous en rendre jamais raison, et sans dire
leur secret.

J'ai cru remarquer aux spectacles, qu'il ne s'élève presque   50
jamais de ces éclats de rire universels qu'à l'occasion d'une
méprise. Mercure pris pour Sofie,[7] le chevalier Ménechme pris
pour son frère,[8] Crispin faisant son testament sous le nom du
bonhomme Géronte,[9] Valère parlant à Harpagon des beaux yeux
de sa fille, tandis qu'Harpagon n'entend que les beaux yeux de sa   55
cassette;[10] Pourceaugnac, à qui on tâte le pouls, parce qu'on le
veut faire passer pour fou;[11] en un mot, les méprises, les

40   38P: si on me
48   38P, 38A, W38, W42, W46, W48R, W48D, W52, W57P, 63P: et sans nous dire
56   63P: à qui on a tâté le

[7] Molière, *Amphitryon*, I.ii. In the *Vie de Molière* Voltaire praises *Amphitryon*, describing it as 'une pièce pour plaire aux plus simples et aux plus grossiers, comme aux plus délicats' (*OC*, vol.9, p.440).

[8] Regnard, *Les Ménechmes*, II.iii. Voltaire considered Regnard to be second only to Molière in the hierarchy of French comic dramatists, observing memorably in his *Conseils à un journaliste*: 'Qui ne se plaît pas à Regnard n'est pas digne d'admirer Molière' (M.xxii.247).

[9] Regnard, *Le Légataire universel*, IV.vi.

[10] Molière, *L'Avare*, V.iii. In the *Vie de Molière* Voltaire notes that this scene is derived from the *Aulularia* of Plautus, but he concludes that Molière's version is better: 'On ose dire que Plaute n'a point assez profité de cette situation, il ne l'a inventée que pour la manquer' (*OC*, vol.9, p.441).

[11] Molière, *Monsieur de Pourceaugnac*, I.viii.

équivoques de pareille espèce excitent un rire général. Arlequin ne fait guère rire que quand il se méprend; et voilà pourquoi le titre de *balourd* lui était si bien approprié.

Il y a bien d'autres genres de comique. Il y a des plaisanteries qui causent une autre sorte de plaisir; mais je n'ai jamais vu ce qui s'appelle rire de tout son cœur, soit aux spectacles, soit dans la société, que dans des cas approchant de ceux dont je viens de parler.

Il y a des caractères ridicules, dont la représentation plaît, sans causer ce rire immodéré de joie: Trissotin et Vadius,[12] par exemple, semblent être de ce genre; le *Joueur*,[13] le *Grondeur*,[14] qui font un plaisir inexprimable, ne permettent guère le rire éclatant.

Il y a d'autres ridicules mêlés de vice, dont on est charmé de voir la peinture, et qui ne causent qu'un plaisir sérieux. Un malhonnête homme ne fera jamais rire, parce que dans le rire il entre toujours de la gaieté, incompatible avec le mépris et l'indignation. Il est vrai qu'on rit au *Tartuffe*; mais ce n'est pas de son hypocrisie, c'est de la méprise du bonhomme qui le croit un saint; et l'hypocrisie une fois reconnue, on ne rit plus, on sent d'autres impressions.[15]

On pourrait aisément remonter aux sources de nos autres sentiments, à ce qui excite la gaieté, la curiosité, l'intérêt, l'émotion, les larmes. Ce serait surtout aux auteurs dramatiques à nous développer tous ces ressorts, puisque ce sont eux qui les

58   38P: équivoques de ce genre, les travestissements qui occasionnent ces méprises, les contrastes qui en sont la suite, excitent
   38P, 38A, W38, W42, W46, W48R, W48D: général. ¶Arlequin
74   38P, 38A, W38, W42, W46, W48R, W48D: l'indignation. ¶Il est
80   38P, 38A, W38, W42, W46, W48R, W48D: larmes. ¶Ce serait

[12] Characters in Molière's *Les Femmes savantes*.
[13] Comedy by Regnard, first performed in 1696.
[14] Comedy by Brueys and Palaprat, first performed in 1693.
[15] See also Voltaire's ambivalent attitude towards *Tartuffe* in the *Vie de Molière* (*OC*, vol.9, p.446-47).

font jouer. Mais ils sont plus occupés de remuer les passions que de les examiner; ils sont persuadés, qu'un sentiment vaut mieux qu'une définition; et je suis trop de leur avis pour mettre un traité de philosophie au-devant d'une pièce de théâtre.   85

Je me bornerai simplement à insister encore un peu sur la nécessité où nous sommes d'avoir des choses nouvelles. Si l'on avait toujours mis sur le théâtre tragique la grandeur romaine, à la fin on s'en serait rebuté. Si les héros ne parlaient jamais que de tendresse, on serait affadi: 90

O imitatores servum pecus! [16]

Les ouvrages que nous avons depuis les Corneilles, les Molières, les Racines, les Quinaults, les Lullis, les le Bruns, me paraissent tous avoir quelque chose de neuf et d'original qui les a sauvés du naufrage. Encore une fois tous les genres sont bons, hors   95 le genre ennuyeux. [17]

Ainsi il ne faut jamais dire, Si cette musique n'a pas réussi, si ce tableau ne plaît pas, si cette pièce est tombée, c'est que cela était d'une espèce nouvelle. Il faut dire, C'est que cela ne vaut rien dans son espèce. [18]   100

84   38P: définition; je
87   38P, 38A, w38, w42, w46, w48R, w48D: nouvelles. ¶Si on
89-90   38P, 38A, w42, w46, w48D, w52: jamais que tendresse
89   38P: on en serait
92   38P, 38A, w38, w42, w46, w48R, w48D, w52, w57P, 63P: Les bons ouvrages
93   38P: Quinaults, les le Bruns

[16] Horace, *Epistles*, I.xix.19 ('O you mimics, you slavish herd'). Voltaire quotes the same line from Horace in his discussion of style in the *Conseils à un journaliste* (M.xxii.265).

[17] See introduction, p.24.

[18] Flaubert was alive to the implications of Voltaire's innovative argument: 'Voici qui développe plus l'idée et qui est d'une poétique large, si large que c'est le renversement de toutes poétique[s] [...]. Voltaire donc admet autant d'espèces d'œuvres que d'œuvres différentes, une poétique secrète p[r] chacune et en vertu de laquelle elle a été faite, à laquelle *il faut remonter* pour en saisir le sens' (*Le Théâtre de Voltaire*, ed. T. Besterman, *SVEC* 50-51, 1967, ii.511).

ACTEURS

EUPHÉMON père.

EUPHÉMON fils.

FIERENFAT, président de Cognac, second fils d'Euphémon.

RONDON, bourgeois de Cognac.   5

LISE, fille de Rondon.

LA BARONNE DE CROUPILLAC.

MARTHE, suivante de Lise.

JASMIN, valet d'Euphémon fils.

La scène est à Cognac.

a   K: Personnages
3   MS1: Cognac et second
    38P: Coignac [*passim*]
6   63P: fille de Cléante.
9   MS1: [*adds*] Un laquais

98

ACTE PREMIER

SCÈNE PREMIÈRE

EUPHÉMON, RONDON

RONDON

Mon triste ami, mon cher et vieux voisin,
Que de bon cœur j'oublierai ton chagrin!
Que je rirai! Quel plaisir! Que ma fille
Va ranimer ta dolente famille!
Mais, Mons[1] ton fils, le sieur de Fierenfat,   5
Me semble avoir un procédé bien plat.

EUPHÉMON

Quoi donc!

c   MSI: EUPHÉMON PÈRE
      70A: RONDON, EUPHÉMON
1-4   MSI, 63P, 70A:
          Tout est d'accord, amis, parents, notaires,
          Nous voici donc deux faces de beaux-pères!
          Mon vieil ami, mon vieux voisin, vieux fou,
          Qu'avec plaisir Rondon presse ton cou
          Entre ses bras, et que Lise ma fille,
          Va s'applaudir d'entrer dans la famille.

[1] A pejorative abbreviation of Monsieur. For earlier examples of its usage in comedy see Boissy, *Le Français à Londres*, scene xvii, and d'Allainval, *L'Ecole des bourgeois*, II.v.

RONDON

Tout fier de sa magistrature,
Il fait l'amour avec poids et mesure.
Adolescent, qui s'érige en barbon,
Jeune écolier, qui vous parle en Caton,[2]   10
Est, à mon sens, un animal bernable,
Et j'aime mieux l'air fou que l'air capable;
Il est trop fat.

EUPHÉMON

Et vous êtes aussi
Un peu trop brusque.

RONDON

Ah! je suis fait ainsi.

7-13   MS1, 63P, 70A:
    Comment?
                        RONDON
            Ce fils se fait tirer l'oreille,
    Ce monsieur-là se croit une merveille,
    Est renchéri, dédaigneux [70A: pédant]. Je vois aussi
    Qu'il a dans l'âme un fort léger souci
    De ces présents que l'usage autorise,
    Présents de noce, et qu'il devait à Lise;
    Il est bien chiche.
7   38A, W38, 39A2, W42, W46: fier des magistratures
    W48R: de la magistrature
14   63P, 70A: peu bien brusque.

    [2] Cato the Elder (234-149 BC), a symbol of Roman virtue and solemnity.
Rondon is mocking Fierenfat for his incongruous sobriety, just as Regnard's
Chevalier urges his uncle, Valère, to be less serious: 'Fussiez-vous descendu du
lugubre Héraclite / De père en fils, parbleu, vous rirez de ce trait. / Vous faites le
Caton; riez donc tout à fait, / Mon oncle, allons, gai, gai; vous avez l'air sauvage'
(*Le Distrait*, I.vi); see also Boissy, *Le Français à Londres*, scene xii; La Chaussée, *Le
Préjugé à la mode*, II.iv; and Destouches, *Le Dissipateur*, III.iii.

J'aime le vrai, je me plais à l'entendre; 15
J'aime à le dire, à gourmander mon gendre,
A bien mâter cette fatuité,
Et l'air pédant dont il est encroûté.
Vous avez fait, beau-père, en père sage,
Quand son aîné, ce joueur, ce volage, 20
Ce débauché, ce fou partit d'ici,
De donner tout à ce sot cadet-ci;
De mettre en lui toute votre espérance,
Et d'acheter pour lui la présidence
De cette ville. Oui, c'est un trait prudent. 25
Mais dès qu'il fut Monsieur le Président,
Il fut, ma foi, gonflé d'impertinence:
Sa gravité marche et parle en cadence;
Il dit qu'il a bien plus d'esprit que moi,
Qui, comme on sait, en ai bien plus que toi. 30
Il est...

EUPHÉMON

Eh mais: quelle humeur vous emporte?
Faut-il toujours...

RONDON

Va, va, laisse, qu'importe?
Tous ces défauts, vois-tu, sont comme rien,
Lorsque d'ailleurs on amasse un gros bien.

15-18   MS1, 63P, 70A: [absent]
19   63P, 70A: en homme sage;
21   63P, 70A: Cet étourdi, ce
22   38P: Je donne tout
25-38   MS1, 63P, 70A:
          De cette ville; allons et qu'aujourd'hui
          De tout son cœur ma Lise soit à lui.
26   38P: fut de Coignac président,
27   38P: fut un peu gonflé
31   39A2, W42, W48R: Il en...

Il est avare; et tout avare est sage.[3]   35
Oh! c'est un vice excellent en ménage,
Un très bon vice. Allons, dès aujourd'hui
Il est mon gendre, et ma Lise est à lui.
Il reste donc, notre triste beau-père,
A faire ici donation entière   40
De tous vos biens, contrats, acquis, conquis,
Présents, futurs, à monsieur votre fils,
En réservant sur votre vieille tête
D'un usufruit l'entretien fort honnête;
Le tout en bref arrêté, cimenté,   45
Pour que ce fils, bien cossu, bien doté,
Joigne à nos biens une vaste opulence:
Sans quoi soudain ma Lise à d'autres pense.

EUPHÉMON

Je l'ai promis, et j'y satisferai;
Oui, Fierenfat aura le bien que j'ai.   50
Je veux couler au sein de la retraite
La triste fin de ma vie inquiète;
Mais je voudrais qu'un fils si bien doté
Eût pour mes biens un peu moins d'âpreté.
J'ai vu d'un fils la débauche insensée,   55
Je vois dans l'autre une âme intéressée.

39   63P, 70A: notre féal beau-père
42   63P, 70A: à votre second fils,
43   63P, 70A: votre bonne tête
45   70A: Et tout
51   MS1: au fond de
56   63P, 70A: Je crains dans

[3] See Voltaire's letter to Mlle Quinault of 26 November 1736 (D1209). Most of this scene is extensively rewritten in 38P8*.

RONDON

Tant mieux, tant mieux.

EUPHÉMON

                    Cher ami, je suis né
Pour n'être rien qu'un père infortuné.

RONDON

Voilà-t-il pas de vos jérémiades,
De vos regrets, de vos complaintes fades?   60
Voulez-vous pas que ce maître étourdi,
Ce bel aîné, dans le vice enhardi,
Venant gâter les douceurs que j'apprête,
Dans cet hymen paraisse en trouble-fête?

EUPHÉMON

Non.

RONDON

          Voulez-vous qu'il vienne, sans façon,   65
Mettre en jurant le feu dans la maison?

EUPHÉMON

Non.

RONDON

          Qu'il vous batte, et qu'il m'enlève Lise?
Lise autrefois à cet aîné promise?
Ma Lise qui...

61-62   MS1, 63P, 70A:
    Voulez-vous pas, mon triste et vieil ami
    Que cet aîné, que ce maître étourdi,

EUPHÉMON

Que cet objet charmant
Soit préservé d'un pareil garnement!　　　　　　　70

RONDON

Qu'il rentre ici pour dépouiller son père?
Pour succéder?

EUPHÉMON

Non... tout est à son frère.

RONDON

Ah! sans cela point de Lise pour lui.

EUPHÉMON

Il aura Lise et mes biens aujourd'hui;
Et son aîné n'aura pour tout partage　　　　　　　75
Que le courroux d'un père qu'il outrage:
Il le mérite: il fut dénaturé.

RONDON

Ah! vous l'aviez trop longtemps enduré.
L'autre du moins agit avec prudence;
Mais cet aîné! quels traits d'extravagance!　　　　80
Le libertin, mon Dieu, que c'était là!
Te souvient-il, vieux beau-père, ah, ah, ah,
Qu'il te vola, ce tour est bagatelle,
Chevaux, habits, linge, meubles, vaisselle,
Pour équiper la petite Jourdain,　　　　　　　　85
Qui le quitta le lendemain matin?

76　63P: courroux du père
78　70A: l'aviez longtemps
82　63P, 70A: beau-père... (*riant*) Ah, ah!...
83　70A: Qu'il le vola
85-88a　MS1, 63P, 70A: [*absent*]

J'en ai bien ri, je l'avoue. [4]

EUPHÉMON

Ah! quels charmes
Trouvez-vous donc à rappeler mes larmes?

RONDON

Et sur un as mettant vingt rouleaux d'or?
Eh, eh!

EUPHÉMON

Cessez.

RONDON

Te souvient-il encor,   90
Quand l'étourdi dut en face d'église
Se fiancer à ma petite Lise?
Dans quel endroit on le trouva caché?
Comment, pour qui?... Peste, quel débauché!

EUPHÉMON

Epargnez-moi ces indignes histoires,   95
De sa conduite impressions trop noires;
Ne suis-je pas assez infortuné?
Je suis sorti des lieux où je suis né,
Pour m'épargner, pour ôter de ma vue
Ce qui rappelle un malheur qui me tue: 100

89-90   70A: d'or... / EUPHÉMON / Cessez
94   63P: qui? Tudieu, quel
     70A: Comment, pourquoi? tudieu, quel
98   70A: du lieu où
99   MS1, 70A: pour m'ôter de la [70A: ma] vue

[4] Flaubert claimed that Rondon here speaks 'à propos de rien (c'est à dire pour instruire le spectateur)' (*Le Théâtre de Voltaire*, ii.512).

Votre commerce ici vous a conduit;
Mon amitié, ma douleur vous y suit.
Ménagez-les: vous prodiguez sans cesse
La vérité; mais la vérité blesse.

RONDON

Je me tairai, soit: j'y consens; d'accord.   105
Pardon; mais diable! aussi vous aviez tort,
En connaissant le fougueux caractère
De votre fils, d'en faire un mousquetaire.

EUPHÉMON

Encor!

RONDON

Pardon; mais vous deviez...

EUPHÉMON

Je dois
Oublier tout pour notre nouveau choix,   110
Pour mon cadet et pour son mariage;
Ça pensez-vous que ce cadet si sage
De votre fille ait pu toucher le cœur?

101   MS1, 63P, 70A: ici nous a
108-113   MS1, 63P, 70A:

faire un militaire
Et vous saviez...
EUPHÉMON
Et c'est pourquoi j'ai fait
Un sénéchal de mon fils le cadet.
Mais entre nous, faut-il que l'avantage
[70A: Mais, entre nous, pensez-vous que l'hommage]
De ce fils riche, un peu trop vain, mais sage,
De votre fille, ait pu toucher [63P, 70A: bien touché] le cœur.

RONDON

Assurément. Ma fille a de l'honneur,
Elle obéit à mon pouvoir suprême.   115
Et quand je dis: Allons, je veux qu'on aime,
Son cœur docile, et que j'ai su tourner,
Tout aussitôt aime sans raisonner.
A mon plaisir j'ai pétri sa jeune âme.

EUPHÉMON

Je doute un peu pourtant qu'elle s'enflamme   120
Par vos leçons; et je me trompe fort,
Si de vos soins votre fille est d'accord.
Pour mon aîné j'obtins le sacrifice
Des vœux naissants de son âme novice.
Je sais quels sont ces premiers traits d'amour.   125
Le cœur est tendre; il saigne plus d'un jour.

RONDON

Vous radotez.

117-118   MS1, 63P, 70A:
          Soudain son cœur esclave de mon choix,
          Brûle à mon ordre, et soupire à ma voix
119   MS1: Et c'est pourquoi j'ai pétri sa jeune âme
119a-121   63P, 70A:
                    EUPHÉMON
          Quand vous parlez, on doit trembler sans doute;
          Mais je crains bien cependant qu'il n'en coûte
          Beaucoup à Lise; et je
120   38P: On veut pourtant douter qu'elle
122   MS1, 38P, 63P, 70A: de nos soins
          70A: soins son cœur est bien d'accord.
    124   MS1, 38P, 38A, 39A2, W42, W38, W46, W48R, 63P, 70A: Des premiers
vœux de
    127   63P, 70A: Vous vous moquez.

EUPHÉMON

Quoi que vous puissiez dire,
Cet étourdi pouvait très bien séduire.

RONDON

Lui! point du tout; ce n'était qu'un vaurien.
Pauvre bonhomme! allez, ne craignez rien: 130
Car à ma fille, après ce beau ménage,
J'ai défendu de l'aimer davantage.
Ayez le cœur sur cela réjoui;
Quand j'ai dit non, personne ne dit oui.
Voyez plutôt.

SCÈNE II

EUPHÉMON, RONDON, LISE, MARTHE

RONDON

Approchez, venez, Lise.   135
Ce jour pour vous est un grand jour de crise.
Que je te donne un mari jeune ou vieux,
Ou laid ou beau, triste ou gai, riche ou gueux,
Ne sens-tu pas des désirs de lui plaire,

128 63P: Ce scélérat pouvait
      70A: Ce scélérat savait très
129 63P, 70A: tout; il n'était
134 70A: je dis non
      63P, 70A: [with stage direction] (*apercevant Lise*)
135b 63P: LISE, MARTHE, RONDON, EUPHÉMON
       70A: LISE, RONDON, EUPHÉMON
137-140 MS1, 63P, 70A:
         Cà, réponds-moi, parle net, Fierenfat
         Te charme-t-il? Et ton cœur délicat
         Ne sent-il pas ce désir de lui plaire
         Que je t'ai tant ordonné?

Du goût pour lui, de l'amour?

LISE

Non, mon père.   140

RONDON

Comment, coquine?

EUPHÉMON

Ah, ah, notre féal,[5]
Votre pouvoir va, ce semble, un peu mal;
Qu'est devenu ce despotique empire?

RONDON

Comment, après tout ce que j'ai pu dire,
Tu n'aurais pas un peu de passion   145
Pour ton futur époux?

LISE

Mon père, non.

RONDON

Ne sais-tu pas que le devoir t'oblige
A lui donner tout ton cœur?

141-142 MSI, 63P, 70A:
        Ah, ah! mon cher ami,
        Votre pouvoir n'est pas trop affermi,
145   70A: Tu ne meurs pas d'excès de passion
147-148 MSI, 63P, 70A:
        Fille mutine, et par trop déliée,
        Tu ne seras de trente ans mariée.

5 'Féal. Vieux mot qui signifie Fidèle, et qui est en usage dans les Lettres Royaux.
[...] On dit aussi, *C'est son Féal, C'est mon Féal*, pour dire, C'est son fidèle ami, c'est
mon fidèle ami, son intime. Il est du style familier' (*Dictionnaire de l'Académie
française*, 2 vols, Paris 1740, i.678).

LISE

Non, vous dis-je.
Je sais, mon père, à quoi ce nœud sacré
Oblige un cœur de vertu pénétré.   150
Je sais qu'il faut, aimable en sa sagesse,
De son époux mériter la tendresse,
Et réparer du moins par la bonté,
Ce que le sort nous refuse en beauté:
Etre au dehors discrète, raisonnable,   155
Dans sa maison, douce, égale, agréable.
Quant à l'amour, c'est tout un autre point;
Les sentiments ne se commandent point.
N'ordonnez rien, l'amour fuit l'esclavage.
De mon époux le reste est le partage: 160
Mais pour mon cœur, il le doit mériter.
Ce cœur au moins difficile à dompter,
Ne put aimer ni par ordre d'un père,
Ni par raison, ni par devant notaire.

LISE
Soit.

RONDON
Vous voyez pourtant qu'elle obéit.
Va, ce soit-là m'appaise et m'adoucit.
Je reconnais ma fille obéissante.
Oui, dès ce soir tu seras présidente.
Mais je prétends qu'après moi, ton mari,
Soit des humains de toi le plus chéri,
Je te l'ordonne, et le devoir t'oblige
A lui donner ton amour.

149   70A: ce nom sacré
151   70A: aimable à sa
154   MSI, 38P: le ciel nous
       70A: Tout ce qui peut manquer à la beauté:
155   MSI, 38P: discrète et raisonnable
158   MSI: [absent]

EUPHÉMON

C'est à mon gré raisonner sensément.   165
J'approuve fort ce juste sentiment.
C'est à mon fils à tâcher de se rendre
Digne d'un cœur aussi noble que tendre.

RONDON

Vous tairez-vous, radoteur complaisant,
Flatteur barbon, vrai corrupteur d'enfant?   170
Jamais sans vous ma fille bien apprise,
N'eût devant moi lâché cette sottise.
   (à Lise)
Ecoute, toi: je te baille un mari,
Tant soit peu fat, et par trop renchéri;
Mais c'est à moi de corriger mon gendre;   175
Toi, tel qu'il est, c'est à toi de le prendre,
De vous aimer, si vous pouvez, tous deux,
Et d'obéir à tout ce que je veux.
C'est là ton lot; et toi, notre beau-père,
Allons signer chez notre gros notaire,   180
Qui vous allonge, en cent mots superflus,
Ce qu'on dirait en quatre tout au plus.

168   63P, 70A: aussi sage que
170   38A, W38, 39A2, W42, W46, W48R, W48D: d'enfants?
174-180   MS1, 63P, 70A:
       Pédant, avare, et fat, et renchéri.
             EUPHÉMON
       Et [63P, 70A: Eh!] mais, Rondon...
             RONDON
                         Fut-il plus fat encore,
       Tout à l'instant, je prétends qu'on l'adore;
       Non pas pour lui, non pour toi, mais pour moi,
       Pour mon plaisir, pour ce [70A: parce] que c'est ma loi;
       Pour ce [70A: Parce] que c'est la volonté d'un père.
       [63P, 70A: (à Euphémon)]
       Et nous allons chez notre gros notaire.

Allons hâter son bavard griffonnage;
Lavons la tête à ce large visage;
Puis je reviens, après cet entretien,   185
Gronder ton fils, ma fille, et toi.[6]

EUPHÉMON

Fort bien.

SCÈNE III

LISE, MARTHE

MARTHE

Mon Dieu! qu'il joint à tous ses airs grotesques
Des sentiments et des travers burlesques!

LISE

Je suis sa fille, et de plus son humeur
N'altère point la bonté de son cœur;   190
Et sous les plis d'un front atrabilaire,
Sous cet air brusque, il a l'âme d'un père;
Quelquefois même, au milieu de ses cris,

---

184   70A: à son large
186   MSI: ta fille
187   MSI: tous ces airs
193-194   63P, 70A:
      Sans m'effrayer de son ton, de ses cris,
      Je le respecte, et garde mon avis.

---

[6] See Flaubert's comments on this speech: 'Pourquoi tout cela? Est-ce qu'il [Rondon] est dans la position à faire de l'esprit sur le notaire? C'est par amour de la description, par manie de l'esprit. Puis il va revenir gronder, c'est lui qui le dit! Est-ce qu'un grondeur croit qu'il gronde jamais? Au lieu de poser le personnage par les faits, c'est lui qui se pose par l'analyse sur lui même' (*Le Théâtre de Voltaire*, ii.513).

Tout en grondant il cède à mes avis.
Il est bien vrai, qu'en blâmant la personne, 195
Et les défauts du mari qu'il me donne,
En me montrant d'une telle union
Tous les dangers, il a grande raison;
Mais lorsqu'ensuite il ordonne que j'aime,
Dieu! que je sens que son tort est extrême! 200

MARTHE

Comment aimer un Monsieur Fierenfat?
J'épouserais plutôt un vieux soldat,
Qui jure, boit, bat sa femme, et qui l'aime,
Qu'un fat en robe, enivré de lui-même,
Qui d'un ton grave, et d'un air de pédant, 205
Semble juger sa femme en lui parlant;
Qui comme un paon dans lui-même se mire,
Sous son rabat se rengorge et s'admire;
Et plus avare encor que suffisant,
Vous fait l'amour en comptant son argent. 210

LISE

Ah! ton pinceau l'a peint d'après nature.
Mais qu'y ferai-je? il faut bien que j'endure
L'état forcé de cet hymen prochain.
On ne fait pas comme on veut son destin:
Et mes parents, ma fortune, mon âge, 215
Tout de l'hymen me prescrit l'esclavage.
Ce Fierenfat est, malgré mes dégoûts,
Le seul qui puisse être ici mon époux;
Il est le fils de l'ami de mon père,
C'est un parti devenu nécessaire. 220
Hélas! quel cœur, libre dans ses soupirs,

212   MS1, 38P, 70A: Mais que ferai-je?
214   MS1: fait point comme

Peut se donner au gré de ses désirs?
Il faut céder: le temps, la patience,
Sur mon époux vaincront ma répugnance;
Et je pourrai, soumise à mes liens,   225
A ses défauts me prêter comme aux miens.

MARTHE

C'est bien parler, belle et discrète Lise;
Mais votre cœur tant soit peu se déguise.
Si j'osais... mais vous m'avez ordonné
De ne parler jamais de cet aîné.   230

LISE

Quoi?

MARTHE

        D'Euphémon, qui, malgré tous ses vices,
De votre cœur eut les tendres prémisses,
Qui vous aimait.

LISE

                Il ne m'aima jamais.
Ne parlons plus de ce nom que je hais.

MARTHE *en s'en allant.*

N'en parlons plus.

LISE *la retenant.*

                Il est vrai: sa jeunesse   235
Pour quelque temps a surpris ma tendresse;
Etait-il fait pour un cœur vertueux?

---

230 70A: ne jamais parler de
234a MSI, 38P: MARTHE *s'en allant.*
      63P, 70A: [*stage direction absent*]
235a 70A: [*stage direction absent*]

MARTHE *en s'en allant.*

C'était un fou, ma foi, très dangereux.

LISE *la retenant.*

De corrupteurs sa jeunesse entourée,
Dans les excès se plongeait égarée.   240
Le malheureux! il cherchait tour à tour
Tous les plaisirs, il ignorait l'amour.

MARTHE

Mais autrefois vous m'avez paru croire,
Qu'à vous aimer il avait mis sa gloire,
Que dans vos fers il était engagé.   245

LISE

S'il eût aimé, je l'aurais corrigé.
Un amour vrai, sans feinte et sans caprice,
Est en effet le plus grand frein du vice.
Dans ses liens qui sait se retenir
Est honnête homme, ou va le devenir;   250
Mais Euphémon dédaigna sa maîtresse;
Pour la débauche il quitta la tendresse. [7]
Ses faux amis, indigents scélérats,

237a   70A: [*stage direction absent*]
238a   MSI: LISE *en revenant.*
          38A, 38P, W38, W42, W46, W48R, W48D: LISE *revenant.*
          63P, 70A: [*stage direction absent*]
   253   MSI, 38A, 39A2, W38, W42, W46, W48D, W48R, W52, 63P, 70A: indigents, scélérats,
          W57P, 63P: amis, indignes, scélérats

[7] See La Harpe's comment on Lise's words: 'C'est un des grands avantages du comique noble que ces maximes d'une excellente morale exprimées en bons vers; c'est une école pour la jeunesse bien née' (*Commentaire sur le théâtre de Voltaire*, Paris 1814, p.392).

Qui dans le piège avaient conduit ses pas,
Ayant mangé tout le bien de sa mère,   255
Ont sous son nom volé son triste père.
Pour comble enfin, ces séducteurs cruels
L'ont entraîné loin des bras paternels,
Loin de mes yeux, qui noyés dans les larmes,
Pleuraient encor ses vices et ses charmes.   260
Je ne prends plus nul intérêt à lui.

MARTHE

Son frère enfin, lui succède aujourd'hui:
Il aura Lise: et certes c'est dommage;
Car l'autre avait un bien joli visage,
De blonds cheveux, la jambe faite au tour,   265
Dansait, chantait, était né pour l'amour.

LISE

Ah! que dis-tu?

MARTHE
                        Même dans ces mélanges
D'égarements, de sottises étranges,

---

254   63P, 70A: Qui, dans le piège, ont conduit tous ses pas,
256   63P, 70A: Ont, avec lui, désolé son vieux père.
260-261   MS1, 63P, 70A: [*insert between these lines*]
          Depuis ce temps, il n'y faut plus penser.
                        MARTHE
          De votre esprit vous pouvez l'effacer.
          Depuis quatre ans qu'il s'est enfui de France,
          Nul n'a de lui la moindre connaissance.
          Il s'est peut-être en Espagne enrôlé;
          Dans l'Amérique il est peut-être allé;
          Peut-être il fait l'amour à la Caïenne;
          Il est peut-être au diable. Ah! qu'il s'y tienne.
                        LISE

On découvrait aisément dans son cœur
Sous ses défauts un certain fonds d'honneur.   270

LISE

Il était né pour le bien, je l'avoue.

MARTHE

Ne croyez pas que ma bouche le loue;
Mais il n'était, me semble, point flatteur,
Point médisant, point escroc, point menteur.

LISE

Oui; mais...

MARTHE

Fuyons, car c'est monsieur son frère.   275

LISE

Il faut rester, c'est un mal nécessaire.

SCÈNE IV

LISE, MARTHE, LE PRÉSIDENT FIERENFAT

FIERENFAT

Je l'avouerai, cette donation
Doit augmenter la satisfaction
Que vous avez d'un si beau mariage.
Surcroît de biens est l'âme d'un ménage;   280

276b   MSI: LISE, MARTHE, FIERENFAT
       70A: FIERENFAT, LISE, MARTHE
279   MSI: vous aurez d'un
280   63P, 70A: du ménage

Fortune, honneurs, et dignités, je crois,
Abondamment se trouvent avec moi;
Et vous aurez dans Cognac, à la ronde,
L'honneur du pas sur les gens du beau monde.
C'est un plaisir bien flatteur que cela;   285
Vous entendrez murmurer, *la voilà*.
En vérité, quand j'examine au large
Mon rang, mon bien, tous les droits de ma charge,
Les agréments que dans le monde j'ai,
Les droits d'aînesse où je suis subrogé,   290
Je vous en fais mon compliment, Madame.

MARTHE

Moi, je la plains: c'est une chose infâme,
Que vous mêliez dans tous vos entretiens
Vos qualités, votre rang et vos biens.
Etre à la fois et Midas et Narcisse,   295
Enflé d'orgueil et pincé d'avarice;
Lorgner sans cesse avec un œil content,
Et sa personne et son argent comptant;
Etre en rabat un petit-maître avare,
C'est un excès de ridicule rare: 300
Un jeune fat passe encor; mais, ma foi,
Un jeune avare est un monstre pour moi.

FIERENFAT

Ce n'est pas vous probablement, ma mie,
A qui mon père aujourd'hui me marie,
C'est à madame. Ainsi donc, s'il vous plaît,   305
Prenez à nous un peu moins d'intérêt.
        (*à Lise*)
Le silence est votre fait... Vous, Madame,

281   63P, 70A: Fortune, honneur et
295-298   MS1, 63P, 70A: [*absent*]

Qui dans une heure ou deux serez ma femme,
Avant la nuit vous aurez la bonté
De me chasser ce gendarme effronté,   310
Qui sous le nom d'une fille suivante,
Donne carrière à sa langue impudente.
Je ne suis pas un président pour rien;
Et nous pourrions l'enfermer pour son bien.

MARTHE *à Lise.*

Défendez-moi, parlez-lui, parlez ferme: 315
Je suis à vous, empêchez qu'on m'enferme;
Il pourrait bien vous enfermer aussi.

LISE

J'augure mal déjà de tout ceci.

MARTHE

Parlez-lui donc; laissez ces vains murmures.

LISE

Que puis-je, hélas! lui dire?

MARTHE

            Des injures.   320

LISE

Non, des raisons valent mieux.

---

310   MS1, 38P, 63P, 70A: ce cadet effronté
312   MS1: langue imprudente
313   63P, 70A: pas sénéchal pour
320-322:   [*see Appendix of longer variants*, A]

MARTHE
                    Croyez-moi,
Point de raisons, c'est le plus sûr.

SCÈNE V

RONDON, ACTEURS PRÉCÉDENTS

RONDON
                         Ma foi,
Il nous arrive une plaisante affaire.

FIERENFAT

Eh quoi, monsieur?

RONDON
                    Ecoute. A ton vieux père
J'allais porter notre papier timbré,   325
Quand nous l'avons ici près rencontré,
Entretenant au pied de cette roche,
Un voyageur qui descendait du coche.

LISE

Un voyageur jeune?...

RONDON
                         Nenni vraiment,
Un béquillard, un vieux ridé sans dent.   330
Nos deux barbons d'abord avec franchise,
L'un contre l'autre ont mis leur barbe grise:
Leurs dos voûtés s'élevaient, s'abaissaient

322   63P: de raison, c'est

120

Aux longs élans des soupirs qu'ils poussaient:
Et sur leur nez leur prunelle éraillée   335
Versait les pleurs dont elle était mouillée: [8]
Puis Euphémon, d'un air tout rechigné,
Dans son logis soudain s'est rencogné:
Il dit qu'il sent une douleur insigne,
Qu'il faut au moins qu'il pleure avant qu'il signe,   340
Et qu'à personne il ne prétend parler.

FIERENFAT

Ah! je prétends moi l'aller consoler.
Vous savez tous comme je le gouverne;
Et d'assez près la chose nous concerne:
Je le connais, et dès qu'il me verra   345
Contrat en main, d'abord il signera.
Le temps est cher, mon nouveau droit d'aînesse
Est un objet.

LISE

Non, monsieur, rien ne presse.

RONDON

Si fait, tout presse, et c'est ta faute aussi,
Que tout cela.

336   MS1, 63P, 70A: Versait des pleurs
342   38P, 63P, 70A: Oh, je
343   MS1, 63P, 70A: tous qu'un peu je
344   70A: chose me concerne.

[8] Flaubert appears to have been disturbed by Rondon's tone in relating the distress of Euphémon père and the unknown man: 'L'habitude du récit tragique avec description et fioritures de la chose ne perce-t-elle pas ici sous une forme d'un grotesque forcé, d'un comique intentionnel qui apparaît par le détail? Le fond de la situation à peindre était-elle risible?' (*Le Théâtre de Voltaire*, ii.514).

LISE

Comment? à moi! ma faute?

RONDON

Oui.   350

Les contretemps, qui troublent les familles,
Viennent toujours par la faute des filles.

LISE

Qu'ai-je donc fait qui vous fâche si fort?

RONDON

Vous avez fait, que vous avez tous tort.
Je veux un peu voir nos deux trouble-fêtes,   355
A la raison ranger leurs lourdes têtes;
Et je prétends vous marier tantôt,
Malgré leurs dents,[9] malgré vous, s'il le faut.

Fin du premier acte.

350   MS1, 38A, 38P, W38, 39A2, W42, W46, W48R, W48D, W52, W56, W57P, 63P,
70A, K: Comment, moi!
351   MS1, 63P, 70A: Tous les chagrins qui
352-358   MS1, 63P, 70A:

                                    filles.
        C'est une engeance à nous faire enrager,
        Il les faudrait dès l'enfance encager
        On ne les peut garder ni s'en défaire
        Sans s'attirer quelque méchante affaire,
        Grâces [70A: Grâce] au ciel désormais ce sera
        Le sénéchal qui te gouvernera,
        Mais je prétends, quand j'en aurai l'envie
        Garder le droit de contrôler ta vie,
        Et de pouvoir gronder jusqu'à cent ans,
        Toi, tes enfants et tes petits-enfants.

[9] Façon de parler proverbiale, pour dire, en dépit de lui, malgré qu'il en ait'
(*Dictionnaire de l'Académie française*, i.468); see also Molière, *Le Médecin malgré lui*,
III.i, and *Les Femmes savantes*, V.ii.

ACTE II

SCÈNE PREMIÈRE

LISE, MARTHE

MARTHE

Vous frémissez en voyant de plus près
Tout ce fracas, ces noces, ces apprêts.

LISE

Ah! plus mon cœur s'étudie et s'essaie,
Plus de ce joug la pesanteur m'effraie:
A mon avis, l'hymen et ses liens   5
Sont les plus grands, ou des maux, ou des biens.
Point de milieu, l'état du mariage
Est des humains le plus cher avantage,
Quand le rapport des esprits et des cœurs,
Des sentiments, des goûts et des humeurs,   10
Serre ces nœuds tissus par la nature,
Que l'amour forme et que l'honneur épure.
Dieux! quel plaisir d'aimer publiquement,
Et de porter le nom de son amant!
Votre maison, vos gens, votre livrée,   15
Tout vous retrace une image adorée:
Et vos enfants, ces gages précieux,
Nés de l'amour, en sont de nouveaux nœuds.
Un tel hymen, une union si chère,
Si l'on en voit, c'est le ciel sur la terre.   20
Mais tristement vendre par un contrat

11   MS1, 38P: Serrent ces
13   MS1, 63P, 70A: Dieu!

123

Sa liberté, son nom et son état,
Aux volontés d'un maître despotique,
Dont on devient le premier domestique:
Se quereller, ou s'éviter le jour,   25
Sans joie à table, et la nuit sans amour:[1]
Trembler toujours d'avoir une faiblesse,
Y succomber, ou combattre sans cesse:
Tromper son maître, ou vivre sans espoir
Dans les langueurs d'un importun devoir: 30
Gémir, sécher dans sa douleur profonde:
Un tel hymen est l'enfer de ce monde.

MARTHE

En vérité les filles, comme on dit,
Ont un démon qui leur forme l'esprit:
Que de lumière en une âme si neuve!   35
La plus experte et la plus fine veuve,
Qui sagement se console à Paris,
D'avoir porté le deuil de trois maris,
N'en eût pas dit sur ce point davantage.

25-26   MS1, 63P, 70A:
         Languir tous deux sans espoir de retour,
         Etre sans joie, ainsi que sans amour.
31   MS1: dans la douleur

[1] '[Ce vers] est trop libre et par l'idée et par l'expression, pour une fille bien élevée; il est excellent pour le poète qui l'a fait, mais non pas pour le personnage qui le prononce. Cette disconvenance est un des défauts les plus marqués dans les comédies de Voltaire, et peut servir à expliquer en partie pourquoi cet homme, qui dans d'autres genres d'ouvrages a porté si loin le talent de la bonne plaisanterie, en prose et en vers, n'a point eu celui de la plaisanterie comique. [...] Deux qualités ont dominé chez lui: une imagination singulièrement mobile et flexible, et une incroyable vivacité d'esprit. L'une l'a servi à merveille dans la tragédie, l'autre lui a nui beaucoup dans la comédie. [...] En fait d'esprit, il était trop *lui* pour devenir un *autre*: c'eût été un effort trop pénible' (La Harpe, *Commentaire sur le théâtre de Voltaire*, p.395-96).

Mais vos dégoûts sur ce beau mariage   40
Auraient besoin d'un éclaircissement.
L'hymen déplaît avec le président:
Vous plairait-il avec monsieur son frère?
Débrouillez-moi, de grâce, ce mystère;
L'aîné fait-il bien du tort au cadet?   45
Haïssez-vous? aimez-vous? parlez net.

LISE

Je n'en sais rien, je ne peux et je n'ose
De mes dégoûts bien démêler la cause.
Comment chercher la triste vérité
Au fond d'un cœur, hélas! trop agité?   50
Il faut au moins, pour se mirer dans l'onde,
Laisser calmer la tempête qui gronde,
Et que l'orage et les vents en repos,
Ne rident plus la surface des eaux.[2]

MARTHE

Comparaison n'est pas raison, madame.   55
On lit très bien dans le fond de son âme:
On y voit clair. Et si les passions

40-42   MS1, 63P, 70A:
> Mais raisonnons sur ce beau mariage,
> Il vous déplaît avec le sénéchal;
> Avouez?
>> LISE
> Mais...
>> MARTHE
> Ce n'est [63P: N'est-ce] pas un grand mal;

[2] Cf. La Fontaine, 'Le Chêne et le Roseau' (*Fables*, I.22). La Harpe recognised the echo and saw it as further evidence of Voltaire's excessive *esprit* and his inability to create lifelike characters: 'Ce n'est pas la conversation de Lise, c'est la poésie de Voltaire. [...] C'est encore ici un de ces endroits où le poète prend la place du personnage' (*Commentaire sur le théâtre de Voltaire*, p.398-99).

Portent en nous tant d'agitations,
Fille de bien sait toujours dans sa tête,
D'où vient le vent qui cause la tempête.   60
On sait...

LISE

Et moi, je ne veux rien savoir:
Mon œil se ferme, et je ne veux rien voir:
Je ne veux point chercher si j'aime encore
Un malheureux qu'il faut bien que j'abhorre.
Je ne veux point accroître mes dégoûts   65
Du vain regret d'un plus aimable époux.
Que loin de moi cet Euphémon, ce traître,
Vive content, soit heureux, s'il peut l'être:
Qu'il ne soit pas au moins déshérité;
Je n'aurai pas l'affreuse dureté,   70
Dans ce contrat, où je me détermine,
D'être sa sœur pour hâter sa ruine.
Voilà mon cœur, c'est trop le pénétrer;
Aller plus loin, serait le déchirer.

SCÈNE II

LISE, MARTHE, UN LAQUAIS

LE LAQUAIS

Là bas, Madame, il est une baronne   75

59   63P, 70A: Fille d'esprit sait
74b   63P, 70A: UN LAQUAIS, LISE, MARTHE
74c   38A, 38P, W38, W42, W46: UN LAQUAIS
75-79 MS1, 63P, 70A:
      Là-bas, madame, ils sont des demoiselles

126

De Croupillac.

LISE

Sa visite m'étonne.

LE LAQUAIS

Qui d'Angoulême arrive justement,
Et veut ici vous faire compliment.

LISE

Hélas! sur quoi?

MARTHE

Sur votre hymen, sans doute.

Qui... qui... qui... qui...

MARTHE

Qui... qui... qui... qui sont-elles?

LE LAQUAIS

Qui sont des... des... des... des... je n'en sais rien.

LISE

Leur nom?

LE LAQUAIS

C'est... c'est... [70A: c'est...] attendez.
[70A: (*Il sort.*)]

LISE

Fort bien.

SCÈNE III [63P, 70A: *scene* III *begins at* Fort bien.]
LISE, MARTHE

MARTHE

Des compliments, sans doute une visite.
Du voisinage.

LISE

Ah! fuyons au plus vite.
[*with renumbering of subsequent scenes*]

LISE

Ah! c'est encor tout ce que je redoute.   80
Suis-je en état d'entendre ces propos,
Ces compliments, protocole des sots,
Où l'on se gêne, où le bon sens expire
Dans le travail de parler sans rien dire?[3]
Que ce fardeau me pèse et me déplaît!   85

SCÈNE III

LISE, MME CROUPILLAC, MARTHE

MARTHE

Voilà la dame.

LISE

Oh! je vois trop qui c'est.

MARTHE

On dit qu'elle est assez grande épouseuse,

82   MS1, 63P, 70A: compliments, la ressource des sots,
84   MS1, 38P: Dans ce travail
85a-b   MS1, 63P, 70A: *SCÈNE IV* / MME DE CROUPILLAC [*passim*],
LISE, MARTHE, UN LAQUAIS
86   38P: Je vois bien qui
MS1, 63P, 70A:
      Oh! [70A: Ah!] je ne sais qui c'est.
      Je n'ai jamais connu cette personne.

[3] Cf. Euphémie's words to her babbling son Damis on the importance of discretion and circumspection in courtly circles: 'Le plus souvent ici l'on parle sans rien dire; / Et les plus ennuyeux savent s'y mieux conduire' (*L'Indiscret*, scene i).

Un peu plaideuse, et beaucoup radoteuse. [4]

LISE

Des sièges donc. Madame, pardon si...

MME CROUPILLAC

Ah, Madame!

LISE

Eh, Madame!

MME CROUPILLAC

Il faut aussi...   90

LISE

S'asseoir, Madame.

MME CROUPILLAC *assise*.

En vérité, Madame,
Je suis confuse; et dans le fond de l'âme,
Je voudrais bien...

LISE

Madame?

88-88a   63P, 70A:

MARTHE
Elle a la mine assez brusque, mais bonne.
LISE
(au [63P: aux] laquais) (à Mme de Croupillac)
88   MSI:
Elle a la mine un peu brusque.
MARTHE
Mais bonne.
91   63P, 70A: madame. [*with stage direction*] (*Elles s'asseyent.*)
93   MSI, 38P: Ah! je voudrais,

[4] See introduction, p.32-33.

MME CROUPILLAC

Je voudrais
Vous enlaidir, vous ôter vos attraits.
Je pleure, hélas! vous voyant si jolie. [5]   95

LISE

Consolez-vous, madame.

MME CROUPILLAC

Oh! non, ma mie,
Je ne saurais: je vois que vous aurez
Tous les maris que vous demanderez. [6]
J'en avais un, du moins en espérance,
Un seul, hélas! c'est bien peu, quand j'y pense,   100
Et j'avais eu grand'peine à le trouver;
Vous me l'ôtez, vous allez m'en priver.
Il est un temps, ah! que ce temps vient vite,
Où l'on perd tout quand un amant nous quitte,
Où l'on est seule; et certes il n'est pas bien,   105

103-108   MS1, 63P, 70A:
        Et moi, je viens pour venger mon outrage.
        J'ai tout quitté, mon château, mon ménage;
        Mon sénéchal me verra, frémira.
                     LISE
        N'en doutez pas.
                MME CROUPILLAC
              Nous verrons qui l'aura.
                     LISE
        Ce sera vous, mais je suis interdite
        Et de votre discours [63P, 70A: De vos discours]

---

[5] 'Dialogue coupé sans nécessité bien urgente' (Flaubert, *Le Théâtre de Voltaire*, ii.515).

[6] 'Le rôle de madame Croupillac, qui d'ailleurs est absolument inutile dans la pièce, n'est pas d'un bon comique' (La Harpe, *Commentaire sur le théâtre de Voltaire*, p.400).

D'enlever tout à qui n'a presque rien.

LISE

Excusez-moi, si je suis interdite
De vos discours et de votre visite.
Quel accident afflige vos esprits?
Qui perdez-vous? et qui vous ai-je pris?   110

MME CROUPILLAC

Ma chère enfant, il est force bégueules
Au teint ridé, qui pensent qu'elles seules,
Avec du fard et quelques fausses dents,
Fixent l'amour, les plaisirs et le temps.
Pour mon malheur, hélas! je suis plus sage;   115
Je vois trop bien que tout passe, et j'enrage.

109-133   MSI, 63P, 70A:
    Vos compliments, vos regrets, vos desseins
    Sont des tourments que de bon cœur je plains.
                    MARTHE
    Peut-on savoir le métier que vous faites?
    D'où vous venez, votre nom, qui vous êtes?
                MME CROUPILLAC
    Mon métier est femme de qualité;
    Chougrignon fut le nom que j'ai porté;
    Veuve deux fois par un destin funeste,
    De Croupillac est le nom qui me reste.
    Angoulême est la ville où je naquis.
    En quatre hivers, j'enterrai deux maris.
    Il serait doux d'en avoir un troisième,
    Avec l'espoir de le pleurer de même.
    Et quant au fait qui me conduit ici,
    En quatre mots, mon enfant, le voici:
    Dans Angoulême, au printemps de mon âge,
    Je savourais les douceurs du veuvage,
    Dans Angoulême
110   38P: et que vous

LISE

J'en suis fâchée, et tout est ainsi fait;
Mais je ne peux vous rajeunir.

MME CROUPILLAC

              Si fait:
J'espère encore, et ce serait peut-être
Me rajeunir que me rendre mon traître.   120

LISE

Mais de quel traître ici me parlez-vous?

MME CROUPILLAC

D'un président, d'un ingrat, d'un époux,
Que je poursuis, pour qui je perds haleine,
Et sûrement qui n'en vaut pas la peine.

LISE

Eh bien, Madame?

MME CROUPILLAC

           Eh bien, dans mon printemps   125
Je ne parlais jamais aux présidents:
Je haïssais leur personne et leur style;
Mais avec l'âge on est moins difficile.

LISE

Enfin, Madame?

MME CROUPILLAC

           Enfin il faut savoir,
Que vous m'avez réduite au désespoir.   130

118   38P: ne puis vous

LISE

Comment? en quoi?

MME CROUPILLAC

J'étais dans Angoulême,
Veuve, et pouvant disposer de moi-même:
Dans Angoulême en ce temps Fierenfat
Etudiait, apprenti magistrat;
Il me lorgnait, il se mit dans la tête   135
Pour ma personne un amour malhonnête,
Bien malhonnête, hélas! bien outrageant;
Car il faisait l'amour à mon argent.
Je fis écrire au bonhomme de père:
On s'entremit, on poussa loin l'affaire;   140
Car en mon nom souvent on lui parla;
Il répondit, qu'il verrait tout cela.
Vous voyez bien que la chose était sûre.

LISE

Oh oui.

MME CROUPILLAC

Pour moi, j'étais prête à conclure.
De Fierenfat alors le frère aîné   145

131   38P: Mais en quoi donc? / MME CROUPILLAC / Je vis dans
139-142   MSI, 63P, 70A:
        Si vous pensez qu'autre chose lui plaise,
        Détrompez-vous et m'écoutez à l'aise,
        Je m'informai de mon pédant, j'appris
        Que d'Euphémon c'était [70A: était] le second fils.
        J'écrivis net [70A: Je fis écrire] au bonhomme de père,
        Et très loin même on poussa cette affaire;
        On s'entremit, on agit, on parla,
        Il répondit qu'on [63P: qu'il] verrait tout cela,
140   38P: poussa bien l'affaire,
143   63P, 70A: Vous jugez bien
144   63P, 70A: J'étais pour moi prête

A votre lit fut, dit-on, destiné.

LISE

Quel souvenir!

MME CROUPILLAC

C'était un fou, ma chère,
Qui jouissait de l'honneur de vous plaire.

LISE

Ah!

MME CROUPILLAC

Ce fou-là s'étant fort dérangé,
Et de son père ayant pris son congé,   150
Errant, proscrit, peut-être mort, que sais-je?
(Vous vous troublez!) mon héros de collège,
Mon président, sachant que votre bien
Est, tout compté, plus ample que le mien,
Méprise enfin ma fortune et mes larmes;   155
De votre dot il convoite les charmes;
Entre vos bras il est ce soir admis.
Mais pensez-vous qu'il vous soit bien permis
D'aller ainsi courant de frère en frère,
Vous emparer d'une famille entière?   160

146   MSI, 70A: On le disait.
148-153   MSI, 70A:
      Connu pour tel, soit dit sans vous déplaire.
      Mon sénéchal sachant
155   MSI, 63P, 70A: enfin mes bontés et
156   63P, 70A: il vient lorgner les charmes.
157   63P, 70A: Et dans vos
160-161   MSI, 63P, 70A: [*insert between these lines*]
      Est-il si beau d'acheter un époux
      A votre bien plus attaché que [63P, 70A: qu'à] vous
      Et qui mettant la [63P, 70A: sa] personne à l'enchère,
      Fait de l'amour un contrat mercenaire?

Pour moi, déjà, par protestation,
J'arrête ici la célébration;
J'y mangerai mon château, mon douaire;
Et le procès sera fait de manière,
Que vous, son père, et les enfants que j'ai,   165
Nous serons morts avant qu'il soit jugé.

LISE

En vérité je suis toute honteuse,
Que mon hymen vous rende malheureuse;
Je suis peu digne, hélas! de ce courroux.
Sans être heureux on fait donc des jaloux!   170
Cessez, madame, avec un œil d'envie
De regarder mon état et ma vie;
On nous pourrait aisément accorder;
Pour un mari je ne veux point plaider.

MME CROUPILLAC

Quoi! point plaider?

LISE

　　　　Non: je vous l'abandonne.   175

MME CROUPILLAC

Vous êtes donc sans goût pour sa personne?

162-163　MS1, 63P, 70A: [*insert between these lines*]
　　　J'ai commencé contre ces cas énormes,
　　　En arrivant trois procès dans les formes;
　　　J'y fournirai [70A: fourrerai] cent incidents nouveaux,
　　　Je plaiderai devant vingt tribunaux;
165　MS1, 63P, 70A: Que lui,
173-174a　63P: On vous pourrait
　　　　　　MME CROUPILLAC
175-179　[*see Appendix of longer variants,* B]
175　38P: Est-il possible? / LISE / Oui, je vous

Vous n'aimez point?

LISE

Je trouve peu d'attraits
Dans l'hyménée, et nul dans les procès.

SCÈNE IV

MME CROUPILLAC, LISE, RONDON

RONDON

Oh, oh, ma fille, on nous fait des affaires,
Qui font dresser les cheveux aux beaux-pères!   180
On m'a parlé de protestation.
Eh vertubleu! qu'on en parle à Rondon;
Je chasserai bien loin ces créatures.

MME CROUPILLAC

Faut-il encore essuyer des injures?
Monsieur Rondon, de grâce écoutez-moi.   185

RONDON

Que vous plaît-il?

MME CROUPILLAC

Votre gendre est sans foi;

177   38P: Je vois très peu
181   63P, 70A: On a parlé
182   MSI: Et ventre bleu
       38P, 63P: Et vertubleu
186   MSI, 63P, 70A:
          Rondon n'a point d'oreille.
       MME CROUPILLAC [63P, 70A: *montrant Fierenfat*.]
                Il est sans foi.

C'est un fripon d'espèce toute neuve,
Galant, avare, écornifleur de veuve;
C'est de l'argent qu'il aime.

RONDON

Il a raison.

MME CROUPILLAC

Il m'a cent fois promis dans ma maison   190
Un pur amour, d'éternelles tendresses.

RONDON

Est-ce qu'on tient de semblables promesses?

MME CROUPILLAC

Il m'a quittée, hélas! si durement.

RONDON

J'en aurais fait de bon cœur tout autant.

MME CROUPILLAC

Je vais parler comme il faut à son père.   195

188   MS1, 63P, 70A: avare, en voulez-vous la preuve?
190   MS1: Il m'a promis cent fois
192   63P: que l'on
193   W42: si brusquement.
195-203   MS1, 63P, 70A:
      Je viens [63P, 70A: m'en vais] faire un procès à son père.
                       RONDON
      Faites-en trente, il ne m'importe guère.
                       MME CROUPILLAC
      Jamais un cœur ne fut plus poignardé.
                       RONDON
      Jamais Rondon ne fut plus excédé.
                       MME CROUPILLAC
      J'aurai pour moi, pour venger mes outrages,
      Tout le beau sexe.

RONDON

Ah! parlez-lui plutôt qu'à moi.

MME CROUPILLAC

L'affaire

Est effroyable, et le beau sexe entier
En ma faveur ira partout crier.

RONDON

Il criera moins que vous.

MME CROUPILLAC

Ah! vos personnes

Sauront un peu ce qu'on doit aux baronnes.   200

RONDON

On doit en rire.

MME CROUPILLAC

Il me faut un époux;

RONDON

Et moi [63P, 70A: nous] tous les volages.

FIERENFAT

Les sénéchaux.

MME CROUPILLAC

Oh! je vous brave tous,

J'épouserai lui, son vieux père, ou vous.

RONDON

Qui, moi?

198-201   W42:

crier.

J'aurai pour moi, pour venger mes outrages,
Tout le beau sexe.

RONDON

Et nous tous les volages.

FIERENFAT

Les présidents.

MME CROUPILLAC

Oh! je vous brave tous.

Et je prendrai lui, son vieux père, ou vous.

RONDON

Qui, moi?

MME CROUPILLAC

Vous-même.

RONDON

Oh! je vous en défie.

MME CROUPILLAC

Nous plaiderons.

RONDON

Mais voyez la folie.

SCÈNE V

RONDON, FIERENFAT, LISE

RONDON *à Lise.*

Je voudrais bien savoir aussi pourquoi   205

204-205   MS1:
>   Nous plaiderons.
>   (*Elle sort.*)
>   SCÈNE VII / RONDON, FIERENFAT, LISE, MARTHE
>   RONDON
>   Mais voyez la folie.
>   Je voudrais bien.
204   63P, 70A: Oh! nous verrons.
204a-b   63P, 70A:
>   SCÈNE VII / RONDON, FIERENFAT, LISE, MARTHE
205   38P: bien aussi savoir

Vous recevez ces visites chez moi?
Vous m'attirez toujours des algarades.
   (*à Fierenfat*)
Et vous, monsieur, le roi des pédants fades,
Quel sot démon vous force à courtiser
Une baronne, afin de l'abuser?   210
C'est bien à vous, avec ce plat visage,
De vous donner les airs d'être volage!
Il vous sied bien, grave et triste indolent,
De vous mêler du métier de galant!
C'était le fait de votre fou de frère;   215
Mais vous, mais vous!

FIERENFAT

                    Détrompez-vous, beau-père,
Je n'ai jamais requis cette union;
Je ne promis que sous condition,
Me réservant toujours au fond de l'âme,
Le droit de prendre une plus riche femme.   220
De mon aîné l'exhérédation,
Et tous les biens en ma possession,
A votre fille enfin m'ont fait prétendre;

207a   MS1: [*stage direction absent*]
209-210 MS1, 63P, 70A:
     Qui diable aussi jamais vous conseilla
     De rien promettre à cette femme-là?
212   K: donner des airs
218   70A: Je n'ai promis
220-221 MS1, 63P, 70A: [*insert between these lines*]
     En fait d'affaire allant droit à mon bien,
     Car sans le bien tout le reste n'est rien.
     Dans la maison quand nous étions deux frères,
     Les Croupillacs arrangeaient mes affaires
220   MS1, 38P: droit d'avoir une
221   MS1, 63P, 70A: Mais d'un aîné
223-224 38P: [*absent*]
223   63P, 70A: fille alors m'ont

Argent comptant fait et beau-père et gendre.

RONDON

Il a raison, ma foi, j'en suis d'accord.   225

LISE

Avoir ainsi raison, c'est un grand tort.

RONDON

L'argent fait tout. Va, c'est chose très sûre.
Hâtons-nous donc sur ce pied de conclure.
D'écus tournois soixante pesants sacs
Finiront tout, malgré les Croupillacs.   230
Qu'Euphémon tarde, et qu'il me désespère!
Signons toujours avant lui.

LISE

                Non, mon père;
Je fais aussi mes protestations,
Et je me donne à des conditions.

RONDON

Conditions! toi? quelle impertinence!   235

224-227   MS1, 63P, 70A:
    [63P, 70A: N']Est-il pas vrai?
                LISE
              Quel honteux sentiment!
             RONDON
    Mais, c'est penser très raisonnablement.
    L'argent fait tout et c'est
231-232   MS1, 63P, 70A:
    J'ai grâce au ciel notre instrument en poche,
    Tout est dressé, tout est net, rien ne cloche;
    Je n'attends plus que ce [70A: le] vieil Euphémon,
    Ah! qu'il est lent! qu'il est lourd, ce barbon!
    Que ces [63P, 70A: ses] langueurs font traîner une affaire!
    Signons toujours avant [70A: avec] lui.

Tu dis, tu dis?...

LISE

Je dis ce que je pense.
Peut-on goûter le bonheur odieux
De se nourrir des pleurs d'un malheureux?
(à Fierenfat)
Et vous, monsieur, dans votre sort prospère,
Oubliez-vous que vous avez un frère?   240

FIERENFAT

Mon frère? moi, je ne l'ai jamais vu;
Et du logis il était disparu,
Lorsque j'étais encor dans notre école,
Le nez collé sur Cujas et Bartole. [7]

236-237 MS1, 63P, 70A: [insert between these lines]
          [63P, 70A: (à Fierenfat)]
          Et dussiez-vous, monsieur, vous en fâcher,
          De ce projet, il faut vous détacher.
          Je dois le dire à vous plus qu'à mon père,
          Il est affreux de dépouiller son frère.
238-276 MS1, 63P, 70A:
                    pleurs des [63P, 70A: d'un] malheureux?
          Les fruits amers de sa folle conduite,
          Lui sont bien dus; qu'il souffre, il le mérite:
          Mais inspirer par un effort cruel,
          La dureté dans le cœur paternel,
          Par intérêt étouffer la nature,
          Tout engloutir d'un trait de signature,
          Punir ainsi, nous rendrait aujourd'hui,
          A tous les yeux plus coupables que lui.
          Par notre hymen je prétends qu'on lui laisse
          Un peu de bien, reste [63P: restes] du [63P, 70A: d'un] droit d'aînesse;
238a   38P: [stage direction absent]

[7] 'Expression comique. Est-ce Fierenfat qui doit l'employer en parlant de lui-même?' (Flaubert, Le Théâtre de Voltaire, ii.517). Bartole (1314-1357) was an Italian jurist and author of commentaries on the Corpus juris of Justinian. Jacques Cujas

J'ai su depuis ses beaux déportements;   245
Et si jamais il reparaît céans,
Consolez-vous, nous savons les affaires,
Nous l'enverrons en douceur aux galères.[8]

LISE

C'est un projet fraternel et chrétien;
En attendant vous confisquez son bien: 250
C'est votre avis; mais moi, je vous déclare,
Que je déteste un tel projet.

RONDON
Tarare.[9]
Va, mon enfant; le contrat est dressé;
Sur tout cela le notaire a passé.

FIERENFAT

Nos pères l'ont ordonné de la sorte;   255
En droit écrit leur volonté l'emporte.
Lisez Cujas, chapitre cinq, six, sept:
'Tout libertin de débauches infect,

258   63P: de débauche infect,

(1522-1590), born at Toulouse, was a celebrated French jurisconsult who disagreed with Bartole's interpretation of Roman law and also published commentaries on Justinian; Voltaire refers to him in the second canto of *La Pucelle* (*OC*, vol.7, p.282). Bartole and Cujas figure in the comically exaggerated list of authorities cited by the stammering lawyer in Molière's *Monsieur de Pourceaugnac*, II.ii. On Bartole and Cujas see F. Olivier-Martin, *Histoire du droit français des origines à la Révolution* (Paris 1951), p.428-30.

[8] 'Il est atroce, et même peu vraisemblable, qu'un frère parle d'envoyer son frère aux galères. Cela passe la plaisanterie' (La Harpe, *Commentaire sur le théâtre de Voltaire*, p.400); 'On a du mal à tolérer même comme vraisemblable des choses pareilles à celles-ci' (Flaubert, *Le Théâtre de Voltaire*, ii.517).

[9] 'Tarare. Espèce d'interjection familière, dont on se sert, ou pour marquer que l'on se moque de ce qu'on entend dire, ou qu'on ne le croit pas' (*Dictionnaire de l'Académie française*, ii.739).

Qui renonçant à l'aile paternelle,
Fuit la maison, ou bien qui pille icelle,   260
Ipso facto de tout dépossédé,
Comme un bâtard il est exhérédé.'

LISE

Je ne connais le droit ni la coutume;
Je n'ai point lu Cujas; mais je présume,
Que ce sont tous des malhonnêtes gens,   265
Vrais ennemis du cœur et du bon sens,
Si dans leur code ils ordonnent qu'un frère
Laisse périr son frère de misère;
Et la nature et l'honneur ont leurs droits,
Qui valent mieux que Cujas et vos lois.   270

RONDON

Ah! laissez-là vos lois et votre code,
Et votre honneur, et faites à ma mode;
De cet aîné que t'embarrasses-tu?
Il faut du bien.

LISE

                  Il faut de la vertu.
Qu'il soit puni; mais au moins qu'on lui laisse   275
Un peu de bien, reste d'un droit d'aînesse.
Je vous le dis, ma main, ni mes faveurs,
Ne seront point le prix de ses malheurs. [10]
Corrigez donc l'article que j'abhorre,
Dans ce contrat, qui tous nous déshonore: 280

---

276   38P: reste de droit
277   63P, 70A: Qu'il vive au moins. Ma main

---

[10] '*Mes faveurs* est un terme déplacé dans cet endroit. Une fille qui va se marier ne
parle point de *faveurs* à son prétendu' (La Harpe, *Commentaire sur le théâtre de
Voltaire*, p.401).

Si l'intérêt ainsi l'a pu dresser,
C'est un opprobre, il le faut effacer.

FIERENFAT

Ah, qu'une femme entend mal les affaires!

RONDON

Quoi! tu voudrais corriger deux notaires?
Faire changer un contrat?

LISE

Pourquoi non? 285

RONDON

Tu ne feras jamais bonne maison:
Tu perdras tout.

LISE

Je n'ai pas grand usage,
Jusqu'à présent, du monde et du ménage:
Mais l'intérêt, mon cœur vous le maintient,
Perd des maisons, autant qu'il en soutient. 290
Si j'en fais une, au moins cet édifice
Sera d'abord fondé sur la justice.

RONDON

Elle est têtue: et pour la contenter,

286-287   MSI, 63P, 70A:
        Tu ne feras jamais bonne maison.
        Tu perdras tout, gâteras tout.
                LISE
                Eh! non,
        Reposez-vous sur moi! j'ai peu d'usage,
292a-296b   MSI, 63P, 70A:
                RONDON
        Tes beaux discours jamais ne me feront...

145

Allons, mon gendre, il faut s'exécuter.
Ça, donne un peu.

FIERENFAT

Oui, je donne à mon frère...   295
Je donne... allons...

RONDON

Ne lui donne donc guère.

SCÈNE VI

EUPHÉMON, RONDON, LISE, FIERENFAT

RONDON

Ah! le voici le bonhomme Euphémon.
Viens, viens, j'ai mis ma fille à la raison.
On n'attend plus rien que ta signature.
Presse-moi donc cette tardive allure.   300
Dégourdis-toi, prends un ton réjoui,
Un air de noce, un front épanoui;
Car dans neuf mois, je veux, ne te déplaise,
Que deux enfants... je ne me sens pas d'aise.
Allons, ris donc, chassons tous les ennuis;   305

LISE
Mes sentiments au moins me resteront
Je dois, monsieur, cette vertu que j'aime,
A la nature, à votre exemple même.
SCÈNE VIII / EUPHÉMON, RONDON, FIERENFAT, LISE,
                    MARTHE
298   63P, 70A: [with stage direction] (à Euphémon)
299-300   63P, 70A: [lines inverted]
301-304   MS1, 63P, 70A: [absent]
305   63P, 70A: Allons, allons, chassons
        MS1: tous ces ennuis;

Signons, signons.

EUPHÉMON

Non, monsieur, je ne puis.

FIERENFAT

Vous ne pouvez?

RONDON

En voici bien d'une autre.

FIERENFAT

Quelle raison?

RONDON

Quelle rage est la vôtre?
Quoi? tout le monde est-il devenu fou?
Chacun dit, non: comment? pourquoi? par où?   310

EUPHÉMON

Ah! ce serait outrager la nature,
Que de signer dans cette conjoncture.

RONDON

Serait-ce point la dame Croupillac,
Qui sourdement fait ce maudit micmac?

EUPHÉMON

Non, cette femme est folle, et dans sa tête   315
Elle veut rompre un hymen que j'apprête. [11]

307   63P, 70A: d'un autre!
308   MS1: Quelles raisons?
310   63P, 70A: pourquoi? comment?

---

[11] 'Pour dire *elle s'est mis en tête de rompre*, etc. la phrase n'est pas exacte' (La Harpe, *Commentaire sur le théâtre de Voltaire*, p.401).

Mais ce n'est pas de ses cris impuissants
Que sont venus les ennuis que je sens.

RONDON

Eh bien, quoi donc? ce béquillard du coche
Dérange tout, et notre affaire accroche?   320

EUPHÉMON

Ce qu'il a dit doit retarder du moins
L'heureux hymen, objet de tant de soins.

LISE

Qu'a-t-il donc dit, monsieur?

FIERENFAT
                                        Quelle nouvelle
A-t-il appris?

EUPHÉMON
                        Une, hélas! trop cruelle.
Devers Bordeaux cet homme a vu mon fils,   325
Dans les prisons, sans secours, sans habits,
Mourant de faim; la honte et la tristesse
Vers le tombeau conduisaient sa jeunesse;
La maladie et l'excès du malheur
De son printemps avaient séché la fleur;   330
Et dans son sang la fièvre enracinée
Précipitait sa dernière journée.
Quand il le vit, il était expirant;

317   38P, W57P, 63P: de ces cris
326   63P: sans habit,
327   MSI: Exténué de
      63P, 70A: Exténué; la

Sans doute, hélas! il est mort à présent.

RONDON

Voilà, ma foi, sa pension payée. 335

LISE

Il serait mort!

RONDON

N'en sois point effrayée;
Va, que t'importe?

FIERENFAT

Ah! Monsieur, la pâleur
De son visage efface la couleur.

RONDON

Elle est, ma foi, sensible: ah! la friponne!
Puisqu'il est mort, allons, je te pardonne. 340

FIERENFAT

Mais après tout, mon père, voulez-vous?...

EUPHÉMON

Ne craignez rien, vous serez son époux.
C'est mon bonheur; mais il serait atroce,
Qu'un jour de deuil devînt un jour de noce.
Puis-je, mon fils, mêler à ce festin 345
Le contretemps de mon juste chagrin?

335a-340   MSI, 63P, 70A:
     LISE [63P, 70A: s'évanouissant, va à [63P: bas à Marthe.]
     Il serait mort.
                    MARTHE
                Soutenez-vous, madame,
        Et cachez mieux le trouble de votre âme.

Et sur vos fronts parés de fleurs nouvelles
Laisser couler mes larmes paternelles?
Donnez, mon fils, ce jour à nos soupirs,
Et différez l'heure de vos plaisirs;   350
Par une joie indiscrète, insensée,
L'honnêteté serait trop offensée.

LISE

Ah! oui, monsieur, j'approuve vos douleurs;
Il m'est plus doux de partager vos pleurs,
Que de former les nœuds du mariage.   355

FIERENFAT

Eh! mais, mon père...

RONDON

                    Eh, vous n'êtes pas sage.
Quoi différer un hymen projeté,
Pour un ingrat cent fois déshérité,
Maudit de vous, de sa famille entière!

EUPHÉMON

Dans ces moments un père est toujours père. [12]   360
Ses attentats, et toutes ses erreurs,
Furent toujours le sujet de mes pleurs;
Et ce qui pèse à mon âme attendrie,
C'est qu'il est mort sans réparer sa vie.

---

[12] On the echo of Racine's *Phèdre* see introduction, p.35. This echo was partially detected by Flaubert, though he does not specify the play (*Le Théâtre de Voltaire*, ii.519).

RONDON

Réparons-la, donnons-nous aujourd'hui   365
Des petits-fils qui valent mieux que lui;
Signons, dansons, allons: que de faiblesse! [13]

EUPHÉMON

Mais...

RONDON

      Mais, morbleu, ce procédé me blesse:
De regretter même le plus grand bien,
C'est fort mal fait: douleur n'est bonne à rien;   370
Mais regretter le fardeau qu'on vous ôte,
C'est une énorme et ridicule faute.
Ce fils aîné, ce fils votre fléau,
Vous mit trois fois sur le bord du tombeau.
Pauvre cher homme! allez, sa frénésie   375
Eût tôt ou tard abrégé votre vie.
Soyez tranquille: et suivez mes avis;
C'est un grand gain que de perdre un tel fils.

364a-367 MS1, 63P, 70A:
              FIERENFAT
    Je me conforme à votre sentiment;
    Mon frère est mort; mais moi, je suis vivant.
    De mon hymen vous êtes encore maître:
    Le différer, c'est le rompre, peut-être.
    La Croupillac dans son vieux désespoir,
    Va remuer terre et ciel pour m'avoir.
              RONDON
    Signez, signez. Allons que de faiblesse!
367   38P: dansons, mon Dieu, que

[13] 'Quoi qu'en dise l'auteur dans sa préface, le spectateur, touché de la douleur du père, ne se prête pas volontiers à la grosse gaieté de Rondon' (La Harpe, *Commentaire sur le théâtre de Voltaire*, p.401).

EUPHÉMON

Oui; mais ce gain coûte plus qu'on ne pense;
Je pleure, hélas! sa mort et sa naissance.   380

RONDON *à Fierenfat.*

Va: suis ton père, et sois expéditif;
Prends ce contrat, le mort saisit le vif:
Il n'est plus tems qu'avec moi l'on barguigne;
Prends-lui la main, qu'il paraphe et qu'il signe.
    (*à Lise*)
Et toi, ma fille, attendons à ce soir.   385
Tout ira bien.

LISE

Je suis au désespoir.

Fin du second acte.

380   MS1: [*with stage direction*] (*Il sort.*)
380a-381   63P, 70A: *SCÈNE IX* / RONDON, FIERENFAT, LISE,
MARTHE
                    RONDON *à Fierenfat.*
        Toi, suis
384   63P, 70A: paraphe, qu'il
384a   63P, 70A: [*stage direction absent*]
385   63P, 70A: toi, ma Lise,

ACTE III

SCÈNE PREMIÈRE

EUPHÉMON FILS, JASMIN

JASMIN

Oui, mon ami, tu fus jadis mon maître;
Je t'ai servi deux ans sans te connaître:
Ainsi que moi, réduit à l'hôpital,
Ta pauvreté m'a rendu ton égal.
Non, tu n'es plus ce monsieur d'Entremonde,   5
Ce chevalier si pimpant dans le monde,
Fêté, couru, de femmes entouré,
Nonchalamment de plaisirs enivré.
Tout est au diable. Eteins dans ta mémoire
Ces vains regrets des beaux jours de ta gloire: 10
Sur du fumier l'orgueil est un abus;
Le souvenir d'un bonheur qui n'est plus,
Est à nos maux un poids insupportable.
Toujours Jasmin, j'en suis moins misérable.
Né pour souffrir, je sais souffrir gaiement;   15
Manquer de tout, voilà mon élément:
Ton vieux chapeau, tes guenilles de bure,
Dont tu rougis, c'était là ma parure.
Tu dois avoir, ma foi, bien du chagrin,
De n'avoir pas été toujours Jasmin.   20

EUPHÉMON FILS

Que la misère entraîne d'infamie!

4   63P, 70A: La pauvreté
7   MS1: des femmes
17   MS1, 38P, 38A, W38, 39A2, W42, W48R, 63P, 70A: tes guenillons de

153

Faut-il encor qu'un valet m'humilie?
Quelle accablante et terrible leçon!
Je sens encor, je sens qu'il a raison.
Il me console au moins à sa manière: 25
Il m'accompagne, et son âme grossière,
Sensible et tendre en sa rusticité,
N'a point pour moi perdu l'humanité.
Né mon égal, (puisqu'enfin il est homme)
Il me soutient sous le poids qui m'assomme;   30
Il suit gaiement mon sort infortuné,
Et mes amis m'ont tous abandonné.[1]

JASMIN

Toi, des amis! hélas! mon pauvre maître,
Apprends-moi donc, de grâce, à les connaître;
Comment sont faits les gens qu'on nomme amis?   35

EUPHÉMON FILS

Tu les a vus chez moi toujours admis,
M'importunant souvent de leurs visites,
A mes soupers délicats parasites,
Vantant mes goûts d'un esprit complaisant,
Et sur le tout empruntant mon argent;   40
De leur bon cœur m'étourdissant la tête,
Et me louant, moi présent.

JASMIN

                              Pauvre bête!
Pauvre innocent! tu ne les voyais pas

25 MS1, 38P: moins en sa
27 38P: tendre, ou sa rusticité

[1] Flaubert was struck by the didacticism of lines 29-32: 'Voici l'enseignement philosophique de la situation' (*Le Théâtre de Voltaire*, ii.519).

154

Te chansonner au sortir d'un repas,
Siffler, berner ta bénigne imprudence.   45

EUPHÉMON FILS

Ah! je le crois, car dans ma décadence,
Lorsqu'à Bordeaux je me vis arrêté,
Aucun de ceux, à qui j'ai tout prêté,
Ne me vint voir, nul ne m'offrit sa bourse.
Puis au sortir, malade et sans ressource,   50
Lorsqu'à l'un d'eux, que j'avais tant aimé,
J'allai m'offrir mourant, inanimé,
Sous ces haillons, dépouilles délabrées,
De l'indigence exécrables livrées;
Quand je lui vins demander un secours,   55
D'où dépendaient mes misérables jours,
Il détourna son œil confus et traître,
Puis il feignit de ne me pas connaître,
Et me chassa comme un pauvre importun.

JASMIN

Aucun n'osa te consoler?

EUPHÉMON FILS

Aucun.   60

JASMIN

Ah! les amis! les amis, quels infâmes!

---

53   MSI, 38A, 38P, W38, 39A2, W42, W46, W48R, W48D: haillons dépouillés,
délabrés
56   63P, 70A: Dont dépendaient
59   MSI: me laissa comme
60   MSI, 38P: te secourir?

EUPHÉMON FILS

Les hommes sont tous de fer.[2]

JASMIN

Et les femmes?

EUPHÉMON FILS

J'en attendais, hélas! plus de douceur;
J'en ai cent fois essuyé plus d'horreur.
Celle surtout qui m'aimant sans mystère,   65
Semblait placer son orgueil à me plaire,
Dans son logis meublé de mes présents,
De mes bienfaits acheta des amants;
Et de mon vin régalait leur cohue,
Lorsque de faim j'expirais dans sa rue.[3]   70
Enfin, Jasmin, sans ce pauvre vieillard,
Qui dans Bordeaux me trouva par hasard,
Qui m'avait vu, dit-il, dans mon enfance,
Une mort prompte eût fini ma souffrance.

64-70   MS1, 63P, 70A:
Je me trompais, et pour comble d'horreur,
Celle surtout à qui j'avais cru plaire
Craignait ma vue et fuyait ma misère.

    [2] D'Alembert quotes this philosophical maxim as part of his critique of Voltaire's 'mélange bizarre [...] du pathétique et du plaisant, [...] cet alliage des ris avec les pleurs' (*Lettre à M. Rousseau*, in *Mélanges de littérature, d'histoire et de philosophie*, 5 vols, Amsterdam 1759, ii.428). La Harpe, however, rejected d'Alembert's view that 'ce mot forme une espèce de dissonance', arguing instead that it is consistent with the dramatic action: 'La comédie doit surtout faire connaître les hommes, et la question naturelle de Jasmin donne lieu à la réponse d'Euphémon, réponse qui marque une grande expérience' (*Commentaire sur le théâtre de Voltaire*, p.402).
    [3] 'Cela rappelle le *Timon* de Shakespeare. Mais il ne faut pas que l'ampleur de la pièce anglaise nous dégoûte de la situation ci-présente. Dans Shakespeare, c'est le fond même de la pièce, ici ce n'est pas même un épisode, c'est un détail, un trait' (Flaubert, *Le Théâtre de Voltaire*, ii.520).

Mais en quel lieu sommes-nous, cher Jasmin? 75

JASMIN

Près de Cognac, si je sais mon chemin;
Et l'on m'a dit que mon vieux premier maître,
Monsieur Rondon, loge en ces lieux peut-être.

EUPHÉMON FILS

Rondon, le père de... quel nom dis-tu?

JASMIN

Le nom d'un homme assez brusque et bourru. 80
Je fus jadis page dans sa cuisine:
Mais dominé d'une humeur libertine,
Je voyageai: je fus depuis coureur,
Laquais, commis, fantassin, déserteur;
Puis dans Bordeaux je te pris pour mon maître. 85
De moi Rondon se souviendra peut-être,
Et nous pourrions dans notre adversité...

EUPHÉMON FILS

Et depuis quand, dis-moi, l'as-tu quitté?

JASMIN

Depuis quinze ans. C'était un caractère,
Moitié plaisant, moitié triste et colère, 90
Au fond bon diable: il avait un enfant,
Un vrai bijou, fille unique vraiment,
Œil bleu, nez court, teint frais, bouche vermeille,
Et des raisons! c'était une merveille:
Cela pouvait bien avoir de mon temps, 95

75   63P, 70A: en quels lieux
77-78   63P, 70A:
   Et l'on m'a dit qu'ici mon premier maître,
   Monsieur Rondon, se trouvera peut-être.
79   63P, 70A: le père... ah! quel nom me dis-tu?

A bien compter, entre six à sept ans;
Et cette fleur avec l'âge embellie,
Est en état, ma foi, d'être cueillie.

EUPHÉMON FILS

Ah malheureux!

JASMIN

Mais j'ai beau te parler;
Ce que je dis ne te peut consoler.   100
Je vois toujours à travers ta visière,
Tomber des pleurs qui bordent ta paupière.

EUPHÉMON FILS

Quel coup du sort, ou quel ordre des cieux,
A pu guider ma misère en ces lieux?
Hélas!

JASMIN

Ton œil contemple ces demeures.   105
Tu restes là tout pensif, et tu pleures.

EUPHÉMON FILS

J'en ai sujet.

JASMIN

Mais connais-tu Rondon?
Serais-tu pas parent de la maison?

EUPHÉMON FILS

Ah! laisse-moi.

JASMIN *en l'embrassant.*

Par charité, mon maître,
Mon cher ami, dis-moi qui tu peux être.   110

109a   63P, 70A: [*stage direction absent*]

158

EUPHÉMON FILS *en pleurant.*

Je suis... je suis un malheureux mortel,
Je suis un fou, je suis un criminel,
Qu'on doit haïr, que le ciel doit poursuivre,
Et qui devrait être mort.

JASMIN

Songe à vivre;
Mourir de faim est par trop rigoureux: 115
Tiens, nous avons quatre mains à nous deux,
Servons-nous-en, sans complainte importune.
Vois-tu d'ici ces gens, dont la fortune
Est dans leurs bras, qui la bêche à la main,
Le dos courbé retournent ce jardin?   120
Enrôlons-nous parmi cette canaille;
Viens avec eux, imite-les, travaille,
Gagne ta vie. ⁴

EUPHÉMON FILS

Hélas! dans leurs travaux,
Ces vils humains, ⁵ moins hommes qu'animaux,
Goûtent des biens, dont toujours mes caprices   125
M'avaient privé dans mes fausses délices;
Ils ont au moins, sans trouble, sans remords,
La paix de l'âme et la santé du corps.

110a 63P, 70A: EUPHÉMON FILS *pleurant.*
117 MSI: [*absent*]
124 MSI, 63P, 70A: humains, au milieu de leurs maux,
127 63P: Ils sont au
     38P: trouble et sans

---

⁴ On this foreshadowing of *Candide* see introduction, p.41.
⁵ '*Vils* n'est pas juste; la pauvreté n'est point vile' (La Harpe, *Commentaire sur le théâtre de Voltaire*, p.402).

SCÈNE II

MME CROUPILLAC, EUPHÉMON FILS, JASMIN

MME CROUPILLAC *dans l'enfoncement.*

Que vois-je ici? Serais-je aveugle ou borgne?
C'est lui, ma foi; plus j'avise et je lorgne   130
Cet homme-là, plus je dis que c'est lui.
    (*Elle le considère.*)
Mais ce n'est plus le même homme aujourd'hui,
Ce cavalier brillant dans Angoulême,
Jouant gros jeu, cousu d'or... c'est lui-même.
    (*Elle approche d'Euphémon.*)
Mais l'autre était riche, heureux, beau, bien fait,   135
Et celui-ci me semble pauvre et laid.
La maladie altère un beau visage;
La pauvreté change encor davantage.

JASMIN

Mais pourquoi donc ce spectre féminin
Nous poursuit-il de son regard malin?   140

EUPHÉMON FILS

Je la connais, hélas! ou je me trompe;
Elle m'a vu dans l'éclat, dans la pompe.
Il est affreux d'être ainsi dépouillé,

128c 63P, 70A: MME CROUPILLAC *voyant Euphémon fils.*
130   63P, 70A: plus je guigne et je
133   63P, 70A: chevalier, brillant
134a 63P, 70A: *de lui.*)
137-138 MS1, 63P, 70A:
    La pauvreté jointe à la maladie,
    Apparemment a sa face enlaidie.
139   MS1, 63P, 70A: ce diable féminin,
140a 38P: EUPHÉMON// [*passim*]
141   63P: connais, ou

Aux mêmes yeux auxquels on a brillé.
Sortons.

MME CROUPILLAC *s'avançant vers Euphémon fils.*

    Mon fils, quelle étrange aventure   145
T'a donc réduit en si piètre posture?

EUPHÉMON FILS

Ma faute.

MME CROUPILLAC

    Hélas! comme te voilà mis!

JASMIN

C'est pour avoir eu d'excellents amis:
C'est pour avoir été volé, Madame.

MME CROUPILLAC

Volé? par qui? comment?

JASMIN

            Par bonté d'âme.   150
Nos voleurs sont de très honnêtes gens,
Gens du beau monde, aimables fainéants,
Buveurs, joueurs, et conteurs agréables,
Des gens d'esprit, des femmes adorables.

---

144   MSI: Aux yeux mêmes
145   MSI, 63P, 70A:
            MME CROUPILLAC *s'avançant vers Euphémon.*
    Cher chevalier, quelle étrange aventure
    38P: *Euphémon.//*
147   63P, 70A:
    Mes fautes
             MME DE CROUPILLAC
       Las! comme te voilà mis!
150   38A, W38, 39A2, W42, W46, W48R: Par bonté, dame

MME CROUPILLAC

J'entends, j'entends, vous avez tout mangé.   155
Mais vous serez cent fois plus affligé,
Quand vous saurez les excessives pertes,
Qu'en fait d'hymen j'ai depuis peu souffertes.

EUPHÉMON FILS

Adieu, madame.

MME CROUPILLAC *l'arrêtant.*

                    Adieu! non, tu sauras
Mon accident; parbleu! tu me plaindras.   160

EUPHÉMON FILS

Soit, je vous plains, adieu.

MME CROUPILLAC

                              Non, je te jure
Que tu sauras toute mon aventure.
Un Fierenfat, robin de son métier,

156-162   MSI, 63P, 70A:
          Que votre sort, et votre air ont [63P, 70A: est] changé!
          De mon côté j'ai tout perdu de même.
                    EUPHÉMON FILS
          Qui, vous?
                    MME CROUPILLAC
               Oui, moi, j'ai perdu ce que j'aime;
          Un mari jeune, un sénéchal sans foi.
                    EUPHÉMON FILS
          Vous ne pouvez [63P, 70A: pourrez] trouver cela chez moi.
          Adieu.
                    MME CROUPILLAC
               Demeure. Il faut... je te le jure,
          Pour ton plaisir, savoir mon aventure.
          [63P, 70A: (*Elle retient Euphémon fils qui veut s'en aller.*)]
162   38P: Tu sauras
163   MSI, 63P, 70A: Fierenfat, pédant de son métier

162

Vint avec moi connaissance lier,
   (*Elle court après lui.*)
Dans Angoulême, au temps où vous battîtes   165
Quatre huissiers, et la fuite vous prîtes.
Ce Fierenfat habite en ce canton,
Avec son père, un seigneur Euphémon.

EUPHÉMON FILS revenant.

Euphémon!

MME CROUPILLAC

   Oui.

EUPHÉMON FILS

      Ciel, Madame, de grâce,
Cet Euphémon, cet honneur de sa race,   170
Que ses vertus ont rendu si fameux,
Serait...

MME CROUPILLAC

   Et oui.

EUPHÉMON FILS

   Quoi! dans ces mêmes lieux?

MME CROUPILLAC

Oui.

EUPHÉMON FILS

   Puis-je au moins savoir... comme il se porte?

164a   MS1, 38P, 63P, 70A: [*stage direction absent*]
166   70A: Ces quatre
       63P, 70A, [*with stage direction*] (*Euphémon fils veut s'en aller, elle l'arrête.*)
169   63P, 70A: (*à part*) Ciel! (*haut*) Madame, de grâce
172   MS1, 38P, 63P, 70A: Eh oui
       38A, 39A2, W38, W42, W46, W48R, W48D: Oh oui

MME CROUPILLAC

Fort bien, je crois... que diable vous importe?

EUPHÉMON FILS

Et que dit-on?

MME CROUPILLAC

De qui?

EUPHÉMON FILS

　　　　　　　D'un fils aîné,　　　　　　175
Qu'il eut jadis?

MME CROUPILLAC

　　　　　　Ah! c'est un fils mal né,
Un garnement, une tête légère,
Un fou fieffé, le fléau de son père,
Depuis longtemps de débauches perdu,
Et qui peut-être est à présent pendu.　　　　180

EUPHÉMON FILS

En vérité... je suis confus dans l'âme,
De vous avoir interrompu, Madame.

MME CROUPILLAC

Poursuivons donc. Fierenfat, son cadet,
Chez moi l'amour hautement me faisait;
Il me devait avoir par mariage.　　　　185

EUPHÉMON FILS

Eh bien! a-t-il ce bonheur en partage?
Est-il à vous?

175　63P, 70A: Eh! que
177-178　63P, 70A: [*lines reversed*]
179　63P, 70A: Un libertin de

MME CROUPILLAC

Non, ce fat engraissé
De tout le lot de son frère insensé,
Devenu riche, et voulant l'être encore,
Rompt aujourd'hui cet hymen qui l'honore.   190
Il veut saisir la fille d'un Rondon,
D'un plat bourgeois, le coq de ce canton.

EUPHÉMON FILS

Que dites-vous? Quoi, Madame, il l'épouse?

MME CROUPILLAC

Vous m'en voyez terriblement jalouse.

EUPHÉMON FILS

Ce jeune objet aimable... dont Jasmin   195
M'a tantôt fait un portrait si divin,
Se donnerait...

JASMIN

Quelle rage est la vôtre!
Autant lui vaut ce mari-là qu'un autre.
Quel diable d'homme! il s'afflige de tout.

EUPHÉMON FILS *à part*.

Ce coup a mis ma patience à bout.   200
  (*à Mme Croupillac*)
Ne doutez point que mon cœur ne partage
Amèrement un si sensible outrage.
Si j'étais cru, cette Lise aujourd'hui
Assurément ne serait pas pour lui.

191   MSI, 63P, 70A: veut avoir la
196   MSI, 38A, 38P, W38, 39A2, W42, W48R, 63P, 70A: portrait tout divin,
      W46: portrait divin
197   63P, 70A: Quelle humeur est
197a 70A: MME DE CROUPILLAC
201   63P, 70A: doutez pas que

MME CROUPILLAC

Oh! tu le prends du ton qu'il le faut prendre,   205
Tu plains mon sort; un gueux est toujours tendre.
Tu paraissais bien moins compatissant,
Quand tu roulais sur l'or et sur l'argent.
Ecoute; on peut s'entraider dans la vie.

JASMIN

Aidez-nous donc, Madame, je vous prie.   210

MME CROUPILLAC

Je veux ici te faire agir pour moi.

EUPHÉMON FILS

Moi vous servir! Hélas, Madame, en quoi?

MME CROUPILLAC

En tout. Il faut prendre en main mon injure:
Un autre habit, quelque peu de parure,
Te pourraient rendre encore assez joli: 215
Ton esprit est insinuant, poli;
Tu connais l'art d'empaumer une fille:
Introduis-toi, mon cher, dans la famille;[6]
Fais le flatteur auprès de Fierenfat;
Vante son bien, son esprit, son rabat: 220
Sois en faveur; et lorsque je proteste
Contre son vol, toi, mon cher, fais le reste.
Je veux gagner du temps en protestant.

209   70A: Ecoute, il faut s'entraider
215   MS1: Te pourrait rendre
223   63P, 70A: Je gagnerai du

[6] La Harpe argues that Mme Croupillac's proposed scheme has credibility only because the audience knows that she is 'une femme absolument folle' (*Commentaire sur le théâtre de Voltaire*, p.402).

EUPHÉMON FILS *voyant son père.*

Que vois-je! ô ciel!
  (*Il s'enfuit.*)

MME CROUPILLAC

Cet homme est fou vraiment;
Pourquoi s'enfuir?

JASMIN

C'est qu'il vous craint sans doute.   225

MME CROUPILLAC

Poltron, demeure, arrête, écoute, écoute.

SCÈNE III

EUPHÉMON PÈRE, JASMIN

EUPHÉMON PÈRE

Je l'avouerai, cet aspect imprévu,
D'un malheureux avec peine entrevu,
Porte à mon cœur je ne sais quelle atteinte,

223a   63P, 70A: *apercevant son*
224b   63P, 70A: *SCÈNE III* / EUPHÉMON PÈRE, MME DE CROU-
PILLAC, JASMIN. / MME DE CROUPILLAC [*with renumbering of subsequent scenes*]
225   63P, 70A: C'est vous qu'il craint
226   MSI:
   Va, ne crains rien, arrête, écoute, écoute.
      (*Elle court après lui.*)
   63P, 70A, [*line 226 spoken by* JASMIN]:
      (*allant après Euphémon fils*)
   Va, ne crains rien! arrête, écoute, écoute.
226a-b   63P, 70A: *SCÈNE IV* / EUPHÉMON PÈRE, JASMIN, *dans*
l'enfoncement.
226c   38A, W38, W42, W46, W48D, W52, W57G, 70A: EUPHÉMON//

Qui me remplit d'amertume et de crainte. [7]   230
Il a l'air noble, et même certains traits
Qui m'ont touché; las! je ne vois jamais
De malheureux à peu près de cet âge,
Que de mon fils la douloureuse image
Ne vienne alors, par un retour cruel,   235
Persécuter ce cœur trop paternel. [8]
Mon fils est mort, ou vit dans la misère,
Dans la débauche, et fait honte à son père.
De tous côtés je suis bien malheureux;
J'ai deux enfants, ils m'accablent tous deux: 240
L'un par sa perte, et par sa vie infâme,
Fait mon supplice, et déchire mon âme;
L'autre en abuse; il sent trop que sur lui
De mes vieux ans j'ai fondé tout l'appui.
Pour moi la vie est un poids qui m'accable.   245
     (apercevant Jasmin qui le salue)
Que me veux-tu, l'ami?

JASMIN

                    Seigneur aimable,
Reconnaissez, digne et noble Euphémon,
Certain Jasmin élevé chez Rondon.

EUPHÉMON

Ah, ah! c'est toi! le temps change un visage,

238   63P, 70A [with stage direction] (Jasmin s'approche.)
245a   63P, 70A: (à Jasmin, qui
246   MSI, 38A, 38P, W38, 39A2, W42, W46, W48R, 70A: Que veux-tu l'ami?
249   MSI, 63P, 70A: C'est toi, Jasmin! le
         38P, 38A, W38, 39A2, W42, W46, W48R: C'est toi! le

[7] Cf. Du Cerceau, L'Enfant prodigue, II.iv.
[8] Flaubert identified Voltaire's use of the stock dramatic device of instinctive feelings: 'Selon le procédé d'instinct naturel, de pressentiment tombant juste employé dans toutes les tragédies. C'est même presque la même couleur de vers' (Le Théâtre de Voltaire, ii.521).

Et mon front chauve en sent le long outrage.   250
Quand tu partis, tu me vis encor frais:
Mais l'âge avance, et le terme est bien près.
Tu reviens donc enfin dans ta patrie?

JASMIN

Oui, je suis las de tourmenter ma vie,
De vivre errant et damné comme un juif;   255
Le bonheur semble un être fugitif.
Le diable enfin, qui toujours me promène,
Me fit partir, le diable me ramène.

EUPHÉMON

Je t'aiderai: sois sage, si tu peux.
Mais quel était cet autre malheureux,   260
Qui te parlait dans cette promenade,
Qui s'est enfui?

JASMIN

    Mais... c'est mon camarade,
Un pauvre hère, affamé comme moi,
Qui n'ayant rien, cherche aussi de l'emploi.

EUPHÉMON

On peut tous deux vous occuper peut-être.   265
A-t-il des mœurs? est-il sage?

JASMIN

    Il doit l'être:
Je lui connais d'assez bons sentiments:
Il a de plus de fort jolis talents;
Il sait écrire, il sait l'arithmétique,
Dessine un peu, sait un peu de musique;   270
Ce drôle-là fut très bien élevé.

EUPHÉMON

S'il est ainsi, son poste est tout trouvé.
Jasmin, mon fils deviendra votre maître;
Il se marie, et dès ce soir peut-être;
Avec son bien son train doit augmenter.   275
Un de ses gens qui vient de le quitter,
Vous laisse encore une place vacante;
Tous deux ce soir il faut qu'on vous présente;
Vous le verrez chez Rondon mon voisin.
J'en parlerai. J'y vais, adieu, Jasmin: 280
En attendant, tiens, voici de quoi boire.

SCÈNE IV

JASMIN *seul.*

Ah! l'honnête homme! ô ciel, pourrait-on croire,
Qu'il soit encore, en ce siècle félon,
Un cœur si droit, un mortel aussi bon?
Cet air, ce port, cette âme bienfaisante,   285
Du bon vieux temps est l'image parlante. [9]

---

273   MS1, 63P, 70A: Tu m'en réponds; mon fils sera son maître,
274   63P, 70A: dès demain, peut-être.
276   38P, 38A, W38, 39A2, W46, W48D, W52: de ces gens
281   63P, 70A: [*with stage direction*] (*Il lui donne de l'argent.*)
285-286 MS1, 63P, 70A:
         Ses cheveux blancs, son air, et ses manières,
         Retracent bien les vertus de nos pères.

---

[9] See Voltaire's letter to Mlle Quinault of 26 November 1736 (D1209). La Harpe observed that 'M. de *Voltaire*, dans toutes ses pièces, a toujours rendu la vieillesse respectable' (*Commentaire sur le théâtre de Voltaire*, p.403).

SCÈNE V

EUPHÉMON FILS *revenant*, JASMIN

JASMIN *en l'embrassant.*

Je t'ai trouvé déjà condition,
Et nous serons laquais chez Euphémon.

EUPHÉMON FILS

Ah!

JASMIN

S'il te plaît, quel excès de surprise!
Pourquoi ces yeux de gens qu'on exorcise,   290
Et ces sanglots coup sur coup redoublés,
Pressant tes mots au passage étranglés?

EUPHÉMON FILS

Ah! je ne puis contenir ma tendresse;
Je cède au trouble, au remords qui me presse.

JASMIN

Qu'a-t-elle dit qui t'ait tant agité?   295

EUPHÉMON FILS

Elle m'a dit... Je n'ai rien écouté.

JASMIN

Qu'avez-vous donc?

286b-c 63P, 70A: [*stage directions absent*]
292   70A: Malgré ta peine, au
296   38A, W38: n'ai rien rien écouté

EUPHÉMON FILS

Mon cœur ne peut se taire:
Cet Euphémon...

JASMIN

Eh bien!

EUPHÉMON FILS

Ah!... c'est mon père.

JASMIN

Qui lui, monsieur?

EUPHÉMON FILS

Oui, je suis cet aîné,
Ce criminel, et cet infortuné,   300
Qui désola sa famille éperdue.
Ah! que mon cœur palpitait à sa vue!
Qu'il lui portait ses vœux humiliés!
Que j'étais prêt de tomber à ses pieds!

JASMIN

Qui vous, son fils? Ah! pardonnez, de grâce,   305
Ma familière et ridicule audace.
Pardon, monsieur.

EUPHÉMON FILS

Va, mon cœur oppressé
Peut-il savoir si tu m'as offensé?

JASMIN

Vous êtes fils d'un homme qu'on admire,
D'un homme unique; et s'il faut tout vous dire,   310

306   70A: [absent]
307   63P, 70A: monsieur? [with stage direction] (Il ôte son chapeau.)

172

D'Euphémon fils la réputation
Ne flaire pas à beaucoup près si bon.

EUPHÉMON FILS

Et c'est aussi ce qui me désespère.
Mais réponds-moi: que te disait mon père?

JASMIN

Moi, je disais que nous étions tous deux   315
Prêts à servir, bien élevés, très gueux:
Et lui, plaignant nos destins sympathiques,
Nous recevait tous deux pour domestiques.
Il doit ce soir vous placer chez ce fils,
Ce président à Lise tant promis,   320
Ce président votre fortuné frère,
De qui Rondon doit être le beau-père.

EUPHÉMON FILS

Eh bien, il faut développer mon cœur:
Vois tous mes maux, connais leur profondeur.
S'être attiré, par un tissu de crimes,   325
D'un père aimé les fureurs légitimes,
Etre maudit, être déshérité,
Sentir l'horreur de la mendicité;
A mon cadet voir passer ma fortune,
Etre exposé, dans ma honte importune,   330
A le servir, quand il m'a tout ôté:
Voilà mon sort, je l'ai bien mérité.
Mais croirais-tu qu'au sein de la souffrance,

319   63P, 70A: chez son fils,
320-321   63P, 70A:
          Cet homme heureux, riche de vos débris,
          Ce sénéchal, votre fortuné frère.
325   38P: attiré pour un

Mort aux plaisirs, et mort à l'espérance,
Haï du monde, et méprisé de tous,   335
N'attendant rien, j'ose être encor jaloux?

JASMIN

Jaloux! de qui?

EUPHÉMON FILS

De mon frère, de Lise.

JASMIN

Vous sentiriez un peu de convoitise
Pour votre sœur? Mais vraiment c'est un trait
Digne de vous, ce péché vous manquait.   340

EUPHÉMON FILS

Tu ne sais pas qu'au sortir de l'enfance,
(Car chez Rondon tu n'étais plus, je pense)
Par nos parents l'un à l'autre promis,
Nos cœurs étaient à leurs ordres soumis;
Tout nous liait, la conformité d'âge,   345
Celle des goûts, les jeux, le voisinage.
Plantés exprès, deux jeunes arbrisseaux
Croissent ainsi pour unir leurs rameaux.
Le temps, l'amour, qui hâtait sa jeunesse,
La fit plus belle, augmenta sa tendresse: 350
Tout l'univers alors m'eut envié;
Mais jeune, aveugle, à des méchants lié,
Qui de mon cœur corrompaient l'innocence,
Ivre de tout dans mon extravagance,

340 MSI, 63P, 70A: vous, et cela vous
344 MSI: [absent]
348 70A: Croissant ainsi
352 MSI, 38P, 38A, W38, 39A2, W42, W46, W48R, W48D, 63P, 70A: Mais moi,
pour lors à des

174

Je me faisais un lâche point d'honneur,   355
De mépriser, d'insulter son ardeur.
Le croirais-tu? je l'accablai d'outrages.
Quels temps, hélas! Les violents orages
Des passions qui troublaient mon destin,
A mes parents m'arrachèrent enfin.   360
Tu sais depuis quel fut mon sort funeste.
J'ai tout perdu; mon amour seul me reste.
Le ciel, ce ciel, qui doit nous désunir,
Me laisse un cœur, et c'est pour me punir.

JASMIN

S'il est ainsi, si dans votre misère,   365
Vous la raimez, n'ayant pas mieux à faire,
De Croupillac le conseil était bon,
De vous fourrer, s'il se peut, chez Rondon.
Le sort maudit épuisa votre bourse,
L'amour pourrait vous servir de ressource.   370

EUPHÉMON FILS

Moi, l'oser voir! moi, m'offrir à ses yeux,
Après mon crime, en cet état hideux!
Il me faut fuir un père, une maîtresse;
J'ai de tous deux outragé la tendresse;
Et je ne sais, ô regrets superflus!   375
Lequel des deux doit me haïr le plus.

357   MS1: l'accablais
358   MS1: hélas! Ces violents
      63P, 70A: Quel temps!
362   70A: J'ai toujours perdu

SCÈNE VI

EUPHÉMON FILS, FIERENFAT, JASMIN

JASMIN

Voilà, je crois, ce président si sage.

EUPHÉMON FILS

Lui? je n'avais jamais vu son visage.
Quoi! c'est donc lui, mon frère, mon rival?

FIERENFAT

En vérité, cela ne va pas mal;   380
J'ai tant pressé, tant sermonné mon père,
Que malgré lui nous finissons l'affaire.
    (*en voyant Jasmin*)
Où sont ces gens, qui voulaient me servir?

JASMIN

C'est nous, monsieur, nous venions nous offrir
Très humblement.

FIERENFAT

            Qui de vous deux sait lire?   385

JASMIN

C'est lui, monsieur.

376a-b 63P, 70A: *SCÈNE VII* / FIERENFAT, EUPHÉMON FILS,
JASMIN
    377 63P, 70A: ce sénéchal si
    381 63P: tant prêché, tant
    382a 63P, 70A: [*stage direction absent*]
    384 70A: nous venons nous

FIERENFAT

Il sait sans doute écrire?

JASMIN

Oh oui, monsieur, déchiffrer, calculer.

FIERENFAT

Mais il devrait savoir aussi parler.

JASMIN

Il est timide, et sort de maladie.

FIERENFAT

Il a pourtant la mine assez hardie;   390
Il me paraît qu'il sent assez son bien.
Combien veux-tu gagner de gages?

EUPHÉMON FILS

                              Rien.

JASMIN

Oh, nous avons, monsieur, l'âme héroïque.

FIERENFAT

A ce prix-là, viens, sois mon domestique;
C'est un marché que je veux accepter;   395
Viens, à ma femme il faut te présenter.

EUPHÉMON FILS

A votre femme?

391   63P, 70A: [with stage direction] (à Euphémon fils)
392   63P, 70A: d'argent?

FIERENFAT

Oui, oui, je me marie.

EUPHÉMON FILS

Quand?

FIERENFAT

Dès ce soir.

EUPHÉMON FILS

Ciel!... Monsieur, je vous prie,
De cet objet vous êtes donc charmé?

FIERENFAT

Oui.

EUPHÉMON FILS

Monsieur!

FIERENFAT

Hem!

EUPHÉMON FILS

En seriez-vous aimé?   400

FIERENFAT

Oui. Vous semblez bien curieux, mon drôle!

EUPHÉMON FILS

Que je voudrais lui couper la parole,
Et le punir de son trop de bonheur!

398b   63P, 70A: [with stage direction] (à part)
401a   63P, 70A: [with stage direction] (bas à Jasmin)
402a   63P, 70A: [with stage direction] (à Jasmin)

FIERENFAT

Qu'est-ce qu'il dit?

JASMIN

Il dit, que de grand cœur
Il voudrait bien vous ressembler et plaire.   405

FIERENFAT

Eh, je le crois, mon homme est téméraire. [10]
Çà, qu'on me suive, et qu'on soit diligent,
Sobre, frugal, soigneux, adroit, prudent,
Respectueux; allons, la Fleur, la Brie,
Venez, faquins.

EUPHÉMON FILS

Il me prend une envie,   410
C'est d'affubler sa face de palais
A poing fermé de deux larges soufflets.

406   MSI, 63P, 70A: Me ressembler, tudieu! quel téméraire.
408   63P, 70A: frugal, adroit, soigneux
410-413   MSI, 63P, 70A:
                    Ciel! il me prend envie
            De réprimer les airs d'un insolent.
                    JASMIN
            Gardez-vous bien d'un tel emportement
            Vous
410   63P, 70A:
            Suivez, faquins. (*Il sort.*)
                SCÈNE VIII / EUPHÉMON FILS, JASMIN
                    EUPHÉMON FILS
                    Ciel! il me

[10] Flaubert admitted, grudgingly, that this exchange between Euphémon fils and Fierenfat was 'assez drôle, court, et une des meilleures choses de la pièce, dans laquelle il y en a peu de bonnes' (*Le Théâtre de Voltaire*, ii.523).

JASMIN

Vous n'êtes pas trop corrigé, mon maître. [11]

EUPHÉMON FILS

Ah! soyons sage, il est bien temps de l'être.
Le fruit au moins que je dois recueillir
De tant d'erreurs, est de savoir souffrir.

Fin du troisième acte.

415

414   38A, 38P, W38, W42, W46, W48R, 63P: soyons sages,

[11] Voltaire quotes this line in letter 12 of *Paméla*: see *Romans et contes en vers et en prose*, ed. E. Guitton (Paris 1994), p.156.

ACTE IV

SCÈNE PREMIÈRE

MME CROUPILLAC, EUPHÉMON FILS, JASMIN

MME CROUPILLAC

J'ai, mon très cher, par prévoyance extrême,
Fait arriver deux huissiers d'Angoulême.
Et toi, t'es-tu servi de ton esprit?
As-tu bien fait tout ce que je t'ai dit?
Pourras-tu bien d'un air de prud'hommie,   5
Dans la maison semer la zizanie?
As-tu flatté le bonhomme Euphémon?
Parle: as-tu vu la future?

EUPHÉMON FILS

          Hélas! non.

MME CROUPILLAC

Comment?

EUPHÉMON FILS

      Croyez que je me meurs d'envie
D'être à ses pieds.

MME CROUPILLAC

         Allons donc, je t'en prie,   10
Attaque-la pour me plaire, et rends-moi
Ce traître ingrat, qui séduisit ma foi.

7   63P, 70A: As-tu séduit le

Je vais pour toi procéder en justice,
Et tu feras l'amour pour mon service.
Reprends cet air imposant et vainqueur,   15
Si sûr de soi, si puissant sur un cœur,
Qui triomphait si tôt de la sagesse.
Pour être heureux, reprends ta hardiesse.

EUPHÉMON FILS

Je l'ai perdue.

MME CROUPILLAC

Eh! quoi! quel embarras!

EUPHÉMON FILS

J'étais hardi, lorsque je n'aimais pas.   20

JASMIN

D'autres raisons l'intimident peut-être;
Ce Fierenfat est, ma foi, notre maître;
Pour ses valets il nous retient tous deux.

MME CROUPILLAC

C'est fort bien fait, vous êtes trop heureux;
De sa maîtresse être le domestique,   25
Est un bonheur, un destin presque unique.
Profitez-en.

13-14   MS1, 63P, 70A:
        Je vais pour toi faire agir la justice,
        Allons, rends-moi charmant pour mon service.
22   63P, 70A: Le Fierenfat, madame, est notre

ACTE IV, SCÈNE I

JASMIN

Je vois certains attraits
S'acheminer pour prendre ici le frais;
De chez Rondon, me semble, elle est sortie.

MME CROUPILLAC

Eh, sois donc vite amoureux, je t'en prie: 30
Voici le temps, ose un peu lui parler.
Quoi! je te vois soupirer et trembler!
Tu l'aimes donc? ah! mon cher, ah de grâce!

EUPHÉMON FILS

Si vous saviez, hélas! ce qui se passe
Dans mon esprit interdit et confus,   35
Ce tremblement ne vous surprendrait plus.

JASMIN *en voyant Lise.*

L'aimable enfant! comme elle est embellie!

EUPHÉMON FILS

C'est elle, ô dieux! je meurs de jalousie,
De désespoir, de remords et d'amour.

MME CROUPILLAC

Adieu, je vais te servir à mon tour.   40

27a   63P, 70A: JASMIN *apercevant Lise et Marthe dans l'enfoncement* [63P: *l'éloignement*].
29   MSI, 38P: est partie.
31-32   63P, 70A:
      Allons, mon fils, aime, ose lui parler,
      Soupire, presse, oh! tu parais trembler!
33   63P, 70A: donc déjà? mon cher, de grâce...
36a   MSI, 38P: [*stage direction absent*]
      63P, 70A: JASMIN *voyant Lise qui s'approche.*
38   70A: ô Dieu!
40   MSI, 63P, 70A: Sers-moi, je

EUPHÉMON FILS

Si vous pouvez, faites que l'on diffère
Ce triste hymen.

MME CROUPILLAC

C'est ce que je vais faire.[1]

EUPHÉMON FILS

Je tremble: hélas!

JASMIN

Il faut tâcher du moins
Que vous puissiez lui parler sans témoins.
Retirons-nous.

EUPHÉMON FILS

Oh! je te suis: j'ignore   45
Ce que j'ai fait, ce qu'il faut faire encore:
Je n'oserai jamais m'y présenter.

42   MS1: faire. [*with stage direction*] (*Elle sort.*)
      63P, 70A: je veux faire.
43-45   63P, 70A:
                    hélas!
            MME CROUPILLAC
            Il faut tâcher du moins
          Que vous puissiez lui parler sans témoins.
                    JASMIN
          Retirons-nous.
45   63P, 70A: Ah! je

[1] At this point Mme Croupillac exits. Flaubert found this implausible and infelicitous: 'Par là, m^e Croupillac est mise hors la scène. Son caractère tout bouffon eût jeté dans la scène suivant[e] qui doit être toute sentimentale. Mais dans la nature, et même pour l'action, ne devait-elle pas rester pour servir d'intermédiaire à Euphémon? Quel intérêt elle même n'a-t-elle pas à la réunion de ces deux amants? Ce ne peut être pour les laisser seuls puisque nous avons déjà Marthe et Jasmin' (*Le Théâtre de Voltaire*, ii.524).

SCÈNE II

LISE, MARTHE, JASMIN *dans l'enfoncement,*
ET EUPHÉMON FILS *plus reculé.*

LISE

J'ai beau me fuir, me chercher, m'éviter,
Rentrer, sortir, goûter la solitude,
Et de mon cœur faire en secret l'étude;   50
Plus j'y regarde, hélas! et plus je vois
Que le bonheur n'était pas fait pour moi.
Si quelque chose un moment me console,
C'est Croupillac, c'est cette vieille folle,
A mon hymen mettant empêchement.   55
Mais ce qui vient redoubler mon tourment,
C'est qu'en effet Fierenfat et mon père
En sont plus vifs à presser ma misère;
Ils ont gagné le bonhomme Euphémon.

MARTHE

En vérité, ce vieillard est trop bon.   60
Ce Fierenfat est par trop tyrannique,
Il le gouverne.

LISE

Il aime un fils unique;
Je lui pardonne; accablé du premier,
Au moins sur l'autre il cherche à s'appuyer.

47b-c   63P, 70A: LISE, MARTHE, EUPHÉMON FILS, JASMIN *tous deux
dans le fond du théâtre.*
47c   MSI: *plus éloigné.*
53   MSI: chose aujourd'hui même
54   63P, 70A: cette bonne folle

MARTHE

Mais après tout, malgré ce qu'on publie,   65
Il n'est pas sûr que l'autre soit sans vie.

LISE

Hélas! il faut (quel funeste tourment!)
Le pleurer mort, ou le haïr vivant.

MARTHE

De son danger cependant la nouvelle
Dans votre cœur mettait quelque étincelle.[2]   70

LISE

Ah! sans l'aimer on peut plaindre son sort.

MARTHE

Mais n'être plus aimé, c'est être mort.
Vous allez donc être enfin à son frère.

LISE

Ma chère enfant, ce mot me désespère.
Pour Fierenfat tu connais ma froideur;   75
L'aversion s'est changée en horreur;
C'est un breuvage affreux, plein d'amertume,
Que dans l'excès du mal qui me consume,
Je me résous de prendre malgré moi,
Et que ma main rejette avec effroi.   80

---

66   MSI: <l'autre> l'aîné
      63P, 70A: que l'aîné soit
67   63P, 70A: Il faut... (hélas! quel douloureux tourment!)
71   MSI: peut pleurer son
77-80   MSI, 63P, 70A: [absent]

---

[2] 'Terme impropre, on *tire*, on *ranime* des étincelles, on n'en *met* pas' (La Harpe, *Commentaire sur le théâtre de Voltaire*, p.404).

186

JASMIN *tirant Marthe par la robe.*

Puis-je en secret, ô gentille merveille!
Vous dire ici quatre mots à l'oreille?

MARTHE *à Jasmin.*

Très volontiers.

LISE *à part.*

O sort! pourquoi faut-il
Que de mes jours tu respectes le fil,
Lorsqu'un ingrat, un amant si coupable,   85
Rendit ma vie, hélas! si misérable.

MARTHE *venant à Lise.*

C'est un des gens de votre président;
Il est à lui, dit-il, nouvellement;
Il voudrait bien vous parler.

LISE

Qu'il attende.

MARTHE *à Jasmin.*

Mon cher ami, Madame vous commande   90
D'attendre un peu.

LISE

Quoi! toujours m'excéder!

---

82   63P, 70A: ici quelques mots
82a   63P, 70A: [*stage direction absent*]
83a   63P, 70A: [*stage direction absent*]
83   70A: Sort funeste! faut-il
84   MS1, 38A, 38P, W38, W42, W46, W48D, W52, W56, W57P, 63P, 70A: tu
respectas le
86a   MS1, 38P: *revenant*
87   63P: votre sot amant.
89a   63P, 70A: MARTHE *retournant à Jasmin.*

Et même absent en tous lieux m'obséder!
De mon hymen que je suis déjà lasse!

JASMIN *à Marthe.*

Ma belle enfant, obtiens-nous cette grâce.

MARTHE *revenant.*

Absolument il prétend vous parler.

LISE

Ah! je vois bien qu'il faut nous en aller.

MARTHE

Ce quelqu'un-là veut vous voir tout à l'heure;
Il faut, dit-il, qu'il vous parle, ou qu'il meure.

LISE

Rentrons donc vite, et courons me cacher.

95

92   63P, 70A: Quoi, même
93   70A: hymen je suis déjà si lasse!
94a   63P, 70A: MARTHE *à Lise.*
98-99   MS1:
    Il faut, dit-il, qu'il vous parle.
                    LISE
                    Demeure.
  Rentrons
98-100   70A:
    Il faut, dit-il, qu'il vous parle.
                    LISE
                    Demeure.
    EUPHÉMON FILS *s'appuyant sur Jasmin.*
    La voix me manque, et je ne puis marcher;
99   38P: Rentrons, te dis-je et
    63P: courons nous cacher.

SCÈNE III

LISE, MARTHE, EUPHÉMON FILS *s'appuyant sur* JASMIN

EUPHÉMON FILS

La voix me manque, et je ne peux marcher;   100
Mes faibles yeux sont couverts d'un nuage.

JASMIN

Donnez la main: venons sur son passage.

EUPHÉMON FILS

Un froid mortel a passé dans mon cœur.
     (*à Lise*)
Souffrirez-vous?...

LISE *sans le regarder*.

Que voulez-vous, monsieur?

EUPHÉMON FILS *se jetant à genoux*.

Ce que je veux? la mort que je mérite.   105

LISE

Que vois-je? ô ciel!

MARTHE

Quelle étrange visite!

100   63P, 70A: ne puis marcher.
104a   70A: *se jetant aux genoux de Lise.*
106-107   63P, 70A:

MARTHE
          Quelle étrange visite!
LISE
C'est Euphémon!
MARTHE
          Grand Dieu, qu'il est changé!

189

C'est Euphémon! Grand Dieu! qu'il est changé!

EUPHÉMON FILS

Oui, je le suis, votre cœur est vengé;
Oui, vous devez en tout me méconnaître:
Je ne suis plus ce furieux, ce traître,   110
Si détesté, si craint dans ce séjour,
Qui fit rougir la nature et l'amour.
Jeune, égaré, j'avais tous les caprices;
De mes amis j'avais pris tous les vices;
Et le plus grand, qui ne peut s'effacer,   115
Le plus affreux fut de vous offenser.
J'ai reconnu, j'en jure par vous-même,
Par la vertu que j'ai fui, mais que j'aime,
J'ai reconnu ma détestable erreur;
Le vice était étranger dans mon cœur.   120
Ce cœur n'a plus les taches criminelles,
Dont il couvrit ses clartés naturelles;[3]
Mon feu pour vous, ce feu saint et sacré,
Y reste seul, il a tout épuré.
C'est cet amour, c'est lui qui me ramène,   125
Non pour briser votre nouvelle chaîne,
Non pour oser traverser vos destins;
Un malheureux n'a pas de tels desseins.
Mais quand les maux où mon esprit succombe,
Dans mes beaux jours avaient creusé ma tombe,   130
A peine encore échappé du trépas,
Je suis venu, l'amour guidait mes pas.

121   MS1: plus ces taches
123   63P, 70A: L'amour, l'amour, ce feu cher et sacré
127   70A: traverser nos destins

[3] 'Des taches ne couvrent point des clartés: mais la scène est très pathétique' (La
Harpe, *Commentaire sur le théâtre de Voltaire*, p.404).

Oui, je vous cherche à mon heure dernière.
Heureux cent fois, en quittant la lumière,
Si destiné pour être votre époux,   135
Je meurs au moins sans être haï de vous![4]

LISE

Je suis à peine en mon sens revenue.
C'est vous? ô ciel! vous qui cherchez ma vue!
Dans quel état! quel jour!... Ah malheureux!
Que vous avez fait de tort à tous deux!   140

EUPHÉMON FILS

Oui, je le sais: mes excès, que j'abhorre,
En vous voyant, semblent plus grands encore;
Ils sont affreux, et vous les connaissez;
J'en suis puni, mais point encore assez.

LISE

Est-il bien vrai, malheureux que vous êtes!   145
Qu'enfin domptant vos fougues indiscrètes,
Dans votre cœur, en effet combattu,
Tant d'infortune ait produit la vertu?

EUPHÉMON FILS

Qu'importe, hélas! que la vertu m'éclaire?
Ah! j'ai trop tard aperçu sa lumière;   150
Trop vainement mon cœur en est épris;
De la vertu je perds en vous le prix.

133   63P, 70A: Je vous cherchais à
138   63P, 70A: vous? ingrat! vous
141   70A: sais, ces excès

[4] Flaubert dismisses this speech as a 'longue tirade' (*Le Théâtre de Voltaire*, ii.524).

LISE

Mais répondez, Euphémon, puis-je croire
Que vous ayez gagné cette victoire?
Consultez-vous, ne trompez point mes vœux;   155
Seriez-vous bien et sage et vertueux?

EUPHÉMON FILS

Oui, je le suis; car mon cœur vous adore.

LISE

Vous, Euphémon! vous m'aimeriez encore?

EUPHÉMON FILS

Si je vous aime? hélas! je n'ai vécu
Que par l'amour, qui seul m'a soutenu.   160
J'ai tout souffert, tout jusqu'à l'infamie.
Ma main cent fois allait trancher ma vie;
Je respectai les maux qui m'accablaient;
J'aimai mes jours, ils vous appartenaient.
Oui, je vous dois mes sentiments, mon être,   165
Ces jours nouveaux qui me luiront peut-être.
De ma raison je vous dois le retour,
Si j'en conserve avec autant d'amour.
Ne cachez point à mes yeux pleins de larmes,
Ce front serein, brillant de nouveaux charmes: 170
Regardez-moi, tout changé que je suis,
Voyez l'effet de mes cruels ennuis.
De longs remords, une horrible tristesse,
Sur mon visage ont flétri la jeunesse.
Je fus peut-être autrefois moins affreux;   175
Mais voyez-moi, c'est tout ce que je veux.

156a 63P, 70A: [*with stage direction*] *avec transport.*
160   63P: l'amour, lui seul
163   63P: Je respectais les
166   70A: me nuiront peut-être.

192

LISE

Si je vous vois constant et raisonnable,
C'en est assez, je vous vois trop aimable.

EUPHÉMON FILS

Que dites-vous? Juste ciel! vous pleurez?

LISE *à Marthe.*

Ah! soutiens-moi, mes sens sont égarés. [5]   180
Moi, je serais l'épouse de son frère?...
N'avez-vous point vu déjà votre père?

EUPHÉMON FILS

Mon front rougit, il ne s'est point montré
A ce vieillard que j'ai déshonoré.
Haï de lui, proscrit sans espérance,   185
J'ose l'aimer, mais je fuis sa présence.

LISE

Eh, quel est donc votre projet enfin?

EUPHÉMON FILS

Si de mes jours Dieu recule la fin,
Si votre sort vous attache à mon frère,
Je vais chercher le trépas à la guerre;   190
Changeant de nom, aussi bien que d'état,
Avec honneur je servirai soldat.
Peut-être un jour le bonheur de mes armes

187   MS1:   donc ici votre dessein?
         70A: Et quel est donc ici votre dessein?
190   70A: J'irai chercher
193-196   MS1:   [*absent*]

[5] For Flaubert, Lise's reaction is that of a tragic heroine: 'Comme dans les tragédies, Lise s'évanouit dans les bras de sa confidente' (*Le Théâtre de Voltaire*, ii.525).

Fera ma gloire, et m'obtiendra vos larmes.
Par ce métier l'honneur n'est point blessé;   195
Rose et Fabert ont ainsi commencé. [6]

LISE

Ce désespoir est d'une âme bien haute,
Il est d'un cœur au-dessus de sa faute;
Ces sentiments me touchent encor plus
Que vos pleurs même à mes pieds répandus.   200
Non, Euphémon, si de moi je dispose,
Si je peux fuir l'hymen qu'on me propose,
De votre sort si je peux prendre soin,
Pour le changer vous n'irez pas si loin.

EUPHÉMON FILS

O ciel! mes maux ont attendri votre âme!   205

LISE

Ils me touchaient: votre remords m'enflamme.

EUPHÉMON FILS

Quoi! vos beaux yeux si longtemps courroucés,
Avec amour sur les miens sont baissés!
Vous rallumez ces feux si légitimes,
Ces feux sacrés qu'avaient éteints mes crimes.   210
Ah! si mon frère, aux trésors attaché,

194   70A: vos charmes.
200   MS1: pleurs mêmes à vos pieds
       38A, 38P, W38, W46, W48D: pleurs mêmes à
207   70A: longtemps couronnés
211   38P: frère au trésor attaché
       63P, 70A: Ah! que mon

[6] Conrad de Rose (d. 1715), enjoyed an illustrious military career, being made a
maréchal de France in 1703. Abraham Fabert (1599-1662) was also a famous *maréchal*;
Voltaire comments on him in the list of 'Maréchaux de France' which accompanies
Le Siècle de Louis XIV (*OH*, p.1122).

Garde mon bien à mon père arraché,
S'il engloutit à jamais l'héritage,
Dont la nature avait fait mon partage;
Qu'il porte envie à ma félicité;   215
Je vous suis cher, il est déshérité.
Ah, je mourrai de l'excès de ma joie.

MARTHE

Ma foi, c'est lui qu'ici le diable envoie.

LISE

Contraignez donc ces soupirs enflammés.
Dissimulez.

EUPHÉMON FILS

Pourquoi, si vous m'aimez?   220

LISE

Ah! redoutez mes parents, votre père;
Nous ne pouvons cacher à votre frère,
Que vous avez embrassé mes genoux;
Laissez-le au moins ignorer que c'est vous.

MARTHE

Je ris déjà de sa grave colère.   225

---

213   63P, 70A: Qu'il engloutisse à
216   70A: Si je vous plais, il est déshérité [*with stage direction*] (*Il se remet aux genoux de Lise, lui prend la main, et la baise.*)
217   63P: [*with stage direction*] (*Il se remet aux genoux de Lise, lui prend la main et lui baise.*)
217a   63P, 70A: MARTHE *apercevant Fierenfat.*
218a   70A:
SCÈNE III / FIERENFAT, EUPHÉMON FILS, LISE, MARTHE, JASMIN
LISE
225   70A: sa brave colère.

SCÈNE IV

LISE, EUPHÉMON FILS, MARTHE, JASMIN,
FIERENFAT *dans le fond, pendant qu'Euphémon lui tourne le dos.*

FIERENFAT

Ou quelque diable a troublé ma visière,
Ou si mon œil est toujours clair et net,
Je suis... j'ai vu... je le suis... j'ai mon fait.
     (*en avançant vers Euphémon*)
Ah! c'est donc toi, traître, impudent, faussaire. [7]

EUPHÉMON *en colère.*

Je...

JASMIN *se mettant entre eux.*

     C'est, monsieur, une importante affaire,   230
Qui se traitait, et que vous dérangez;
Ce sont deux cœurs en peu de temps changés;
C'est du respect, de la reconnaissance,
De la vertu... Je m'y perds quand j'y pense.

FIERENFAT

De la vertu? Quoi! lui baiser la main!   235
De la vertu? scélérat!

225a-d   63P, 70A: [*no scene change*] FIERENFAT *dans le fond du théâtre.*
228   MSI, 63P, 70A: j'ai vu... par ma foi, j'ai
228a   63P, 70A: (*à Euphémon, en s'avançant vers lui*)
229a   63P, 70A: [*stage direction absent*]
230a   63P, 70A: JASMIN *à Fierenfat.*

[7] On this echo of Racine's *Britannicus*, see introduction, p.34.

EUPHÉMON FILS
Ah! Jasmin,
Que si j'osais...

FIERENFAT
Non, tout ceci m'assomme:
Si c'eût été du moins un gentilhomme!
Mais un valet, un gueux contre lequel,
En intentant un procès criminel,   240
C'est de l'argent que je perdrai peut-être.

LISE *à Euphémon.*
Contraignez-vous, si vous m'aimez.

FIERENFAT
Ah! traître,
Je te ferai pendre ici, sur ma foi.
   (*à Marthe*)
Tu ris, coquine?

MARTHE
Oui, monsieur.

FIERENFAT
Et pourquoi?
De quoi ris-tu?

MARTHE
Mais, monsieur, de la chose...   245

236a   63P, 70A: EUPHÉMON FILS *bas à Jasmin.*
238   63P, 70A: été quelque bon gentilhomme
241   63P, 70A: que j'y perdrai

FIERENFAT

Tu ne sais pas à quoi ceci t'expose,
Ma bonne amie, et ce qu'au nom du roi
On fait parfois aux filles comme toi.

MARTHE

Pardonnez-moi, je le sais à merveilles.

FIERENFAT *à Lise.*

Et vous semblez vous boucher les oreilles,   250
Vous, infidèle, avec votre air sucré,
Qui m'avez fait ce tour prématuré;
De votre cœur l'inconstance est précoce.
Un jour d'hymen! une heure avant la noce!
Voilà, ma foi, de votre probité!   255

LISE

Calmez, Monsieur, votre esprit irrité:
Il ne faut pas sur la simple apparence
Légèrement condamner l'innocence.

FIERENFAT

Quelle innocence!

LISE

                    Oui, quand vous connaîtrez
Mes sentiments, vous les estimerez.   260

FIERENFAT

Plaisant chemin pour avoir de l'estime!

246   63P, 70A: [*with stage direction*] (*à Marthe*)
247-250   MS1, 63, 70A: [*absent*]
251   63P, 70A: [*with stage direction*] (*à Lise*)
252   MS1: Vous m'avez

EUPHÉMON FILS

Oh! c'en est trop.

LISE *à Euphémon.*

Quel courroux vous anime?
Eh, réprimez...

EUPHÉMON FILS

Non, je ne peux souffrir
Que d'un reproche il ose vous couvrir.

FIERENFAT

Savez-vous bien que l'on perd son douaire,   265
Son bien, sa dot, quand...

EUPHÉMON FILS *en colère,*
et mettant la main sur la garde de son épée.

Savez-vous vous taire?

LISE

Eh, modérez...

EUPHÉMON FILS

Monsieur le président,
Prenez un air un peu moins imposant,
Moins fier, moins haut, moins juge; car Madame
N'a pas l'honneur d'être encor votre femme;   270
Elle n'est point votre maîtresse aussi.

262a   MSI, 38P, 63P, 70A: [*stage direction absent*]
266a-b   63P, 70A: EUPHÉMON FILS *fièrement.*
266c-272   MSI, 63P, 70A:

FIERENFAT
Impertinent!
EUPHÉMON FILS
Monsieur le sénéchal,
Vous vous croyez sur votre tribunal.

Eh! pourquoi donc gronder de tout ceci?
Vos droits sont nuls; il faut avoir su plaire,
Pour obtenir le droit d'être en colère.
De tels appas n'étaient pas faits pour vous;   275
Il vous sied mal d'oser être jaloux.
Madame est bonne, et fait grâce à mon zèle:
Imitez-la, soyez aussi bon qu'elle. [8]

FIERENFAT *en posture de se battre*.

Je n'y puis plus tenir. A moi, mes gens.

EUPHÉMON FILS

Comment?

FIERENFAT

Allez me chercher des sergents.   280

LISE *à Euphémon fils*.

Retirez-vous.

FIERENFAT

Je te ferai connaître
Ce que l'on doit de respect à son maître,
A mon état, à ma robe.

EUPHÉMON FILS

Observez

277-278   MS1, 63P, 70A:
      De vos transports calmez la violence.
      Plus de respect, et moins de suffisance.
278a   63P, 70A: [*stage direction absent*]
280a   63P, 70A: FIERENFAT *aux domestiques qui paraissent*.
280   63P, 70A: sergents. [*with stage direction*] (*Les domestiques s'en vont.*)

[8] Flaubert was unmoved by Euphémon fils: 'Tout cela est insipide' (*Le Théâtre de Voltaire*, ii.526).

Ce qu'à madame ici vous en devez;
Et quant à moi, quoi qu'il puisse en paraître,   285
C'est vous, monsieur, qui m'en devez peut-être.

FIERENFAT

Moi... moi?

EUPHÉMON FILS

Vous... vous.

FIERENFAT

             Ce drôle est bien osé,
C'est quelque amant en valet déguisé.
Qui donc es-tu? réponds-moi.

EUPHÉMON FILS

             Je l'ignore;
Ma destinée est incertaine encore;   290
Mon sort, mon rang, mon état, mon bonheur,
Mon être enfin, tout dépend de son cœur,
De ses regards, de sa bonté propice.

FIERENFAT

Il dépendra bientôt de la justice,
Je t'en réponds; va, va, je cours hâter   295
Tous mes records, et vite instrumenter.
Allez, perfide, et craignez ma colère;
J'amènerai vos parents, votre père;
Votre innocence en son jour paraîtra,
Et comme il faut on vous estimera.   300

296   63P, 70A: [*with stage direction*] (*à Lise*)

SCÈNE V

LISE, EUPHÉMON FILS, MARTHE

LISE

Eh, cachez-vous, de grâce, rentrons vite;
De tout ceci je crains pour nous la suite.
Si votre père apprenait que c'est vous,
Rien ne pourrait apaiser son courroux;
Il penserait qu'une fureur nouvelle,   305
Pour l'insulter en ces lieux vous rappelle,
Que vous venez entre nos deux maisons
Porter le trouble et les divisions;
Et l'on pourrait, pour ce nouvel esclandre,
Vous enfermer, hélas! sans vous entendre.   310

MARTHE

Laissez-moi donc le soin de le cacher.
Soyez-en sûre, on aura beau chercher.

LISE

Allez, croyez qu'il est très nécessaire
Que j'adoucisse en secret votre père.
De la nature il faut que le retour   315
Soit, s'il se peut, l'ouvrage de l'amour. [9]

300a-b   63P, 70A: *SCÈNE IV* / EUPHÉMON FILS, LISE, MARTHE,
JASMIN
    300b   MSI: MARTHE, JASMIN
    301   63P, 70A: Ah! cachez-vous
    302   MSI: pour vous la
    309   63P: pourrait par ce

[9] In letters to Mlle Quinault of 2 January 1738 (D1417) and 22 November 1738
(D1662), Voltaire suggested that act IV should end at this point.

Cachez-vous bien...
    (*à Marthe*)
                        Prends soin qu'il ne paraisse.
Eh! va donc vite.

SCÈNE VI

RONDON, LISE

RONDON

            Eh bien! ma Lise, qu'est-ce?
Je te cherchais, et ton époux aussi.

LISE

Il ne l'est pas, que je crois, Dieu merci!   320

RONDON

Où vas-tu donc?

LISE

            Monsieur, la bienséance
M'oblige encor d'éviter sa présence.

                            (*Elle sort.*)

RONDON

Ce président est donc bien dangereux!
Je voudrais être *incognito* près d'eux,
Là... voir un peu quelle plaisante mine   325
Font deux amants qu'à l'hymen on destine.

317-352   MSI, 63P, 70A: [*absent*]
317   38A, 38P, W38, W46, W48R, W48D, W52: Gardez qu'il ne paraisse
320   38A, 38P, W38, W46, W48D, W48R, W52, W57P, 63P: pas, je le crois

SCÈNE VII

FIERENFAT, RONDON, SERGENTS

FIERENFAT

Ah! les fripons, ils sont fins et subtils;
Où les trouver? où sont-ils? où sont-ils?
Où cachent-ils ma honte et leur fredaine?

RONDON

Ta gravité me semble hors d'haleine.   330
Que prétends-tu? que cherches-tu? qu'as-tu?
Que t'a-t-on fait?

FIERENFAT

J'ai qu'on m'a fait cocu. [10]

RONDON

Cocu! tudieu! prends garde, arrête, observe.

331-339   38P:
        Que t'a-t-on fait? Qu'est-ce que tu poursuis?
        Que cherches-tu, qu'as-tu?
                        FIERENFAT
                        J'ai que je suis;
        Ah! je le suis; oui, je le suis, beau-père!
        Oui, je le suis.
                    RONDON
                Comment donc? quel mystère!
                    FIERENFAT
        Votre fille, ah! je suis, je suis à bout.

[10] On this 'cocuage' scene see Voltaire's letter to Mlle Quinault of 24 August 1736 (D1133), and introduction, p.34.

FIERENFAT

Oui, oui, ma femme. Allez, Dieu me préserve
De lui donner le nom que je lui dois!   335
Je suis cocu, malgré toutes les lois.

RONDON

Mon gendre!

FIERENFAT

Hélas! il est top vrai, beau-père.

RONDON

Eh quoi! la chose...

FIERENFAT

Oh! la chose est fort claire.

RONDON

Vous me poussez.

FIERENFAT

C'est moi qu'on pousse à bout.

RONDON

Si je croyais...

FIERENFAT

Vous pouvez croire tout.   340

RONDON

Mais plus j'entends, moins je comprends, mon gendre.

FIERENFAT

Mon fait pourtant est facile à comprendre.

RONDON

S'il était vrai, devant tous mes voisins
J'étranglerais ma Lise de mes mains.

FIERENFAT

Etranglez donc, car la chose est prouvée. 345

RONDON

Mais en effet ici je l'ai trouvée,
La voix éteinte et le regard baissé:
Elle avait l'air timide, embarrassé.
Mon gendre, allons, surprenons la pendarde;
Voyons le cas, car l'honneur me poignarde. 350
Tudieu, l'honneur! Oh voyez-vous? Rondon,
En fait d'honneur, n'entend jamais raison.

Fin du quatrième acte.

ACTE V

SCÈNE PREMIÈRE

LISE, MARTHE

LISE

Ah! je me sauve à peine entre tes bras.
Que de dangers! quel horrible embarras!
Faut-il qu'une âme aussi tendre, aussi pure,
D'un tel soupçon souffre un moment l'injure?
Cher Euphémon, cher et funeste amant,   5
Es-tu donc né pour faire mon tourment?
A ton départ tu m'arrachas la vie,
Et ton retour m'expose à l'infamie.
   (*à Marthe*)
Prends garde au moins, car on cherche partout.

MARTHE

J'ai mis, je crois, tous mes chercheurs à bout.   10
Nous braverons le greffe et l'écritoire;
Certains recoins, chez moi, dans mon armoire,
Pour mon usage en secret pratiqués,
Par ces furets ne sont point remarqués.
Là, votre amant se tapit, se dérobe   15
Aux yeux hagards des noirs pédants en robe;
Je les ai tous fait courir comme il faut,
Et de ces chiens la meute est en défaut.

---

10   63P, 70A: tous nos chercheurs
15-18   MS1, 63P, 70A: [*absent*]

SCÈNE II

LISE, MARTHE, JASMIN

LISE

Eh bien, Jasmin, qu'a-t-on fait?

JASMIN

                              Avec gloire
J'ai soutenu mon interrogatoire;   20
Tel qu'un fripon, blanchi dans le métier,
J'ai répondu sans jamais m'effrayer.
L'un vous traînait sa voix de pédagogue,
L'un braillait d'un ton cas, d'un air rogue,
Tandis qu'un autre, avec un ton flûté,   25
Disait, Mon fils, sachons la vérité.
Moi toujours ferme, et toujours laconique,
Je rembarrais la troupe scolastique.

LISE

On ne sait rien?

JASMIN

                    Non rien; mais dès demain
On saura tout; car tout se sait enfin.   30

LISE

Ah! que du moins Fierenfat en colère
N'ait pas le temps de prévenir son père:
J'en tremble encore, et tout accroît ma peur;
Je crains pour lui, je crains pour mon honneur,

18b   63P, 70A: JASMIN, LISE, MARTHE
25   MS1: ton flatté
33   70A: tout aurait ma

208

Dans mon amour j'ai mis mes espérances;   35
Il m'aidera...

MARTHE

      Moi, je suis dans des transes,
Que tout ceci ne soit cruel pour vous;
Car nous avons deux pères contre nous,
Un président, les bégueules, les prudes.
Si vous saviez quels airs hautains et rudes,   40
Quel ton sévère, et quel sourcil froncé,
De leur vertu le faste rehaussé
Prend contre vous, avec quelle insolence
Leur âcreté poursuit votre innocence;
Leurs cris, leur zèle et leur sainte fureur,   45
Vous feraient rire, ou vous feraient horreur.

JASMIN

J'ai voyagé, j'ai vu du tintamarre;
Je n'ai jamais vu semblable bagarre;
Tout le logis est sens dessus dessous.
Ah! que les gens sont sots, méchants et fous!   50
On vous accuse, on augmente, on murmure;
En cent façons on conte l'aventure.
Les violons sont déjà renvoyés,
Tout interdits, sans boire, et point payés.
Pour le festin six tables bien dressées,   55
Dans ce tumulte ont été renversées.
Le peuple accourt, le laquais boit et rit,
Et Rondon jure, et Fierenfat écrit.

41   70A: quel souris froncé
42   70A: vertu la face rechaussée
43   63P, 70A: quelle arrogance
46   63P: ferait [...] ferait
48   MSI: vu de semblable
54   63P: Tous interdits

LISE

Et d'Euphémon le père respectable,
Que fait-il donc dans ce trouble effroyable?   60

MARTHE

Madame, on voit sur son front éperdu
Cette douleur qui sied à la vertu;
Il lève au ciel les yeux; il ne peut croire
Que vous ayez d'une tache si noire
Souillé l'honneur de vos jours innocents;   65
Par des raisons il combat vos parents.
Enfin surpris des preuves qu'on lui donne,
Il en gémit, et dit que sur personne
Il ne faudra s'assurer désormais,
Si cette tache a flétri vos attraits.   70

LISE

Que ce vieillard m'inspire de tendresse!

MARTHE

Voici Rondon, vieillard d'une autre espèce.

60a   MS1, 63P, 70A: JASMIN
61   63P: Madame, l'on
63-66   MS1, 63P, 70A: [absent]
63   38P, 38A, W38, W46, W48R: yeux, et ne
71-105   MS1, 63P, 70A:

                            de tendresse!
   Il me soupçonne!... ô ciel! mais le temps presse.
   Il faut le voir, et calmer ses ennuis.
     (à Jasmin)
   Va donc savoir à l'instant si je puis
   L'entretenir ici sur cette affaire.
           SCÈNE III / LISE, MARTHE
              LISE
   Voudras-tu bien suspendre ta colère.
   Digne Euphémon, pourrai-je [70A: pourrais-je]
   [with renumbering of subsequent scenes]

Fuyons, Madame.

LISE

Ah! gardons-nous en bien;
Mon cœur est pur, il ne doit craindre rien.

JASMIN

Moi, je crains donc.

SCÈNE III

LISE, MARTHE, RONDON

RONDON

Matoise, mijaurée!   75
Fille pressée, âme dénaturée!
Ah! Lise, Lise, allons, je veux savoir
Tous les entours de ce procédé noir.
Çà, depuis quand connais-tu le corsaire?
Son nom, son rang; comment t'a-t-il pu plaire?   80
De ses méfaits je veux savoir le fil.
D'où nous vient-il? En quel endroit est-il?
Réponds, réponds: tu ris de ma colère,
Tu ne meurs pas de honte?

LISE

Non, mon père.

RONDON

Encor des *non*? toujours ce chien de ton;   85
Et toujours *non*, quand on parle à Rondon!
La négative est pour moi trop suspecte;
Quand on a tort il faut qu'on me respecte,
Que l'on me craigne, et qu'on sache obéir.

LISE

Oui, je suis prête à vous tout découvrir.   90

RONDON

Ah! c'est parler cela; quand je menace,
On est petit...

LISE

                    Je ne veux qu'une grâce,
C'est qu'Euphémon daignât auparavant
Seul en ce lieu me parler un moment. [1]

RONDON

Euphémon? bon! eh, que pourra-t-il faire?   95
C'est à moi seul qu'il faut parler.

LISE

                              Mon père,
J'ai des secrets qu'il faut lui confier;
Pour votre honneur daignez me l'envoyer;
Daignez... c'est tout ce que je puis vous dire.

RONDON

A sa demande encor faut-il souscrire;   100
A ce bonhomme elle veut s'expliquer;
On peut fort bien souffrir, sans rien risquer,
Qu'en confidence elle lui parle seule;
Puis sur le champ je cloître ma bégueule.

_____

[1] 'Il faut *daigne* pour la grammaire' (La Harpe, *Commentaire sur le théâtre de Voltaire*, p.405).

SCÈNE IV

LISE, MARTHE

LISE

Digne Euphémon, pourrais-je te toucher? 105
Mon cœur de moi semble se détacher.
J'attends ici mon trépas ou ma vie.
  (*à Marthe*)
Ecoute un peu.
  (*Elle lui parle à l'oreille.*)

MARTHE

Vous serez obéie.

SCÈNE V

EUPHÉMON PÈRE, LISE

LISE

Un siège... Hélas!... Monsieur, asseyez-vous,
Et permettez que je parle à genoux. 110

EUPHÉMON *l'empêchant de se mettre à genoux.*
Vous m'outragez.

LISE

Non, mon cœur vous révère.
Je vous regarde à jamais comme un père.

---

109 MSI, 63P, 70A: Daignez, monsieur, m'écouter sans courroux
110a MSI: *se jeter à ses pieds.*

EUPHÉMON PÈRE

Qui vous, ma fille!

LISE

Oui, j'ose me flatter
Que c'est un nom que j'ai su mériter.

EUPHÉMON PÈRE

Après l'éclat et la triste aventure,   115
Qui de nos nœuds a causé la rupture!

LISE

Soyez mon juge, et lisez dans mon cœur;
Mon juge enfin sera mon protecteur.
Ecoutez-moi, vous allez reconnaître
Mes sentiments, et les vôtres peut-être.   120
(*Elle prend un siège à côté de lui.*)
Si votre cœur avait été lié,
Par la plus tendre et plus pure amitié,
A quelque objet, de qui l'aimable enfance
Donna d'abord la plus belle espérance,
Et qui brilla dans son heureux printemps,   125
Croissant en grâce, en mérite, en talents;
Si quelque temps sa jeunesse abusée,
Des vains plaisirs suivant la pente aisée,
Au feu de l'âge avait sacrifié
Tous ses devoirs, et même l'amitié.   130

EUPHÉMON PÈRE

Eh bien?

LISE

Monsieur, si son expérience

120a   MSI, 63P, 70A: [*stage direction absent*]
131   MSI, 38P: si cette expérience

Eût reconnu la triste jouissance
De ces faux biens, objets de ses transports,
Nés de l'erreur, et suivis des remords;
Honteux enfin de sa folle conduite,   135
Si sa raison, par le malheur instruite,
De ses vertus rallumant le flambeau,
Le ramenait avec un cœur nouveau;
Ou que plutôt, honnête homme et fidèle,
Il eût repris sa forme naturelle;   140
Pourriez-vous bien lui fermer aujourd'hui
L'accès d'un cœur qui fut ouvert pour lui?

EUPHÉMON PÈRE

De ce portrait que voulez-vous conclure?
Et quel rapport a-t-il à mon injure?
Le malheureux, qu'à vos pieds on a vu,   145
Est un jeune homme en ces lieux inconnu;
Et cette veuve, ici, dit elle-même,
Qu'elle l'a vu six mois dans Angoulême;
Un autre dit que c'est un effronté,
D'amours obscurs follement entêté;   150
Et j'avouerai, que ce portrait redouble
L'étonnement et l'horreur qui me trouble.

LISE

Hélas! Monsieur, quand vous aurez appris
Tout ce qu'il est, vous serez plus surpris.
De grâce un mot: Votre âme est noble et belle;   155
La cruauté n'est pas faite pour elle.
N'est-il pas vrai qu'Euphémon votre fils
Fut longtemps cher à vos yeux attendris?

133   MS1: objet de
134   MS1: Nés dans l'erreur
147-150   MS1, 63P, 70A: [absent]
151   63P, 70A: que c'est ce qui redouble

EUPHÉMON PÈRE

Oui, je l'avoue, et ses lâches offenses
Ont d'autant mieux mérité mes vengeances: 160
J'ai plaint sa mort, j'avais plaint ses malheurs;
Mais la nature, au milieu de mes pleurs,
Aurait laissé ma raison saine et pure
De ses excès punir sur lui l'injure.

LISE

Vous! vous pourriez à jamais le punir,   165
Sentir toujours le malheur de haïr,
Et repousser encore avec outrage
Ce fils changé, devenu votre image,
Qui de ses pleurs arroserait vos pieds?
Le pourriez-vous?

EUPHÉMON PÈRE

                            Hélas! vous oubliez,   170
Qu'il ne faut point, par de nouveaux supplices,
De ma blessure ouvrir les cicatrices.
Mon fils est mort, ou mon fils loin d'ici
Est dans le crime à jamais endurci.
De la vertu s'il eût repris la trace,   175
Viendrait-il pas me demander sa grâce?

LISE

La demander! sans doute il y viendra;

164   63P: De ces excès
166   MSI, 63P, 70A: Forcer toujours votre âme à le haïr.
171-172   MSI, 63P, 70A:
          Qu'il ne faut point rappeler la mémoire
          De ses excès qu'on aura [63P, 70A: aurait] peine à croire.
173   63P, 70A: fils n'est plus; ou
174   MSI, 38P: Est sans retour dans le crime endurci
      70A: Vit dans
176a   70A: LISE *avec feu.*

Vous l'entendrez; il vous attendrira.

EUPHÉMON PÈRE

Que dites-vous?

LISE

Oui, si la mort trop prompte
N'a pas fini sa douleur et sa honte,   180
Peut-être ici vous le verrez mourir
A vos genoux d'excès de repentir.

EUPHÉMON PÈRE

Vous sentez trop quel est mon trouble extrême.
Mon fils vivrait!

LISE

S'il respire, il vous aime.

EUPHÉMON PÈRE

Ah! s'il m'aimait! mais quelle vaine erreur!   185
Comment? de qui l'apprendre?

LISE

De son cœur.

EUPHÉMON PÈRE

Mais, sauriez-vous?...

LISE

Sur tout ce qui le touche
La vérité vous parle par ma bouche.

180   63P, 70A: fini ses douleurs et
183   63P, 70A: Vous voyez trop
184   MSI, 38P: S'il arrive, il
185   MSI, 63P, 70A: Il m'aime! hélas! mais
188   MSI, 63P, 70A: Son cœur ici vous

EUPHÉMON PÈRE

Non, non, c'est trop me tenir en suspens;
Ayez pitié du déclin de mes ans: 190
J'espère encore, et je suis plein d'alarmes.
J'aimais mon fils, jugez-en par mes larmes.
Ah! s'il vivait, s'il était vertueux!
Expliquez-vous; parlez-moi.

LISE

                        Je le veux,
Il en est temps, il faut vous satisfaire.   195

189-192   MSI, 63P, 70A: [absent]
189   38P: C'est trop, c'est trop me tenir en suspens.
192   38A, 38P, W38, W46, W48R, W48D, W52, W56, W57G, W57P, 63P,
K: J'aimai mon
194-198   MSI, 63P, 70A:
      Expliquez-vous; parlez-moi; je le veux.
                  LISE
      Je vois vos pleurs; je ne puis plus me taire.
      (*Elle appelle Euphémon fils.*)
      Euphémon?
                  SCÈNE V
      EUPHÉMON PÈRE, EUPHÉMON FILS, LISE
              EUPHÉMON PÈRE
          Ciel! [MSI: Le voici.]
                  LISE
          Fléchissez votre père.
      EUPHÉMON FILS [63P, 70A: *se jetant aux genoux d'Euphémon.*]
          Mon père?
                  EUPHÉMON PÈRE
              Hélas!
                  EUPHÉMON FILS
          Décidez de mon sort.
      J'attends
195-197   [see *Appendix of longer variants,* C]

218

(*Elle fait quelques pas, et s'adresse à Euphémon
fils, qui est dans la coulisse.*)
Venez enfin. [2]

SCÈNE VI

EUPHÉMON PÈRE, EUPHÉMON FILS, LISE

EUPHÉMON PÈRE

Que vois-je? ô ciel!

EUPHÉMON FILS

Mon père,
Connaissez-moi, décidez de mon sort.
J'attends d'un mot, ou la vie, ou la mort.

EUPHÉMON PÈRE

Ah! qui t'amène en cette conjoncture?

EUPHÉMON FILS

Le repentir, l'amour et la nature.   200

LISE *se mettant aussi à genoux.*

A vos genoux vous voyez vos enfants.
Oui, nous avons les mêmes sentiments.
Le même cœur...

199   MS1, 63P, 70A: Ciel! qui
200a   MS1, 63P, 70A: LISE *à genoux.*
201   70A: A genoux vous

[2] 'Tout cela a été combiné d'avance par Lise. Cette scène, qui a de l'imprévu et du
mouvement en elle même, c'est à dire pour Euphémon père et fils, n'en a pas pour le
spectateur. On y sent trop que tout est préparé, artificiel. Que dire de cet Euphémon
qui s'est tenu tout le temps dans la coulisse et qui arrive au moment donné quand on
l'appelle?' (Flaubert, *Le Théâtre de Voltaire*, ii.529).

EUPHÉMON FILS *en montrant Lise.*

Hélas! son indulgence
De mes fureurs a pardonné l'offense;
Suivez, suivez, pour cet infortuné,   205
L'exemple heureux que l'amour a donné.
Je n'espérais, dans ma douleur mortelle,
Que d'expirer aimé de vous et d'elle:
Et si je vis, ah! c'est pour mériter
Ces sentiments dont j'ose me flatter.   210
D'un malheureux vous détournez la vue!
De quels transports votre âme est-elle émue?
Est-ce la haine? Et ce fils condamné...

EUPHÉMON PÈRE *se levant et l'embrassant.*

C'est la tendresse, et tout est pardonné,
Si la vertu règne enfin dans ton âme: 215
Je suis ton père.

LISE

Et j'ose être sa femme.

203a   MSI: [*stage direction absent*]
205   MSI, 63P, 70A: Mais suivrez-vous pour
210   MSI, 63P, 70A: Les sentiments
213   70A: est-ce ce fils
213a   MSI: [*stage direction absent*]
       63P, 70A: *embrassant son fils.*
216-227   MSI, 63P, 70A:
                    Et j'ose être sa femme.
SCÈNE VI ET DERNIÈRE / EUPHÉMON PÈRE, RONDON,
EUPHÉMON FILS, LISE, MME CROUPILLAC, FIERENFAT,
                  ARCHERS, LAQUAIS
        FIERENFAT [63P, 70A: *aux archers.*]
   Courage, enfants! on dit qu'il est ici
   Cherchons partout... Ah ma foi, le voici.
              LISE *à Rondon.*
   Oui, le voilà, cet inconnu que j'aime.

220

J'étais à lui: permettez qu'à vos pieds
Nos premiers nœuds soient enfin renoués.
Non, ce n'est pas votre bien qu'il demande;
D'un cœur plus pur il vous porte l'offrande; 220
Il ne veut rien; et s'il est vertueux,
Tout ce que j'ai suffira pour nous deux.

SCÈNE DERNIÈRE

LES ACTEURS PRÉCÉDENTS, RONDON, MME CROUPILLAC, FIERENFAT, RECORS, *SUITE*

FIERENFAT

Ah le voici qui parle encore à Lise.
Prenons notre homme hardiment par surprise.
Montrons un cœur au-dessus du commun. 225

RONDON

Soyons hardis, nous sommes six contre un.

LISE *à Rondon.*

Ouvrez les yeux, et connaissez qui j'aime.

RONDON

C'est lui.

FIERENFAT

Qui donc?

LISE

Votre frère.

217   38A, 38P, W38, W46, W48R: *à Rondon.* / Unis tous trois permettez
219   38A, 38P, W38, W46, W48R: [*with stage direction*] (*à Euphémon*)
222-231   38A, 38P, W38, W46, W48R: deux. / RONDON / Quel

EUPHÉMON FILS

Lui-même.

FIERENFAT

Vous vous moquez, ce fripon? mon frère?

LISE

Oui.

MME CROUPILLAC

J'en ai le cœur tout à fait réjoui.   230

RONDON

Quel changement! quoi? c'est donc là mon drôle?

FIERENFAT

Oh, oh! je joue un fort singulier rôle:
Tudieu quel frère!

EUPHÉMON PÈRE

Oui, je l'avais perdu;
Le repentir, le ciel me l'a rendu.

228c-230   MSI, 63P, 70A:

EUPHÉMON PÈRE

Lui-même.

LISE *à Rondon.*

Unis tous trois permettez qu'à vos pieds,
Nos premiers nœuds soient enfin renoués [70A: renvoyés].
   (*à Euphémon père*)
Non, ce n'est pas votre bien qu'il demande,
D'un cœur plus pur je [63P, 70A: il] vous porte l'offrande,
Il ne veut rien, et s'il [63P, 70A: puisqu'il] est vertueux,
Tout ce que j'ai suffira pour nous deux.

232   MSI: joue ici fort
233   MSI, 63P, 70A: Qui, lui, mon frère?

MME CROUPILLAC

Bien à propos pour moi.

FIERENFAT

La vilaine âme!   235
Il ne revient que pour m'ôter ma femme!

EUPHÉMON FILS *à Fierenfat.*

Il faut enfin que vous me connaissiez;
C'est vous, monsieur, qui me la ravissiez.
Dans d'autres temps j'avais eu sa tendresse.
L'emportement d'une folle jeunesse   240
M'ôta ce bien, dont on doit être épris,
Et dont j'avais trop mal connu le prix.
J'ai retrouvé, dans ce jour salutaire,
Ma probité, ma maîtresse, mon père.
M'envierez-vous l'inopiné retour   245
Des droits du sang, et des droits de l'amour?
Gardez mes biens, je vous les abandonne,
Vous les aimez... moi j'aime sa personne;
Chacun de nous aura son vrai bonheur,
Vous dans mes biens, moi, monsieur, dans son cœur. 250

EUPHÉMON PÈRE

Non, sa bonté si désintéressée
Ne sera pas si mal récompensée:
Non, Euphémon, ton père ne veut pas
T'offrir sans bien, sans dot, à ses appas.

---

235   MS I, 38A, 38P, W38, W46, W48R, 63P, 70A: MME CROUPILLAC / C'est
Euphémon? tant mieux.
245   38A, 38P, W38, W46, W48R, W48D, W52, W57P, 63P, 70A: M'envieriez-
vous
246   63P: et des feux de
254   70A: sans biens

RONDON

Oh! bon cela.

MME CROUPILLAC

Je suis émerveillée,   255
Toute ébaudie, et toute consolée.
Ce gentilhomme est venu tout exprès,
En vérité, pour venger mes attraits.
    (*à Euphémon fils*)
Vite, épousez: le ciel vous favorise:
Car tout exprès pour vous il a fait Lise;   260
Et je pourrais, par ce bel accident,
Si l'on voulait, ravoir mon président.

LISE *à Rondon*.

De tout mon cœur. Et vous, souffrez, mon père,
Souffrez qu'une âme et fidèle et sincère,
Qui ne pouvait se donner qu'une fois,   265
Soit ramenée à ses premières lois.

RONDON

Si sa cervelle est enfin moins volage...

LISE

Oh! j'en réponds.

255   63P, 70A: Ah! bon cela
259-260   MSI, 63P, 70A:
        Vite, épousez, car le ciel vous destine
        Visiblement à posséder Rondine.
262   MSI, 63P, 70A: voulait ratrapper mon pédant.
263   MSI, 63P, 70A: Vous le pouvez; et vous
265-266   MSI, 63P, 70A:
        Et qui ne peut se donner qu'une fois,
        Rentre à vos yeux sous ses premières lois.

RONDON

S'il t'aime, s'il est sage...

LISE

N'en doutez pas.

RONDON

Si surtout Euphémon
D'une ample dot lui fait un large don,   270
J'en suis d'accord.

FIERENFAT

Je gagne en cette affaire
Beaucoup, sans doute, en trouvant un mien frère:
Mais cependant je perds en moins de rien,
Mes frais de noce, une femme et du bien. [3]

MME CROUPILLAC

Eh! fi vilain! quel cœur sordide et chiche!   275
Faut-il toujours courtiser la plus riche?
N'ai-je donc pas en contrats, en châteaux,
Assez pour vivre, et plus que tu ne vaux?
Ne suis-je pas en date la première?
N'as-tu pas fait, dans l'ardeur de me plaire,   280
De longs serments, tous couchés par écrit,
Des madrigaux, des chansons sans esprit?

271   70A: gagne à cette
274   70A: une somme et
277-278   MS1, 63P, 70A:
    N'ai-je donc pas plus de vingt mille écus,
    Et des appas tout comme elle? et de plus,
281   70A: tout couchés

[3] 'Ici on croit la pièce finie. C'est une conclusion assez probable. Mais la reprise de madame Croupillac, personnage secondaire et qui ici devient important, est pleine de vivacité et de ressort' (Flaubert, *Le Théâtre de Voltaire*, ii.531).

Entre les mains j'ai toutes tes promesses;
Nous plaiderons; je montrerai les pièces.
Le parlement doit en semblable cas   285
Rendre un arrêt contre tous les ingrats.

RONDON

Ma foi, l'ami, crains sa juste colère;
Epouse-la, crois-moi, pour t'en défaire.

EUPHÉMON PÈRE *à Mme Croupillac.*

Je suis confus du vif empressement
Dont vous flattez mon fils le président;   290
Votre procès lui devrait plaire encore:
C'est un dépit dont la cause l'honore.
Mais permettez que mes soins réunis
Soient pour l'objet qui m'a rendu mon fils.
Vous, mes enfants, dans ces moments prospères,   295
Soyez unis, embrassez-vous en frères.
Vous, mon ami, rendons grâces aux cieux,
Dont les bontés ont tout fait pour le mieux.
Non, il ne faut, et mon cœur le confesse,
Désespérer jamais de la jeunesse. [4]   300

Fin du cinquième et dernier acte.

283   70A: toutes les promesses
288a   38A, 38P, w38: *à Croupillac.*
289-291   MS1, 63P, 70A:
        L'empressement et l'amour sans égal,
        Dont vous flattez mon fils le sénéchal,
        S'il m'en croyait, lui seraient chers encore;
294   63P, 70A: [*with stage direction*] (*à ses deux enfants*)
296   63P: unis; vivez tous deux en
        63P, 70A: [*with stage direction*] (*à Rondon*)
297   70A: Nous, cher ami,

[4] On Voltaire's plans for an alternative ending see his letter to Mlle Quinault of 24 August 1736 (D1133), and introduction, p.8.

APPENDIX

LONGER VARIANTS

A. Variant to act I, scene iv, lines 320-322

MS I, 70A:

Des injures.

FIERENFAT

Je vois, Madame, et c'est un sort bien dur,
Sur votre front, je ne sais quoi d'obscur.
J'en suis fâché; car cet hymen déploie,
Dessus le mien, les couleurs de la joie.   5
Votre douleur vient du retardement,
Que l'on apporte à notre engagement?

LISE

Oh! non, Monsieur.

FIERENFAT

        Mais quand il faut d'un père,
Avoir le bien, c'est une grande affaire.
J'ai tout réglé, j'ai tout expédié;   10
Je m'attendais d'être remercié.
De grâce, au moins, répondez quelque chose;
Le dieu d'hymen a-t-il donc bouche close?
Ne sauriez-vous m'expliquer votre feu?

LISE

Eh! bien, Monsieur, auriez-vous depuis peu...   15
Auriez-vous pu... puisqu'il ne faut rien [70A: faut ne rien] taire,
Vous souvenir que vous avez un frère?

FIERENFAT

Mon frère! moi? je ne l'ai jamais vu.
Et de chez nous il était disparu,
Lorsque j'étais encor dans notre école   20
Le nez collé sur Cujas et Barthole.
J'ai su depuis ses beaux déportements;
Et, si jamais il reparaît céans,
Je sais juger, les moyens sont faciles,
Je le condamne à partir pour les îles.   25

LISE

C'est un projet fraternel et chrétien!
En attendant, vous confisquez son bien!
C'est votre avis! mais moi je vous déclare
Que c'est un trait qui semble bien barbare;
Et que...

FIERENFAT

                Bon, bon! Le contrat est dressé.   30
Sur tout cela le notaire a passé;
Nos pères l'ont ordonné de la sorte:
En droit écrit leur volonté l'emporte.
Lisez Cujas, chapitre cinq, six, sept;
Tout libertin, de débauches infect,   35
Qui renonçant à l'aile paternelle,
Fuit la maison, ou bien pille icelle,
Ipso facto, de tout dépossédé,
Comme un bâtard il est exhérédé.

LISE

Je ne connais le droit ni la coutume;   40
Je n'ai point lu Cujas, mais je présume,
Que ce sont tous de malhonnêtes gens,
Vrais ennemis du cœur et du bon sens;
Si dans leur code ils ordonnent qu'un frère,

Laisse périr son frère de misère;   45
Et la nature et l'honneur ont leurs droits,
Qui valent mieux que Cujas, et vos lois.//

B. Variant to act II, scene iii, lines 175-179

MS I, 70A:
Vous me craignez, madame?

LISE

Non, Madame.
Je crains l'hymen, je crains d'être la femme,
Du sénéchal; je ne dispute rien,
Ni son état, ni son cœur, ni son bien.

MME CROUPILLAC

Est-il bien vrai? ma chère âme? ah! qu'entends-je?   5
Vous céderiez... [70A: céderez]

LISE
Oui, madame.

MME CROUPILLAC [70A: *embrassant Lise*.]
Ah! mon ange,
Mon cher enfant, quoi ton cœur libéral,
Me céderait un jeune sénéchal.

LISE
Oui.

MME CROUPILLAC
Tu n'as point de goût pour sa personne?

LISE
Non, je vous jure.

MME CROUPILLAC
Et ton cœur l'abandonne?   10

LISE

Oui, s'il le veut, vous méritez son choix,
Et lui le vôtre.

SCÈNE V

FIERENFAT, LISE, MME CROUPILLAC, MARTHE,
[70A: UN LAQUAIS]

FIERENFAT

Ah! qu'est-ce que je vois!

MME CROUPILLAC

Tu vois ta femme, ingrat, ta perfidie,
Est reconnue, et le ciel te châtie.

FIERENFAT

Le châtiment est grand, ce que j'entends,   15
Me confond l'âme et me glace les sens.

MME CROUPILLAC

Je ne vois pas pour moi ce qui t'étonne,
Lise te rend, et cède ta personne.
Va, sois surpris lorsque l'on te prendra,
Et point du tout quand on te quittera.   20

FIERENFAT

Mais... mais, madame, il me semble impossible
Que Lise soit pour moi si peu sensible.

                                    (*Il sort.*)

MME CROUPILLAC

Sensible ou non, traître, je reprendrai
Mon sénéchal où je le trouverai.

SCÈNE VI

MME CROUPILLAC, LISE, RONDON, MARTHE
[70A *adds:* FIERENFAT]

RONDON

Vraiment là-bas on nous fait des affaires, 25

C. Variant to act V, scene v, lines 195-197

38P, 38A, W38, W46, W48R:

Et bien sachez...   vous satisfaire.

SCÈNE VI

ACTEURS PRÉCÉDENTS, FIERENFAT, RONDON, MME CROUPILLAC, EUPHÉMON FILS *l'épée à la main*, EXEMPTS

FIERENFAT

Vite qu'on l'environne,
Point de quartier, saisissez sa personne.

RONDON *aux exempts*.

Montrez un cœur au-dessus du commun,
Soyez hardis, vous êtes six contre un.   5

LISE

Ah malheureux! arrêtez.

MARTHE

Comment faire?

EUPHÉMON FILS

Lâches, fuyez... où suis-je? c'est mon père.
(*Il jette son épée.*)

EUPHÉMON PÈRE

Que vois-je, hélas!

EUPHÉMON FILS *aux pieds de son père*.

Un trop malheureux fils
Qu'on poursuivait, et qui vous est soumis.

LISE

Oui, le voilà cet inconnu que j'aime.

RONDON

Ma foi, c'est lui.

FIERENFAT

Mon frère?

MME CROUPILLAC

O Ciel.

MARTHE

Lui-même.

EUPHÉMON FILS

Connaissez-moi,

Discours de M. de Voltaire en réponse aux invectives et outrages de ses détracteurs

Critical edition

by

Theodore E. D. Braun

INTRODUCTION

Voltaire wrote the *Discours en réponse aux invectives et outrages de ses détracteurs* in order to reply in particular to a number of attacks against the *Temple du goût* and in general to attacks made against other works for a dozen years or so. This work was not published in his lifetime, and there is nothing to suggest that it circulated in manuscript form except to the 'triumvirate' composed of Thiriot, d'Argental and Pont de Veyle. He did, however, make use of his principal arguments and defences on innumerable occasions, and of the very language of the *Discours en réponse aux invectives* in at least two published writings: the *Discours préliminaire* to *Alzire* (1736) and the *Mémoire sur la satire* (1739).

The *Discours en réponse aux invectives* was first published more than forty years after Voltaire's death in the *Pièces inédites de Voltaire, imprimées d'après les manuscrits originaux, pour faire suite aux différentes éditions publiées jusqu'à ce jour* (Paris 1820), p.115-37. The *Pièces inédites* were edited by Jean-Corneille Jacobsen, who possessed Thiriot's manuscripts. Apparently unable to consult the manuscript of our *Discours* personally,[1] Beuchot simply reproduced the text and the notes of the first edition; Moland's edition contains no additional notes and no introduction.[2] In the absence of a manuscript or of variant readings, the present edition reproduces the text of the first edition; the notes of that edition are also reproduced here, amplified and supplemented where appropriate.

The *Discours en réponse aux invectives* has generally been dated 1735, which may well have been the date of a first draft; but the evidence points to 1736 as the date of the present state of the document. This evidence comes principally from the correspon-

---

[1] The Thiriot manuscripts have disappeared.
[2] See Beuchot and M.xxxii.451-64.

dence, which is rich in suggestions as to the date of composition of this work.

In May 1735 the same lines from Corneille's *Epître dédicatoire* addressed to Fouquet and serving as a preface to *Œdipe*, and which appear in the *Discours en réponse aux invectives*, were quoted in a letter (D869). In June and July Voltaire discusses the anonymous portrait of him quoted at length by Jean-Baptiste Rousseau (see D875, D878 and D893). In September and October he refers to various charges concerning his relations with publishers, the subscriptions to the *Henriade*, Molinier's 'Discours contre les impies', his (Voltaire's) fortune and the use he made of it, the portrait printed by Odieuvre and the various quarrels he had with Desfontaines (see D918, D922, D924, D929, D940 and others). It was in December 1735 that Voltaire accused Le Franc de Pompignan of plagiarising him, in terms almost identical to those he later used in the *Discours en réponse aux invectives* and published almost verbatim in the *Discours préliminaire* of *Alzire* (see D958, D960, D965, D969 and D971). And finally the Jore affair, alluded to in lines 166-174, broke in March 1736 and was not completely settled until July.

In view of the concurrence of these dates of matters which are of prime concern to Voltaire in the *Discours en réponse aux invectives*, we can with reasonable assurance trace its composition from the period May/June 1735 to July 1736. A first draft was probably composed in May or June 1735, sent to the 'triumvirate' for criticism, and then revised. The manuscript published in 1820 is apparently a second or third draft written in July 1736, having been expanded to include new material; this was submitted for further criticism and was further revised, as we see in the text and notes.

It is not known why Voltaire decided not to publish this *Discours*, but it is interesting to note that even in a brochure such as this Voltaire was careful to tailor his style to suit his readers. He apparently decided that his *Discours en réponse aux invectives* was simply not suitable for a general readership. A formal letter addressed to three old friends, in which the author complains about unjust attacks made against him, justifies his beliefs and his writings, defends himself and his reputation against his detractors and concludes by declaring his intention of adopting a particular behavioural pattern in the future and by expressing his friendship for one of the addressees – such a letter might well have seemed to Voltaire at once too artificial and too intimate for general dissemination. If this is so, considerations of style and form deterred him from publishing the work at the time he wrote it and, the ideal moment for its appearance having passed, he decided against offering it to the public *in toto*, though he did integrate its substance and even its language into other works published in the last half of the 1730s.

Voltaire's corrections and replies to the 'triumvirate' do not form a clearly discernible pattern. Sometimes a word or image is changed without comment; at other times a correction is made but is accompanied by a remark of some sort; again, a suggestion may be rejected with or without a reason or justification. Most of the changes or the rejections of suggestions made without comment are without interest, as indeed are some of Voltaire's remarks. Others, however, deserve some examination.

The 'triumvirate' would have eliminated the entire first paragraph of the *Discours en réponse aux invectives*. In this paragraph Voltaire argues that since biographies of even secondary figures have been written, his is likely to be undertaken some day, and he would like to protect his reputation. He replies to the objection of the 'triumvirate' to this paragraph by stating that such an introduction is necessary for otherwise it would be impertinent of him to say that his biography will be written – a rather illogical reply in view of the fact that it is only in the first paragraph that his biography is mentioned at all. It would appear that Voltaire, by comparing himself with lesser men, intended to emphasise his greater importance. Later in the *Discours* he again compares himself to a lesser-known man, the président de Thou, and again refuses to remove the reference. In other words, his pride dictated that he leave the passages in place. The conjecture is confirmed by his refusal to change 'favoriser les arts et moi' to the more modest 'me favoriser' recommended by the 'triumvirate' (lines 182-183). He further refused to insert a reference to his being 'vif' and having been 'quelquefois étourdi' in place of the more general comment on his 'défauts véritables' (line 237). It is of course no surprise that Voltaire should exhibit his pride in a work like this in which he is replying to his detractors; once he had overcome the reserve which had been preventing him from speaking of himself and to which he refers in the second paragraph of the *Discours*, he quite understandably chose to present himself in as favourable a light as possible.

At one point (lines 148-149) Voltaire replies to a correction which he accepts with a moral aphorism, the only such maxim in the entire *Discours*: 'Qui n'est pas philosophe est toujours pauvre.'

Elsewhere (lines 419-425) Voltaire refuses to replace a phrase referring to Jean-Baptiste Rousseau ('qui même n'est plus poète') by the reading in an earlier version ('qui même a cessé de l'être'), since the earlier reading could suggest both that Rousseau had stopped writing and that he had lost all inspiration, whereas the new version refers only to his loss of inspiration.

When Voltaire alludes to Le Franc de Pompignan's lost *Zoraïde*, the 'triumvirate' points out that Voltaire is mistaken about the site of his young rival's play. Now since both Le Franc and Thiriot were habitués at the salon of La Popelinière and were furthermore friends, Thiriot certainly knew that Voltaire's accusations against Le Franc were unfounded. Voltaire, whose accusations were apparently based on hearsay, was unwilling to admit to error in this case of supposed plagiarism, and would repeat the charges a quarter-century later.

Near the end of the *Discours en réponse aux invectives* Voltaire refuses to withdraw a reference to Berkeley, accused of atheism, and to put in its place a refutation of Hardouin's 'Athei detecti' which had made the same accusation against Descartes, Malebranche, Arnaud, Nicole and Quesnel. Voltaire, apparently tired of the *Discours* at this point, comments: 'J'en ai dit assez, il faut s'arrêter' (lines 694-695).

The final paragraph, added in Voltaire's own hand, is a public expression of his friendship with Thiriot, who did so little to deserve his friend's esteem. It shows (as does Voltaire's reply to the desire of d'Argental and Pont-de-Veyle that the paragraph, which had been present earlier, be reinstated: 'Remettons-le de grand cœur!' exclaims Voltaire) the depth and the warmth of his affection for Thiriot, and by extension for any of his friends.

Voltaire defends himself most frequently by presenting facts as a means of disproving the lies and calumnies written about him; by calling on unimpeachable witnesses to testify on his behalf; by analogy where appropriate, as in the charges of atheism levied against him; by ridicule, especially in the case of journalists and scurrilous authors; by reiterating and explaining remarks he had published previously, notably in the *Temple du goût*; and by invective, as with his principal target of the time, Jean-Baptiste Rousseau.

At the end of the *Discours en réponse aux invectives*, just prior to the paragraph addressed to Thiriot, Voltaire concludes the body of his defence with two paragraphs in which he asks whether he should not suffer patiently like Socrates, while following the advice inherent in the tragedy occupying his attention at the time, *Alzire*: forgive his enemies and arm himself with the probity that appears in all his works. These short paragraphs give a clue to the possible reasons why Voltaire wrote the *Discours* in the first place, and at the same time provide an additional reason for his decision not to publish it: he had never intended to do so; he wrote it in order to purge himself of the anger and rage he felt as a result of the attacks on his honour, on his works and on his judgements; he wrote it also to find a way to cope with the unending problem of his enemies, a problem which was to face him all his life.

He never learned the first half of his lesson, or at least not completely, for he seldom forgave an enemy totally and without reserve as did the dying Gusman in *Alzire*. But he did learn to cope with his enemies, from the most powerful and dangerous to the most trivial and annoying. In this he went far beyond the limited scope of the *Discours en réponse aux invectives*, producing some of his best work not only in the minor genres (*facéties*, epigrams, *boutades* and the like) but also in his major efforts in prose and in verse (novels, tragedies, satires, philosophic and moral poems and treatises, philosophic and historical articles and so on). He also learned to pass from defence to attack, or rather to defend himself by attacking his enemies.

Although relatively unimportant in itself, then, the *Discours en réponse aux invectives et outrages de ses détracteurs* was nevertheless important to Voltaire as one of his earliest attempts at dealing directly with his enemies in a manner likely to win over public opinion to his side. Weak when compared with his later campaigns, it is still one of the first steps Voltaire took along the path of self-defence, and it is possible that his later successes could not have been accomplished without such earlier exercises.

A final note: this brief work bears witness to the debt that Voltaire owed to the 'triumvirate' and their successors (only the faithful d'Argental remained to the end one of Voltaire's personal censors). He had his works examined on a word by word, line by line basis by a group of trusted friends who could feel free to give advice at every step, offer alternatives where possible and make harsh criticisms where needed. Voltaire did not always yield to their opinion, of course, but he did so often enough that, for better or for worse, his works reflect at least in some measure the collective judgements and wisdom of his literary advisers.

Principles of this edition

The base text is *Pièces inédites de Voltaire, imprimées d'après les manuscrits originaux, pour faire suite aux différentes éditions publiées jusqu'à ce jour*, ed. Jean-Corneille Jacobsen (Paris 1820), p.115-37.

Treatment of the base text

The base text has been modernised in the following ways:

- In conformity with modern usage, italic has not been used for proper nouns.
- Inconsistent spelling of names has been standardised.
- Orthography or accentuation have been regularised.

The headings to the comments by the 'triumvirate' (LE TRIUMVIRAT) and to Voltaire's responses (VOLTAIRE) have been replaced by [T:] and [V:].

DISCOURS
DE M. DE VOLTAIRE
EN RÉPONSE
AUX INVECTIVES ET OUTRAGES DE SES
DÉTRACTEURS

Adressé et soumis à l'avis d'un Conseil littéraire, composé de MM. d'Argental, Pont-de-Veyle et Thiriot, qu'il appelait son TRIUMVIRAT.[1]

[1] 'Tout le texte du Discours est de la main d'un secrétaire de l'auteur; les remarques du triumvirat, de celle de Thieriot, une seule à la fin est écrite par M. d'Argental, et toutes les réponses sont de la propre main de Voltaire' (Jacobsen).

[T:] *Ce* Messieurs *écorche l'o-reille et ne convient pas même devant le public pour une liaison et une amitié aussi connue.*

[V:] Faute de copiste.

[T:] *A quoi bon parler des Scioppius, des Chapelain, etc., on ne vous soupçonne pas de vouloir vous mettre en si mauvaise compagnie. Vous êtes fait pour être mis avec les grands hommes et les gens illustres, mais ce n'est pas à vous à le dire.*

[V:] Il faut absolument commencer ainsi, par la raison qu'il serait impertinent de dire de moi qu'on écrira ma vie.

[T:] *C'est par là que nous croyons qu'il faut commencer.*

MESSIEURS,

Vous savez qu'on a écrit au long la vie de Scioppius, de Chapelain, de Motin, de Faret, de Cassaigne, de Cotin,[2] etc., 5 travail peut-être puéril à mon gré, de chercher à faire connaître ceux dont les ouvrages seront à jamais inconnus; trente volumes sur les hommes pré- 10 tendus illustres et sur les plus obscurs dans la république des lettres, me font craindre qu'on ne remplisse un jour quelques pages sur mon compte; j'ai cru 15 devoir au moins empêcher le mensonge et la crédulité d'insulter à ma mémoire.

Les libelles diffamatoires[3] de toute espèce qu'on a débités 20

---

[2] Gasparus Scioppius, or Kaspar Schoppe (1576-1649), German philosopher and theologian, anti-protestant and anti-Jesuit polemicist; Jean Chapelain (1595-1674), poet, remembered for his *La Pucelle* (1656) and especially for *Les Sentiments de l'Académie française sur la tragicomédie du Cid* (1638); Pierre Motin, sixteenth-century poet, author of love poems and epigrams; Nicolas Faret (1600-1646), author of *L'Honnête Homme, ou l'art de plaire à la cour* (1632); abbé Jacques Cassagnes or Cassaigne (1636-1679), scholar, translator of Salustius Crispus and of Cicero, author of the poem *Henri le Grand* (1661); abbé Charles Cotin (1604-1682), poet, known mainly as the model for Trissotin in Molière's *Les Femmes savantes*.

[3] Voltaire probably means not only pamphlets and books attacking his works, his judgements, his *mœurs* and his religious beliefs, but also articles in various journals having the same aim. In this *Discours* he is replying in particular to criticisms stemming from *Le Temple du goût*, among other works.

[T:] *La comparaison de l'in-*
secte[4] *n'est juste ni dans la*
figure ni dans l'application; nous
croyons qu'il faut la supprimer et
vous pouvez le faire sans déranger
la liaison du reste. Vous semblez
d'ailleurs trop attaché à cette
expression dans plusieurs endroits
de vos ouvrages.

L'Iliade et l'Enéide ne sont
point comparables à la durée d'un
insecte philosophiquement par-
lant, dans l'immensité des temps.
[V:] Remarque inutile ici.

contre moi dans Paris, depuis
que j'ai donné la *Henriade*,
passeront peut-être bientôt
avec mes ouvrages, comme
ces faibles animaux qui sem- 25
blent n'avoir des ailes que
pour en poursuivre un autre,
et qui meurent tous à la fin de
la saison qui les a vus naître;
mais, soit pour le temps pré- 30
sent, soit pour quelques années
après moi, il faut faire céder la
répugnance et la honte de parler
de moi-même à la nécessité
d'une juste défense. Réfuter 35
des critiques n'est qu'un vain
amour-propre, mais détruire la
calomnie est un devoir.

Ceux qui font le métier de
calomniateur, ne le feraient pas 40
s'ils avaient plus d'esprit, mais
n'ayant pas le talent nécessaire
pour écrire une saine critique
des ouvrages, ils ont toute la
noirceur qu'il faut pour décrier 45
la personne.

Je ne veux point relever le
libelle débité dans Paris sous le
nom de mon portrait; cette
peinture est aussi peu ressem- 50
blante que l'estampe au bas
de laquelle il a plu au sieur

---

[4] 'Il y avait primitivement dans le texte: *comme des insectes qui en poursuivent un*
autre; ce qui a été rayé de la main de Voltaire, et corrigé comme on le voit'
(Jacobsen).

[T:] *Nous ne nommerions pas le dit Odieuvre, qui ne mérite pas cet honneur.*

[v:] Ce n'est pas plus un honneur que quand je nomme La Frenaye ou Bauche.

Odieuvre de mettre mon nom. Celui qui m'a voulu définir, et celui qui m'a voulu graver, ne m'avaient jamais vu ni l'un ni l'autre. C'est d'ordinaire avec aussi peu de connaissance qu'on décide dans le monde de la réputation des hommes.[5]

C'est une chose bien étrange et bien déshonorante pour les belles-lettres que cet esprit de fureur et de bassesse où s'emportent des auteurs ignorés, quand ils osent être jaloux. On a imprimé un livre *de morbis artificum*,[6] des maladies des artistes. Celle-là est la plus honteuse et la plus incurable. Croirait-on qu'un de ces auteurs m'écrivit un jour: Monsieur, voici un livre que j'ai fait contre vous, je suis dans la misère; si vous voulez m'envoyer cent écus, je vous remettrai tous les exemplaires.[7] J'ai rencontré depuis cet homme dans Paris, et j'ai caché sa honte; un autre vint m'emprun-

---

[5] The author and the artist of these portraits are unknown; see D875, n.6. The text is reproduced in D878. For some details on Michel Odieuvre, see D951, n.8.

[6] Bernardo Ramazzini, *De morbis artificum diatriba* (Modena 1701). This sentence and the following one echo two sentences found in the *Discours préliminaire* to *Alzire* (*OC*, vol.14, p.120).

[7] This incident is recounted somewhat differently in the *Mémoire sur la satire*, M.xxiii.58 (the anonymous author there requests 200 écus).

ter de l'argent dont il se servit sur-le-champ pour imprimer à ses frais une brochure dans laquelle il me déchirait;[8] un autre en me louant et en m'em- 85 brassant, faisait contre moi une satire personnelle, sous le titre de comédie italienne, dans laquelle un des hommes les plus respectables de l'Europe 90 (aujourd'hui ministre public) fut joué en son propre nom, parce qu'il était mon ami. En vérité, le stylet et le poison des meurtriers mercenaires a-t-il 95 rien de plus criminel et de plus lâche?[9]

Ce sont ces mains obscures qui me lancent des traits publics; ce sont elles qui impriment, 100 tantôt que je suis riche et très avare, tantôt que je compose pour vivre. Ce sont ces auteurs qui débitent que j'ai trompé non seulement mes libraires, mais 105

[8] The reference is probably to abbé Pierre-François Guyot Desfontaines. A similar anecdote is reported in the *Discours préliminaire* to *Alzire* (variant to lines 93-94), and again in the *Mémoire sur la satire* (M.xxiii.58-59).

[9] 'L'auteur désigne probablement [Antoine François] Riccoboni, auteur d'une parodie de Zaïre [*Les Enfants trouvés, ou le sultan poli par l'amour* ... (Paris 1732) written in collaboration with Pierre-François Biancolelli and Jean Antoine Romagnesi], dans laquelle était insulté M. Falkener [Sir Everard Fawkener], à qui cette tragédie est dédiée, et qui fut depuis ambassadeur d'Angleterre à Constantinople. Les parodies étaient alors un moyen fort usité de diffamer les gens de mérite. M. de Voltaire méprisait ces écrivains satiriques, et dédaignait de s'en venger' (Jacobsen).

[T:] Pauvreté[10] *n'est pas vraie;*
médiocrité est le mot et convient
mieux.

[V:] Qui n'est pas philo-
sophe est toujours pauvre.

les particuliers qui ont souscrit
pour la *Henriade*; on me traite
dans ces brochures de satirique,
d'envieux et d'athée.

Premièrement, il importe   110
très peu, je crois, au public
que je sois riche ou pauvre,
avare or prodigue. Mes amis
qui ont eu quelquefois besoin
de moi, et les gens de lettres qui   115
se sont trouvés dans la nécessité, savent quel usage je fais da
ma fortune: elle est considérable pour qui vit comme moi
en philosophe, et serait trop peu   120
pour tout autre.

Secondement, je n'ai jamais
eu qu'une affaire avec un
libraire,[11] et après l'avoir fait
condamner, vous savez que je   125
lui remis sa dette et les frais du
procès, et j'exigeai seulement
quelques livres pour un de
mes amis.

Troisièmement, les sou-   130
scriptions de la belle édition
anglaise de la *Henriade* furent
publiées par Levier, libraire à

[10] 'Il y avait dans le texte: *Mais serait de la pauvreté pour tout autre.* D'après la
remarque du triumvirat, Voltaire a supprimé ce mot *pauvreté*' (Jacobsen). The
remark refers to the last words of the paragraph.

[11] For documentation on this matter, involving Claude-François Jore's printing
of the *Lettres philosophiques*, the resulting loss of his *maîtrise* and his attempt to
blackmail Voltaire, see D1045, D1080 and subsequent letters and appendices
through July 1736.

[T:] Me favoriser, *l'expression sera plus simple et plus modeste.*
[V:] Non.

[T:] *Tout cet endroit demande d'être adouci; l'édition de la Henriade faite depuis les souscriptions, vous obligeait de donner une satisfaction aux souscripteurs.*
[V:] Cela n'est pas vrai, avec votre permission. Cela serait bon si j'avais donné une édition pareille à meilleur marché; et vous avez si grand tort de parler ainsi qu'il y eut à Londres deux petites éditions faites avec la grande.
[T:] *Ainsi la comparaison de M. de Thou n'est point juste, et vous*

La Haye.[12] Le livre fut ensuite imprimé à Londres. La cour d'Angleterre qui voulait favoriser les arts et moi, fixa le prix du livre à une somme fort au-dessus de celle des souscriptions de France. Tous les Français qui envoyèrent leurs souscriptions à Londres, ne payèrent que la moitié de ce que payaient les Anglais, et n'en eurent pas moins le livre.

Quelques années ensuite, à mon retour en France, l'édition anglaise étant épuisée et le temps prescrit pour retirer les souscriptions expiré, ceux qui avaient négligé d'envoyer à Londres et qui ne devaient s'en prendre qu'à eux-mêmes, se plaignirent. Je n'étais pas plus garant des souscriptions que le président de Thou,[13] mort depuis cent ans, ne l'est de celles qu'on a prises depuis peu pour son histoire.

Cependant comme il s'agissait de mon livre, j'ai payé cette

12 For details concerning the subscriptions to *La Henriade*, see O. R. Taylor's edition, *OC*, vol.2, especially p.41f., where the matter is discussed. The correct name of the publisher in The Hague is Charles Le Viers.

13 Jacques-Auguste de Thou (1553-1617), président aux enquêtes, historian, author of *Historia sui temporis* of which the first complete edition was published posthumously in Geneva (1620-1626); Voltaire's reference is to the French edition translated by Prévost, Desfontaines and others and published under the title *Histoire universelle, depuis 1543 jusqu'en 1607* (London [Paris] 1734).

ne devez pas dire non plus que vous avez payé une dette qui n'était point la vôtre, et qu'il vous en a coûté de l'argent pour faire un poème épique.

[v:] Oui, cette dette n'était point la mienne, pas plus que celle de M. de Thou. Je ne m'appelle point Charles Levier, libraire.

[T:] *Le reste de cet endroit de votre justification est bien et doit être conservé.*

Ne feriez-vous pas bien de parler de vos défauts moins en général, et d'avouer que vous êtes vif et que vous avez été quelquefois étourdi?

[v:] Non, il ne s'agit ici que des choses qui ont rapport au public, et non d'une confession générale. *Je ne réponds qu'à mes calomniateurs.*

dette qui n'était point la mienne; j'ai fait rembourser à mes dépens tous les souscripteurs qui se sont présentés, j'en 165 ai chez moi les reçus, et s'il y a encore (ce que je ne crois pas) quelqu'un qui n'ait pas envoyé sa souscription, il n'a qu'à s'adresser chez moi à Paris au 170 sieur Dumoulin, vis-à-vis Saint-Gervais, et il recevra son argent.

Est-ce là réfuter ou non la calomnie? Est-ce assez entrer 175 dans ces indignes détails? on en rougit. Il est honteux d'y répondre et de n'y répondre pas. Si ceux que l'abus de la littérature, et cette misérable 180 jalousie d'esprit a portés à ces excès, m'avaient connu, ils auraient au moins relevé mes défauts véritables, et je n'aurais eu à leur répondre qu'en me 185 corrigeant; mais, ne me connaissant point, ils m'ont imputé des vices imaginaires. On imprime que je suis un satirique; a-t-on voulu donner 190 cette opinion de moi pour me fermer l'entrée aux places et aux grâces qu'un homme de lettres peut espérer en France? Je n'en ai jamais ni prétendu ni 195 sollicité aucune. J'ai toujours regardé l'étude comme une beauté qu'on devait aimer pour elle-même, sans mélange d'aucune vue étrangère; autant les lettres me sont chères, autant le nom de *satirique* est un titre que je méprise, et que je déteste. Reste à examiner si on est coupable de ce vice, pour avoir dit que les Balzac, les Voiture, les Pavillon, les Pellison même, ne sont pas à comparer aux Bossuet, aux Corneille, aux Racine? [14] Est-on un satirique en préférant les vrais génies à ceux qui ont eu moins de talents, en distinguant les excellents ouvrages des grands hommes d'avec leurs moindres productions, en mettant *Cinna* au-dessus de *Pulchérie* et *Phèdre* au-dessus d'*Alexandre*? [15]

C'est un homme malin et orgueilleux, s'écrie-t-on dans les libelles et sur les théâtres consacrés à la médisance; il méprise Boileau, il dit que Boileau se trompe, il veut ruiner la réputation de Voiture, il veut décider en maître.

200
205
210
215
220
225

[14] See *Le Temple du goût*, *OC*, vol.9, p.155f.
[15] 'On voit que les ennemis de l'auteur lui faisaient un crime d'avoir exprimé avec franchise ses sentiments dans *le Temple du goût*' (Jacobsen). For this reference, see *OC*, vol.9, p.200.

Non, il n'est point assez méprisable pour mépriser Boileau, il le respecte, il l'étudie comme celui qui sut le premier en France orner la raison du charme des beaux vers, et donner à la fois les règles et l'exemple de l'art. Mais il ose soutenir avec tous les hommes judicieux de ce siècle, et avec tous ceux des siècles à venir, que Despréaux était souvent très injuste dans ses satires et dans ses jugements; il n'est que l'organe du public éclairé en disant que Boileau a eu tort de louer Segrais dans son art poétique, et de ne rien dire de l'aimable La Fontaine.[16] Oui, Boileau a eu tort d'élever les faibles et dures églogues de Segrais, qui certainement ne sont pas comparables à des églogues faites par une plume bien plus délicate. Ces dernières ont été critiquées, mais les autres sont oubliées. Oui, encore une fois, Boileau, d'ailleurs le maître de son siècle, s'en est rendu trop l'esclave en mettant Voiture au rang d'Horace.[17] Qui ne sait aujourd'hui

[T:] *Nous craignons que l'on ne croie que vous voulez vous dédommager de l'éloge que vous venez de donner à M. de Fontenelle.*

[V:] Il ne s'agit que de la vérité. Je ne suis point l'ami de Fontenelle, je ne le suis que de ses bons ouvrages.

[T:] *On vous chicanera sur le calcul que vous faites des beautés*

---

[16] Cf. *Le Temple du goût*, p.155.
[17] Cf. *Le Temple du goût*, p.157-58.

de Voiture, et on trouvera de la vanité dans le reste de la phrase.
[v:] Je ne le vois pas.

que ce style recherché, ces plai-santeries forcées, cette affecta-tion d'esprit, admirés autrefois dans Voiture, sont un modèle de ridicule qui a gâté ceux même qui, avec plus d'esprit que Voiture, ont voulu l'imiter? Peut-on quand on admire l'élo-quence naturelle des lettres de Pline ou de Cicéron, supporter les hyperboles de Balzac ou le badinage puéril de Voiture? Y a-t-il en effet beaucoup plus de vingt pages dans son livre dignes d'être lues, et quel autre intérêt ai-je pu avoir à parler que celui du bon goût et de la vérité?

[T:] *Singulier,* plaisant *est de la conversation* et n'est pas noble.
[v:] Bon.

Il est singulier[18] qu'on m'a fait sérieusement un crime d'avoir introduit dans un ou-vrage de pur badinage, Apollon qui ordonne à Boileau de se réconcilier avec Quinault, et d'avoir dit:

Que cet implacable critique
Embrassait encore en grondant
Ce facile et tendre lyrique
Qui lui pardonnait en riant.[19]

[18] 'Voltaire, se conformant à l'avis du triumvirat, a substitué dans le texte *singulier* à *plaisant*' (Jacobsen).

[19] Cf. *Le Temple du goût*, p.202, where the verse reads: 'Mais le sévère satirique / Embrassait encore en grondant / Cet aimable et tendre lyrique / Qui lui pardonnait en riant.'

On m'a reproché de m'être
exprimé ainsi dans le même   290
ouvrage:

Ce grand, ce sublime Corneille
Qui plut bien moins à notre oreille
Qu'à notre esprit qu'il étonna,
Ce Corneille qui *crayonna*,   295
L'âme d'Auguste, de Cinna,
De Pompée et de Cornélie, etc. [20]

Ne devait-on pas savoir que
c'est une allusion aux termes
dont se sert Corneille dans ces   300
beaux vers d'une épître à Louis
XIV: [21]

Ah! si j'avais encor la main qui
crayonna
L'âme du grand Pompée et l'esprit   305
de Cinna?

En vérité, m'accuser de ne pas
estimer assez les grands
hommes du siècle passé, ce
serait reprocher à un novice   310
fervent de ne pas respecter les
fondateurs de son ordre.

Quand j'ai dit que tout
l'esprit de Bayle, le premier
des critiques et le plus impartial   315
des philosophes, pouvait tenir

---

[20] Cf. *Le Temple du goût*, p.200.
[21] Or rather, 'Vers présentés à monseigneur le procureur général Foucquet,
surintendant de finances', which constitute the dedication of *Œdipe* (1659). Voltaire
is apparently quoting from memory: in the *Œuvres de P. Corneille* edited by Ch.
Marty-Laveaux (Paris 1862), vi.122, the first line quoted reads: 'Et je me trouve
encor la main qui crayonna'.

dans un de ses volumes,[22] je n'ai fait que répéter ce qu'il a dit, ce qu'il a écrit plusieurs fois à M. Desmaiseaux.[23] Il se repentait d'avoir souvent asservi à des libraires un génie fait pour éclairer les plus grands hommes, d'avoir rempli son Dictionnaire des noms de tant de professeurs et de sectaires inconnus, d'avoir perdu son temps à confronter, à examiner mille petits livres indignes de son attention. Il me semble que tous les lecteurs judicieux pensent ainsi; et si je me suis trompé, c'est une erreur et non pas une satire.

Quand j'ai rapporté quelques épigrammes,[24] aussi méprisables pour le fond que pour la forme, faites contre des hommes respectables par un homme ennemi de tout mérite, qui a été seulement poète, qui même n'est plus poète, et à qui il ne reste plus que la fureur

[T:] *Nous aimerions mieux comme il y était* qui même a cessé de l'être.

---

[22] See *Le Temple du goût*, p.173.

[23] Pierre Desmaizeaux (1666-1743) wrote a 'Vie de Saint-Evremond' (1705), a 'Vie de Boileau-Despréaux' (1712) and a 'Vie de Bayle' (1730) as prefaces to editions of their works.

[24] See *Le Temple du goût*, p.184-85. The author of these epigrams is Jean-Baptiste Rousseau; for a succinct discussion of his quarrel with Voltaire see *La Henriade*, *OC*, vol.2, p.40, n.56. In the *Discours préliminaire* to *Alzire*, line 134 variant, Voltaire also attacked Rousseau vehemently. The comments of the triumvirate and Voltaire's response are discussed briefly in the Introduction, p.5.

[v:] Non: *a cessé de l'être* peut signifier qu'il ne travaille plus.

impuissante de médire; ne les ai-je pas citées pour marquer le 345 dédain et l'exécration qu'elles m'inspirent? J'ai repoussé une seule fois les injures que cet homme me dit depuis plusieurs années; mais comment les ai-je 350 repoussées? en rapportant simplement ses vers. Il est vrai que c'était la manière la plus sûre de me venger.

Il y a des hommes dont il est 355 glorieux d'avoir la haine; je me sais gré d'avoir pour ennemi celui qui se déchaîna si furieusement et si vainement contre un protecteur des lettres,[25] 360 connu dans l'Europe par son savoir et par ses bienfaits, contre l'auteur des mondes[26] et de l'histoire de l'académie des sciences, contre l'auteur 365 d'*Electre* et de *Rhadamiste*,[27]

[T:] *Il faudrait finir à l'histoire* de la ligue de Cambrai, *et supprimer l'injure qui termine ce morceau.*

[v:] Non.

contre le sage historien de la ligue de Cambrai,[28] contre tous ceux dont il a été le domestique, ou qui ont été ses bienfaiteurs, 370 ou qui ont de la réputation.

---

[25] Abbé Jean-Paul Bignon, editor of the *Journal des savants.*
[26] Bernard Le Bovier de Fontenelle.
[27] Prosper Jolyot de Crébillon.
[28] Abbé Jean-Baptiste Du Bos, author of a two-volume *Histoire de la ligue, faite à Cambrai, entre Jules II, pape, Maximilien Ier, empereur, Louis XII, roi de France, Ferdinand V, roi d'Aragon, et tous les princes d'Italie, contre la république de Venise* (Paris 1709).

Voulez-vous savoir l'origine de son démêlé avec moi? C'est qu'à Bruxelles, il y a dix ans, en présence d'une dame de la cour de France,[29] il me récita plusieurs de ses nouveaux ouvrages. Il me demanda mon avis; je ne suis point satirique, mais je suis vrai. Je lui dis que la plupart de ses derniers écrits le déshonoreraient, qu'il passerait pour avoir conservé son venin et perdu son talent. Ma sincérité m'a valu sa haine; il fit imprimer ses ouvrages, et tout le public a justifié mon opinion.

[T:] M'en auraient bien guéri, *ne serait-il pas mieux?*[30]
[V:] Non.

Ceux que leur inimitié pour moi a faits pour un temps ses amis doivent cesser de m'accuser d'envie. Ses derniers ouvrages ne peuvent l'exciter. Je n'ai jamais d'ailleurs cultivé les mêmes genres de poésie. Si j'avais à être jaloux, ce serait de ceux qui me passent dans la manière d'écrire l'histoire et dans l'art pénible du théâtre, ou de ceux qui me passeront dans l'art, plus difficile encore, de la poésie épique. L'envie n'a jamais corrompu mon cœur; il

375

380

385

390

395

400

---

[29] The marquise de Rupelmonde.
[30] This note and the reply apparently refer to a suppressed passage. Jacobsen makes no comment on it.

vous a toujours été ouvert. J'en appelle à l'auteur de *Rhadamiste* et d'*Electre*, dont les ouvrages m'ont inspiré les premiers le désir d'entrer quelque temps dans la même carrière, sans espérance de l'atteindre. Ses succès ne m'ont jamais coûté d'autres larmes que celles que l'attendrissement m'arrachait aux représentations de ses pièces. Il sait qu'il n'a fait naître en moi que de l'émulation et de l'amitié.

[T:] *Il n'est point question, dans Zoraïde, d'Américains.* Il s'agit *des Indes orientales conquises par les Portugais; mais conserver le fond de cet article.*

[v:] Il en était question; *il a transporté la scène* à Zanguébar.

L'auteur qui vient de travailler sur le même sujet que moi,[31] et qui s'est exercé à peindre ce contraste d'un nouveau monde et des Européens, sujet si favorable à la poésie, n'a qu'à donner son ouvrage au public, il verra si je serai le dernier à lui applaudir, et si un indigne amour-propre ferme mes yeux aux beautés d'un ouvrage.

J'ose dire avec confiance que je suis plus attaché aux beaux-arts qu'à mes écrits. Sensible à

---

[31] Jean-Jacques Le Franc, marquis de Pompignan (1709-1784), author of a lost tragedy, *Zoraïde*. Voltaire is mistaken: *Zoraïde* is set in India and its subject is quite different from that of *Alzire*. This controversy is treated at some length in T. E. D. Braun, Introduction to *Alzire*, *OC*, vol.14, p.3-9, where further references can be found, including those to their subsequent brief friendship which was followed by a violent enmity beginning in 1760.

l'excès, dès mon enfance, pour tout ce qui porte le caractère du génie, je regarde un grand poète, un bon musicien, un 435 bon peintre, un sculpteur habile, s'il a de la probité, comme un homme que je dois chérir, comme un frère que les arts m'ont donné; et les jeunes 440 gens qui voudront s'appliquer aux lettres trouveront toujours en moi un père. Voilà mes sentiments, et quiconque a vécu avec moi sait bien que je 445 n'en ai point d'autre. [32]

Il est temps de venir à l'accusation cruelle sur la religion:

[T:] *Ce trait est fort plaisant, mais on ne vous le passera pas.*
[V:] Alors on l'ôtera.

Le père Colonia, jésuite, et un autre m'ont mis dans le rang des 450 jansénistes pour certains vers sur la liberté, qui se trouvent dans la *Henriade* et qui peut-être ne sont pas plus clairs que tout ce qu'on a écrit sur cette 455 matière. [33] Un autre dans un journal m'a appelé semipéla-gien; [34] un nommé de Belle-chaume, dans une critique

[32] The text of the preceding three paragraphs appears almost word for word in the *Discours préliminaire* to *Alzire*.

[33] A reference to the work by the Jesuit priest Dominique de Colonia, *Bibliothèque janséniste, ou catalogue alphabétique des principaux livres jansénistes ou suspectes de jansénisme* (n.p. 1722; 2nd edn 1731), and to Desfontaines's *Le Nouvelliste du Parnasse* (Paris 1731).

[34] Voltaire reports the same accusation in the *Discours préliminaire* to *Alzire*. See the anonymous letter to the *Mémoires de Trévoux* where this charge is made (D410).

imprimée de ma tragédie 460
d'*Œdipe*, en examinant ces
vers sur les prêtres païens

Les prêtres ne sont point ce qu'un
vain peuple pense,
Notre crédulité fait toute leur 465
science;

dit en propres mots: voilà la
confession de foi d'un athée. [35]

Un autre, en critiquant ce
vers que Henri-le-Grand, non 470
encore converti, dit à la reine
Elisabeth dans la *Henriade*:

Je ne décide point entre Genève et
Rome, etc.

assure avec zèle qu'il faut me 475
brûler. [36] Les ennemis dont j'ai
déjà parlé n'ont cessé de m'imputer des écrits où je n'ai point de
part, et des sentiments qui ne
sont point les miens. On a fait 480
tout ce qu'on a pu pour me
rendre odieux, pour me perdre,
comme si on avait quelque poste
considérable à me disputer. *A* [37]

[35] Auguste Poubeau de Bellechaume, author of a *Réponse à l'Apologie du nouvel Œdipe* (Paris 1719). Beuchot quotes him as saying something similar: 'Cela s'appelle n'avoir aucun reste de religion.' I have not been able to consult this book, but the charge in any case is serious. Bellechaume also attacked Voltaire's orthodoxy in his *Lettre critique, ou parallèle des trois poëmes épiques anciens* [...] *avec La Ligue, ou Henri le Grand, poëme épique, par M. de Voltaire* (Paris 1724), which O. R. Taylor discusses in *La Henriade*, p.57-58.

[36] See D410.

[37] 'Cette lettre A a été posée ici par le triumvirat, et l'on en verra ci-après la raison' (Jacobsen).

[T:] *Ce commencement doit être tourné d'une façon plus claire, il semble que vous ne deviez pas être accusé parceque vous avez fait peu de progrès dans,* etc.

[V:] Non.

[T:] *Ne citez point des païens.*

[V:] Si fait.

[T:] *Les calomniateurs savent bien que cette accusation d'irréligion, difficile à réfuter comme à prouver, porte toujours un coup bien dangereux. C'est imputer à un homme une maladie cachée et déshonorante. Comment pourra-t-il s'en laver aux yeux des hommes qui ne pénètrent pas dans l'intérieur?'* Placez cette phrase excellente *à la lettre A* ou elle était.

[V:] Non, parce que ce serait répéter *de morbis artificum,*

On sait que cette accusation est l'ordinaire et le dernier refuge des calomniateurs. [38] Dois-je m'en plaindre après tout, moi qui, ayant partagé mes études entre les belles-lettres et la philosophie, y ai fait si peu de progrès? Dois-je accuser ma destinée, quand les plus grands hommes ont essuyé encore plus d'injustice? Ne s'est-il pas trouvé des pédants qui ont osé accuser les Cicéron et les Pline d'athéisme? Presque tous ceux qui sous Léon X et sous François I ont retiré la chrétienté de la barbarie, n'ont-ils pas eu la même injure à repousser? Comment l'ignorance et la superstition ont-elles traité le grand Galilée? Avec quelle fureur absurde n'a-t-on pas crié à l'athée contre Bayle, ce modèle de raison et de probité, ce Bayle qui seul a bien réfuté Spinoza?

Descartes n'a-t-il pas soutenu un procès contre un misérable philosophe et un indigne calomniateur nommé Voetius qui osa l'accuser de nier un

485
490
495
500
505
510
515

---

[38] This sentence is taken almost textually from the *Discours préliminaire* to *Alzire*. The balance of the *Discours en réponse aux invectives* develops the theme of the paragraph following that sentence in the *Discours préliminaire*.

maladie incurable; et que d'ailleurs on croit trouver les marques de cette maladie dans mes ouvrages.

[T:] *Notre avis serait qu'outre le chapitre de l'existence de Dieu de* M. Locke *vous fissiez mention des autres qui suivent sur la religion, comme aussi de son livre du* Christianisme raisonnable.

[V:] Non, car c'est un mauvais livre, il voulait laver la tête d'un âne.

[T:] *Après tous ces grands hommes l'exemple* de l'évêque *est médiocre; de plus en le sup-*

Dieu? [39] Que dis-je? n'ai-je pas entendu des Français qui, ne connaissant du grand Newton que le nom, ont reproché l'athéisme au premier philosophe de l'univers, à ce génie sublime à qui Dieu est aussi indispensablement nécessaire dans son admirable système que le ressort d'une montre l'est à un horloger? Mais aussi ces mêmes personnes assuraient que Newton met les couleurs dans les rayons de la lumière, et non dans nous-mêmes. Voilà comment et par qui on est jugé. N'a-t-on pas, en France, imprimé la même calomnie contre Locke? Les misérables qui débitent ces sottises ne savaient pas que le chapitre de l'existence de Dieu, dans l'*Essai sur l'entendement humain*, est le plus beau chapitre de ce livre et le chef-d'œuvre de la raison.

Enfin en dernier lieu, l'évêque de Cloine [40] a fait un ouvrage intitulé, *Alciphron* ou the

520

525

530

535

540

---

[39] Gisbert Voëtius or Voet (1589-1676), Dutch theologian who passionately denounced Arminianism at the Synod of Dordrecht in 1619. He later violently attacked the philosophy of Descartes, accusing him of atheism and citing him before the civil magistrates of Utrecht. Descartes responded to his criticisms in a brief *Epistola Renati Descartes ad Gisbertum Voëtium* (Amsterdam 1643).

[40] George Berkeley (1684-1753), bishop of Cloyne, author of *Alciphron: or, the minute philosopher, in seven dialogues, containing an apology for the Christian religion, against those who are called free-thinkers* (Dublin and London 1732).

*primant ce sera toujours un
Anglais que vous citerez de moins.*

    *Nous voudrions bien que vous
eussiez pu parcourir seulement les
œuvres* posthumes *du père Hardouin, dans lesquelles est le traité
intitulé, Athei detecti, qui sont,
au sentiment de cet éclairé et
charitable jésuite, Descartes, le
père Mallebranche, M. Arnaud,
Nicole, Quesnel.* [41]

    [v:] Non, j'en ai dit assez, il
faut s'arrêter.

minute philosophe[r]. Ce sont
des dialogues à la manière de   545
Platon et de Cicéron, et si j'ose
le dire, écrits avec plus de
méthode et beaucoup plus de
saine métaphysique, entre
autres le bel argument de   550
l'existence de DIEU tiré de
l'existence de notre âme,
démêlé à peine dans Platon, est
développé d'une manière admirable dans le livre de cet évêque.   555

    Croirait-on qu'un auteur
d'un journal français, ayant
ouï dire qu'il y avait (comme
de raison) des objections fortes
et bien poussées dans ce livre,   560
en a parlé comme d'un ouvrage
impie et abominable, et quand
j'ai écrit à ce journaliste pour lui
ouvrir les yeux sur cette erreur
calomnieuse, il m'a avoué qu'il   565
n'avait pas lu le livre? [42]

    Après tant d'exemples, me
siérait-il de m'affliger, et ne
dois-je pas imiter ce citoyen
d'Athènes qui, opprimé par une   570
cabale, s'écria: Je suis bien sot de
me fâcher après que Socrate et
Aristide ont été persécutés. [43]

---

[41] Jean Hardouin (1646-1729), *Opera varia* (Amsterdam and The Hague 1733);
the first item in this collection is entitled 'Athei detecti'.

[42] The article to which Voltaire refers appeared in Desfontaines's *Observations sur
les écrits modernes* (1735), i, p.179-81. The letters that he mentions have not been found.

[43] 'Après ces mots: *Socrate et Aristide ont été persécutés*, Voltaire arrache la plume

[T:] *On ne vous a point dit de supprimer l'article de M. Thieriot qui finissait votre* Discours *d'une manière convenable et touchante; il ne vous demande que de l'amitié; mais mon frère et moi, nous voulons plus, nous desirons que vous y joigniez les éloges que son cœur, son esprit et son talent méritent.*

[V:] Remettons-le de grand cœur!

(Et ont signé au bas du manuscrit original:)

DARGENTAL,

PONT-DE-VEYLE,

THIRIOT.

Tout ce que j'ai donc à faire, c'est de m'instruire par les personnages mêmes que j'ai inventés dans *Alzire*; c'est d'apprendre de ces êtres que j'ai créés à pardonner à des ennemis réels; c'est de m'armer sans murmure de cette probité que j'ai peinte dans tous mes ouvrages, comme ces anciens qui se couvraient des armes fabriquées par leurs mains.

Vous,[44] que l'amitié unit à moi depuis vingt ans (et tous mes amis sont de cette date), vous le dépositaire de mes pensées, vous l'ami des arts et de la vérité comme le mien, recevez et confirmez ce témoignage que le devoir arrache à mon cœur blessé[45] pour la première et la dernière fois de ma vie.

P.S. j'enverrai les corrections d'*Alzire* quand j'aurai de la santé.

Mille tendres remerciements au TRIUMVIRAT.[46]

575

580

585

590

595

600

---

au secrétaire, et écrit de verve de sa propre main: *Tout ce que j'ai donc à faire*, et ce qui suit, jusqu'à la fin du Discours' (Jacobsen).

[44] 'Ce passage, adressé à Thieriot seul, avait été retranché, et Voltaire, d'après l'observation des deux autres juges, n'hésite pas à le rétablir' (Jacobsen).

[45] 'Voltaire avait beaucoup à se plaindre de la tiédeur qu'avait montré Thieriot lorsque tout lui faisait un devoir d'embrasser chaudement la défense de son ami contre le calomniateur Desfontaines' (Jacobsen).

[46] 'On retrouve quelques passages de ce Discours dans le *Mémoire sur la satire*' (Jacobsen) (see notes 7 and 8); but there are greater similarities with the *Discours préliminaire* to *Alzire*.

Le Mondain

Critical edition

by

H. T. Mason

CONTENTS

INTRODUCTION

i. *Le Mondain*

Of *Le Mondain* no mention is made until Mme Du Châtelet's letter to Cideville of 18 July 1736 (D1116) in which she refers to: 'une petite pièce que votre ami a faite dans sa chaise de poste en revenant ici. Je veux avoir le plaisir de vous l'envoyer [...] Le mondain n'est pas publié, je vous en avertis. Votre ami vous dit mille choses tendres. Il n'a pas le temps de vous écrire aujourd'hui, le mondain est sa lettre.'[1] The journey to which Mme Du Châtelet refers is Voltaire's return from a two-month stay in Paris, some time between 2 July when he is still in the capital (D1108) and 10 July, by which time he is back at Cirey (D1112).

This information seems conclusive. The work required no particular bookish information, and could easily have been accomplished by someone of Voltaire's fluent poetic talent in the three or four days the journey probably took.[2] It seems fairly certain, too, that since Mme Du Châtelet greeted *Le Mondain* as a new work on Voltaire's return, the date of its composition can scarcely be situated before his departure for Paris in mid-April 1736.[3] This hypothesis of a poem written in transit has to be qualified, however, in the light of a letter from Le Blanc to Bouhier in the following November, when *Le Mondain* had appeared. Le Blanc refers to '*Le Mondain*, épître de Voltaire, en vers de dix qu'il m'a lue et où je me souviens qu'il maltraite fort Dieu, Adam et M[r]

---

[1] For the convenience of the reader and consistency with other quotations we have modernised the spelling in Voltaire's letters.

[2] Th. Besterman, *Voltaire* (London 1969), p.224.

[3] See Voltaire's statement to Cideville on 6 May that he had been in Paris for 12 days (D1072); this would fit with a departure of 18-19 April (see D1061, 1065) and a subsequent journey taking several days en route. Clogenson's reading of 21 days on the original copy of D1072 (textual note b) seems improbable; and the calculation would then have to be inaccurate on Voltaire's part.

de Cambray. Je l'aurai incessamment et vous l'enverrai' ([19 November 1736], D1205). It seems clear from this letter that Le Blanc had not yet received a copy of the text. Yet it is equally clear that he knew the poem fairly well, remembering at the least its satiric treatment of the Garden of Eden and of Fénelon, from an occasion when Voltaire had read the poem to him. That occasion could only have been in Paris between April and July 1736. We know that the two met at least once during Voltaire's stay, probably in April, when they had dinner together and Voltaire talked much of theatre *inter alia* (D1068).

This might well be the moment of creation of the poem. Though Voltaire's time in Paris was to prove embittered by failures in his lawsuit with Jore over the *Lettres philosophiques*, it is possible to imagine the work being written in the early days of his stay, when he could still bask in the glow of success of *Alzire*, which had first been put on in January. [4] Voltaire may then have devoted the coach journey back to Cirey in July to amending, polishing, even completing the poem, thereby deceiving Mme Du Châtelet into thinking that all the work had been done on the return journey. It would not be the only time in his life that Voltaire sought to claim a shorter period of gestation for one of his works than might actually be the case. We recall, for example, Formey's belief that *Candide* was written in three weeks at Schwetzingen, or the yet more unlikely account of Perey and Maugras that Voltaire had composed the whole *conte* in three days at Les Délices. [5] But there, as with *Le Mondain*, the reports may not be wholly baseless. The composition of the poem may well have undergone two stages, one in April and one in July.

It appears likely, in any event, that the work was not completed until the latter date or even perhaps some little time later. Thereafter, Voltaire was preoccupied with sending out copies to friends. One was sent to Cideville on 25 September, with a

[4] See the footnote added in 1752 at line 129.
[5] See Voltaire, *Romans et contes*, ed. F. Deloffre and J. Van den Heuvel (Paris 1979), p.828.

remark that it was supposed to have been sent earlier (D1154); in fact, Voltaire had announced its despatch in D1122, tentatively dated as 5 August.[6] He asked Cideville to pass on a copy to their friend Formont, 'à qui je dois bien des lettres' (D1154). Formont replied graciously with some verses to Mme Du Châtelet.[7] Berger was promised a copy on 18 October (D1173), and the comte de Tressan seems to have received his with a letter of 21 October (D1180). Voltaire was evidently still preoccupied by the novelty of his composition.

It was apparently the copy sent to Tressan which precipitated the scandal over *Le Mondain*. According to Voltaire (D1222), Tressan passed it on to Bussy-Rabutin, bishop of Luçon, who died shortly afterwards (3 November).[8] A friend, the Président Du Puis, discovered the poem among the deceased's papers and distributed it in multiple copies (1000 according to Voltaire, D1209; 300 by Mme Du Châtelet's account, D1273). By 24 November the scandal it caused was already some days old, since Voltaire had heard of it at Cirey (D1207). The same day an anonymous report stated: 'Son mondain tout joli qu'il est, n'a pas eu le même succès à la cour qu'à la ville, on a été scandalisé de l'apologie qu'il y fait du vice et du portrait hideux de nos premiers parents'.[9]

The news had been known to Le Blanc as early as the 19th, it would seem (D1205).[10] Voltaire immediately advanced the plea that the poem was merely a 'badinage [...] innocent' (to Thiriot, 27 November 1736; D1210). This line was taken repeatedly (D1220, D1221, D1222), and to judge by Mme Du Châtelet's

[6] Cideville had certainly received *Le Mondain* by 7 October (D1163), which establishes a *terminus ad quem*.

[7] For Voltaire's reply to Formont in the name of Mme Du Châtelet, see below p.471-73.

[8] See *Mercure de France*, November 1736.

[9] BnF F13694, f.199.

[10] The date, though conjectural, appears to be well established by reference to the death of the comtesse de Verrue 'hier'.

reactions in a letter to d'Argental (D1237) it would seem that this feeling was sincerely held by her at least. She confesses to her friend that, despite her customary prudence in holding back Voltaire from circulating dangerous works he had written, she had never seen any cause for concern over sending out *Le Mondain*. Nevertheless, as Voltaire was soon to acknowledge, *Le Mondain* contained inflammatory material. He admitted to the comte de Tressan that 'La pièce [...] n'était pas faite assurément pour être publique [...] Le mondain a été plus libertin qu'un autre' (9 December [1736], D1222). But another thesis also appears, here and elsewhere, not uncommon in Voltaire's literary career: the poem had been disfigured by other hands. The blame, attributed vaguely in 1738 to 'quelques jeunes gens' (D1546), would by 1752 be ascribed to Desfontaines, in a footnote added at that time to the poem. [11] No surviving evidence appears to support this charge; and Desfontaines was blamed only after the affair of *La Voltai-romanie* (1738) had made the two writers irrevocable enemies.

There seems little reason to doubt that all the versions of *Le Mondain* which have come down to us are Voltaire's own work. Only one substantial variant exists between the early editions (36A, 36B, 37) and those from 1739 onwards that were personally supervised by Voltaire. Twelve lines from the description of Eden, beginning at line 46, were in 1739 reduced to ten and much edulcorated. [12] In an open letter of 7 July 1738 to the publisher Ledet (D1546), Voltaire announced that the original lines 46-48 were not his; the protestation has every appearance of being made for form's sake only. Indeed, Voltaire had already appeared to accept the validity of both variants of the original line 49, when writing to d'Argens (D1277) – and these variants naturally follow on from the early lines 46-48 as the 1739 replacement does not. Nor does a letter written to a friend such as d'Argens show any concern at the alleged mutilation of his work by other hands. To

[11] See below, variant to line 129.
[12] See below, variants to lines 46-49 and n.7.

the comte de Tressan, it is true, Voltaire complains of 'copies très défigurées' (D1222). But his only specific complaint concerns an uncontroversial line from another part of the poem, where the grievance relates purely to a fault in metre (see note to line 90). Voltaire's reactions, coupled with the high degree of coherence as between the three extant pre-1739 versions, lead to the conclusion that these copies may reasonably be assumed to come in their entirety from his pen.

After the scandals over the *Lettres philosophiques*, of which unpleasant reminders had lived on into 1736 in Voltaire's unedifying squabble with Jore, it was of the highest imprudence for him to allow yet one more controversial work to appear. When *Le Mondain* achieved rapid diffusion in November, he was apparently being threatened with imprisonment by Hérault if the poem appeared in print. [13] A pirated printing was, however, inevitable, as Mme Du Châtelet realised (D1237). Voltaire, quickly appreciating the peril of the situation, decided to leave France once more in early December, filled with bitterness and distress at this new blow of fate: 'Mais quelle vie affreuse! Etre éternellement bourrelé par la crainte de perdre sans forme de procès sa liberté sur le moindre rapport! [...] Je suis épuisé de lassitude, accablé de chagrin et de maladie' (D1221). Emilie put out rumours that he had gone to stay with Frederick in Potsdam; it was hoped that this would make the departure look less like sudden flight. In fact, Voltaire headed for the Low Countries, eventually arriving in Amsterdam. Mme Du Châtelet, staying behind in France, sought the intervention of influential friends such as the duchesse de Richelieu with the Garde des Sceaux Chauvelin (e.g. D1230); the duchesse replied reassuringly in January (D1267). The storm died down quickly this time, and Voltaire was able to return to Cirey by late February (D1291). But the experience had confirmed his horror of persecution in general and dislike of Paris in particular. Years later, at Frederick's court,

[13] BnF F13694, f.199.

he would recall with bitterness the way in which the *badinage* (or *plaisanterie*) of *Le Mondain* had been used to force him into exile (to d'Argentals, 28 August [1750], D4201; to Richelieu, [*c*.31 August 1750], D4206).

The poem aroused echoes in contemporary publications. Denesle's *La Présomption punie* (1737), having painted an idyllic picture of the Garden of Eden, went on (p.10):

> Voilà du moins une foible peinture
> Du sort heureux de la simple nature,
> Peu ressemblante à ce hideux portrait
> Que récemment un Fou nous en a fait
> Qui salement place le bien suprême,
> Selon le plan de son grossier système,
> Dans les plaisirs que l'on goûte à Paris.

Lest there should be any doubt as to the target, the author added a footnote explicitly referring to *Le Mondain*. Piron's *L'Antimondain* (1738) was a more sustained attack, running to more than eighty lines, echoing some of Voltaire's expressions and apostrophising him in the same terms as he had used to address Fénelon. Apart from its lively polemic the composition has little to recommend it. Primitive Paradise is upheld, in hackneyed fashion, against the 'paradis terrestre' (line 129) which Voltaire has found in the modern world. As for the press, *Le Mondain* attracts passing mention in *Le Pour et contre* and the *Mémoires de Trévoux*. The former, like Denesle and Piron, demonstrates a favourable attitude to primal innocence (as described in Gresset's *Epître au P. B.*) in opposition to 'la fameuse Pièce du *Mondain*'.[14] By contrast, the Jesuit *Mémoires* denounce the religious travesty and immorality contained in Voltaire's poem; but the reference, though hostile, is brief.[15]

One reaction, at least, went beyond that of simple shock at the treatment of Adam and Eve. Frederick, having received a copy of

[14] *Le Pour et contre*, t.xi (1737), p.23.
[15] *Mémoires de Trévoux* (février 1737), p.222-23.

the poem from Voltaire, went so far as to call it 'un vrai cours de morale. La jouissance d'une volupté pure est ce qu'il y a de plus réel pour nous dans ce monde; j'entends cette volupté dont parle *Montaigne*, et qui ne donne point dans l'excès d'une débauche outrée' (3 December 1736, D1218). Granted that this includes a fair measure of courtly flattery, the argument is still of importance, especially when related to a similar, more detailed reaction by Frederick some weeks later to news of the *Défense du Mondain*: 'En effet la Sagesse du Créateur n'a rien créé inutilement dans ce Monde. Dieu veut que l'homme jouisse des créatures' ([16 January 1737], D1261).[16] Frederick's remarks may serve as a useful introduction to the general question of situating Voltaire's poem in the philosophical debate on luxury. The poem is manifestly a hymn to hedonism, exaggerating its author's love of pleasure at the expense of his no less ardent appetite for work.[17] The tone of enjoyment can be found in letters from Cirey during the early years of his stay. In particular, one written to Thiriot in November 1735 sings the joys of *soupers fins* and champagne (D935), leading Ira Wade to consider the likely time of genesis as around that date.[18] While the germ of the poem may relate back to such occasions, it must be added that in this letter pleasure is mingled with work ('un chapitre du siècle de Louis XIV [...] Newton [...] Locke'). Besides, despite the elegant furnishings of Cirey, as noted by Voltaire himself (D1141) and by Mme de Graffigny in 1738-1739,[19] the poem is unequivocally about Paris, as the final line makes clear in some of the early versions.

The aim of *Le Mondain* is more general, less autobiographical.

---

[16] 'L'apologie du luxe est un article du déisme, comme l'indique Frédéric' (R. Pomeau, *La Religion de Voltaire*, new ed., Paris 1969, p.233, commenting on this letter).

[17] On this and other personal ambivalences relating to Voltaire's attitudes at the time towards Cirey and Paris, see H. T. Mason, 'Voltaire's poems on luxury', *Essays presented to John Lough*, ed. D. J. Mossop et al. (Durham 1978), p.108-22.

[18] I. O. Wade, *Studies on Voltaire* (Princeton 1947), p.37-38.

[19] *Correspondance de Mme de Graffigny*, ed. J. A. Dainard et al. (Oxford 1985-), i.197-98.

Voltaire is defending the worldly way of life against the austerity of theologians and moralists, such as Pascal, La Bruyère and, more notably, Fénelon whose *Télémaque* is made an explicit target.[20] It relates closely to the spirit of the *Lettres philosophiques* and more especially to the *Remarques sur Pascal*, which reject the notion of man as tainted by Original Sin and give him a place in the scheme of things where he may enjoy the advantages of rational civility. But one important difference, obvious enough, must not be underestimated. *Le Mondain*, like the subsequent *Défense du Mondain*, is a statement of philosophic attitudes through the medium of verse. Voltaire was aware of the seeming eccentricity of this proceeding. In a letter to Cideville of 16 April 1735 (D863), he had complained of the growth of 'geometry' in the accepted canons of taste:

Les vers ne sont plus guère à la mode à Paris. Tout le monde commence à faire le géomètre et le physicien. On se mêle de raisonner. Le sentiment, l'imagination et les grâces sont bannis. Un homme qui aurait vécu sous Louis XIV et qui reviendrait au monde ne reconnaîtrait plus les Français. Il croirait que les Allemands ont conquis ce pays-ci. Les belles-lettres périssent à vue d'œil. Ce n'est pas que je sois fâché que la philosophie soit cultivée, mais je ne voudrais pas qu'elle devînt un tyran qui exclût tout le reste.[21]

The context makes clear that Voltaire is concerned to extend the role and dignity of poetry against current trends. These two poems, as later the *Poème sur la loi naturelle* and the *Poème sur le désastre de Lisbonne*, indicate the continuing devotion he felt, in a age of philosophic prose, to the cause of philosophic verse.

---

[20] See the important recent article by N. Cronk on the poem, which sees *Télémaque* as 'the pivotal intertext of *Le Mondain*', opposed to Fénelon's prose epic in championing the cause of poetry quite as much as that of luxury ('The epicurean spirit: champagne and the defence of poetry in Voltaire's *Le Mondain*', *SVEC* 371, 1999, p.75-76).

[21] Quoting these same lines, Cronk argues persuasively that the poem 'may be read as a response to this dilemma, and an object-lesson in the difficult art of being a "poète philosophe"' (*ibid.*, p.71).

It is noteworthy that here (as in the *Défense du Mondain*) Voltaire chooses the decasyllabic metre, with the caesura normally after the fourth syllable. This verse-form, standard for lyric verse in the Middle Ages and Renaissance, confers a considerable power through its particular rhythm. [22]

In addition to remarks in his correspondence Voltaire's response to criticism of *Le Mondain* is contained in three short texts.

2. *The Défense du Mondain*

An extensive apology for *Le Mondain* made its appearance in early 1737 when Voltaire, writing to Frederick from Leiden, promised to send him shortly 'une petite suite du *mondain*'. It was

un petit essai de morale mondaine où je tâche de prouver avec quelque gaîté, que le luxe, la magnificence, les galas, tous les beaux-arts, tout ce qui fait la splendeur d'un état en fait la richesse, et que ceux qui crient contre ce qu'on appelle *le luxe* ne sont guère que des pauvres de mauvaise humeur. Je crois qu'on peut enrichir un état en donnant beaucoup de plaisir à ses sujets. [23]

A number of important points about the *Défense* emerge here. Whereas *Le Mondain* had purported to be a *badinage* (but in actuality is far more polemical than Voltaire claims), this poem is overtly couched in more serious terms, as a moral essay. Even so, the didactic tone is lightly borne as in *Le Mondain* ('avec quelque gaîté'). Furthermore, there is continuity in the selected target; once again Voltaire will attack those who preach austerity. The structure of the poem is simpler than that of its predecessor. In *Le Mondain*, the protagonist is not in fact the *honnête homme* who indulges in the round of *divertissements*. He is rather a spectator for the most part, sometimes a companion, always sympathetic, it is

---

[22] See Cronk on this point (*ibid.*, p.62-64), who also discerns in this selection a deliberate acknowledgement of Pope's *Essay on man*.

[23] [c.10] January 1737, D1251.

true, but preserving a certain distance; it is but one more element in the somewhat ambivalent attitude displayed in that poem. Not so the *Défense*, which is a Voltairean dialogue in which the 'je' figure defending luxury achieves total victory. An important thesis needs defending, so the apologetic tone predominates. Whereas the Bible is exploited for satiric references to Adam and Eve in *Le Mondain*, the *Défense* discovers (uncommonly in Voltaire's *œuvre*) an edifying example from the Old Testament, King Solomon, whom the poet describes as 'Roi philosophe' (line 114).

The *Défense* might well have been begun, as the Moland edition (x.90n) suggests, in December 1736, when Voltaire, taken aback by the upset over *Le Mondain*, felt the need to defend his position; the early lines of the new poem demonstrate clearly that it could not have been composed earlier. In all probability it was completed just before he sent it to Frederick in mid-January 1737. Frederick acknowledged its receipt around the 23rd, praising certain particularly felicitous moments and querying one or two historical points (D1266). Voltaire replied to these (D1307), the exchange of views ending courteously with Frederick's reply of 7 April (D1311). This time, however, Voltaire practised greater discretion in distributing copies (apart from Frederick, the only other recipient who appears in the published correspondence is the maréchal de Saxe, D1256). Mme de Graffigny, who attended a reading of the *Défense* at Cirey in December 1738, wrote to her friend Devaux: 'Je ne crois pas que tu aies jamais la *Défense du Mondain*, il [Voltaire] craint trop le sort du Mondain même.' [24]

As Ira Wade has shown, there is a clear shift between the two poems, from the 'moral apology' that is *Le Mondain* to 'the real economic apology of luxury' contained in the *Défense*. [25] But we should beware of establishing too rigid a dichotomy between these works. Though *Le Mondain* deals mainly with the personal benefits to be derived from worldly pleasures, it does not

---

[24] Graffigny, *Correspondance*, i.251.
[25] Wade, p.35.

altogether neglect the social and economic advantages (lines 13-29). Nor had Voltaire needed to wait until the *Défense* before considering the wider implications of luxury. References, fragmentary but thoughtful, already appear in the *Lettres philosophiques*, especially Letters IV, VII, X and the sixth of the *Remarques sur Pascal*. In both poems, as we have seen, the apologists for austerity draw his fire; each time he explicitly upholds against them 'la mollesse' (*Le Mondain*, line 9; *Défense*, line 71). The underlying continuity needs to be stressed.

Even so, a new note is struck. The emphasis in *Le Mondain* is laid upon private consumption, whereas the *Défense* makes much more of public spending, as Colbert and Solomon had exemplified. The *mondain*'s life is totally egotistical; any contributions he may make to the common weal are wholly fortuitous. In the *Défense*, by contrast, the socio-economic implications of personal gratification are carefully spelt out. As Wade argues, the influence of Mandeville, author of *The Fable of the Bees*, is evident in the latter poem, whereas it seems to have had no specific effect upon the former. [26] But, as the year of composition of *Le Mondain* now clearly seems to be 1736, Voltaire must have been aware of the *Fable* when he wrote it. Mme Du Châtelet had been translating it in April, at the time of his departure for Paris (D1065). Indeed, there is reason to believe that Voltaire's acquaintance with Mandeville goes back to his stay in England; he knew personally Thomas Bluett, who had published a reply to Mandeville's poem in 1725. [27] If the character of the *Défense* is different in certain respects from that of *Le Mondain*, it is less from ignorance of Mandeville than because his aims lay elsewhere.

The two poems share, at a deeper level, the same fundamental philosophical assumptions. In the *Défense* Voltaire uses the image of fountains in the luxurious gardens to illustrate his general point (lines 59-64):

[26] *Ibid.*, p.28-29.
[27] A. M. Rousseau, *L'Angleterre et Voltaire (1718-1789)*, *SVEC* 145 (1976), p.125.

Dans ces jardins regardez ces cascades,
L'étonnement et l'amour des Naïades;
Voyez ces flots, dont les nappes d'argent
Vont inonder ce marbre blanchissant.
Les humbles prés s'abreuvent de cette onde,
La terre en est plus belle et plus féconde.

We wonder who is the master gardener in this scenario, since, despite apparent anarchy, a providential arrangement exists. This metaphysical optimism underlies the picture of contemporary society (lines 67-72). A cosmic rationality supports the general order, whatever the apparent contradictions.[28] It is the same outlook as in *Le Mondain* (line 20): 'Tout sert au luxe, aux plaisirs de ce monde.' From at least the time of *Zadig*, this finalism will be open to doubts and attacks of all sorts. Near the end of his life, Voltaire tells the author Nogaret that he cannot share the latter's thesis that our pleasures are not surpassed by our pains, an argument which, he adds, he has attacked in the past. But reaching back still farther in his life he admits wistfully that perhaps 'dans un bon moment j'ai changé l'eau en vin' (20 October 1776, D20359); he must surely, as Besterman suggests in his Commentary, have had *Le Mondain* at least partly in mind.

Voltaire enclosed a copy of the *Défense* in an undated letter, which was almost certainly composed in January 1737, to Maurice, comte de Saxe (D1256). This letter entered Voltaire's printed works in 1771.[29]

No separate editions of the *Défense* exist, its first appearance in print being in the Ledet edition of 1738-1739 (w38), where it precedes the *Lettre de M. de Melon*.

---

[28] It is worth noting that even in this period of relative hopefulness about the world, Voltaire sharply disagrees with Pope's contention in the *Essay on man* that universal order is based on benevolence, arguing instead that divine love consorts ill with the destructive rage felt by all animal species to devour one another (letter to Mme Du Deffand, 18 March 1736, D1039).

[29] *Epîtres, satires, contes, odes, et pièces fugitives du poète philosophe* (Londres 1771), p.117-18.

3. *The Lettre de M. de Melon à Mme la comtesse de Verrue*

Voltaire praised Jean-François Melon's *Essai politique sur le commerce* (1734) in a letter to Berger, 24 October 1736 (D1181), referring to the work as *libellum aureum*. So it is not entirely unexpected to find him using Melon's name to defend *Le Mondain* when the outcry occurred over the poem's appearance in public. Mme la comtesse de Verrue died on 18 November 1736,[30] leaving Melon, as testimony of their friendship, a diamond worth one thousand écus (D1205); the identity of the addressee therefore seems totally plausible. Doubtless Mme de Verrue's death brought her name to the forefront of Voltaire's mind, helping us to locate with some degree of probability the date of composition which, as one might have expected, would come soon after the outbreak of the scandal.

The *Lettre de M. de Melon* was first printed in the Ledet edition of 1738-1739 (w38), where it follows the *Défense du Mondain* and precedes *Le Mondain* itself.

4. *'Sur l'usage de la vie'*

Although this poem did not appear in print until 1767,[31] in tone and period it must surely date with the other apologies for *Le Mondain*. It also bears some striking textual resemblances to the fourth *Discours en vers sur l'homme*, which dates from 1738. The scope of this work, written in light and charming seven-syllable lines, is limited. Voltaire is essentially preoccupied with the moral attitude to adopt towards hedonism. To this he returns a

---

[30] See *Mercure de France*, December 1736.

[31] *Journal encyclopédique* (JE), t.vi, 2ᵉ partie (1767), p.120-22. The text was reprinted in the *Almanach des muses* (AM) of 1768, p.89-91, as part of a 'Choix des poésies fugitives de 1767'; the subtitle first appears in this edition. The poem entered Voltaire's collective works in the *Nouveaux Mélanges* (vol.x, 1770).

hackneyed answer: moderation. There is little evidence to help in dating this fugitive exercise. In despatching the *Défense du Mondain* to the maréchal de Saxe some time around mid-January 1737, Voltaire appended to his letter verses that reflect the same theme. It would, on extrinsic grounds, seem reasonable to attribute this poem, like the *Défense*, to the aftermath of the scandal surrounding *Le Mondain*.

5. Conclusion

As Morize pointed out long ago, the appearance of *Le Mondain* makes 1736 a 'point tournant' in the debate on luxury.[32] Here is not the place to attempt a comprehensive evaluation of Voltaire's role in that discussion. We can do no more than indicate some *rapprochements* and tentatively suggest the scope of his contribution.

Textually, certain phrases in the two poems left their mark – above all, the trenchancy of the paradox conveyed in the line 'Le superflu, chose très-nécessaire' (*Le Mondain*, line 22) which made it into a common catch-phrase. It turns up, for instance, in Fréron's *Année littéraire* in 1764[33] and as the epigraph to Butel Dumont's *Théorie du luxe* (1771). Voltaire was not the first to set off the antithesis between 'nécessaire' and 'superflu', so he cannot be credited with sole responsibility for the popularity of the contrast, which extended to literary as well as philosophical texts during the century;[34] but his role in that development is

---

[32] A. Morize, *L'Apologie du luxe au XVIIIᵉ siècle et 'Le Mondain' de Voltaire* (Paris 1909), p.5.

[33] See J. Balcou, *Fréron contre les philosophes* (Geneva/Paris 1975), p.433-34.

[34] See for instance '[Les empereurs de Rome] ne savaient point encore se priver du nécessaire pour avoir le superflu' (La Bruyère, *Les Caractères*, 1688, 'De la ville', 22); 'Toute une nation s'accoutume à regarder comme les nécessités de la vie les choses les plus superflues' (Fénelon, *Les Aventures de Télémaque*, 1699, bk. XVII, ed. A. Cahen, Paris 1927, ii.467); 'ce superflu [...] sera mon nécessaire' (Marivaux, *Le Jeu de l'amour et du hasard*, 1730, i.i); 'c'est comme si vous me donniez le superflu et

not inconsiderable. In his *Considérations sur les richesses et le luxe* (1787) Sénac de Meilhan quotes (without naming the author) Voltaire's almost equally famous remark in the *Défense* that 'le luxe enrichit / Un grand Etat, s'il en perd un petit' (lines 53-54), before going on to refute it.

As late as 1800, we find Mme de Staël arguing in the Préface to *De la littérature* that, contrary to the belief of an anonymous 'littérateur de nos jours', *Le Mondain* did not provide the seminal inspiration for the concept of human perfectibility. Though her reply sounds crushingly ironic, the very refutation is remarkable testimony of the attention which the poem still continued to evoke at that date. More generally, however, Voltaire's defence of luxury helped, as so often happens in his work, to crystallise in simple form a complex and diffuse controversy. The debate is no longer turning on the merits of frugality as such but developing into a wider consideration of luxury, its uses and abuses. Melon's *Essai politique sur le commerce* (1734) and Cartaud de La Villate's *Essai historique et philosophique sur le goût* (1736) both contribute to this evolution. Few will go on supporting constraints upon production as a good thing *per se*;[35] even a Jean-Jacques Rousseau does not see the answer as lying in that direction. Likewise, the endorsement of total enjoyment, regardless of the consequences, also comes to seem outmoded. Voltaire's modification of attitudes between *Le Mondain* and the *Défense* aids this general development. In the latter poem the pursuit of pleasure, no longer solipsistic, is related more explicitly to the possibilities for the general welfare. For Montesquieu, Diderot, Beccaria, Saint-Lambert, Helvétius, Condillac it will be above all a matter of

---

que vous me refusassiez le nécessaire' (Marivaux, *La Vie de Marianne*, 1734, pt.2, ed. F. Deloffre, Paris 1957, p.87); 'Le Commerce est l'échange du superflu pour le nécessaire' (Melon, *Essai politique sur le commerce*, 1734, p.10). For a history of this expression in the eighteenth century, see M. Cardy, 'Le "nécessaire" et le "superflu"', *SVEC* 205 (1982), p.183-90. N. Cronk enlarges further on this (p.65-68).

[35] J. Ehrard, *L'Idée de nature en France dans la première moitié du XVIIIe siècle* (Chambéry 1963-1964), ii.599.

discriminating between the good and evil uses of luxury and of harnessing the former to social utility. In such respects as these Voltaire's two short poems on luxury count as amongst the most important verse compositions of the Enlightenment.

6. Manuscripts and editions

Manuscripts

MS1

Contemporary copy of *Le Mondain*: Amalgam of variants from 36A and 37. New reading: line 64 galanthome
Geneva, BPU: Archives Tronchin 177, no. 16.

MS2

Copy of *Le Mondain* and *Défense du mondain*. Numerous errors.
Le Mondain: Amalgam of pre-1739 variants (especially 36A). New reading at line 127: Ces fameux scavants. Marginal note: Mr. de volt. le fit en 1720. il n'avait que 24 ans.
Défense du Mondain: Based on w39A. New readings: at lines 48 (A l'univers); 57 (Le riche est fait), 58 (Le pauvre est fait); 69 (tous les grands), 73 (cuistres a rabats).
Rheims, Bibliothèque de la ville: Champbonin, ms 2150.

MS3

Copy of *Le Mondain*. Amalgam of pre-1739 variants (esp. 36A, 36B). New reading line 82: artistement orné.
Paris, Bibliothèque de la ville: Rés.2025, f.17r-20r.

Editions [36]

36A

LE MONDAIN. S.l.n.d. [1736?], in-12, p.1-6. [Bound with *La Crépinade*, pp.7-8]. sig. A-Aii.
Bengesco 677; BnC 2354 (below, *La Crépinade*, M36).
Paris, BnF: Z. Bengesco 177.

36B

LE / MONDAIN. [*Par Voltaire* – handwritten addition], p.51-60; sig. C2-C4.
Not in Bengesco; BnC 2357.
Paris, BnF: 160 Pièce Ye.2209.

37

LE DOCTEUR / GELAON, / OU / LES RIDICULITE'S / *ANCIENNES ET MODERNES*, [*ornement typographique*] / A LONDRES, / Chez INNYS ET TONSON, / à la BOURSE. [*ligne*] / M.DCC.XXXVII, pp. [iv]. 180; sig.A2-P3.
Not in Bengesco; BnC 2356; Besterman 338 [but not identical].
Paris, BnF: Y2 27964.

w38

Œuvres de M. de Voltaire. Amsterdam: Ledet [or] Desbordes, 1738-1750. 8 vol. 8°.
Volumes i to iv produced under Voltaire's supervision, 1738-1739.
Volume iv: *Défense du Mondain*, p.106-11; *Lettre de M. de Melon*, p.111-12; *Le Mondain*, p.113-19.
Bengesco 2120; Trapnell 39A; BnC 7.
The base text.

---

[36] The collective editions listed below are restricted to those where there is evidence of Voltaire's participation. A complete list can be found in Trapnell.

RP40

Recueil de pièces fugitives en prose et en vers. [Paris: Prault], 1740 [1739]. 1 vol. 8°.
Bengesco 2193; BnC 369-370.

W42

Œuvres mêlées de M. de Voltaire. Genève: Bousquet, 1742. 5 vol. 12°.
Volume v: *Le Mondain*, p.96-100; *Défense du Mondain*, p.101-105;
Lettre de M. de Melon, p.235-36.
Bengesco 2125; Trapnell 41R; BnC 22-24.

W48D

Œuvres de Mʳ. de Voltaire. Dresden: Walther, 1748-1754. 10 vol. 8°
Volume iii: *Le Mondain*, p.175-84; *Défense du Mondain*, p.185-89;
Lettre de M. de Melon, p.201-202.
Bengesco 2129; Trapnell 48D; BnC 28-35.
Paris, BnF: Rés. Z. Beuchot 12 (3). Bengesco 70.

W51

Œuvres de M. de Voltaire. [Paris: Lambert] 1751. 11 vol. 12°.
Based on w48D with additions and corrections.
Volume iii: *Le Mondain*, p.191-96; *Défense du Mondain*, p.196-200.
Bengesco 2131; Trapnell 51P; BnC 40-41.
Oxford, Taylor: V1 1751 (3). Paris, Arsenal: 8° B 13057.

W52

Œuvres de M. de Voltaire. Dresden: Walther, 1752. 9 vol. 8°.
Based on w48D with revisions.
Volume iii: *Le Mondain*, p.77-81; *Lettre de M. de Melon*, p.82-83;
Défense du Mondain, p.84-87.
Bengesco 2132; Trapnell 52; BnC 36.
Oxford, Taylor: VI. 1752. Paris, BnF: Rés. Z. Beuchot 14 (3).

w56

Collection complette des œuvres de M. de Voltaire. [Genève: Cramer], 1756. 17 vol. 8°.

The first Cramer edition.

Volume ii: *Le Mondain,* p.61-66; *Lettre de M. de Melon,* p.67-68; *Défense du Mondain,* p.69-73.

Bengesco 2133; Trapnell 56, 57G; BnC 56.

Paris, BnF: Z. 24585; Arsenal: 8° B 34 048 (2).

w57G

Collection complette des œuvres de M. de Voltaire. [Genève: Cramer], 1757. 10 vol. 8°.

A revised edition of w56.

Volume ii: *Le Mondain,* p.61-66; *Lettre de M. de Melon,* p.67-68; *Défense du Mondain,* p.69-73.

Bengesco 2134; Trapnell 56, 57G; BnC 67.

Paris, BnF: Rés. Z Beuchot 21 (2).

w57P

Œuvres de M. de Voltaire. [Paris: Lambert], 1757. 22 vol. 12°.

Based in part upon w56.

Volume vi: *Le Mondain,* p.52-56; *Lettre de M. de Melon,* p.61-62; *Défense du Mondain,* p.57-60.

Bengesco 2135; Trapnell 57P; BnC 45.

w64G

Collection complette des œuvres de M. de Voltaire. [Genève: Cramer], 1764. 10 vol. 8°.

A revised edition of w57G.

Volume ii: *Le Mondain,* p.73-78; *Lettre de M. de Melon,* p.79-80; *Défense du Mondain,* p.81-86.

Bengesco 2133; Trapnell 64, BnC 90.

Oxford, Merton College; Taylor, VF.

NM (1770)

Nouveaux mélanges philosophiques, historiques, critiques &c
[Genève: Cramer], 1764-1776. 19 vol. 8°.
Issued as a continuation of w56 and related editions.
Sur l'usage de la vie, volume x (1770), p.379-82.
Bengesco 2212; Trapnell NM; BnC 127.

w68 (1771)

Collection complette des œuvres de M. de Voltaire. [Genève:
Cramer; Paris: Panckoucke], 1768-1777. 30 vol. 4°.
Volumes i-xxiv were produced by Cramer under Voltaire's
supervision.
Volume xviii (1771): *Le Mondain*, p.101-105; *Lettre de M. de
Melon*, p.106; *Défense du Mondain*, 107-111; *Sur l'usage de la vie*,
p.468-70.
Bengesco 2137; Trapnell 68; BnC 141.
Oxford, Taylor, VF.

w70G

Collection complette des œuvres de M. de Voltaire. [Genève:
Cramer], 1770. 10 vol. 8°.
A new edition of w64G, with few changes.
Volume ii: *Le Mondain*, p.73-78; *Lettre de M. de Melon*, p.79-80,
Défense du Mondain, p.81-86.
Bengesco 2133; Trapnell, 70G; BnC 90-91.

w70L (1772-1773)

Collection complette des œuvres de M. de Voltaire. Lausanne:
Grasset, 1770-1781. 57 vol. 8°.
Some volumes were produced with Voltaire's participation.
Volume xxii (1772): *Le Mondain*, p.83-87; *Lettre de M. de Melon*,
p.88-89; *Défense du Mondain*, p.90-94.

Volume xxxv (1773): *Sur l'usage de la vie*, p.324-26.
Bengesco 2138; Trapnell 70L; BnC 149-50.
Lausanne, Bibliothèque cantonale et universitaire.

W75G

La Henriade, divers autres poèmes et toutes les pièces relatives à l'épopée. [Genève, Cramer & Bardin], 1775, 37 vols. 8°.
The *encadrée* edition, produced at least in part under Voltaire's supervision.
Volume xii (*Mélanges de poésies*, i): *Le Mondain*, p.64-68; *Lettre de M. de Melon*, p.69; *Défense du Mondain*, p.72-76; *Sur l'usage de la vie*, p.77-79.
Bengesco 2141; Trapnell 75G; BnC 158-161.[37]
Oxford, Taylor, VF.

K

Œuvres complètes de Voltaire. [Kehl] Société littéraire-typographique, 1784-1789. 70 vol. 8°.
The first issue of the Kehl edition, based in part upon Voltaire's manuscripts.
Volume xiv: 'Avertissement des éditeurs sur *Le Mondain*', p.105-10, *Le Mondain*, p.111-15; *Lettre de M. de Melon*, p.116-17; *Défense du Mondain*, p.119-23; *Sur l'usage de la vie*, p.124-25.
Bengesco 163; BnC 164-93.
Oxford, Taylor, VF. Paris, BnF: Rés. p. Z. 2209.

7. *Editorial principles*

The base text for *Le Mondain*, *Lettre de M. de Melon* and *Défense du Mondain* is w38. Variants are drawn from w48D, w51, w52, w56, w57P, w68 and w75G.

---

[37] This is the last edition reviewed by Voltaire. On this edition and on the unauthorised edition w75x see J. Vercruysse, *Les Éditions encadrées des Œuvres de Voltaire de 1775, SVEC* 168 (1977).

The base text for *Sur l'usage de la vie* is NM. Variants are drawn from JE67, W68, AM68 and W75G.

Treatment of the base text

The four texts are printed in the most likely order of composition.

The titles of *Le Mondain* and *Défense du Mondain* were erroneously inverted in the base text and have been silently reattributed. The following minor printing errors have also been silently corrected:
Le Mondain: line 13 'leur' for 'mon'; line 82 'grâces' for 'grâce'; line 112 'nouveau' for 'nouveaux'.
Défense du Mondain: line 18 'avait' for 'avoir'; line 72 'l'ents' for 'lents'; line 110 'il' for 'ils'.

The following orthographical aspects of the base text have been modified to conform to modern usage:

1. Consonants

– *p* was not used in: tems
– *t* was not used in: brillans, habitans, ornemens, pédans, sentimens
– *t* was used for *d* in: étendarts
– *d* was used in: bleds, nuds
– the consonant *ʒ* was used in: bize, hazard
– a single consonant was used in: grata, prud'homie
– a double consonant was used in: allarmes, caffé

2. Vowels

– y was used in place of *i* in: ayeux, enyvrent, yvresse, nayades

3. Accents

– the circumflex was not used in: ame, grace

4. Hyphen

– the hyphen was used in: très-nécessaire, tout-d'un-coup

5. Capitalisation

– initial capitals were attributed to adjectives denoting nationality: Suisse
– an initial capital was attributed to: Madame

6. Various

– the ampersand was used
– monsieur was abbreviated: Mr.

LE MONDAIN

Regrettera qui veut le bon vieux temps,
Et l'âge d'or et le règne d'Astrée,
Et les beaux jours de Saturne et de Rhée,
Et le jardin de nos premiers parents;
Moi, je rends grâce à la nature sage,   5
Qui, pour mon bien, m'a fait naître en cet âge
Tant décrié par des tristes docteurs. [1]
Ce temps profane est tout fait pour mes mœurs.
J'aime le luxe, et même la mollesse,
Tous les plaisirs, les arts de toute espèce,   10
La propreté, le goût, les ornements,
Tout honnête homme a de tels sentiments.
Il est bien doux pour mon cœur très immonde,
De voir ici l'abondance à la ronde,
Mère des arts et des heureux travaux,   15
Nous apporter de sa source féconde,
Et des besoins et des plaisirs nouveaux.

---

a   w48D, w51, w52, w56, w57P, w64G, w68, w75G: [*with note*] Cette pièce est
de 1736. C'est un badinage, dont le fonds est très-philosophique et très-utile; son
utilité se trouve expliquée dans la pièce suivante. Voyez aussi la lettre de M. Melon à
Madame la comtesse de Verrue.
   4   36A: les jardins
   7   36A, 36B, RP40: nos pauvres docteurs
        37: nos premiers docteurs
        w48D, w51P, w52, w56, w57P, w64G, w68, w75G: nos tristes frondeurs
   8   36A: Le temps

---

[1] Lines 1 and 8 appear to be an imitation of Ovid's *Ars amatoria*, iii.121-22: 'Prisca
juvent alios; ego me nunc denique natum / Gratulor; haec aetas moribus apta meis'
(Let ancient times delight other folk; I congratulate myself that I was not born till
now; this age fits my nature well).

L'or de la terre, et les trésors de l'onde,
Leurs habitants,[2] et les peuples de l'air,
Tout sert au luxe, aux plaisirs de ce monde;   20
Ah le bon temps que ce siècle de fer!
    Le superflu, chose très nécessaire,
A réuni l'un et l'autre hémisphère.
Voyez-vous pas ces agiles vaisseaux,
Qui du Texel,[3] de Londres, de Bordeaux,   25
S'en vont chercher par un heureux échange,
De nouveaux biens, nés aux sources du Gange?[4]
Tandis qu'au loin vainqueurs des musulmans,
Nos vins de France enivrent les sultans.
    Quand la nature était dans son enfance,   30
Nos bons aïeux vivaient dans l'innocence,[5]
Ne connaissant ni le *tien*, ni le *mien*;

18   36B: le trésor
      37: les perles
21   36A, 37, RP40, W57P: O [36A: Oh] le bon temps que le siècle
      W48D, W51P, W52, W56, W64G, W68, W75G: O le
24   36A: par les
      36B, RP40: par ces
25   36A, W75P: Londre
      37: Londre et de
31   RP40, W48D, W51, W52, W56, W57P, W64G, W68, W75G: dans ignorance
32   RP40, W57P: Ne connaissaient ni

[2] Dédéyan states incorrectly (p.69) that the words 'et les trésors de l'onde / Leurs habitants' do not appear in the 1736 versions ('Une version inconnue du *Mondain*', *Rhl* 49, 1949, p.67-74).
[3] Island at entrance to the Zuyder Zee.
[4] Reference to the activities of the Compagnie française des Indes Orientales.
[5] Morize saw a filiation here with the theories of Grotius on the origins of property (p.142, n.14). This is disputed by J. Vercruysse, *Voltaire et la Hollande*, *SVEC* 46 (1966), p.111, n.34, who sees no more than a general likeness. It must however be added that Grotius quotes Seneca as claiming that 'les premiers hommes *vivaient dans l'innocence* à cause de *l'ignorance* où ils étaient', trad. Barbeyrac (Basle 1746), 2 vols, i.224, n.8 (my emphasis), which at least provides a suggestive link.

Qu'auraient-ils pu connaître? ils n'avaient rien.
Ils étaient nus, et c'est chose très claire,
Que qui n'a rien, n'a nul partage à faire.   35
Sobres étaient, ah! je le crois encor,
Martialo⁶ n'est point du siècle d'or.
D'un bon vin frais ou la mousse, ou la sève,
Ne gratta point le triste gosier d'Eve.
La soie et l'or ne brillaient point chez eux,   40
Admirez-vous pour cela nos aïeux?
Il leur manquait l'industrie et l'aisance:
Est-ce vertu? c'était pure ignorance.
Quel idiot, s'il avait eu pour lors
Quelque bon lit, aurait couché dehors?   45
Mon cher Adam, mon gourmand, mon bon père,
Que faisais-tu dans les recoins d'Eden?
Travaillais-tu pour ce sot genre humain?

37   36A: Martial n'est
      37: Martialo [*with note*: Fameux cuisinier] n'est pas le
      RP40, W48D, W51, W52, W56, W57P, W64G, W68, W75G: [*with note*]
Auteur [W51: L'auteur] du cuisinier français.
39   36A: ne gâta point
      W51: le tendre gosier
40   36A: ne brillait point
      37: brillaient pas
41   37: cela vos aïeux
46   36A, 36B, 37: Adam, mon vieux et triste père
47   36A, 36B: Je crois te voir en un recoin d'Edin [36B: Edein]
      37: Je te crois voir dans un recoin d'Eden
      RP40, W48D, W51, W52, W56, W57P, W64G, W68, W75G: les jardins d'Eden
48   36A, 37: Grossièrement former le genre humain
      36B: Grossièrement forger le genre-humain

⁶ François Massialot, author of *Le Cuisinier royal et bourgeois* (1691) and *Le Nouveau Cuisinier royal et bourgeois* (1712).

Caressais-tu madame Eve ma mère? [7]
Avouez-moi que vous aviez tout deux   50
Les ongles longs, un peu noirs et crasseux;
La chevelure assez mal ordonnée,
Le teint bruni, la peau bise et tannée.
Sans propreté l'amour le plus heureux
N'est plus amour; c'est un besoin honteux.   55
Bientôt lassés de leur belle aventure,
Dessous un chêne ils soupent galamment,
Avec de l'eau, du millet, et du gland.

49   36A, 37: En secouant Madame Eve ma mère
      36B: En tourmentant Madame Eve ma mère
50-55   36A, 36B, 37:
         Deux singes verts, deux chèvres pieds fourchus,
         Sont moins hideux au fond de leur feuillée.
         Par le soleil votre face hâlée,
         Vos bras velus, votre main écaillée,
         Vos ongles longs, crasseux, noirs et crochus,
         Votre peau bise, endurcie et brûlée
         Sont les attraits, sont les charmes flatteurs
         Dont l'assemblage allume vos ardeurs.
50   RP40, W48D, W51, W52, W56, W57P, W64G, W68, W75G: tous deux
57   36A: Sous un vieux chêne
      37: Sous un

[7] Writing to the marquis d'Argens to encourage him in the composition of his *Lettres juives*, Voltaire notes: 'Si le Mondain paraissait dans ces lettres il faudrait au lieu de ces vers / En secouant madame Eve ma mère / mettre / En tourmentant madame Eve ma mère. / Mais je crois toutes réflexions faites qu'il vaut mieux que le Mondain ne paraisse pas' (D1277, 2 February [1737]). See also Voltaire's letter to Ledet et cie. (D1546, 7 July 1738), where he makes a characteristic disavowal of earlier readings of these lines: 'Vous aurez peut-être imprimé de petites pièces telles que le mondain d'après les journaux hollandais, mais je vous déclare que les vers sur Adam, / Mon cher Adam, mon vieux et triste père, / Je crois te voir en un recoin d'Eden / Grossièrement forger le genre humain, / ne sont point de moi. Ces sottises sont de quelques jeunes gens qui ont voulu égayer l'ouvrage et si vous imprimez ces vers sous mon nom je vous regarderai comme des faussaires.'

Le repas fait, ils dorment sur la dure,
Voilà l'état de la pure Nature. [8]   60
        Or maintenant voulez-vous, mes amis,
Savoir un peu, dans nos jours tant maudits,
Soit à Paris, soit dans Londre, ou dans Rome,
Quel est le train des jours d'un honnête homme?
Entrez chez lui; la foule des Beaux-Arts,   65
Enfants du goût, se montre à vos regards.
De mille mains l'éclatante industrie,
De ces dehors orna la symétrie.
L'heureux pinceau, le superbe dessein,
Du doux Corrège et du savant Poussin   70
Sont encadrés dans l'or d'une bordure:
C'est Bouchardon [9] qui fit cette figure,

59   36A: Ce repas
62   36B: Savoir en peu
63   w52, w75G: Londres
68   36A: De ses dehors orne
      37: orne
72   36A, 37: C'est Girardon
      w48D, w51, w52, w56, w57P, w64G, w68, w75G: [with note] Fameux
sculpteur né à Chaumont en Champagne

[8] N. L. Torrey (*Voltaire and the English deists*, New Haven, Conn. 1930, p.114-16)
discerns a possible link between Voltaire's lines on Eden and a passage from Tindal's
Christianity as old as creation, but the evidence seems slender. A parallel of a rather
stronger kind exists with Horace, *Satires*, I.iii.99-101, where, as here, there is a
reference to primitive people of animal-like appearance (including a specific allusion
to fingernails) whose food includes acorns: 'Cum prorepserunt primis animalia
terris, / Mutum et turpe pecus, glandem atque cubilia propter / unguibus et pugnis,
dein fustibus' (When living creatures crawled forth from the newly fashioned earth, a
dumb and lawless breed, they fought over acorns and lairs with nails and fists, then
with clubs).

[9] Edme Bouchardon (1698-1762) quickly became known after his return in 1732
from Rome, where he had been a *pensionnaire* of the Académie de France. Ascoli
speculates that the change from Girardon, who figured in the early editions, was made
to increase the topicality of the poem (G. Ascoli, *Voltaire. Poèmes philosophiques*,
Paris [1935], i.33). François Girardon (1628-1715) had been a leading sculptor at
Versailles.

Et cet argent fut poli par Germain. [10]
Des Gobelins l'aiguille et la teinture
Dans ces tapis égalent la peinture;   75
Tous ces objets sont encor répétés,
Dans des trumeaux tout brillants de clartés.
De ce salon je vois, par la fenêtre,
Dans des jardins des myrtes en berceaux:
Je vois jaillir les bondissantes eaux;   80
Mais du logis j'entends sortir le maître.
          Un char commode avec grâces orné,
Par deux chevaux rapidement traîné,
Paraît aux yeux une maison roulante,
Moitié dorée et moitié transparente: 85
Nonchalamment je l'y vois promené,
De deux ressorts la liante souplesse,
Sur le pavé le porte avec mollesse:
Il court au bain, les parfums les plus doux
Rendent sa peau plus fraîche et plus polie: [11]   90

---

73   w48d, w51, w52, w56, w57p, w64g, w68, w75g: [*with note*] Excellent
orfèvre dont les desseins et les ouvrages sont du [w48d, w52: de] plus grand goût
  75   36b: égale
       rp40, w48d, w51, w52, w56, w57p, w64g, w68, w75g: surpassent
  76   36a, 36b, 37, rp40, w48d, w51, w52, w56, w57p, w64g, w68,
w75g: vingt fois répétés
  77   37: Dans ces trumeaux tous
       rp40, w48d, w51, w52, w56, w57p: tous brillants
  79   37: Dans ce jardin
  80   36b: vois j'aillir les
       37: J'y vois jaillir de bondissantes
  86   37: vois promener
  88   36a: avec noblesse
  89   36a: aux bains
  90   36a: peau douce, fraîche et polie
       37: peau douce, fraîche, polie

---

[10] Thomas Germain (1673-1748), *orfèvre du roi*.
[11] Voltaire expressed annoyance that in copies of *Le Mondain* circulating in Paris

Le plaisir presse, il vole au rendez-vous;
Chez Camargo, [12] chez Gaussin, [13] chez Julie,
Le tendre amour l'enivre de faveurs.
    Il faut se rendre à ce palais magique,*
Où les beaux vers, la danse, la musique,   95
L'art de tromper les yeux par les couleurs,
L'art plus heureux de séduire les cœurs,
De cent plaisirs font un plaisir unique;
Il va siffler le Jason de Rousseau, [14]
Ou malgré lui court admirer Ramau. [15]   100
Allons souper; que ces brillants services,

* L'Opéra.

91   36B: Les plaisirs pressent
93   36A, 37, RP40, W48D, W51, W52, W56, W57P, W64G, W68, W75G: Il est comblé d'amour [36A: amours] et de faveurs
94   36A: faut le rendre
96   37: [absent]
99   36A, 37, RP40, W48D, W51, W52, W56, W57P, W64G, W68, W75G: siffler quelque opéra nouveau

---

this line read: 'Rendent sa peau douce, fraîche et polie', whereas it should have read 'Rendent sa peau fraîche et plus polie' (D1222, to the comte de Tressan, 9 December [1736]). Curiously, Voltaire's own intended improvement leaves out an essential syllable, which is included in the 1739 and subsequent editions. A similar line to the one rejected here figures in La Pucelle, i.139 (OC, vol.7, p.265): 'Qui font la peau douce, fraîche et polie'.

[12] Marie-Anne Cuppi, known as La Camargo (1710-1770), 'la première qui ait dansé comme un homme', Le Temple du goût, OC, vol.9, p.150n. Voltaire also wrote a madrigal for her ('Ah! Camargo, que vous êtes brillante', OC, vol.9, p.473n).

[13] Jeanne Catherine Gaussin (1711-1767), actress of the Comédie-Française, to whom Voltaire dedicated an Epître (1732) concerning her success in playing Zaïre ('Jeune Gossin, reçois mon tendre hommage'), OC, vol.8, p.406-407.

[14] Jean-Baptiste Rousseau, Jason ou la Toison d'or (1696); it was a failure: see C. Girdlestone, La Tragédie en musique (1693-1750) (Geneva 1972), p.146-48.

[15] For Voltaire's collaboration with Rameau (1732-1735) on Samson, an opera that was never put on, see Girdlestone, p.274-76.

Que ces ragoûts ont pour moi de délices!
Qu'un cuisinier est un mortel divin!
Eglé, Cloris, me versent de leur main
Un vin d'Aï, dont la mousse pressée,   105
De la bouteille avec force élancée,
Comme un éclair fait voler son bouchon;
Il part, on rit, il frappe le plafond.
De ce vin frais l'écume pétillante,
De nos Français est l'image brillante; 16   110
Le lendemain donne d'autres désirs,
D'autres soupers et de nouveaux plaisirs.
     Or maintenant, Mentor ou Télémaque,
Vantez-nous bien votre petite Itaque, 17
Votre Salente, et ces murs malheureux,   115
Où vos Crétois tristement vertueux,
Pauvres d'effet, et riches d'abstinence,
Manquent de tout pour avoir l'abondance.
J'admire fort votre style flatteur,

104   37: Cloris y versent
      RP40, W48D, W51, W52, W56, W57P, W64G, W68, W75G: Cloris, Aeglé
105   37: vin d'Ailly
      RP40, W48D, W51, W52, W56, W57P, W64G, W68, W75G: D'un vin
107   37: voler le bouchon
108   37: On rit; il part et frappe
112   RP40: autres soupirs et
113   36A: Monsieur de Télémaque
      37, W56, W57P, W64G, W68, W75G: Monsieur du Télémaque
      RP40: Mentor et Télémaque
      W48D, W51P, W52: Ceci posé, Mentor et Télémaque
115   36A: Salente, de ses murs
      RP40, W48D, W51, W52, W56, W57P, W64G, W68, W75G: Salente, de vos
murs

16 Lines 105-110 are reproduced with some variants in a letter to La Faye, D1178 [c.20 October 1736].
17 Fénelon does not in fact praise Ithaca in *Télémaque*.

302

Et votre prose, encor qu'un peu traînante;[18]   120
Mais, mon ami, je consens de grand cœur,
D'être fessé dans vos murs de Salente,
Si je vais là pour chercher mon bonheur.
Et vous, jardin de ce premier bonhomme,
Jardin fameux par le Diable et la pomme,   125
C'est bien en vain que tristement séduits,
Huet,[19] Calmet,[20] dans leur savante audace,
Du paradis ont recherché la place;
Le paradis terrestre est où je suis.

121   w57P: d'un grand
125   36A, 36B: par Eve et par sa pomme
      37: par Eve et par la
126   36A, 37: C'est vainement que par l'orgueil séduits
127   36A, 37: Ces faux savants dans leur poudreuse audace
128   37: la trace
129   36A, 37: est à Paris
      w52: [with note] Les curieux d'anecdotes seront bien aises de savoir que
ce badinage, non seulement très innocent, mais dans le fond très-utile, fut composé
dans l'année 1736, immédiatement après le succès de la tragédie d'Alzire. Ce succès
anima tellement les ennemis littéraires de l'auteur, que l'abbé Desfontaines alla
dénoncer la petite plaisanterie du *Mondain* à un prêtre nommé Couturier qui avait du
crédit sur l'esprit du cardinal de Fleury. Desfontaines falsifia l'ouvrage, y mit des
vers de sa façon comme il avait fait à *la Henriade*. L'ouvrage fut traité de scandaleux,
et l'auteur de *la Henriade*, de *Mérope*, de *Zaïre*, fut obligé de s'enfuir de sa patrie. Le
roi de Prusse lui offrit alors le même asile qu'il lui a donné depuis avec tant de
grandeur; mais l'auteur aima mieux alors aller retrouver ses amis dans sa patrie. Nous
tenons cette anecdote de la bouche même de M. de Voltaire.

[18] Cf. 'Quoi, vous louez Fénelon d'avoir de la variété! Si jamais homme n'a eu
qu'un style, c'est lui' (to d'Olivet, D980, 6 January 1736).

[19] Pierre-Daniel Huet, *Traité de la situation du paradis terrestre* (Paris 1691).

[20] Dom Augustin Calmet, *Commentaire littéral sur tous les livres de l'Ancien et du
Nouveau Testament* (Paris 1707-1716), 23 vols, i.49-73. The volume also contains a
map of Eden, facing the title-page. Voltaire may well have obtained his information
about Huet directly from Calmet, p.49-50.

DÉFENSE
du *MONDAIN*,
ou *l'apologie du luxe*

A table hier, par un triste hasard,
J'étais assis près d'un maître cafard,
Lequel me dit: Vous avez bien la mine,
D'aller un jour échauffer la cuisine,
De Lucifer, et moi prédestiné,   5
Je rirai bien quand vous serez damné. [1]
Damné! comment? pourquoi? *Pour vos folies.*
Vous avez dit en vos œuvres non pies,
Dans certain conte en rimes barbouillé,
Qu'au paradis Adam était mouillé,   10
Lorsqu'il pleuvait sur notre premier père; [2]
Qu'Eve avec lui buvait de belle eau claire,
Qu'ils avaient même, avant d'être déchus,
La peau tannée, et les ongles crochus.
Vous avancez dans votre folle ivresse,   15
Prêchant le luxe et vantant la mollesse,
Qu'il vaut bien mieux, ô blasphèmes maudits!
Vivre à présent qu'avoir vécu jadis.
Par quoi, mon fils, votre muse pollue

19   w52: Pourquoi mon

---

[1] This remark had been made (in Latin) at the home of the président de Maisons in 1731 by the Jesuit Père Buffier to 'un des plus rudes jansénistes' whom he encountered there. He explained to Maisons that it came from the Book of Proverbs, i.26; to which the président replied that it was 'un proverbe bien vilain'; see M.xxxi.3-4.

[2] No such mention occurs in *Le Mondain*. Morize speculates that it may have appeared in a version of the poem which has not come down to us (p.160, n.6). This seems unlikely, as no version at all similar is known.

Sera rôtie, et c'est chose conclue. 20
Disant ces mots, son gosier altéré
Humait un vin,[3] qui, d'ambre coloré,
Sentait encor la grappe parfumée,
Dont fut pour nous la liqueur exprimée;
Mille rubis éclataient sur son teint. 25
Lors je lui dis: pour Dieu, monsieur le saint,
Quel est ce vin? d'où vient-il, je vous prie,
D'où l'avez-vous? *Il vient de Canarie:*
C'est un nectar, un breuvage d'élu;
Dieu nous le donne, et Dieu veut qu'il soit bu. 30
Et ce café dont, après cinq services,
Votre estomac goûte encor les délices?
Par le Seigneur il me fut destiné.
Bon. Mais, avant que Dieu nous l'ait donné,
Ne faut-il pas que l'humaine industrie 35
L'aille ravir aux champs de l'Arabie?
La porcelaine, et la frêle beauté
De cet émail à la Chine empâté,
Par mille mains fut pour vous préparée,
Cuite, recuite, et peinte et diaprée: 40
Cet argent fin, ciselé, godronné,[4]
En plats, en vase, en soucoupe tourné,
Fut arraché de la terre profonde,

25   w52, w56, w57P, w68, w75G: Un rouge vif enluminait son teint
      w51: Un carmin vif enluminait son teint
34   w48D, w51, w52, w56, w57P, w68, w75G: Dieu vous l'ait
38   w68: Ce cet
42   w48D, w51, w52, w56, w57P, w68, w75G: En plat, en

[3] Frederick of Prussia commented to Voltaire that one of the outstanding *beautés* of the poem was 'la transition du vin dont votre béat humecte son gosier séché à force d'argumenter' (D1266).

[4] 'Ornamented with bosses'.

Dans le Potose,[5] au sein d'un nouveau monde;
Tout l'univers a travaillé pour vous,   45
Afin qu'en paix, dans votre heureux courroux,
Vous insultiez, pieux atrabilaire,
Au monde entier épuisé pour vous plaire.
 O faux dévot, véritable mondain,
Connaissez-vous; et dans votre prochain   50
Ne blâmez plus ce que votre indolence
Souffre chez vous avec tant d'indulgence.
Sachez surtout que le luxe enrichit
Un grand Etat, s'il en perd un petit.[6]
Cette splendeur, cette pompe mondaine,   55
D'un règne heureux est la marque certaine;
Le riche est né pour beaucoup dépenser,
Le pauvre est fait pour beaucoup amasser.
Dans ces jardins regardez ces cascades,
L'étonnement et l'amour des Naïades;   60
Voyez ces flots, dont les nappes d'argent
Vont inonder ce marbre blanchissant.
Les humbles prés s'abreuvent de cette onde,
La terre en est plus belle et plus féconde;
Mais de ces eaux si la source tarit,   65
L'herbe est séchée, et la fleur se flétrit.
Ainsi l'on voit, en Angleterre, en France,
Par cent canaux circuler l'abondance,
Le goût du luxe entre dans tous les rangs;
Le pauvre y vit des vanités des grands,[7]   70
Et le travail gagé par la mollesse
S'ouvre à pas lents la route à la richesse.

[5] Potesi, in Bolivia, was famous for its mines. Cf. 'Ce n'est point exagérer de dire que la terre de ce canton était toute d'argent; elle est encore aujourd'hui très loin d'être épuisée' (*Essai sur les mœurs*, ed. R. Pomeau, Paris 1963, 2 vols, ii.359-60).

[6] This distinction between large and small nations in their reaction to luxury is seen in Melon, *Essai politique sur le commerce*, ch.9, and more explicitly in Mandeville's *Fable of the Bees*, rem.K.

[7] Another of the *beautés* noted by Frederick; see n.3.

J'entends d'ici des pédants à rabats,
Tristes censeurs des plaisirs qu'ils n'ont pas,
Qui me citant Denis d'Halicarnasse, 75
Dion, Plutarque, et même un peu d'Horace,
Vont criaillant qu'un certain Curius
Cincinnatus et des Consuls en *us*
Bêchaient la terre au milieu des alarmes,
Qu'ils maniaient la charrue et les armes, 80
Et que les blés tenaient à grand honneur
D'être semés par la main d'un vainqueur.
C'est fort bien dit, mes maîtres: je veux croire
Des vieux Romains la chimérique histoire;[8]
Mais dites-moi, si les dieux par hasard 85
Faisaient combattre Auteuil et Vaugirard,
Faudrait-il pas au retour de la guerre,
Que le vainqueur vînt labourer la terre?
L'auguste Rome, avec tout son orgueil,
Rome jadis était ce qu'est Auteuil, 90
Quand ces enfants de Mars et de Silvie,
Pour quelque pré signalant leur furie,
De leur village allaient au champ de Mars,
Ils arboraient du foin* pour étendards.[9]

* Ce qu'on appelait *Manipulus* était d'abord une poignée de foin que les Romains
mettaient au haut d'une perche; premier étendard des conquérants de l'Europe, de
l'Asie Mineure, et de l'Afrique septentrionale.

88   w48D, w51, w52, w56, w57P, w68, w75G: labourer sa terre
92   w48D, w52: quelque prés
      w51: quelques prés
n.*   w48D, w51, w52, w56, w57P, w68, w75G: Une poignée de foin au bout
d'un bâton, nommé *Manipulus*, était le premier étendard des Romains.

[8] Frederick took issue with this description: 'Peut-on donner l'épithète de
chimérique à l'histoire romaine avérée par le témoignage de tant d'auteurs, de tant
de monuments respectables de l'antiquité, et d'une infinité de médailles?' (D1266).
Voltaire's reply evoked numerous legends of early Roman history (D1307).
[9] While accepting that 'Les étendards de foin des Romains ne sont pas inconnus',

Leur Jupiter, au temps du bon roi Tulle, 95
Etait de bois: il fut d'or sous Luculle;[10]
N'allez donc pas, avec simplicité,
Nommer vertu, ce qui fut pauvreté.
   Oh que Colbert était un esprit sage![11]
Certain butor conseillait par ménage 100
Qu'on abolît ces travaux précieux,
Des Lyonnais ouvrage industrieux:
Du conseiller l'absurde prud'homie
Eût tout perdu par pure économie;
Mais le ministre, utile avec éclat, 105
Sut par le luxe enrichir notre Etat.
De tous nos arts il agrandit la source;
Et du Midi, du Levant et de l'Ourse,
Nos fiers voisins, de nos progrès jaloux,
Payaient l'esprit qu'ils admiraient en nous. 110
Je veux ici vous parler d'un autre homme,
Tel que n'en vit Paris, Pékin, ni Rome:
C'est Salomon, ce sage fortuné,
Roi, philosophe, et Platon couronné,

114   W48D, W51, W52, W56, W57P, W68, W75G: Roi philosophe

Frederick added: 'autant que je puis me ressouvenir de l'histoire, les premiers étendards des Romains furent des mains ajustées au haut d'une perche' (D1266). In responding, Voltaire argued that 'tout a un commencement. Quand les Romains n'étaient que des paysans, ils avaient du foin pour enseignes; quand ils furent *populum late regem*, ils eurent des aigles d'or' (D1307). In support of his claim, he cites Ovid's *Fasti*, iii.115-18. Frederick subsequently conceded the point graciously (D1311).

[10] A further *beauté* picked out by Frederick; see n.3. Morize comments that Voltaire's selection of examples from Roman rather than Spartan frugality is probably influenced by Bayle's insistence that Spartan thrift was not the consequence of poverty but linked to high and worthy virtues (p.46-49). See also H. T. Mason, *Pierre Bayle and Voltaire* (Oxford 1963), p.99.

[11] Contrary to most of his contemporaries, Voltaire continued in later life to admire Colbert's industrial organisation (J. H. Brumfitt, *Voltaire historian*, Oxford 1958, p.52).

Qui connut tout du cèdre jusqu'à l'herbe;   115
Vit-on jamais un luxe plus superbe?
Il faisait naître au gré de ses désirs,
L'or et l'argent; mais surtout les plaisirs.[12]
Mille beautés servaient à son usage.[13]
Mille? On le dit. C'est beaucoup pour un sage;   120
Qu'on m'en donne une, et c'est assez pour moi
Qui n'ai l'honneur d'être sage, ni roi.
     Parlant ainsi je vis que les convives
Aimaient assez mes peintures naïves:
Mon doux béat très peu me répondait,   125
Riait beaucoup et beaucoup plus buvait;
Et tout chacun présent à cette fête
Fit son profit de mon discours honnête.

---

118   w48D, w51, w52, w56, w57P, w68, w75G: L'argent et l'or
122   w51: n'ait l'honneur

[12] In a poem to Frederick, Voltaire cites Solomon as an illustrious example of how to use opulence to make his people happy (D1157, c.30 September 1736). This precedes Voltaire's appellation of Frederick as 'le Salomon du Nord', e.g. D2887, 16 November [1743].
[13] I Kings v.13.

LETTRE DE M. DE MELON,

ci-devant secrétaire du régent du royaume,
A madame la comtesse de Verrue
sur l'Apologie du luxe.

J'ai lu, madame, l'ingénieuse Apologie du luxe. Je regarde ce petit
ouvrage comme une excellente leçon de politique cachée sous un
badinage agréable. Je me flatte d'avoir démontré dans mon *Essai
politique sur le commerce*, combien ce goût des beaux-arts, et cet
emploi des richesses, cette âme d'un grand Etat, qu'on nomme   5
luxe, sont nécessaires pour la circulation de l'espèce et pour le
maintien de l'industrie; je vous regarde, madame, comme un des
grands exemples de cette vérité. Combien de familles de Paris
subsistent uniquement par la protection que vous donnez aux arts?
Que l'on cesse d'aimer les tableaux, les estampes, les curiosités en   10
toute sorte de genre; voilà vingt mille hommes, au moins, ruinés
tout d'un coup dans Paris, et qui sont forcés d'aller chercher de
l'emploi chez l'étranger. Il est bon que dans un canton suisse on
fasse des lois somptuaires, par la raison qu'il ne faut pas qu'un
pauvre vive comme un riche: Quand les Hollandais ont commencé   15
leur commerce, ils avaient besoin d'une extrême frugalité; mais à
présent que c'est la nation de l'Europe qui a le plus d'argent, elle a
besoin de luxe, etc.

a-46 w51: [*absent*]

a w48D, w52, w56, w57P, 58S, w68, w75G: [*with note*] Cette lettre fut écrite
dans le temps que la pièce du Mondain parut en 1736. [w48D *adds*: On trouve le
Mondain au tome IIIme, et on y renvoie le lecteur à cette lettre de M. Melon.]

c w48D, w52, w56, w57P, 58S, w68, w75G: [*with note*] Madame la comtesse
de Verrue, mère de Madame la princesse de Carignan, dépensait cent mille francs par
an en [w48D: francs en] curiosités: Elle s'était formé un des beaux cabinets de
l'Europe en raretés et en tableaux. Elle rassemblait chez elle une société de
Philosophes, auxquels elle fit des legs par son testament. Elle mourut avec la fermeté
et la simplicité de la philosophie la plus intrépide.

SUR L'USAGE DE LA VIE.
pour répondre aux critiques qu'on avait faites du Mondain.

Sachez, mes très chers amis,
Qu'en parlant de l'abondance,
J'ai chanté la jouissance
Des plaisirs purs et permis,
Et jamais l'intempérance.   5
Gens de bien voluptueux,
Je ne veux que vous apprendre
L'art peu connu d'être heureux:
Cet art qui doit tout comprendre,
Est de modérer ses vœux.   10
Gardez de vous y méprendre:
Les plaisirs dans l'âge tendre,
S'empressent à vous flatter.
Sachez que pour les goûter,
Il faut savoir les quitter;   15
Les quitter pour les reprendre;[1]
Passez du fracas des cours
A la douce solitude;
Quittez les jeux pour l'étude;
Changez tout hors vos amours: 20
D'une recherche importune,
Que vos cœurs embarrassés
Ne volent point empressés

b-c   JE67: [absent]
22   JE67: vos vœux

[1] Compare *Discours en vers sur l'homme*, IV (1738): 'Quittons les voluptés pour savoir les reprendre' (*OC*, vol.17, p.499; see also p.405-406).

Vers les biens que la fortune
Trop loin de vous a placés.   25
Laissez la fleur étrangère
Embellir d'autres climats;
Cueillez d'une main légère
Celle qui naît sous vos pas:[2]
Tout rang, tout sexe, tout âge   30
Reconnaît la même loi,
Chaque mortel en partage
A son bonheur près de soi.
L'inépuisable nature
Prend soin de la nourriture   35
Des tigres et des lions,
Sans que sa main abandonne
Le moucheron qui bourdonne
Sur les feuilles des buissons;
Et tandis que l'aigle altière,   40
S'applaudit de sa carrière,
Dans le vaste champ des airs,
La tranquille Philomèle
A sa compagne fidèle
Module ses doux concerts: 45
Jouissez donc de la vie,
Soit que dans l'adversité
Elle paraisse avilie,
Soit que sa prospérité
Irrite l'œil de l'envie.   50
Tout est égal, croyez-moi:

42   w68: vaste champs les

[2] Compare *Discours en vers sur l'homme* (p.499): 'Les plaisirs sont les fleurs, que notre divin maître / Dans les ronces du monde autour de nous fait naître. / Chacune a sa saison, et par des soins prudents / On peut en conserver dans l'hiver de nos ans. / Mais s'il faut les cueillir, c'est d'une main légère; / On flétrit aisément leur beauté passagère.'

On voit souvent plus d'un roi
Que la tristesse environne;
Les brillants de la couronne
Ne sauvent point de l'ennui: [3]   55
Ses valets de pied, ses pages, [4]
Jeunes, indiscrets, volages,
Sont plus fortunés que lui.
La princesse et la bergère
Soupirent également,   60
Et si leur âme diffère,
C'est en un point seulement:
Philis a plus de tendresse,
Philis aime constamment,
Et bien mieux que son altesse...   65
Comme je sacrifirais
Tous vos augustes attraits
Aux larmes de ma maîtresse!
Un destin trop rigoureux
A mes transports amoureux   70
Ravit cet objet aimable:
Mais dans l'ennui qui m'accable,
Si mes amis sont heureux,
Je serai moins misérable. [5]

65-66   W75G: [*inserts between these lines*] Ah! madame la princesse
68   AM68: Aux charmes de
74   JE67: [*with note*] Ces vers de M. de Voltaire parurent en 1737. On croit
qu'ils n'ont jamais été imprimés: c'est une suite du *Mondain*.
    AM68: [*with note*] Ces vers ont été imprimés dans le Journal Encyclopé-
dique en 1767.

[3] Compare *Discours en vers sur l'homme* (p.500): 'Regardez Brosseret, de sa table
entêté, / Au sortir d'un spectacle, où de tant de merveilles / Le son perdu pour lui
frappe en vain ses oreilles; / Il se traîne à souper, plein d'un secret ennui.'
[4] Beuchot offers another reading of this line, which he attributes to a manuscript
copy by Longchamp: 'Ses mousquetaires, ses pages' (see M.x.95n).
[5] Compare the closing lines of the 'Stances au roi de Prusse' (1751): 'Buvez, soyez
toujours heureux, / Et je serai moins misérable' (M.viii.524).

La Crépinade

Edition critique

par

François Moureau

INTRODUCTION

Dans les premiers mois de 1736, la correspondance de Voltaire est pleine d'invectives contre le couple inséparable d'ennemis formé par l'abbé Desfontaines et Jean-Baptiste Rousseau. Dans sa retraite de Cirey, encore menacé par les effets secondaires des *Lettres philosophiques*, inquiet du sort de *L'Enfant prodigue* sur la scène parisienne, Voltaire soupçonne un noir complot. La publication par la *Bibliothèque française* d'Amsterdam [1] d'une longue lettre de Rousseau datée d'Enghien le 22 mai (D1078), qui fait un historique biaisé des relations entre les deux hommes, met sur la place publique des différends et surtout des accusations dont les suites pourraient être dangereuses. '[...] les déclamations satiriques et passionnées où il s'emporte à tout propos, contre l'Eglise romaine, le pape, les prêtres séculiers et religieux, et enfin contre tous les gouvernements ecclésiastiques et politiques' ne manquent pas d'être relevées par le poète banni de France. Voltaire venait de publier l'*Epître sur la calomnie*, dédiée à Mme Du Châtelet, à la suite de *La Mort de César*; il y attaquait violemment Rousseau, auteur d'une *Baronade*, satire du baron de Breteuil, père de la marquise. Rousseau avait écrit autrefois une *Picarde* contre l'abbé Pic, une *Francinade* contre le directeur de l'Opéra, Jean-Nicolas Francine, et on le soupçonnait, à tort, de la *Moïsade*.

La Crépinade fut la réplique brutale de Voltaire à la lettre de Rousseau. Un certain Molin (pseudonyme qui cachait à peine Voltaire) avait envoyé à la *Bibliothèque française* une réponse à la lettre de Rousseau (D1134; Paris, 28 août 1736); deux jours plus tard, Voltaire en personne s'en plaignit au prince d'Arenberg, cité comme témoin par Rousseau (D1135) et, le 20 septembre, il adressait aux journalistes hollandais une réfutation en règle de son adversaire. [2]

---

[1] Vol. xxiii (1736), p.138-54.
[2] D1150; *Bibliothèque française*, xxiv, p.152-60.

Ce n'était pas suffisant. Voltaire préparait l'*Utile examen des trois dernières épîtres du sieur Rousseau*, où il attaquait le poète. *La Crépinade* s'en prit à l'homme.

Quelques semaines auparavant, Voltaire avait terminé la rédaction du *Mondain*: Voltaire souhaitait que l'ouvrage ne fût pas 'public' (D1116; Mme Du Châtelet à Cideville, 18 juillet 1736). *La Crépinade* devait avoir la même destinée. Las de la polémique de plus en plus nourrie de 'personnalités' contre Rousseau et Desfontaines, Voltaire en vient à avoir honte de s'abaisser à de telles empoignades. Du moins, c'est ce que répète sa correspondance: 'Franchement & toute réflexion faite, je prends peu de part à toutes ces petites querelles' (D1142; à Berger, septembre 1736). 'Il y a quelquefois mon cher abbé des puissances belligérantes qui se disent des injures. Rousseau et moi nous sommes du nombre, à la honte des lettres et de l'humanité. Mais que faire? La guerre est commencée, il faut la soutenir.'[3] C'est pourtant le moment où il diffuse discrètement *Le Mondain*, dont l'impression va bientôt se faire malgré lui. Voltaire n'envoie pas *La Crépinade* à ses habituels correspondants-diffuseurs.

Il se limite à deux correspondants qui avaient été blessés par la lettre de Rousseau à la *Bibliothèque française*, le marquis d'Argens et le fils de La Faye.[4] Il écrit au premier: 'Vous y êtes indignement traité. Ce monstre décrépit qui n'a ni dents ni griffes, cherche encore par une vieille habitude à mordre et à déchirer. Voici une petite crépinade ou Roussade que je vous envoie. C'est un coup de fouet pour faire rentrer dans son trou ce vieux serpent' (D1172; Cirey, 18 octobre 1736). Après lui avoir transmis, pour le mettre en train, deux vers d'une épigramme de Rousseau dirigée contre lui (D1182),[5] Voltaire revient à la charge trois semaines plus tard

[3] A l'abbé d'Olivet, 17 septembre 1736. Même idée: D1154, 25 septembre.
[4] Une note de D1172 signale un troisième destinataire, le comte de Tressan, qui ne semble avoir reçu copie que du *Mondain* (D1180; 21 octobre 1736). Ce dernier n'était d'ailleurs nullement intéressé dans la querelle.
[5] 'Cet écrivain plus errant que le juif / Dont il arbore et le style et le masque'. Ces vers ne sont peut-être pas de Rousseau: 'je n'en scai que cella c'est voltaire qui m'a

en lui suggérant de publier ses vers dans la série périodique du marquis: 'Je vous envoyais le duplicata de *la Crépinade*, que vous pouvez insérer dans les Lettres juives' (D1190; Cirey, 6 novembre 1736): prudent, bien que très défavorable au poète et à l'homme Rousseau (D977), d'Argens n'en fit rien. Jean-François Leriget de La Faye reçut sa copie vers la fin d'octobre: 'Je vous envoie la Crépinade qui ne le corrigera pas, parce qu'il n'a pas été corrigé par monsieur votre père.'[6] Il est donc vraisemblable que *La Crépinade* fut rédigée en septembre-octobre 1736, quelques temps après la rédaction de l'*Utile examen* et deux mois après la mise au point du *Mondain*.

La Crépinade reprend contre Rousseau des insultes depuis longtemps mises au point par François Gacon. Son *Anti-Rousseau* (Rotterdam 1712) proposait un vaudeville 'sur l'Air des Pendus' intitulé 'Histoire veritable et remarquable arrivée à l'endroit d'un nommé ROUX, fils d'un Cordonnier, lequel aiant renié son Père, le Diable en prit possession' (p.219-23, avec une planche dépliante). Cette chanson était connue de Voltaire qui la reproduit dans sa *Vie de M. J.-B. Rousseau* en l'attribuant au peintre-dramaturge Jacques Autreau. Fils de cordonnier, dont le saint protecteur était Crépin, 'Rousseau Judas' fait 'le bel esprit' et

> Se mit à coucher par écrit
> Des Opéra, des Comédies,
> Des Chansons rempli[e]s d'infamies,
> Chantant des ordures en tout lieu
> Contre les Serviteurs de Dieu.

Les vers qui suivent annoncent presque mot pour mot *La Crépinade*:

---

apris cette nouvelle', écrit alors d'Argens à Prosper Marchand. Voir Stephen Larkin, *Correspondance entre Prosper Marchand et le marquis d'Argens*, SVEC 222 (1984), lettre 20 et note p.86-87 pour le commentaire.

[6] Vers le 20 octobre 1736, D1178. Dans sa *Vie de M. J.-B. Rousseau*, Voltaire fait état de la bastonnade reçue par Rousseau de la main de La Faye, capitaine aux Gardes et de l'Académie des sciences.

> Aussi-tot entra dans son corps
> Le Diable nommé *Couplegor*,
> Son poil devint roux, son œil louche,
> Il lui mit de travers la bouche.

Voltaire n'a eu qu'à broder sur ce canevas en ajoutant des piques nouvelles. Elles sont d'un ton aussi peu amène que celles qui concernent le 'poil' de celui qu'il nommait 'Rufus' (D1180) ou son origine sociale. 'On ne choisit point son père', notait plus humainement Antoine Houdar de La Motte dans 'Le Mérite personnel. Ode à M. Rousseau'. Mais, bien plus, les vers de Voltaire le déguisent en Judas, roux selon la tradition médiévale parce que possédé de Satan,[7] un Judas moderne qui, selon la lettre d'Enghien, accusait Voltaire d'avoir maltraité 'la personne même de Jésus Christ' dans l'*Epître à Uranie*. Le travestissement et la réplique s'imposaient. Quant au génie du poète, il est ravalé à la pratique de la vielle, instrument de musique archaïque joué par les mendiants aveugles (dans les tableaux de Georges de La Tour) ou par les ménestriers de campagne.[8]

Dans son *Mémoire sur la satire* (1739), Voltaire rétracta les termes les plus insultants qu'il avait employés contre Rousseau. Mais le mal était fait, et le texte circulait. Le 6 novembre 1736, Mathieu Marais signale que des copies manuscrites courent Paris; son correspondant dijonnais, le président Bouhier, qui ne souhaite pas en avoir, commente le 14 du même mois: 'Je vous rends grâce de la *Crespinade*. Pour vous en dire mon sentiment, il me semble

---

[7] Louis Réau, *Iconographie de l'art chrétien* (Paris 1957), ii.434.

[8] Dans les années 1730 pourtant, un snobisme qui atteint aussi la musette redonne vie à la vielle dans la bonne société. Apparemment, Voltaire n'en sut rien. Jamet le jeune note en juillet 1739: 'VIELLE. Les auteurs du Dictionnaire de Trévoux disent que cet instrument dont jouent ordinairement les pauvres aveugles est maintenant tombé dans le mepris. Il faudra supprimer cette phrase dans la prochaine Edition, car depuis 4 ou 5. ans les destinées de cet instrument ont bien changé de face; il a telement repris vigueur qu'il n'y a point de dame du bon air qui ne soit curieuse d'aprendre à jouer de la vielle autant que du clavesin. [...] Les magistrats illustres ne rougissent pas de se ceindre de cet instrument et de tourner l'ignoble manivelle' (BnF, ms. N 15363, f.205v).

que le sang de l'auteur s'aigrit furieusement. S'il continue, on le mettra au rang des crocheteurs du Parnasse. Il n'est pas permis à un homme d'esprit de débiter un venin si grossier et si mal apprêté.'[9] Les vers paraissent en annexe d'une édition anonyme parisienne du *Mondain* (M36) datée, avec vraisemblance, de 1736 par Bengesco. Un recueil publié en 1737 sous la fausse adresse de Londres (*Le Docteur Gelaon*, D37) l'attribue, de même que *Le Mondain*, à Voltaire. Celui-ci ne l'intégra jamais dans les éditions autorisées de ses œuvres. Les copies manuscrites témoignent de cette incertitude, puisque telle la donne à Pierre-Charles Roy (MS3) et telle autre la pense dirigée contre ce dernier (MS2).

Aucune version autographe du texte n'étant connue, et les copies manuscrites étant dépourvues d'autorité évidente, l'édition M36, en tenant compte de ses *errata* manuscrits, peut fournir un texte de base convenable.

Manuscrits et éditions

Manuscrits

MS1

'La Crépinade contre Rousseau Par Voltaire', in 'Stromates ou Miscellanea ou Chaos / TOME II./1736-1740', par François-Louis Jamet. 'Paris jeudi 29 9bre 1736'. 'cette piece est inserée dans le livre intitulé les Ridiculitez anciennes et modernes p.175. Londres 1737'.
Paris, BnF: N 15363, f.1440-1442.

---

[9] *Correspondance littéraire du président Bouhier*, n° 14: Lettres de Mathieu Marais, t.vii (1735-1737), présentées et annotées par Henri Duranton (Saint-Etienne 1988), p.204 (Marais, 6 novembre 1736), et 206 (Bouhier, 14 novembre 1736).

MS2

'La Crespinade ou le portrait de Roy par voltaire', in 'Pièces en vers. C'. Recueil de Fevret de Fontette (à ses armes).
Paris, Arsenal: ms. 3128, f.278.

MS3

'La Crepinade. Allegorie Contre Mr Rousseau attribuée a M. Roy' in 'Recueil de pieces manuscrites de M Rousseau', 4°, p.[51-53]. Copie professionnelle ornée d'ornements de style typographique (54 p.), contenant: 'Lettre de Mr Rousseau pour servir de reponse aux invectives de Voltaire' (Enghien, 22 mai 1736) ('On vient de m'envoyer', p.7-30. D1078), 'Couplets satiriques de Mr Rousseau' (p.32-39: les Couplets de 1710 attribués à Rousseau), 'Epigramme A l'abbé de Boze de l'academie, mars 1723. Par M. Rousseau' (p.40), 'Couplets Contre M. Rousseau – par le Poëte Gacon' (p.42-47: publiés dans l'*Anti-Rousseau* de François Gacon, Amsterdam 1712, p.219-23), 'Apologie de Mr Rousseau par Mr Delamothe' (p.48-50: publiée dans l'*Anti-Rousseau*, p.227-29), 'La Crepinade'.
Paris, collection privée (F. Moureau)

MS4

'La Crepinade de Voltaire sur Rousseau', in 'Pièces relatives à Voltaire et à son époque', t.XIV. Papiers Wagnière (Lord Vernon). Vendus par Maggs en 1933.
Paris, BnF: N 24343, f.8

Editions

M36

'La Crepinade', in LE MONDAIN, s.l.n.d., 12°, p.7-8.
Bengesco i.192 (date l'édition de 1736). Impression parisienne.
(Ci-dessus Le Mondain, 36A.)
Paris, BnF: Rés: Z Bengesco 177.

M36*

Errata manuscrits sur l'édition précédente.
Paris, BnF: Ye 35013.

D37

'LA CREPINADE. Attribuée au même', in LE DOCTEUR /
GELAON, / OU /LES RIDICULITES / *ANCIENNES ET
MODERNES*. [*ornement*] / A LONDRES, / Chez INNYS et
TONSON, / à la Bourse, / [*filet*] / M.DCCXXXVII./, 12°,
p.175-77. p.[i]. [i blank]/ 180; sig. [ ]¹, A-P⁶. Impression française.
Paris, BnF: Z 18108, Y2 27964.

D38

LE DOCTEUR / GELAON, / OU /LES RIDICULITES /
ANCIENNES ET MODERNES. / Avec plusieurs Poësies de
MM. / de VOLTAIRE & de / GRECOURT, qui n'ont jamais
paru ailleurs que dans ce Recueil./ [*ornement*] / A LONDRES, /
Chez INNYS ET TONSON, / à la Bourse, / [*filet*] /
M.DCCXXXVIII./, 12°. Besterman (*SVEC*, 111, 1973, n° 338)
signale cette édition (reproduction du titre) (p.[i]. [i blank]/ 180;
sig. [ ]¹, A-P⁶). Son origine est différente de D37.

W64R

COLLECTION/ *COMPLETTE* / DES ŒUVRES/ *de Mon-
sieur* / DE VOLTAIRE/ Amsterdam, /Aux dépens de la
Compagnie, / M. DCC. LXIV, 12°, t.v, p.371. Bengesco iv.70.
Trapnell 123-124. Les douze premiers volumes sur vingt-deux
sont une émission avec titre de relais de l'édition imprimée chez
Machuel à Rouen en 1748 et supprimée à la demande de Voltaire
(W48R). Bengesco iv.28-31. BnC 145.
Paris, BnF: Rés. Z Beuchot 26 (5).

K84

Œuvres complètes de Voltaire, [Kehl] Société littéraire-typographique / 1784, 8°: t.xiv, p.101-102 (dont note). BnC 167.
Paris, BnF: 8° p. Z. 2209.

K85

Œuvres complètes de Voltaire, [Kehl] Société littéraire-typographique, 1785-1789, 70 vol., 8°: t.xiv, p.101. BnC 173.
Paris, BnF: Rés. Z. 4563.

PS88

Poésies satyriques du dix-huitieme siecle. Nouvelle Edition. Tome Premier, Londres, 1788, 16°, p.5-6. Recueil publié par Sautreau de Marsy.
Paris, BnF: 8° Ye 1538.

P89

La Pucelle, poème suivi des contes et satires de Voltaire, [Kehl] De l'Imprimerie de la Société littéraire-typographique, 1789, 4°, t.ii.
Bengesco i.137.
Paris, BnF: Rés. Ye 763-764.

S99

Satririques du XVIIIe siècle. Tome Premier, Paris, Colnet, an VIII, 1799, 8°, p.88-89. Recueil édité par Colnet du Ravel.
Bengesco i.205.
Paris, BnF: Rés. Z Bengesco 187 (1), Ye 12186.

Principes de cette édition

Texte de base: M36. Variantes tirées de: MS1, MS2, MS3, MS4, D37, W64R, K84, PS88.

Traitement du texte de base

– Suppression de la perluette.

LA CRÉPINADE

Le Diable un jour se trouvant de loisir,
Dit: Je voudrois former à mon plaisir
Quelque animal, dont l'âme et la figure
Fût à tel point au rebours de nature,
Qu'en le voyant, l'esprit le plus bouché   5
Y reconnût mon portrait tout craché.
Il dit, il prend une argille ensouffrée,
Des eaux du Styx embuë et pénetrée,
Il en modéle un Chef-d'œuvre naissant,
Pétrit son homme, et rit en pétrissant.   10
D'abord il mit sur une tête immonde
Certains poils roux que l'on sent à la ronde;
Ce crin de juif orne un cuir bourgeonné,

a   MS1: La Crépinade contre Rousseau. Par Voltaire
    MS2: La Crespinade ou le portrait de Roy par voltaire
    MS3: La Crepinade Allegorie Contre Mr Rousseau attribuée a M. Roy
    MS4: La Crepinade de Voltaire sur Rousseau
    D37: LA CRÉPINADE. Attribuée au même [*à la suite du Mondain*]
1   MS4: du loisir
    W64R: à loisir
2   W64R: mon desir
3   MS1, MS4: Quelqu'animal
4   W64R: à rebours
6   MS1: esprit *surligné à* portrait
    M36: mon petit portrait [M36*: petit *cancelé*]
    D37: esprit
7   MS1, MS2, MS4, W64R: et prend
9   MS2, D37: modele
    MS1: modele *surligné à* chef-d'œuvre
    W64R: en naissant,
11 MS1, MS2, W64R, K84, PS88: met
12 W64R, K84, PS88: Certain poil
13 MS3: Le Crin
    M36: Ce brin [M36*: *correction de* brin *en* crin]

Un front d'airain, vrai casque de Damné;
Un sourcil blanc cache un œil sombre et louche;
Sous son nez large il tord sa laide bouche;
Satan lui donne un ris Sardonien
Qui fait frémir les pauvres gens de bien,
Col de travers, omoplatte en arcade,
Un dos ceintré propre à la bastonnade;
Plus il lui souffle un esprit imposteur,
Traître, rampant, satyrique et flatteur.
Rien n'épargnoit: il voit remplir la bête
De fiel au cœur, et de vent dans la tête.
Quand tout fut fait, Satan considera
Ce beau Garçon, le baisa, l'admira,
Endoctrina, gouverna son ouaille;
Puis dit: Allons, il est temps qu'il rimaille.
Aussi-tôt fait, l'animal rimailla,
Monta sa Vièle, et Rabelais pilla;
Il griffonna des Ceintures magiques,
Des Adonis, des Ayeux chimériques;
Dans les cafés il fit le bel esprit;

15 MS1, MS3, W64R, PS88: couvre
MS4: couvre son
16 K84, PS88: un nez
17 MS1: air *surligné à* ris
D37: air
19 K84: Cou
21 W64R: Puis
22 MS1, MS2, MS4, D37, PS88: Traître et rampant
23 MS1, MS2, MS3, D37, W64R, K84, PS88: il vous remplit
MS4: fournit
24 MS2, D37: à la tête
28 MS2, K84: dit à tous
D37: Puis, il dit
30 MS2: moula
MS4: monte

Il vous chanta Sodome et Jesus-Christ;
Il fut sifflé, battu pour son mérite,   35
Puis fut errant, puis il fut hypocrite;
Enfin final à son père il alla.
Qu'il y demeure: Or je veux sur cela
Donner au Diable un conseil salutaire.
Monsieur Satan, lorsque vous voudrez faire   40
Quelque bon tour au chétif Genre humain,
Prenez-vous-y par un autre chemin,
Ce n'est le tout d'envoyer son semblable:
Pour nous tenter, Crépin, votre féal,
Vous servant trop, vous a servi trop mal: 45
Pour nous damner, rendez le vice aimable.

34 MS4: Et nous [M36*: Il vous *cancelé remplacé par* Venus *surligné*]
    K84: Il nous
    PS88: Obscénités de rimes enrichit,
36 MS1-MS4, D37, W64R, K84, PS88: puis se fit
37 MS1, MS2: Et, pour finir,
38 W64R: ou je
41 MS4: Quelques beaux tours
43 MS2: la tout
45 MS2, K84, PS88: fort mal
    W64R: très-mal

Utile examen des trois dernières épîtres du sieur Rousseau

Edition critique

par

François Moureau

INTRODUCTION

Le 6 août 1736, Voltaire écrivait de Cirey à Thiriot: 'Tenez voici des réponses aux trois épîtres du doyen des fripons, des cyniques, et des ignorants qui s'avise de donner des règles de théâtre et de vertu, après avoir été sifflé pour ses comédies, et banni pour ses mœurs. [...] Mettez cela dans vos archives' (D1125). Il s'agit sans doute de la première référence à l'*Utile examen* par lequel Voltaire répliquait à la publication parisienne des *Epîtres nouvelles du s^r Rousseau*[1] qui avaient été données pour les quatre premières dès les *Œuvres diverses du Sieur R*** (Soleure, Ursus Heuberger, 1712, p.153-203) et, pour les dernières, dans ses récentes *Œuvres diverses* (Amsterdam, François Changuion, 1734, ii.3-84); ce recueil était composé de trois pièces inédites: une 'Epître VII. Au R. P. Brumoy, auteur du *Théâtre des Grecs*' (p.3-16),[2] une 'Epître VIII. A Thalie' (p.17-30) et une 'Epître IX. A M. Rollin' (p.31-45). Approuvé par le censeur La Serre[3] le 22 juin 1736 ('je crois qu'elles seront agréablement reçûës du public'),[4] cet ouvrage

---

[1] Paris, Rollin fils, 1736, 45-(1) p. BnF: Z Beuchot 1742. Arsenal: 8° BL 9341: ex. La Vallière avec erratum ms. p.24.

[2] BnF, ms. N15008, f. 66; dans une lettre d'août 1736 à Jean-Baptiste Rousseau, le P. Brumoy fait l'éloge de ces épîtres contre les détracteurs du poète.

[3] L'auteur dramatique Jean-Louis Ignace de La Serre.

[4] En fin de volume, une note indique: 'Le Privilege des Epitres de M. Rousseau se trouve dans l'ouvrage intitulé: *Les Principes de l'histoire pour la jeunesse, divisée par année, par leçons, demande & réponse* par M. l'Abbé Langlet du Fresnoy'. Le tome i de cette œuvre de Lenglet Du Fresnoy reproduit un privilège collectif délivré au libraire Jean de Bure l'aîné le 7 septembre 1736 pour trois publications, mais sans faire mention de la brochure de Rousseau (Arsenal: 8° H 71: exemplaire de l'inspecteur de la librairie, Joseph d'Hémery avec ses annotations). L'approbation des *Principes* est du 15 mai 1736. Le 'Registre de la librairie' (BnF, ms., F.2 21996, n° 3825) indique bien une demande de privilège présentée le 8 mai pour les deux ouvrages et un privilège général à Rollin 'pour 6 ans du 17 juillet 1736': la brochure de Rousseau semble avoir été ajoutée à la demande de Rollin, sans qu'il soit clair que le privilège la concerne. Rollin dut céder à De Bure le privilège des *Principes*. Un

faisait, de toute évidence, partie de la campagne de réhabilitation du poète exilé menée par ses amis parisiens et qui n'aboutit pas, malgré le séjour incognito de Rousseau à Paris en 1739. La brochure ne se trouve pas dans la bibliothèque de Voltaire conservée à Saint-Pétersbourg.

L'*Utile examen* participe étroitement de la guerre qu'il mène alors contre le couple Rousseau–Desfontaines et qui nourrit la correspondance voltairienne de l'année 1736. *La Crépinade* fut l'exécution, en quelques vers de la personne de Rousseau; l'*Utile examen* vise à détruire le poète et l'auteur dramatique. Voltaire s'était personnellement senti agressé dans ce volume publié avec privilège par la librairie parisienne, mais, hormis quelques vers de l'épître au P. Brumoy qui pouvaient lui être rapportés (p.6-7) et qui, sans le citer nommément, évoquaient une 'Muse avanturière', 'un aspirant timide', puis un 'Docteur intrépide' habile à 'inonder tout Paris / D'un Ocean de perfides écrits', l'épître parlait généralement d'un théâtre 'avili' depuis 'trente ans'.[5] Elle s'en prenait au style de Quinault et à ses 'Pandectes galantes', à Crébillon et à son 'faux sublime', à Marivaux, enfin, et à son 'trait alambiqué'. L'épître à Thalie revenait sur cette condamnation du théâtre métaphysique et de Marivaux au nom de la 'Muse comique', la *doxa* Térence-Molière (p.24):

> Enfin c'est lui qui de vent vous nourrit
> Et qui toûjours courant après l'esprit
> De Malebranche éleve fanatique

---

autre registre signale, sans date, une demande particulière de privilège pour les épîtres seules, mais la décision n'est pas indiquée ('Repertoire alphabetique de tous les ouvrages présentez et des privilèges obtenus', BnF, ms., F.2 21975, n° 3864: 'Epitres nouvelles du sr Rousseau'). L'impression des *Epîtres nouvelles* est évidemment antérieure au mois d'août. Début septembre, Voltaire en a eu de larges échos par ses amis parisiens (D1141; à Thiriot, 5 septembre).

[5] Dans une de ses lettres à Rousseau, Claude Brossette interroge son ami sur les allusions personnelles, au demeurant peu claires, de l'épître au P. Brumoy (*Correspondance de Jean-Baptiste Rousseau et de Brossette*, Paris 1911, p.211: lettre du 25 décembre 1736).

Met en crédit ce jargon dogmatique
Ces argumens, ces doctes rituels,
Ces entretiens fins et spirituels,
Ces sentimens que la Muse tragique
Non sans raison réclame et revendique
Et dans lesquels un acteur charlatan
Du cœur humain nous décrit le Roman.

Ce 'froid sermon passé par l'alembic' (p.25) ne pouvait d'aucune manière désigner Voltaire. Quant à la troisième épître dédiée à Charles Rollin, présenté comme le modèle de l'écrivain savant et la vertueuse victime de la cabale, il n'en est pas question dans l'*Utile examen*, bien que le titre en fasse mention.

Cela autorise à se demander si le texte de Voltaire publié dans l'édition de Kehl (K84, K85), qui en est l'unique source, est bien complet de toutes ses parties. Wagnière mettait en cause l'attribution à Voltaire[6] et diverses considérations pourraient militer en faveur de cette hypothèse: les parallèles entre des vers de Boileau, de *La Henriade* et de Rousseau lui-même tiennent de l'exercice d'école peu maîtrisé; l'éloge de 'grands ouvrages' comme *La Henriade* ou *Alzire* (avec le *Rhadamiste et Zénobie* de Crébillon pour faire bonne mesure libérale) et la multiplication des exemples tirés de *La Henriade* même ne sont certainement pas la manière la plus ingénieuse de répliquer au grand lyrique, même si ce type de référence semble signer le texte. Mais l'attribution ne vient-elle pas en partie de la présence de ces vers de Voltaire? De fait, le texte semble tronqué ou délaissé en cours de rédaction: après un préambule destiné à contester à Rousseau le titre de poète original, l'*Utile examen* fait une étude essentiellement stylistique des deux premières épîtres nouvelles; c'est seulement dans un des derniers paragraphes ('Je ne connais effectivement') qu'il commence à en

---

[6] Andrew Brown, 'Calendar of Voltaire manuscripts other than correspondence', *SVEC* 77 (1970), p.71: 'Notes, et remarques de Wagnière' sur l'édition de Kehl, 1785 (Saint-Pétersbourg, GpbV 4-247): t.xlvii, *Mélanges*, 1er: 'Les pièces contenues dans ce volume sont de Mr de V. excepté, *Les Conseils à Racine*, p.448; *L'examen des trois Epîtres de Rousseau*, p.463; *Le préservatif* (p.504) qui est d'un Mr. de La Marre'.

envisager le contenu. Les deux ultimes paragraphes reviennent ensuite à la mise en cause morale du poète. Il est clair que 'l'examen' des trois épîtres est à peine ébauché et leur contenu totalement occulté. Sommes-nous en présence d'un brouillon abandonné? Cela est assez vraisemblable. L'existence d'un manuscrit autographe de ce qui semble bien être ce commentaire ou son ébauche confirme à la fois que l'*Utile examen* est de Voltaire et que, soit par lassitude de l'écrivain, soit par le hasard de la transmission manuscrite, nous ne possédons que des fragments d'une œuvre inaboutie ou perdue.

La librairie parisienne Jacques Lambert proposait en 1957 un catalogue *Voltaire. Autographes et documents* où l'on relevait sous le numéro 26 quatre pages autographes intitulées: 'Préface' (L36). Il s'agissait du commentaire littéraire fait par Voltaire sur deux des trois épîtres de Rousseau consacrées au théâtre. Sur ces quatre pages, une et demie étaient rayées – les dernières – et prouvaient que Voltaire avait renoncé à développer son texte. Quelques-uns de ses passages se retrouveront dans la *Vie de M. J.-B. Rousseau*. La localisation actuelle du manuscrit étant inconnue, nous reproduisons la notice du catalogue où le texte original de Voltaire est signalé en italique:

Voltaire, combattant la thèse soutenue dans la seconde épître, prétend que les auteurs modernes depuis Molière ont fait de bonnes comédies: *Il y a quelques mois qu'il parut trois épitres en vers dans lesquelles l'auteur des* Ayeux chimériques, *du* Capricieux, *du* Caffé, *etc. osoit donner des règles de teatre et insulter à tous ceux qui ont réussi dans cette carrière où il a échoué… Il court dans le public une réponse en vers manuscritte. Si elle avoit été beaucoup plus courte et moins pleine d'injures, on ose dire que ce seroit un excellent ouvrage.*

L'auteur de cette réponse, prenant la défense des modernes, *étoit surtout indigné de voir les efforts que fait l'envie dans les trois épitres dont il est question pour tâcher de persuader que depuis Molière les français n'ont point de bonnes pièces, comme si le* Joueur, le Grondeur, Œsope à la cour, les Menecmes, l'Esprit de contradiction, la Coquette de village, le Florentin, le Galant Jardinier, la Pupille *n'étoient pas des pièces charmantes.*

La partie cancelée faisait suite à ces premières réflexions qui s'articulaient exactement avec le paragraphe introductif au commentaire ébauché dans l'*Utile examen*. Diverses allusions permettent de dater ce brouillon; il ne peut être antérieur à l'automne 1736: les épîtres de Rousseau ont paru 'il y a quelques mois' et Voltaire connaît la pièce en vers qui y fit réponse et qui explique à notre sens que l'auteur de *La Henriade* ait renoncé à aller plus loin dans sa propre réplique. En effet, il écrit à Berger vers le 5 septembre 1736 (D1142):

Je ne sais ce que c'est que cette énorme réponse de huit cents vers aux fastidieuses épîtres de Rousseau. Si cela est passable, je la veux avoir [...] Franchement et toute réflexion faite, je prends peu de part à toutes ces petites querelles, et quand je lis Newton, Rousseau, l'auteur des trois épîtres et des Aïeux chimériques, me paraît un bien pauvre homme. Je suis honteux de savoir qu'il existe.

Il attribue alors cette pièce de vers à Pierre-Claude Nivelle de La Chaussée (D1142 et D1149) ou à Bernard-Joseph Saurin, fils de l'ancien adversaire de Rousseau (D1152). [7] Diffusée en manuscrit, la *Réponse aux trois épîtres nouvelles du sieur Rousseau* ('De Melpomène ignorant pédagogue / Qui sur le Pinde aboyant comme un dogue') [8] mettait en pièces de façon efficace la dernière production de Rousseau et rendait à peu près inutile et redondante le propre 'examen' de Voltaire. Sa lettre à l'abbé d'Olivet du 17 septembre (D1148) indique clairement sa volonté d'en rester là dans des 'injures' qui font 'la honte des lettres et de l'humanité'. Le contraste était évident avec ce qu'il pensait un mois plus tôt: 'J'ai lu les trois épîtres de l'auteur du Capricieux, des Aïeux chimériques, du Caffé, &c. qui donne des règles de théâtre, de l'auteur des couplets, qui parle de morale. Il me semble que je vois Pradon

[7] Attibution incertaine. L'œuvre ne se trouve recueillie ni dans les œuvres de La Chaussée (Paris, Prault fils, 1762, 5 vols) ni dans celles de Saurin (Paris, Veuve Duchesne, 1783, 2 vols).

[8] BnF: Ye 24946: fragment d'un recueil s.l.n.d. paginé 25-48, d'origine hollandaise (imprimeur de la *Voltairomanie* de l'édition de 1739 sous l'adresse de Londres). Le catalogue de la BnF l'attribue à La Chaussée.

enseigner Melpomene et Rolet endoctriner Themis' (D1129, à Berger, vers le 15 août). L'obsession des '3 épîtres de Rousseau' le travaille malgré tout (D1141, à Thiriot, Cirey, 5 septembre); il y revient encore en octobre (D1168 à Thiriot, 15 octobre). Il envoie alors son *Utile examen* à Paris, et pour le moins à d'Argental. Le 1er décembre, Voltaire s'enquiert auprès de lui: 'Qu'avez-vous ordonné du sort de ce petit écrit sur les trois infâmes épîtres de mon ennemi? Vous sentez qu'on obtient aisément d'imprimer contre moi, mais quiconque prend ma défense est sûr d'un refus. En vérité méritai-je d'être ainsi traité dans ma patrie?' (D1214). Ensuite, il n'est plus question de l'*Utile examen*.

Manuscrit et éditions

Manuscrit

L36

'Préface'. Catalogue Jacques Lambert, 1957: 'Voltaire. Autographes et Documents', n° 26: 4 p., in-4°, autographe.

Editions

K84

OEUVRES / COMPLETES / DE / VOLTAIRE. / TOME QUARANTE-SEPTIEME. / [Kehl] De l'Imprimerie de la Société littéraire-typographique/1784. 8°: t.xlvii, 'MELANGES LITTERAIRES', p.463-72. BnC 167.
Paris, BnF: Rés. 8° p. Z. 2209. Arsenal: 8° BL 34066

K85

Œuvres complètes de Voltaire, [Kehl] Société littéraire-typographique, 1785-1789, 70 vols, 8°: xlvii.463-72. BnC 173.
Paris, BnF: Rés. Z. 4563. Arsenal: 8° BL 34067.

Principes de cette édition

Texte de base K84.

Traitement du texte de base

On a respecté l'orthographe des noms propres de personnes et de lieux. Par ailleurs, le texte de Kehl a fait l'objet d'une modernisation portant sur la graphie et l'accentuation. Les particularités du texte de Kehl dans ces domaines étaient les suivantes:

1. Consonnes
- absence de la consonne *t* dans les finales en *-ans* et en *-ens*: inconvéniens, méchans, ornemens, bruyans, clinquans, errans
- présence d'une seule consonne dans: siflé

2. Voyelles
- emploi de *i* à la place de *y* dans: cinique

3. Accents
- L'accent circonflexe est présent dans: reçû
- Le tréma est présent dans: poëme, poëtique, reçûës

4. Le trait d'union:
- il a été employé dans: très-bon, très-reconnue, très-souvent, très-mauvaise, très-grande, très-méchans, non-seulement, par-tout, c'est-là

5. Graphies particulières
- l'orthographe moderne a été rétabli dans: encor (sauf dans les vers)

6. Divers
- Emploi de la perluette
- Titres d'ouvrages en romain: Alzire, La Henriade, Rhadamiste
- Noms de personnes en italique: *Despréaux, François I, Louis XIV, Rousseau.*

UTILE EXAMEN
DES TROIS DERNIÈRES ÉPÎTRES
DU SIEUR ROUSSEAU

Les esprits sages, dans le siècle où nous vivons, font peu d'attention aux petits ouvrages de poésie. L'étude sérieuse des mathématiques et de l'histoire, dont on s'occupe plus que jamais, laisse peu de temps pour examiner si une ode nouvelle ou une petite épître sont bonnes ou mauvaises. Il n'y a guère que les grands ouvrages tels qu'un poème épique comme la *Henriade*, et des tragédies telles que *Rhadamiste* et *Alzire*, qu'on veut examiner avec soin. Cependant rien n'est à mépriser dans les belles-lettres, et le goût peut s'exercer à proportion sur les plus petits ouvrages comme sur les plus grands.

Voici deux règles, regardées comme infaillibles par de très bons esprits, pour juger du mérite de ces petites pièces de poésie. Premièrement, il faut examiner si ce qu'on y dit est vrai, et d'une vérité assez importante et assez neuve pour mériter d'être dit. Secondement, si ce vrai est énoncé d'un style élégant et convenable au sujet.

Les nouvelles épîtres de Rousseau qu'on débite depuis peu, ne paraissent rien contenir qui mérite l'attention du public; ce n'est pas la peine de faire mille vers pour dire qu'il y a de mauvaises pièces de théâtre et des ouvrages que l'on voudrait rabaisser; c'est seulement dire en mille vers: *Je suis mécontent et jaloux*. Or en cela il n'y a rien de neuf ni d'important: c'est une vérité très reconnue et très peu intéressante qu'un auteur est jaloux d'un autre auteur.

On a toujours reproché à Rousseau d'avoir peu de génie inventif, et de ne mettre en vers que les pensées des autres. Ce reproche semble assez bien fondé; car si vous examinez la neuvième satire de Despréaux, adressée *à son esprit,* dans laquelle il dépeint si naïvement les inconvénients de la poésie satirique, vous verrez que les épîtres *aux Muses* et *à Marot*, composées par Rousseau, n'en sont que des copies. Lisez la satire de Despréaux *à Valincourt*, vous y verrez comment le faux honneur est venu sur la terre prendre les traits et le nom de l'honneur véritable. Cette idée est répétée dans la plupart de ces pièces que Rousseau appelle ses allégories.

Un auteur fait excuser en lui ce peu de fécondité, quand il ajoute au moins quelque chose à ce qu'il emprunte; mais quand Rousseau mêle de son fonds à ces idées, il y mêle des erreurs.

Y a-t-il, par exemple, rien de plus faux que de dire:

> Et cherchez bien *de Paris jusqu'à Rome*,
> *Onc* ne verrez sot *qui soit honnête homme*. [1]   40

Je ne relève point cette façon de parler, *de Paris jusqu'à Rome*, je ne relève que l'erreur grossière et dangereuse qui règne dans ces vers et dans tout le reste de l'ouvrage: qui ne sait, par une triste expérience, que beaucoup de gens d'esprit ont été de très méchants hommes, et qu'un honnête homme est souvent un esprit fort borné?   45

L'erreur en prose est un monstre, et en vers un monstre ridicule. Les ornements recherchés de la rime ne rendent pas vrai ce qui est faux, mais le rendent impertinent.

Ce n'est pas assez que le vrai soit la base des ouvrages; il faut que la matière soit importante, il faut dire des choses intéressantes et   50 neuves. Quel misérable emploi de passer sa vie à dire du mal de trois ou quatre auteurs, à parler de tragédies, de comédies, à se déchaîner contre ses rivaux? quel bien peut-on faire aux hommes en choisissant de tels sujets? à qui plaira-t-on? quelle gloire peut-on acquérir? Quelques personnes lisent ces petites satires: elles disent, après les   55 avoir lues, qu'il vaudrait beaucoup mieux instruire en faisant une bonne tragédie et une bonne comédie qu'en parlant mal de ceux qui en font; mais cette manière d'instruire serait plus difficile.

Il faudrait au moins sauver la petitesse de ces sujets par l'élégance du style: c'est la seule ressource quand le génie est   60 médiocre. Mais le style des dernières épîtres de Rousseau est, ce me semble, beaucoup plus répréhensible encore que les sujets mêmes, et c'est sur quoi on peut faire ici quelques réflexions utiles.

Le style doit être propre au sujet. Le grand mérite des bons auteurs du siècle de Louis XIV est d'avoir tout traité convenable-   65 ment. Despréaux, en traitant des sujets simples, ne tombe point dans le bas; il est familier, mais toujours élégant. Les termes de sa

---

[1] J.-B. Rousseau, 'Epître III. A Clément Marot' (Soleure 1712), p.186.

langue lui suffisent; il ne va point chercher dans la langue qu'on parlait du temps de François Ier, de quoi exprimer sa pensée, ni un terme usité par la populace, pour tâcher d'être plus comique. Lisez 70 ce qu'il dit à M. Racine dans cette belle épître qu'il lui adresse:

> Cependant laisse ici gronder quelques censeurs
> Qu'aigrissent de tes vers les charmantes douceurs. [2]

Vous ne verrez dans cette simplicité que les termes les plus nobles.

C'est une justice encore que l'on rend à l'auteur de la *Henriade* 75 de n'avoir mis dans ce poème rien de bas ni d'ampoulé. Dans la description la plus pompeuse il est simple.

> Alors on n'entend plus ces foudres de la guerre,
> Dont les bouches de bronze épouvantaient la terre:
> Un farouche silence, enfant de la terreur,   80
> A ces bruyants éclats succède avec horreur.
> D'un bras déterminé, d'un œil brûlant de rage,
> Parmi ses ennemis chacun s'ouvre un passage.
> On saisit, on reprend, par un contraire effort,
> Ce rempart teint de sang, théâtre de la mort.   85
> Dans ses fatales mains la fortune incertaine
> Tient encor près des lis l'étendard de Lorraine.
> Les assiégeants surpris sont partout terrassés,
> Cent fois victorieux, et cent fois renversés;
> Pareils à l'océan poussé par les orages,   90
> Qui couvre à chaque instant et qui fuit ses rivages. [3]

On voit que l'imagination est là dans les choses mêmes, et non dans une expression recherchée.

Qu'on jette les yeux sur les images les plus communes; par exemple, quand l'auteur dit que Paris n'était pas si grand alors 95 qu'aujourd'hui:

> Paris n'était point tel en ces temps orageux
> Qu'il paraît en nos jours aux Français trop heureux.

[2] N. Boileau, 'Epître VII, A Monsieur Racine', dans *Œuvres* (Paris 1713), p.149.
[3] *La Henriade*, chant VI, vers 247-60 (*OC*, t.2, 1970, p.501-502). Vers 249: 'fureur' et non 'terreur'; vers 257-58: 'renversés' et 'terrassés' sont inversés à la rime.

Cent forts qu'avaient bâtis la fureur et la crainte,
Dans un moins vaste espace enfermaient son enceinte.   100
Ces faubourgs aujourd'hui si pompeux et si grands,
Que la main de la paix tient ouverts en tous temps,
D'une immense cité superbes avenues,
Où cent palais dorés se perdent dans les nues,
N'étaient que des hameaux de remparts entourés, etc.[4]   105

Toute cette image est ennoblie sans le secours d'aucun mot inusité; et c'est là une preuve bien convaincante que la langue française suffit à tout.

Quand le même auteur veut exprimer que Gabrielle d'Estrées était jeune, et qu'elle n'avait point eu d'amants, il dit: 110

Elle entrait dans cet âge, hélas! trop redoutable,
Qui rend des passions le joug inévitable:
Son cœur fait pour aimer, mais fier et généreux,
D'aucun amant encor n'avait reçu les vœux;
Semblable en son printemps à la rose nouvelle,   115
Qui renferme en son sein sa beauté naturelle,
Cache aux vents amoureux les trésors de son sein,
Et s'ouvre aux doux regards d'un jour pur et serein.[5]

Enfin on peut dire que le caractère propre d'un auteur raisonnable est de n'être jamais gêné dans ses expressions, soit   120
qu'il soit tendre, soit qu'il soit sublime, soit qu'il soit plaisant, ou qu'il prenne le ton didactique.

On voit dans Rousseau tout le contraire de ce style aisé et naturel; il semble qu'il lui coûte d'écrire en français.

Lorsque Despréaux dans son art poétique parle des auteurs du   125
théâtre, quelle simplicité et quelle élégance!

Vous donc qui d'un beau feu pour le théâtre épris,
Venez en vers pompeux y disputer le prix,

[4] Chant VI, vers 173-81 (*ibid.*, p.499). Vers 178: 'tout temps'; vers 180-81: 'Où nos palais dorés se perdent dans les nues / Etaient de longs hameaux d'un rempart entouré'. '[...] cent palais': leçon des éditions 28a-33.
[5] Chant IX, vers 173-80 (*ibid.* p.583-84). Vers 180: 'rayons' au lieu de 'regards'.

> Voulez-vous sur la scène étaler des ouvrages,
> Où tout Paris en foule apporte ses suffrages,   130
> Et qui, toujours plus beaux, plus ils sont regardés,
> Soient au bout de vingt ans encor redemandés, etc. [6]

Rousseau, qui veut l'imiter, dit dans une de ses nouvelles épîtres:

> De ses beautés nous déterrer la source,   135
> Et démêler les détours sinueux
> De ce dédale oblique et tortueux,
> Ouvert jadis par la sœur de Thalie, etc. [7]

Ces trois épithètes *oblique*, *sinueux* et *tortueux*, données au *dédale* de la tragédie, sont aussi forcées qu'inutiles; et *la sœur de* 140 *Thalie*, au lieu de *Melpomène*, est une affectation que la rime justifierait, si la rime était une excuse. Despréaux dit, avec son harmonie charmante:

> Que devant Troie en flamme Hécube désolée,
> Ne vienne point pousser une plainte ampoulée.   145
> Il faut dans la douleur que vous vous abaissiez;
> Pour me tirer des pleurs il faut que vous pleuriez:
> Et ces pompeux amas d'expressions frivoles
> Sont d'un déclamateur amoureux de paroles. [8]

Voici comme s'exprime le copiste: 150

> Cet emphatique et burlesque étalage
> D'un faux sublime enté sur l'assemblage
> De ces grands mots, clinquants de l'oraison,
> Enflés de vent et vides de raison,
> N'est qu'un vain bruit, une sotte fanfare. [9]   155

---

[6] N. Boileau, *L'Art poétique*, chant III, dans *Œuvres* (Paris 1713), p.208.

[7] J.-B. Rousseau, 'Epître VII. Au R. P. Brumoy' (Paris 1736, p.3-4).

[8] N. Boileau, *L'Art poétique*, chant III (Paris 1713, p.213). Ces six vers mis dans un ordre nouveau comportent de minimes variantes.

[9] J.-B. Rousseau, 'Epître VII. Au R. P. Brumoy' (1736, p.4-5). Le vers initial commence en fait par: 'Que l'emphatique'. L'attaque de Rousseau est dirigée contre Crébillon.

347

Il n'y a rien de plus rude que ces vers, ni de plus louche que ces expressions. *Un clinquant enflé de vent*, enté *sur un assemblage*, qui *est une sotte fanfare*, est une phrase digne de Chapelain. C'est le sort des copistes d'imiter les gestes de leurs maîtres par des contorsions.   160

Voilà ce que le style de Rousseau est très souvent par rapport à celui de Despréaux. Il était permis dans l'enfance de la littérature de dérober quelque chose aux anciens, et de rester au-dessous d'eux; mais si l'on veut imiter un moderne, on n'évite guère le nom de plagiaire qu'en surpassant son modèle. Mais on le surpasse   165 rarement: il y a toujours un tour lâche ou contraint dans le pinceau de l'imitateur.

Voici, par exemple, un endroit de la *Henriade* qu'il faut comparer à l'imitation que Rousseau en a faite quelques années après l'impression de ce poème: 170

> Loin du faste de Rome et des pompes mondaines,
> Des temples consacrés aux vanités humaines,
> Dont l'appareil superbe impose à l'univers,
> L'humble religion se cache en des déserts:
> Elle y vit avec Dieu dans une paix profonde;   175
> Cependant que son nom, profané dans le monde,
> Est le prétexte saint des fureurs des tyrans,
> Le bandeau du vulgaire et le mépris des grands.[10]

Rousseau, dans une de ses dernières allégories, dit de la vertu:

> Dans un désert éloigné des mortels,   180
> D'un peu d'encens offert sur ses autels,
> Et des douceurs de son humble retraite,
> Elle vivait contente et satisfaite:
> Là, pour défense et pour divinité,
> Elle n'avait que sa sécurité.[11]   185

On ne peut rien de plus faible que ces vers; d'ailleurs tout y

---

[10] *La Henriade*, chant IV, vers 263-70 (*OC*, t.2, 1970, p.452-53).
[11] J.-B. Rousseau, 'La Vérité. Allégorie VI', dans *Œuvres diverses* (Amsterdam 1734), ii.192.

manque de justesse. Si le désert est éloigné des hommes, on n'y peut faire fumer d'encens. Et la divinité de la vertu est-elle la sécurité?

Ces comparaisons mèneraient trop loin. Le peu qu'on vient de dire suffit pour engager les jeunes auteurs à oser penser d'après eux-mêmes. Celui qui imite toujours ne mérite assurément pas d'être imité. 190

On les exhorte surtout à respecter la langue dans leurs écrits. La plupart des expressions de Rousseau ne sont pas françaises. 195

Des débiles phosphores qui brillent dans de grands météores; un docteur intrépide; un océan d'écrits perfides; des égrefins sur le Parnasse errants; [12] *un babil qui tient la joie en échec; une mer de langueurs*, etc. etc.

Tout est plein de ces phrases barbares, dans lesquelles on sent l'effort d'un auteur qui veut suppléer par des termes singuliers à la sécheresse des idées. 200

Mais le défaut qu'il faut le plus soigneusement éviter, et celui qui caractérise le plus un esprit faux, c'est de commencer une phrase par une image, et de la finir par une autre image. En voici un exemple dans les épîtres nouvelles: 205

> De tout le vent que peut faire souffler
> Fatuité sur sottise greffée,
> Dans les fourneaux d'une tête échauffée. [13]

Cette phrase, *fatuité greffée*, est certainement très mauvaise; mais *une greffe qui fait souffler du feu dans un fourneau*, est le comble de la déraison. Rousseau tombe très souvent dans cette faute *d'écolier*: témoin ce *sublime enté qui est du clinquant et une fanfare*. 210

Dans un autre endroit il dit: *L'orgueil aveugle présentant de*

---

[12] Les expressions qui précèdent se trouvent, plus ou moins sous cette forme, dans l'Epître VII. Au R. P. Brumoy' (1736, p.7) et font partie des vers dirigés contre Voltaire; celles qui suivent se rencontrent dans l'Epître VIII. A Thalie' (1736, p.26, 28).

[13] J.-B. Rousseau, 'Epître VII. Au R. P. Brumoy' (1736, p.10: les deux derniers vers sont inversés).

perfides amorces, mine les forces par degrés d'un corps orné d'embon-   215
point. On ne saurait trop recommander aux jeunes gens d'éviter cet
écueil. La justesse est la principale qualité qu'il faut acquérir dans
l'esprit. *Sapere est principium et fons.*[14]

La convenance des styles dépend aussi de cette justesse; c'est en
manquer que de se servir d'expressions basses; de dire, par   220
exemple, que la fureur d'écrire

> *Est une gale, un ulcère tenace,*
> *Qui de son sang corrompt toute la masse.*[15]

Le génie de la comédie émancipé par Térence; l'intégrité du théâtre
romain, pour dire le bon goût du théâtre romain; la *dissemblance*,   225
pour la différence; *le flanc d'une façade*; un mur avancé qu'il faut
enfoncer, au lieu de reculer; *une symétrie qui vieillit dans la*
pédanterie; un génie dans un berceau qui manque d'un maître habile
à l'essayer.[16]

On trouve à chaque ligne de pareilles phrases. Ce n'est pas là, dit-   230
on, le plus grand défaut qui y règne; l'uniformité didactique est
encore plus ennuyeuse que ces expressions ne sont révoltantes. Mais
j'observerai que cette uniformité et ces termes vicieux partent du
même principe: je veux dire, du manque d'invention, du défaut
d'idées; car celui qui a beaucoup d'idées nettes, a certainement   235
beaucoup d'idées différentes; il exprime naturellement, et d'une
manière variée, ce qu'il pense naturellement. Mais celui qui ne pense
point ne peut varier son style, puisqu'en effet il n'a rien à dire.

Je ne connais effectivement rien de plus vide que ces trois
épîtres nouvelles. Mais le plus grand défaut que j'y trouve, c'est le   240
manque de bienséance. Il me semble qu'un poète qui, pour tous
ouvrages de théâtre, a fait *le café, la ceinture magique, Jason,*
Adonis, le capricieux, le flatteur, et surtout *les aïeux chimériques,*

---

[14] 'Scribendi recte sapere est et principium et fons' (Horace, *Art poétique*, vers 309).

[15] J.-B. Rousseau, 'Épître VII. Au R. P. Brumoy' (1736, p.13; le vers commence différemment: 'C'est une gale').

[16] Les expressions citées dans ce paragraphe viennent de l''Epître VIII. A Thalie' (1736, p.17, 18, 20, 21).

ouvrages tous ignorés,[17] devait au public le respect de parler avec modestie de l'art dramatique. Il faut avoir eu bien des succès pour être en droit de donner des leçons. Rien n'est si révoltant aux yeux des honnêtes gens qu'un homme qui donne des règles sur un métier auquel il n'a pas réussi. 245

C'est pécher encore davantage contre cette bienséance si nécessaire que de parler *de sa vertu*. Cet éloge de soi-même n'eût pas été souffert dans la vertu même. Quand on a eu le malheur de faire de très grandes fautes pour lesquelles on a été puni par les tribunaux suprêmes, on doit marquer pour toute vertu, du repentir et de l'humilité. 250

Les jeunes auteurs doivent donc songer que les mauvaises mœurs sont encore plus dangereuses que le mauvais style; ils doivent apprendre à imiter Boileau, non seulement dans l'art d'écrire, mais même dans sa vie.[18] 255

[17] *Le Café* (Comédie-Française, 1694, un acte en prose); *La Ceinture magique*, 'petite comédie représentée devant le roi au mois de février 1701' (un acte en prose dans le style italien); *Jason, ou la Toison d'or* (Académie royale de Musique, 1696, tragédie lyrique en un prologue et cinq actes, musique de Pascal Colasse), *Vénus et Adonis* (Académie royale de musique, 1697, tragédie lyrique, musique d'Henry Desmarest); *Le Capricieux, ou les Apparences trompeuses* (Comédie-Française, 1700, cinq actes en vers); *Le Flatteur* (Comédie-Française, 1696, cinq actes en prose, mis ensuite en vers); *Les Aïeux chimériques, ou la comtesse de Critognac* (cinq actes en vers, non représentés). Sans être des triomphes, la plupart des ouvrages dramatiques de Rousseau, sauf *Jason*, eurent un certain succès à leur création et furent parfois repris, comme *Vénus et Adonis* (Lunéville 1707, Paris 1717, Lille 1720, Hambourg 1725) ou *Le Flatteur*.

[18] Habile renvoi à Rousseau et à ses 'Vers. Pour mettre au bas du Portrait de Monsieur Despréaux' (*Œuvres diverses*, ii.320): 'La Vérité par lui démasqua l'Artifice, / Le Faux dans ses Ecrits par-tout fut combattu / Mais toujours au Mérite il sut rendre justice, / Et ses Vers furent moins la Satire du Vice, / Que l'Eloge de la Vertu.'

Au Prince royal de Prusse, sur l'usage de la science dans les princes

Edition critique

par

Christiane Mervaud

CONTENTS

INTRODUCTION

Cette épître, dédiée à Frédéric, la première d'une série qui en comprendra seize adressées au prince royal, puis au roi de Prusse, marque le début de relations où une place de choix a été réservée à la poésie. 'C'était des lettres en vers', ironise Voltaire évoquant, dans ses *Mémoires pour servir à la vie de M. de Voltaire*, les premières années de sa correspondance avec Frédéric et il ajoute: 'On a imprimé quelques-unes de ces fadaises dans le recueil de mes œuvres; et heureusement, on n'en a pas imprimé la trentième partie.'[1] Cette fadaise fut bel et bien imprimée au dix-huitième siècle dans maintes éditions des *Œuvres* de Voltaire; elle l'est aussi dans sa correspondance,[2] du moins dans des éditions modernes, son statut d'épître autorisant à la considérer à la fois comme un poème et comme une lettre en vers qui fut effectivement adressée à son destinataire.

Pour Voltaire, la question ne semble point souffrir le moindre doute: c'est un poème et non une lettre versifiée. Il l'intègre dans ses *Œuvres mélées de M. de Voltaire* (Genève 1742) et l'intitule 'Epître au Prince royal, depuis roi de Prusse, de l'usage de la science dans les princes'. Un manuscrit consulté par R. Koser et H. Droysen, non retrouvé par Th. Besterman, une copie faite pour la reine Sophie-Dorothée, portait comme titre: 'Au prince royal de Prusse, sur l'usage de la science dans les princes'.[3] Ecrivant à Berger, Voltaire déclare qu'il devait au prince royal 'plus que de la

---

[1] M.i.14. Les épîtres et stances adressées à Frédéric sont rapidement évoquées dans l'ouvrage de R. A. Nablow, *A study of Voltaire's lighter verse*, SVEC 126 (1974), p.209-18.

[2] D1157. Th. Besterman propose de la dater vers le 30 septembre 1736. R. Koser et H. Droysen l'avaient également intégrée dans leur *Briefwechsel Friedrichs des Grossen mit Voltaire*, 'Publikationen aus den K. preussischen Staatsarchiven' (Leipzig 1908-1911), i.7-10.

[3] Voir Koser et Droysen, i.10, et le commentaire de D1157.

prose'. Il le charge de remettre au ministre de Prusse un paquet cacheté contenant des 'vers peu châtiés'. A Thiriot, il précise qu'il a envoyé une réponse à Frédéric, sans doute en prose, et qu'il lui a adressé également 'une épître en vers', brochée à la hâte: 'L'ouvrage n'est pas fini. J'ai été deux heures à le faire, il faudrait être trois mois à le corriger, mais je n'ai pas de temps à perdre dans le travail misérable de compasser des mots.'[4] Un manuscrit conservé aux Archives nationales porte l'indication suivante: 'A Cirey en Champagne 9 8bre 1736', date plausible de ces premiers vers de Voltaire à Frédéric.

Ce texte se situe à la limite de l'espace public et de l'espace privé, et doit figurer à ce titre dans les *Œuvres complètes* en dehors de la *Correspondance*. Dédiée à un prince auquel elle est envoyée, cette épître circule sous forme manuscrite dans un cercle d'amis. Voltaire l'envoie à Berger, l'autorise à la communiquer à Thiriot, lequel 'a toujours les prémices', mais à condition que ces vers 'ne courent pas': 'Je ne veux pas que le public soit le confident de mon petit commerce avec le prince royal de Prusse.'[5] Que vaut ce souhait? Voltaire n'ignore pas que Thiriot-la-Trompette n'est pas un modèle de discrétion, qu'il montrera ces vers dans les sociétés où il est reçu. Cette épître sera parée, pour ceux qui en auront connaissance, des charmes d'une semi-clandestinité; elle sera appréciée entre initiés, et Voltaire désire que son commerce flatteur avec un prince royal ne soit pas ignoré de tous. Tout au plus, voudrait-il que ses vers ne soient pas imprimés sans son aveu. Il réitère donc cette recommandation le 15 octobre, puis en novembre.[6] Le 21 décembre, Mme Du Châtelet adresse à Thiriot un très ferme rappel à l'ordre, ce qui laisse penser que celui-ci n'avait point respecté les consignes de secret ou de demi-secret:

[4] D1160, *c*.1 octobre 1736, à Berger, et D1168, 15 octobre 1736, à Thiriot.

[5] Recommandation dont la portée doit être relativisée, car Voltaire, recevant la première lettre de Frédéric, avait grandement apprécié cet honneur: 'C'est au moins, mon ami, une consolation pour moi, que des têtes couronnées daignent me rechercher' (D1158, à Thiriot).

[6] D1168, D1211.

'C'est un dépôt que l'amitié vous a confié et à vous seul, ce serait un sacrilège de le violer.' D'ailleurs, Voltaire ne doit pas trahir la confiance d'un prince qui vivait sous la férule du Roi-Sergent. [7] En 1742, la conjoncture est tout autre, nul n'ignore les relations privilégiées de l'écrivain et de son Salomon du nord, le voyage de l'un en Prusse, l'impression de l'*Anti-Machiavel* du second, juste avant l'invasion de la Silésie, ayant fait du bruit. Voltaire avait de bonnes raisons de faire paraître les bons conseils qu'il avait naguère dispensés à Frédéric. Cette épître trouve place dans les *Œuvres mêlées de M. de Voltaire. Nouvelle édition revue, sur toutes les précédentes et considérablement augmentée* (Genève, Bousquet, 1742), et elle est suivie par l''Epître au roi de Prusse Frédéric le grand, en réponse à une lettre dont il honora l'auteur à son avènement à la couronne'. Cette édition que Voltaire estime 'la moins fautive et la plus complète'[8] de toutes celles qui ont jusqu'alors paru, a sans doute été préparée sous sa direction.

Qu'il ait été ou non deux heures à la faire, cette épître date de la fin de l'été 1736.[9] Le 8 août 1736, Frédéric avait rendu hommage, dans une missive très élaborée, aux ouvrages de Voltaire, à ces 'trésors d'esprit' qui font honneur à notre siècle et à l'esprit humain. Il avait célébré 'l'excellent poète' qui 'cadença des pensées métaphysiques'. *La Henriade* le 'charme'; il apprécie, dans *La Mort de César*, des sentiments 'grands et magnifiques', dans *Alzire*, 'les grâces de la nouveauté'; enfin il se montre sensible à l'élégance spirituelle du *Temple du goût*.[10] A celui qui se présentait en fin connaisseur de ses œuvres, Voltaire avait certes répondu par des considérations générales sur la poésie: 'les vers qui n'apprennent pas aux hommes des vérités neuves et touchantes ne méritent guère d'être lus'. Mais il ne suffisait pas de décrier vertueusement

---

[7] D1232, 21 décembre 1736. Mais Mme Du Châtelet autorise Thiriot à parler du présent envoyé par Frédéric.

[8] D2648, 1er septembre 1742, Voltaire à César de Missy.

[9] La date de 1738, qui se trouve dans les éditions à partir de 1756, est sans doute un lapsus.

[10] D1126, Frédéric à Voltaire.

les poètes satiriques, d'affirmer que l'auteur de *La Henriade* voulait inspirer de l'horreur 'pour les factieux, pour les persécuteurs, pour les superstitieux'.[11] Frédéric l'avait prié instamment de lui communiquer tous ses ouvrages, y compris des manuscrits qu'il était à propos de cacher aux yeux du public. Il entendait par là, sans oser le dire, quelques extraits de *La Pucelle*, sa curiosité ayant été avivée par des démarches infructueuses.[12] Pour Voltaire, il n'était point question de le satisfaire sur ce point,[13] mais pour combler l'attente du prince, il convenait de lui envoyer des vers, et si possible, inédits. Profitant du non-dit, et sans prendre de risques inutiles, Voltaire trouve une solution élégante qui respecte les bienséances en composant une épître, réponse la mieux appropriée aux circonstances et qui n'engage à rien.

Le maître du genre, Horace, maître reconnu et admiré, dont Voltaire évoque à maintes reprises le patronage illustre, avant de lui dédier, à la fin de sa vie, un texte à valeur testamentaire,[14] s'était fait le conseiller d'un certain nombre de jeunes gens. L'épître conserve des affinités avec le *sermo*, mais tend parfois vers la lettre d'exhortation. La visée didactique de cette épître 'Sur l'usage de la science dans les princes' l'inscrit dans cette tradition. Prolongement versifié d'un premier échange de lettres, la conversation unilatérale de cette épître s'oriente vers le discours.

Frédéric s'était présenté en prince exempt de préjugés, défenseur du philosophe Wolff, injustement persécuté et accusé d'irréligion. Il avait demandé à un écrivain qu'il admirait des 'instructions' qui lui seraient dispensées dans un 'commerce de lettres'. Voltaire s'était

---

[11] D1139, Voltaire à Frédéric, c.1er septembre 1736.

[12] Voir C. Mervaud, *Voltaire et Frédéric II. Une dramaturgie des Lumières*, *SVEC* 234 (1985), p.20-23.

[13] Frédéric fait part de son désir dès le 3 décembre (D1218). Les demandes se succéderont, mais Mme Du Châtelet veillait. Voltaire enverra deux chants de *La Pucelle* de Bruxelles en 1742.

[14] 'A Horace' (1772). Voir C. Mervaud, 'Voltaire et la pratique testamentaire de l'épître: "A Horace"', dans *Mélanges offerts à E. Guitton* (Rennes 2002), p.49-60. Voir également Jean Marmier, *Horace en France au XVIIe siècle* (Paris 1962). La recherche devrait être poursuivie au XVIIIe siècle.

emparé du rôle de Mentor qu'on lui proposait. Il avait tracé à grands traits le portrait d'un 'prince qui pense en homme, du prince philosophe qui rendra les hommes heureux'. L'institution d'un prince peut être menée à bien dans des lettres de ton suffisamment protocolaire, respectant le sens des hiérarchies, tous critères auxquels se conformait la réponse de Voltaire. Mais pour un amateur de belles lettres, mieux vaut emprunter aussi le langage des Muses. Certes la lettre au dix-huitième siècle accueille volontiers des vers, quelque quatrain, voire quelquc petit poème, mais l'épître se distingue de 'la lettre en vers semée' par la solennité de son caractère et de son propos. Aucune mise en forme respectueuse d'une missive ne peut rivaliser avec un poème à part entière, tout particulièrement avec une épître qui, d'Horace à Boileau, a gagné ses lettres de noblesse, même si elle ne figure pas dans l'*Art poétique*.[15]

La dédicace 'Au prince royal de Prusse', la double interpellation du destinataire, l'une, liminaire: 'Prince, il est peu de rois que les muses instruisent' (vers 1), l'autre, qui le distingue du 'vulgaire des rois': 'Prince, au-dessus des rois comme au-dessus de nous' (vers 15), sont de l'ordre d'un certain décorum. La noble suite de 106 alexandrins en rimes plates, le vers de la tragédie et de l'épopée, l'intensité du langage poétique, la conclusion quelque peu oratoire (vers 105-106):

> Il serait aujourd'hui votre modèle auguste,
> Et votre exemple en tout, s'il avait été juste.

donnent plus de force aux admonestations et plus de séduction aux compliments, du moins pour la sensibilité du temps. S'il est impossible d'identifier l'épître par ses caractéristiques métriques, l'octosyllabe ou le décasyllabe étant usités, 'le "vers héroïque" à rime plate sert surtout à faire sa révérence épistolaire au Roi et aux Grands du royaume'[16] et à traiter des sujets nobles. Discours en

---

[15] Boileau ne dit mot de l'épître, mais il la pratique, ayant équilibré ses douze satires par douze épîtres.

[16] F. Nies, 'L'épître en vers dans son contexte social et générique', *Littératures classiques* 18 (printemps 1993), 'L'épître en vers au XVIIᵉ siècle', p.47-57, à la p.55.

vers, adressé personnellement, l'épître permet de se faire entendre des grands de ce monde, l'épître au Roi s'étant transformée au dix-septième siècle en un 'véritable sous-genre poétique'.[17] Les louanges font partie intégrante de ces poèmes qui peuvent accueillir des remontrances voilées selon qu'ils jouent le rôle de lettres de congratulation, de remerciements, de requêtes, d'exhortation. La poésie autorise la critique, à valeur générale, du despote, et même du 'vulgaire des rois': 'Fardeaux de la nature ou fléaux de la terre' (vers 13) ainsi que celle de l'ignorance des puissants de ce monde, un ambassadeur d'Espagne à l'esprit borné, un pape ignare Zacharie, un roi, Jacques Ier, aveuglé par un intempestif zèle religieux, tous exemples pris hors de France et hors de Prusse où sévissait alors un souverain tyrannique. Ainsi est introduite la dénonciation traditionnelle de la 'troupe servile' des courtisans qui rit ou frémit selon l'humeur du maître. A cette occasion, 'la coupe de l'erreur' que le prince doit fouler aux pieds est opposée aux 'sources du vrai' auxquelles il doit s'abreuver, toutes images assez convenues.

La thématique du prince éclairé, esquissée dans la lettre de Voltaire du 1er septembre 1736, du prince qui s'instruit, aime le vrai, déteste la persécution et la superstition, est amplifiée. La traduction versifiée de ce programme entend lui donner plus d'éclat, à la manière de Ronsard rimant l'*Institution pour l'Adolescence du Roy très chrestien Charles neufviesme de ce nom* en 1562. L'apostrophe initiale, qui ne manque pas de panache, annonce le propos qui sera développé: 'Sire, ce n'est pas tout que d'estre Roy de France. / Il faut que la vertu honore votre enfance'.[18] Le ton magistral d'un poème adressé à un enfant de douze ans et qui est scandé par le rappel insistant des obligations royales, de préférence sur le mode impératif, n'aurait pas convenu à la dissertation dédiée à un prince de vingt-quatre ans, héritier présomptif du trône de Prusse. Ronsard, en des temps calamiteux, et que le caractère de son jeune roi inquiétait peut-être, l'admonestait: 'Car un Roy sans vertu porte

---

[17] Nies, p.50.
[18] P. de Ronsard, *Œuvres complètes*, xi, éd. P. Laumonier (Paris 1990), p.3.

le sceptre en vain'; il lui enjoignait de craindre Dieu, d'honorer sa
mère, d'être doux avec ses sujets. Voltaire, au nom de la raison
universelle, s'adresse à un Hohenzollern manifestant des bonnes
dispositions, tout à fait inespérées. Que peut-il lui enseigner, sinon
d'aimer la vérité, d'éclairer la justice, de soutenir le sage?

Mais Voltaire ne se contente pas de rimer des lieux communs. Il
fait entendre un son de voix nouveau. L'éducation des princes
avait donné lieu à la composition d'ouvrages célèbres où s'étaient
illustrés des prélats du *Discours sur l'histoire universelle* et de la
Politique tirée de l'Ecriture sainte de Bossuet au roman pédagogique de Fénelon, *Les Aventures de Télémaque*. Ces ouvrages
étaient le fruit de préceptorats, celui du Dauphin de France dont
fut chargé l'évêque de Meaux, celui du duc de Bourgogne pour
lequel Fénelon donne la parole à Mentor. Voltaire ne rivalise pas
avec de tels précédents. Cette épître, ouvrage de circonstance, n'a
point d'aussi grandes ambitions. Elle n'en dessine pas moins tout
un horizon de pensées fort différent de celui qui inspirait les
institutions du prince.

L'amour de Dieu, la défense de la religion étaient l'épine
dorsale des enseignements de Bossuet. Grâce à une fiction homé-
rique, Fénelon se proposait de former un monarque catholique,
parant son dessein pédagogique des charmes du romanesque.
Télémaque, éclairé par une théologie dévoilée par Mentor,
chemine vers Dieu. Voltaire coupe le cordon ombilical entre
royauté et divinité. Dans la France toute catholique, le roi était le
lieutenant de Dieu sur terre. L'autorité vient de Dieu; déléguée au
roi, elle est sacrée, les princes agissent comme ministres de Dieu,
selon la *Politique tirée de l'Ecriture sainte*.[19] La cérémonie du sacre
à Reims avec l'huile de la Sainte Ampoule apportée du Ciel par des
anges, conférait au roi des pouvoirs de thaumaturge, en particulier
celui de guérir les écrouelles par l'imposition des mains.[20] Certes

[19] J.-B. Bossuet, *Politique tirée de l'Ecriture sainte* (Paris 1714), i.71-85.

[20] On ne relèvera pas toutes les plaisanteries de Voltaire à ce sujet: voir en
particulier 'Ecrouelles', M.xviii.469-70; *Essai sur les mœurs*, ii.466. Frédéric fait
chorus (D19577).

Voltaire s'adresse à un prince hérétique, mais le principe de base des gouvernements de l'époque reste 'une foi, une loi, un roi'.[21] Dans cette épître, un processus de laïcisation est mis en place. A la grâce divine et aux vérités révélées se substituent la raison humaine et celle dont il dira plus tard qu'elle est sa fille, la Vérité (vers 19-20):[22]

> Aimer la vérité, la voir et l'enseigner
> C'est le premier des arts et c'est plus que régner.

Mieux encore, l'usage de la raison rapproche l'homme de Dieu (vers 61-62):

> Et le prince éclairé que la raison domine
> Est un vivant portrait de l'essence divine.

Aussi doit-il se consacrer au bonheur de son peuple, s'efforcer d'être heureux lui-même, et non se préoccuper de son salut, ni du salut de ceux qu'il gouverne. L'épître 'Sur l'usage de la science dans les princes' s'élargit en programme de gouvernement avec ses priorités et ses exigences en matière de justice, de politique culturelle (vers 31-33):

> Des écoles enfin chasser l'absurdité,
> Dans leur sein ténébreux placer la vérité,
> Eclairer le savant et soutenir le sage.

Mais il faut préalablement faire place nette et l'épître prolonge, de manière explicite, des idées seulement suggérées dans la première lettre de Voltaire, sur le danger que représentent ceux qui se disent

---

[21] E. Labrousse, *'Une foi, une loi, un roi'. La révocation de l'édit de Nantes* (Paris et Genève 1985).

[22] Dans les premières éditions de l'*Eloge historique de la Raison*, la Raison et la Vérité passent par la Prusse où elles voient Frédéric: 'elles le trouvèrent assis tranquillement à une petite table, l'air doux et recueilli, ne faisant nulle attention au tintamarre dont il était l'auteur, lisant, comme Ganganelli, les ouvrages de Marc-Aurèle et du neveu de Constantin, écrivant sous la dictée de Minerve et des Grâces, se moquant des mensonges qui ont gouverné le monde' (*Romans et contes*, éd. F. Deloffre et J. van den Heuvel, 1979, p.1198). Bien qu'il soit devenu un conquérant, Frédéric reste un philosophe.

'les déclarateurs des commandements célestes, les interprètes de la divinité' et qui troublent la terre pour un sophisme.[23] La tonalité anticléricale du texte, sa visée antireligieuse doivent être soulignées. Le prince est mis en garde contre les artifices des 'prélats courtisans'; un pape et sept cardinaux, dont on omet de dire qu'ils vivaient au huitième siècle, deviennent des symboles de l'obscurantisme; un roi, oublieux de ses intérêts et de ses devoirs, au lieu de tenir 'la balance entre les nations' va 'des docteurs briguant les vains suffrages'. Plus lourd de conséquences et autrement plus hardi paraît le vers qui énumère des imposteurs: 'Un astrologue, un moine, un chimiste effronté' (vers 51). Les moines sont des charlatans au même titre que les diseurs de bonne aventure et les alchimistes. La crainte du diable est mise au rang des superstitions, tout comme les talismans que craignent des souverains chrétiens ou musulmans, tout comme les horoscopes et les leurres de ceux qui cherchent la pierre philosophale.

Une politique de Voltaire se dégage de cette épître qui s'inscrit dans la vision monarchiste de *La Henriade* dont J.-M. Moureaux a découvert les racines lointaines dans *Œdipe*, où la figure singulière de Laïus est 'le tout premier crayon' de celle du héros-roi qui revit dans Henri IV.[24] Dans son épopée s'opposent les mauvais princes comme Charles IX, gouvernés par la superstition, et le bon prince valeureux et humain. Des tableaux antithétiques illustrent les faiblesses et cruautés des Valois symbolisées par les horreurs de la Saint-Barthélemy et la magnanimité, la clémence d'Henri de Bourbon dont l'emblème reste sa conduite pendant le siège de Paris. A Frédéric, grand admirateur de *La Henriade*, Voltaire rappelait que l'exercice du pouvoir n'est pas une fin en soi. Louis IX guidait Henri au ciel où sont glorifiés les bons rois, aux enfers où sont humiliés les tyrans,[25] l'épître propose au prince des modèles prestigieux.

[23] D1139.
[24] J.-M. Moureaux, 'Dans le droit fil de *La Henriade*. Charles XII ou Pierre le Grand?', *Revue Voltaire* 2 (2002).
[25] *OC*, t.2, p.509-36.

Des patronages illustres, surtout romains, ceux de Marc-Aurèle, de Julien, de César auxquels s'ajoute celui du roi Salomon de la Bible, ne sont point invoqués seulement pour leur valeur ornementale. Ils appartiennent à un fonds commun culturel où puise la rhétorique, mais qui éveille maints échos. Ces figures mythiques attendent d'être réincarnées. La double référence aux Antonins: 'Le sang des Antonins sur la terre est tari' (vers 3) et 'L'esprit des Antonins revit encore en vous' (vers 16), ouvre des perspectives exaltantes. L'épître, tout comme les lettres, reflète des aspirations ou des espoirs. Plus que la lettre, elle stylise et anoblit. Sans doute faut-il louer 'les princes des vertus qu'ils n'ont pas, afin de les engager à les acquérir',[26] mais l'idéalisation crée de flatteuses illusions dont il est malaisé de se déprendre.[27]

La poésie embellit la vie. Voltaire comblait les obscurs désirs d'un prince assoiffé de culture, désireux de se distinguer d'un père brutal qui le brimait, en adoptant un style de vie tout autre que celui du Roi-Sergent. En bon disciple de l'*Art poétique* de Boileau, persuadé de la validité de la hiérarchie des genres, Frédéric avait eu des mots méprisants pour 'des idylles ennuyeuses, des églogues faites sur le même moule, des stances insipides', faisant grâce à l'élégie où la lyre se hausse d'un ton. Il avait loué, dans les poésies de Voltaire, leur visée didactique, y trouvant 'un cours de morale où l'on apprend à penser'.[28] On lui dédiait un poème de ton soutenu où les leçons étaient dispensées de manière ingénieuse. Il ne pouvait que faire part de sa satisfaction. Il accuse réception le 7 novembre de ce 'bel ouvrage' où 'le devoir d'un roi sage est éclairé'. Il apprécie des 'traits de maître', les allusions antireligieuses au 'code du pape et des sept cardinaux', l'histoire de la 'pédante érudition du roi Jacques d'Angleterre'.[29] Un tour d'esprit satirique, une irrévérence à l'égard de l'Eglise seront leur partage et ces critiques resteront leur terrain d'entente privilégié. Il envoie

[26] D6264, 4 mai 1755, au duc d'Uzès.
[27] Voir C. Mervaud, *Voltaire et Frédéric II*, p.19-100.
[28] D1126.
[29] D1193, 7 novembre 1736, Frédéric à Voltaire.

alors à Voltaire, pour le remercier, un buste de Socrate, car c'est le maître qui forma Alcibiade. Ce pommeau de canne sera remis à son destinataire à Cirey par le baron de Keyserlingk.[30] Mais Frédéric entendait lui offrir un autre présent.

Cette épître éveillait l'émulation. Elle le stimulait: 'Je souhaiterais, monsieur, de pouvoir vous témoigner ma reconnaissance par une épître en vers, qui fût digne de vous être présentée'.[31] Il surmonta vite sa timidité. Une semaine plus tard, le 13 novembre, ne pouvant réprimer plus longtemps cette 'fureur que l'on a de produire ses premiers ouvrages', il envoie l'épître 'A Monsieur de Voltaire. En quoi consiste la fausse et la véritable grandeur'.[32] Le poème adressé par Voltaire s'inscrivait dans le fil d'une correspondance auquel il avait donné un degré d'intensité et un nouvel agrément. L'écriture poétique peut fonder une connivence. La première épître excitait un désir de réplique, de surenchère créatrice auxquels cède le prince. La seconde cherche à maintenir un lien amical en offrant un moment de plaisir, en plaçant ces relations qui s'ébauchaient sur le plan de la joute intellectuelle. Comme l'a remarqué l'auteur d'une belle étude sur 'l'usage mondain de l'épître en vers', à la différence des correspondances suivies en prose, 'où la lettre appelle sa réponse et celle-ci une autre réponse, dans un déroulement continu, l'échange confié à l'épître en vers est conçu ici comme une composition en diptyque'.[33] Au portrait versifié du prince éclairé que Voltaire avait tracé, Frédéric répond en distinguant les grandeurs d'établissement, celles du rang, de la naissance qui sont son partage, des grandeurs réelles, celles du mérite personnel et du talent qui sont celles du destinataire du poème. Il énumère des noms célèbres, de musiciens, d'artistes, de grands hommes. Dans ce catalogue de célébrités, une place de choix

---

[30] D1261, 16 janvier 1737; D1307, *c.*30 mars 1737; D1311, 7 avril 1737; D1330, 25 mai 1737.

[31] D1193.

[32] D1200, 13 novembre 1736, Frédéric à Voltaire; voir appendix A.

[33] D. Lopez, 'Quelques repères sur l'usage mondain de l'épître en vers (1630-1650)', *Littératures classiques*, 'L'épître en vers au XVIIe siècle', p.61-101, à la p.85.

est réservée à Voltaire: 'Et votre nom, fameux par des savants exploits / Doit être mis au rang des héros et des rois'. Les deux épîtres se complètent, chacune d'entre elles contribuant à effacer la distance entre un prince et un homme de lettres que rapprochent des convictions communes. Toutes deux rendent hommage aux productions intellectuelles. L'échange 'est achevé lorsque les deux tableaux sont en place',[34] le diptyque scelle l'accord de Voltaire et de Frédéric. Ces deux épîtres ont quasiment valeur de chants amœbées à l'intérieur d'une Correspondance.

L'ombre portée de cette première épître de Voltaire à Frédéric se projette sur l'ensemble de leurs relations futures et d'abord sur leurs premières années de correspondance. Elle jouera un rôle qui ne doit être ni sous-estimé ni surestimé dans la rédaction de l'*Anti-Machiavel*, dans celle de l'*Avant-Propos* de *La Henriade* destiné à une nouvelle édition de ce poème dont Frédéric avait conçu le projet, dans celle d'une nouvelle dédicace de *La Henriade* composée alors par Voltaire, opposant 'les autres rois, ces faux dieux de la terre' au 'disciple de Trajan et de Marc-Aurèle': 'Ils désolent le monde, et tu dois l'éclairer'.[35] C'est au roi de Prusse que Voltaire dédiera le plus grand nombre d'épîtres, personne ne surpassera Frédéric dans le nombre d'épîtres adressées à l'écrivain.[36] Un cérémonial du bien dire marque les temps forts de leurs relations. Ainsi une ode triomphale célèbre, de manière officielle, l'avènement de Frédéric au trône en 1740,[37] une épître, qui ne se hausse pas à ce grand lyrisme, fête cet événement sur un plan plus personnel: 'Au roi de Prusse, Frédéric le Grand, en réponse à une lettre dont il honora l'auteur à son avènement à la couronne'.[38]

[34] Lopez, p.85; comparer: 'L'ensemble représente une œuvre qui se referme sur elle-même' (p.86).
[35] Variante du vers 20 du chant I, *OC*, t.2, p.366, et D1978, 15 avril [1739], Voltaire à Frédéric.
[36] Nablow, p.209.
[37] 'Est-ce aujourd'hui le jour le plus beau de ma vie?' (M.viii.443-46).
[38] 'Quoi! vous êtes monarque, et vous m'aimez encore' (M.x.311-13); cette épître est aussi reproduite dans D2257, pour indiquer qu'elle fait partie d'un commerce par lettres.

L'épître n'est pas simple hommage de courtisan; elle prend place dans un processus de transfiguration où entre en jeu le code du beau langage. Ce cérémonial dans l'art de bien dire prend toute sa force quand le commerce par lettres réserve une place à la poésie. L'épître est de l'ordre d'un rite culturel.

Manuscrits et éditions[39]

Manuscrits

MS1

Copie faite pour la mère de Frédéric, Sophie Dorothée. (Manque au Preussische Geheime Staatsarchiv, Berlin.)

MS2

Copie. Porte la date d'octobre 1736.
Paris, Archives nationales. 257 AP 11 dr 3.

MS3

St Petersburg, BV II 50.

Editions[40]

W42

Œuvres mêlées de M. de Voltaire. Genève: Bousquet, 1742. 5 vol. 12°.
Préparée avec la collaboration de Voltaire.
Tome v, p.218-22.
Bengesco 2125; Trapnell 42G; BnC 22-24.
Paris, BnF: Rés. Z Beuchot 51. Genève, IMV: A1742/1. Oxford, Taylor: V2 1742.

---

[39] Section par Nicholas Cronk qui a également établi le texte.

[40] La liste ci-dessous ne comprend que les éditions auxquelles Voltaire a collaboré. Pour une liste complète, voir Trapnell.

PR44

Pièces recueillies de MM. de Voltaire et Piron, accompagnées de quelques notes pour en faciliter l'intelligence aux personnes qui ne sont point savantes. [Paris] 1744. P.14-18.

Paris, BnF: Rés. Z Beuchot 662.

Ce recueil, édité par 'un amateur des lettres' à Paris, reproduit pour ce poème un texte très proche de celui du MS1; il contient notamment les 8 vers (179-186) présents dans le MS1, mais absents dans toutes les autres éditions imprimées du dix-huitième siècle. On peut supposer donc que l'éditeur du recueil eut accès à un manuscrit alors en circulation. L'éditeur du recueil a ajouté des notes en bas de page, que nous reproduisons dans l'appendice B: elles éclairent d'une façon intéressante les pratiques de lecture à cette époque.

w38 (1745)

Œuvres de M. de Voltaire. Amsterdam: Ledet [ou] Desbordes, 1738-1750. 8 vol. 8°.

Tome vi (1745), p.174-78.

Bengesco 2120; Trapnell 39A; BnC 7.

Paris, BnF: Rés. Z Beuchot 7.

w43 (1745)

Œuvres de M. de Voltaire. Amsterdam [ou] Leipzig: Arckstée et Merkus, 1743-1745. 6 vol. 8°.

Reprend le texte de w38.

Tome vi, p.174-78.

Bengesco 2126; Trapnell 43.

Genève, ImV: A 1743/1. Köln, Universitätsbibliothek.

w46

Œuvres diverses de M. de Voltaire. Londres [Trévoux]: Nourse, 1746. 6 vol. 12°.

Tome v, p.112-16.
Bengesco 2127; Trapnell 46; BnC 25-26
Paris, BnF: Rés. Z Beuchot 8.

w48D

Œuvres de M. de Voltaire. Dresde: Walther, 1748-1754. 10 vol. 8°.
Tome iii, p.220-23.
Bengesco 2129; Trapnell 48D; BnC 28-35.
Paris, BnF: Rés. Z Beuchot 10. Genève, IMV: A/1748/1. Oxford,
Taylor: V1 1748.

w51

Œuvres de M. de Voltaire. [Paris: Lambert] 1751. 11 vol. 12°.
Reprend le texte de w48D, avec ajouts et corrections.
Tome iii, p.233-36.
Bengesco 2131; Trapnell 51P; BnC 40-41.
Paris, Arsenal: 8° B 13057. BnF: Rés. Z Beuchot 13. Oxford,
Taylor: V1 1751 (3).

w52

Œuvres de M. de Voltaire. Dresde: Walther, 1752. 9 vol. 8°.
Reprend le texte de w48D, avec révisions.
Tome iii, p.100-11.
Bengesco 2132; Trapnell 52; BnC 36.
Paris, BnF: Rés. Z Beuchot 14. Vienna, Österreichische National-
bibliothek: *38 L 1. Oxford, Taylor: V1 1752.

w56

Collection complette des œuvres de M. de Voltaire. [Genève:
Cramer], 1756. 17 vol. 8°.
La première édition Cramer.
Tome ii, p.87-90.
Bengesco 2133; Trapnell 56; BnC 56.

Paris, BnF: Z. 24585; Arsenal: 8° B 34 048 (10). Genève, IMV: A/
1756. Oxford, Taylor: VF.

W57G

Collection complette des œuvres de M. de Voltaire. [Genève:
Cramer], 1757. 10 vol. 8°.
Une nouvelle édition de w56.
Tome ii, p.87-90
Bengesco 2134; Trapnell 57G; BnC 67.
Paris, BnF: Rés Z Beuchot 21 (10). Oxford, Taylor: VF.

W57P

Œuvres de M. de Voltaire. [Paris: Lambert], 1757. 22 vol. 12°.
Reprend le texte de w56.
Tome vi, p.73-76.
Bengesco 2135; Trapnell 57P; BnC 45.
Paris, BnF: Rés, Z 24642-63.

W64G

Collection complette des œuvres de M. de Voltaire. [Genève:
Cramer], 1764. 10 vol. 8°.
Une nouvelle édition de w57G.
Tome ii, p.102-105.
Bengesco 2133; Trapnell 64; BnC 90.
Paris, BnF: Rés. Z Beuchot 26. Oxford, Taylor: V1 1764 (4);
Merton College.

W68 (1771)

Collection complette des œuvres de M. de Voltaire. [Genève:
Cramer; Paris: Panckoucke], 1768-1777. 30 vol. 4°.
Tomes i-xxiv préparés chez Cramer sous l'égide de Voltaire.
Tome xviii (1771), p.197-200.
Bengesco 2137; Trapnell 68; BnC 141.
Oxford, Taylor, VF.

W70G

Collection complette des œuvres de M. de Voltaire. [Genève: Cramer], 1770. 10 vol. 8°.

Nouvelle édition de w64G.

Tome ii, p.102-105.

Bengesco 2133; Trapnell 70G; BnC 90-91.

Paris, BnF: Rés. Z 24742-54.

W70L (1772)

Collection complette des œuvres de M. de Voltaire. Lausanne: Grasset, 1770-1781. 57 vol. 8°.

Quelques volumes préparés avec la collaboration de Voltaire.

Tome xxii (1772), p.105-107.

Bengesco 2138; Trapnell 70L; BnC 149-150.

Lausanne, Bibliothèque cantonale et universitaire.

ES71

Epîtres, satires, contes, odes et pièces fugitives du poète philosophe.
Londres [Lausanne: Grasset], 1771. 1 vol. 8°.

Bengesco 837; BnC 1974-1977.

Paris, BnF: Ye 9341.

W75G

La Henriade, divers autres poèmes et toutes les pièces relatives à l'épopée. [Genève, Cramer & Bardin], 1775, 37 vol. 8°.

L'édition *encadrée*. Préparée (au moins en partie) sous l'égide de Voltaire.

Tome xii, p.180-83.

Bengesco 2141; Trapnell 75G; BnC 158-161.[41]

Paris, BnF: Z 24839-24878. Genève, IMV: A/1775/2. Oxford, Taylor, VF.

---

[41] La dernière édition revue par Voltaire. Sur cette édition, voir J. Vercruysse, *Les Editions encadrées des Œuvres de Voltaire de 1775, SVEC* 168 (1977).

K

Œuvres complètes de Voltaire. [Kehl] Société littéraire-typographique, 1784-1789. 70 vol. 8°.
La première version de l'édition de Kehl.
Tome xiii, p.99-103.
Bengesco 2142; BnC 164-193.
Paris, BnF: Rés. p. Z. 2209 (7). Genève, IMV: A1784/1. Oxford, Taylor, VF.

Principes de cette édition

Nous avons choisi comme texte de base le texte, déjà modernisé, de Koser-Droysen (i.7-10). Celui-ci, ayant été copié sur un manuscrit contemporain (MS1), représente un état du poème antérieur à celui de 1742, date à laquelle il paraît pour la première fois dans les œuvres de Voltaire. Les variantes sont tirées de MS2, W42, PR44, W56, W57G, W64G, W68, W75G et K.

Nous avons corrigé deux erreurs évidentes dans le texte de base: 'lançants' pour 'lançant' (vers 14), et 'un éclipse' pour 'une éclipse' (vers 48).

AU PRINCE ROYAL DE PRUSSE,

sur l'usage de la science dans les princes

Prince, il est peu de rois que les Muses instruisent.
Peu savent éclairer les peuples qu'ils conduisent.
Le sang des Antonins sur la terre est tari,
Et depuis Marc-Aurèle,[1] à Rome si chéri,

a-b: MS2: Mr De Voltaire à son altesse royale Monseigneur le prince de Prusse De l'usage de la science

w42: A Monseigneur le Prince royal de Prusse, depuis roi de Prusse, De l'usage de la science dans les princes.

w56, w64, w68, w75G: De l'usage de la science dans les princes. A Monseigneur le Prince royal de Prusse depuis roi de Prusse. [*avec note*] (*a*) Cette pièce est de 1738.

K: Au Prince royal, depuis roi de Prusse. De l'usage de la science dans les princes. 1736.

4-6 MS2, w42-K, sauf PR44:
Car, depuis ce héros de Rome si chéri,
Ce philosophe roi, ce divin Marc Aurèle,
Des princes, des guerriers, des savants le [MS2: princes, des savants, des sages le] modèle.

[1] Première occurrence d'une référence qui sera reprise maintes fois dans la correspondance de Voltaire et de Frédéric II et dans les œuvres de Voltaire concernant le roi de Prusse. Pendant les premières années de leurs relations, l'évocation de Marc-Aurèle et des Antonins a valeur pédagogique: voir D1320, *c.*25 avril 1737, et le projet de dédicace de *La Henriade* que le prince voulait faire graver à Londres: 'Disciple de Trajan, rival de Marc-Aurèle' (*OC*, t.2, chant 1, p.366). Puis cette comparaison flatteuse sera parfois destinée à calmer la fureur royale (voir D5055, octobre-novembre 1752). Enfin, lorsque Voltaire et Frédéric se réconcilient, le roi reprend ce titre envié: 'Le philosophe d'Alembert m'apprend que le grand philosophe de la secte et de l'espèce de Marc-Aurèle' (D16602, 20 août 1770). Le roi de Prusse déclare que tout souverain doit prendre modèle sur Marc-Aurèle (D19652, 8 septembre 1775) et Voltaire célèbre 'Marc-Aurèle-Julien-Frédéric, héros de la guerre et de la philosophie' (D19330, *c.*8 février 1775) et versifie des stances à l'occasion d'un cadeau que lui fait le monarque: 'Epictète au bord du tombeau / A reçu ce présent des mains de Marc-Aurèle' (M.viii.542).

Qui, faisant adorer la science profonde,   5
Affermit la vertu sur le trône du monde,
Quel roi sous un tel joug osant se captiver[2]
Dans les sources du vrai sut jamais s'abreuver?
Deux ou trois tout au plus, prodiges de l'histoire,
Du nom de philosophe ont mérité la gloire,   10
Le reste est à vos yeux le vulgaire des rois,[3]
Esclaves des plaisirs, fiers oppresseurs des lois;
Fardeaux de la nature ou fléaux de la terre,
Endormis sur le trône ou lançant le tonnerre.[4]
Prince, au-dessus des rois comme au-dessus de nous,   15
L'esprit des Antonins revit encore en vous:

5   PR44: adorer sa science
6   PR44: affermit sa vertu
8   MS2: sut toujours s'abreuver
9   W42-K, sauf PR44: prodiges dans l'histoire
11 PR44: à nos yeux
15-21 W42-K, sauf PR44:
        Le monde, aux pieds des rois, les voit sous un faux jour;
        Qui sait régner sait tout, si l'on en croit la cour.
        Mais quel est en effet ce grand art politique.
16 MS2: Antonins vit tout entier en
    PR44: Antonins reluit encore

[2] Le verbe 'captiver' s'emploie à la forme pronominale pour désigner un assujettissement légitime, une soumission sans violence à une autorité respectable. G. Cayrou cite Bossuet: 'Tu disais en ton cœur rebelle: "je ne puis me captiver"' (*Dictionnaire du français classique*, *La Langue du XVIIᵉ siècle*, Paris 2000). Même exemple dans le *Dictionnaire de la langue française classique* de J. Dubois et R. Lagane (Paris 1960), qui donne comme synonymes, se soumettre, se maîtriser.

[3] Expression impertinente que Voltaire avait déjà utilisée et commentée dans le 'Discours sur l'Histoire de Charles XII, qui était au-devant de la première édition' (*OC*, t.4, p.152): 'Il y a un vulgaire parmi les princes, comme parmi les autres hommes'. Dans l''Avant-propos' de l'*Essai sur les mœurs*, destiné en 1740 à Mme Du Châtelet, la nécessité d'un choix et d'une hiérarchie est proclamée: 'Autant il faut connaître les grandes actions des souverains qui ont rendu leurs peuples meilleurs et plus heureux, autant on peut ignorer le vulgaire des rois, qui ne pourrait que charger la mémoire' (éd. R. Pomeau, 1963, i.195).

[4] *La Henriade*, qui était une des lectures de Frédéric, avait illustré le thème du bon et du mauvais roi, dénoncé les tyrans, fait leur place aux héros, célébré le grand homme.

Pour le bonheur du monde il parle, il vous inspire,
C'est par lui que les cœurs sont déjà votre empire:
Aimer la vérité, la voir et l'enseigner
C'est le premier des arts et c'est plus que régner.   20
Eh! quel est en effet ce grand art politique,
Le talent si vanté dans un roi despotique?
Tranquille sur le trône il parle, on obéit,
S'il sourit, on est gai, s'il est triste, on frémit.
Quoi! régir d'un coup d'œil une troupe servile,   25
Est-ce un poids si pesant, un art si difficile?
Non, mais fouler aux pieds la coupe de l'erreur
Dont veut nous enivrer un ennemi flatteur;
Des prélats courtisans confondre l'artifice,
Aux organes des lois enseigner la justice,   30
Des écoles enfin chasser l'absurdité, [5]
Dans leur sein ténébreux placer la vérité,
Eclairer le savant et soutenir le sage:

17   MS2: cest luy qui parle En vous, cest luy qui vous
20   MS2: [*absent*]
22   MS2, W42-K: Ce talent
23   MS2: sur la terre; il
24   MS2, W42-K: sourit tout est
25   MS2, W42-K: une foule servile
28   W42, W56: veut vous enivrer
29   MS2: Des <[illisible]> lâches courtisans
31   W56-K: Du séjour doctoral chassant l'absurdité
       PR44: enfin chassant l'absurdité
32   W56-K: Dans son sein

[5] A la science vivante s'opposent les savoirs sclérosés, ceux des théologiens tout particulièrement, que *La Pucelle* (*OC*, chant XVII, p.524) dénonce: 'Tels dans Paris tous ces docteurs fourrés, / Pleins d'arguments sous leurs bonnets carrés / Vont gravement vers la Sorbonne antique, / Séjour de noise, antre théologique / Où la dispute et la confusion / Ont établi leur sacré domicile, / Et dont jamais n'approcha la raison.'

Voilà ce que j'admire, et c'est là votre ouvrage.
L'ignorance en un mot flétrit toute grandeur.   35
Du dernier roi d'Espagne[6] un grave ambassadeur
De deux savants anglais reçut une prière,[7]
Ils voulaient, de l'école apportant la lumière,
De l'air qu'un long cristal enferme en sa hauteur,

36 MS2: D'un dernier roi d'Espagne le grave
    w56-K: [*avec note*] (*b*) Cette aventure se passa à Londres, la première
    année du règne de Charles II, roi d'Espagne'.
37 MS2: deux soldats anglais
38 MS2, w42-K: voulaient dans l'école

[6] Charles II, roi d'Espagne (1661-1700), était 'd'une complexion faible et malsaine', selon *Le Siècle de Louis XIV* (*Œuvres historiques*, éd. R. Pomeau, 1957, p.696). La note de Voltaire date l'anecdote qu'il rapporte de 1675 ou de 1676, Charles II accédant au trône après la Régence de sa mère (1665-1675).

[7] En 1647 Pascal, pour soutenir la théorie de la pesanteur de l'air, pria son beau-frère, Florin Périer, de transporter un baromètre à différentes hauteurs du Puy-de-Dôme. L'expérience eut lieu le 19 septembre 1648, et Pascal en déduisit que la simple observation de la hauteur barométrique peut indiquer si deux lieux sont au même niveau. En Angleterre, des mesures eurent lieu que rapporte D'Alembert dans l'article 'Baromètre' de l'*Encyclopédie*, sans en indiquer la date: 'Sur le haut de la montagne Snouden en Angleterre, qui a 1240 toises de hauteur, le docteur Halley trouva le mercure de 3 pouces huit dixièmes plus bas qu'au pied; d'où il paraît que le mercure baisse de 1/10 de pouce par trente toises. Derham a fait pareillement des expériences de la hauteur du mercure sur le haut et au pied de cette montagne, et croit qu'il faut 32 toises d'élévation perpendiculaire pour que le mercure baisse de 1/10 de pouce; d'où cet auteur a cru qu'on pouvait tirer non seulement la hauteur de l'atmosphère, mais aussi une méthode pour mesurer la hauteur des montagnes' (ii.80a). Edmund Halley auquel Voltaire rendra hommage dans *Le Siècle de Louis XIV*, ch.34 (*OH*, p.1025), quitte l'Angleterre en 1676. William Derham (1657-1735) est l'auteur de *Mémoires scientifiques*. Mais pourquoi deux savants anglais se sont-ils adressés à l'ambassadeur d'Espagne à Londres? Voulaient-ils renouveler cette expérience en Espagne? On le croirait volontiers d'après la variante du vers 40.

Aller au haut d'un mont marquer la pesanteur;[8]   40
Il pouvait les aider dans ce savant voyage,
Il les prit pour des fols: lui seul était peu sage.
Que dirai-je d'un pape[9] et de sept cardinaux,
D'un zèle apostolique unissant les travaux,
Pour apprendre aux humains en leurs augustes codes   45
Que c'était un péché de croire aux antipodes.[10]

40   MS2: mont [*avec note*] au pic de [Teruel][11]
41   MS2: Il pouvait seconder cet utile voyage
42   MS2, W42-K: des fous: lui
43   MS2: de neuf cardinaux
      PR44: de ses cardinaux
44   MS2: unissant leurs travaux
45   W42-K, sauf PR44: humains dans leurs

[8] Les éditeurs de Kehl ajoutent cette note: 'Il s'agissait de reconnaître la différence du poids de l'atmosphère au pied et au sommet de la montagne. Pour s'épargner l'embarras d'y transporter un baromètre, on se proposait d'employer un syphon dont une des branches serait bouchée à l'extrémité supérieure; le bas étant rempli de mercure qui doit être de niveau dans les deux branches au pied de la montagne. Au sommet le mercure se trouve plus haut dans la branche ouverte, et plus bas dans la branche fermée. La différence de niveau sert à connaître celle du poids de l'atmosphère. Plus la branche fermée (c'est-à-dire le tube qui renferme l'air pris au pied de la montagne) est longue, plus l'expérience peut être exacte. Voilà pourquoi M. de Voltaire dit, un long cristal. Depuis qu'on fait construire des baromètres portatifs, on a cessé d'employer toute autre espèce d'instrument pour ces expériences' (Kehl xiii.100-101).

[9] Il s'agit du pape Zacharie, élu le 30 novembre 741, mort le 14 mars 752. Il a reconnu l'usurpateur Pépin (M.xiii.195), a commencé la célèbre Bibliothèque vaticane, s'est consacré à l'évangélisation de l'Allemagne. Voltaire dénonce volontiers son ignorance.

[10] Accusation que Voltaire reprend dans les *Annales de l'Empire* (M.xiii.195). Dans l'article 'Le Ciel des Anciens' du *Dictionnaire philosophique* (*OC*, t.35, p.597-98), et dans l'article 'Ciel matériel' des *Questions sur l'Encyclopédie* (M.xviii.185-89), Voltaire se moque de saint Augustin, Lactance qui n'ont pas cru aux antipodes. Une controverse avait eu lieu au sujet du pape Zacharie. D'Alembert dans l'article 'Antipodes' de l'*Encyclopédie* (i.512b-14b) y fait allusion. Boniface, archevêque de Mayence, légat du pape Zacharie, déclara hérétique un évêque nommé Virgile, pour avoir osé soutenir qu'il y avait des antipodes. Dans les *Mémoires de Trévoux* de janvier 1708, un anonyme cite une lettre du pape Zacharie et fait remarquer que l'erreur de Zacharie était celle de son temps.

[11] Cette lecture reste conjecturale. La province de Teruel est très accidentée, la ville se trouve au pied des Montes Universales.

Combien de souverains chrétiens et musulmans
Ont tremblé d'une éclipse,[12] ont craint les talismans?[13]
Tout monarque indolent, dédaigneux de s'instruire,
Est le jouet honteux de qui veut le séduire.   50
Un astrologue, un moine, un chimiste effronté[14]
Se font un revenu de sa crédulité.
Il prodigue au dernier son or par avarice,
Il demande au premier, si Saturne propice,
D'un aspect fortuné regardant le soleil,   55
Lui permet de dîner ou l'appelle au conseil.
Il est au pied de l'autre et d'une âme soumise
Par la crainte du diable il enrichit l'église.
Un pareil souverain ressemble à ces faux dieux,
Vils maîtres adorés, ayant en vain des yeux.   60
Et le prince éclairé que la raison domine

48   MS2, W42-K: craint des talismans
56   W56-K: L'appelle à table, au lit, à la chasse, au conseil.
     PR 44: ou d'aller au
57   W42-K: est aux pieds de
60   MS2, W42-K: Vils marbres adorés

[12] Voltaire a dénoncé les peurs que faisaient naître des phénomènes tels que le passage d'une comète ou les éclipses: 'c'est ainsi que la vérité mathématique détruit l'erreur théologique' (à propos de l'éclipse qui suivit la mort du Christ rapportée par saint Luc, *La Bible enfin expliquée*, M.xxx.311-12, et *Histoire de l'établissement du Christianisme*, M.xxxi.65). Sur les éclipses, voir l'article 'Saint Denis l'Aréopagite', *Questions sur l'Encyclopédie* (M.xviii.339-40) et l'article 'Eclipse' (M.xviii.449-53).

[13] Dans l'*Essai sur les mœurs*, Voltaire décrit le talisman de Catherine de Médicis (ii.515-16).

[14] La mise en garde contre les superstitions fait l'objet d'un article intitulé 'Des curiosités et connaissances dangereuses et de la confiance qu'on doit mettre en Dieu' de la *Politique tirée de l'Ecriture sainte* de Bossuet. Les princes doivent éviter les consultations des devins et astrologues. L'astrologie judiciaire est vigoureusement condamnée. Les princes ne doivent craindre ni les éclipses, ni les comètes, ni les constellations, et n'accorder aucun crédit aux horoscopes ni aux présages. Malheur à eux: 'Ils veulent savoir l'avenir, c'est-à-dire pénétrer le secret de Dieu. Ils tomberont dans la malédiction de Saül' (3e éd., Paris 1714, p.199-201). Or dans ce vers de Voltaire, les enseignements de la religion sont placés sur le même plan que des sortilèges ou des maléfices et que des doctrines impies et fabuleuses.

Est un vivant portrait de l'essence divine. [15]
Je sais que dans un roi l'étude et le savoir
N'est pas le seul mérite et l'unique devoir,
Mais qu'on me nomme enfin de l'histoire sacrée   65
Le roi dont la grandeur est la plus célébrée:
C'est le héros savant que Dieu même éclaira, [16]
Qu'on chérit dans Zion, que la terre admira,
Qui mérita des rois le volontaire hommage, [17]

63   MS2, W42-K, sauf PR44: l'étude, le
65   MS2, W42-K, sauf PR44: enfin dans l'histoire
66   MS2, W42-K, sauf PR44: la mémoire est la plus révérée
67   W75G, K: C'est ce bon Salomon que
      MS2, W42-W68: C'est ce héros

[15] Variante voltairienne sur un thème traditionnel, celui du roi image de la Divinité. Ronsard dans l'"Institution pour l'adolescence du Roy très chrétien Charles, neuviesme de ce nom' (1562) en faisait l'objet d'une admonestation: 'Il faut premièrement aprendre à craindre Dieu / Dont vous estes l'ymage' (*Œuvres complètes*, xi, éd. P. Laumonier, Paris 1990, p.6). Bossuet dans le livre III de la *Politique tirée de l'Ecriture sainte* affirmait que l'autorité royale était sacrée, que les princes étaient les ministres de Dieu sur terre (Paris 1714, i.71-74). Voltaire, dans la dernière épître qu'il adresse à Frédéric II, *Les Deux Tonneaux* (1751), s'inscrit en faux contre cette thèse (M.x.361): 'On prétend que de Dieu les rois sont les images / Les Anglais pensent autrement; / Ils disent en plein parlement / Qu'un roi n'est pas plus dieu que le pape infaillible.'

[16] La variante cite 'ce bon Salomon', alors que ce texte laisse deviner son identité. Première allusion à Salomon dans les textes adressés à Frédéric II, il sera fait un usage intensif de la comparaison du roi de Prusse avec Salomon. Voltaire se reprochera de l'avoir appelé 'le Salomon du nord'. 'Il me traitait d'homme divin; je le traitais de Salomon. Les épithètes ne nous coûtaient rien', remarque-t-il dans les *Mémoires pour servir à la vie de M. de Voltaire* (M.i.14). Ce vers fait allusion au songe de Gabaon (I Rois iii.5-15). Yahvé apparaît à Salomon, lui offre de lui accorder tout ce qu'il désire et Salomon ne demande que des grâces spirituelles.

[17] Zion désigne Sion, nom de l'acropole de Jérusalem, colline où fut construite le Temple de Salomon. On venait, dit la Bible, 'de toute la terre' pour entendre le roi Salomon. La plus célèbre de ces visites fut celle de la reine de Saba (II Paralipomènes ix.1).

Son peuple était heureux, il vivait sous un sage,[18]   70
L'abondance à sa voix passant le sein des mers
Volait pour l'enrichir des bouts de l'univers,[19]
Comme à Londres, à Bordeaux de cent voiles suivie,
Elle apporte au printemps les trésors de l'Asie.
Le roi que tant d'éclat ne pouvait éblouir   75
Sut joindre à ses talents l'art heureux d'en jouir.[20]
    Ce sont-là les leçons qu'un roi sage doit suivre,
Le savoir après tout n'est rien sans l'art de vivre.
Tout doit tendre au bonheur, ainsi Dieu l'a voulu,[21]
Le savoir est le guide, il faut qu'il mène au but.   80
Un roi qui sachant tout ne sait pas l'art suprême
De rendre heureux son peuple et d'être heureux lui-même,[22]

73   PR44: voiles suivi,
75   MS2, W42-K: Ce roi
76   MS2, W42-K: heureux de jouir
      PR44: à ces talents
77   W42-K, sauf PR44: roi prudent doit
78   W42-K, sauf PR44: savoir en effet n'est
79-86 W42-K, sauf PR44: [absents]
79   PR44: Dieu le voulut

[18] 'Le peuple de Juda et d'Israël était innombrable comme le sable de la mer, et ils vivaient dans l'abondance et dans la joie' (I Rois iv.20). La sagesse du roi Salomon est entrée dans la légende, témoin le jugement célèbre par lequel il trancha le différend entre deux femmes qui se disputaient le même enfant. On lui attribue les livres de sagesse inscrits au canon de la Bible: Proverbes, Ecclésiaste, Cantique des cantiques, Sagesse.

[19] Salomon entretient avec ses voisins des relations commerciales fructueuses. Placé sur la route entre la vallée du Nil et celle de l'Euphrate, l'Etat d'Israël anime un courant économique: chevaux importés de Cappadoce (les écuries du roi Salomon sont célèbres), exploitation du cuivre (les fameuses mines de Salomon) (I Rois x.26).

[20] La Bible énumère les fabuleuses richesses du roi Salomon, le fastueux (III Rois x.14-21), décrit son trône d'ivoire et d'or. 'Le roi fit que l'argent, à Jérusalem, était aussi commun que les pierres' (III Rois x.27).

[21] Thème dix-huitiémiste par excellence que Voltaire orchestre: 'Le bonheur est le port où tendent les humains' (OC, t.17, p.458).

[22] Le chant VII de La Henriade définit l'orientation essentielle de l'éducation d'un prince: 'Qu'aimé de ses sujets, ils soient chers à ses yeux: / Apprends-lui qu'il n'est roi, qu'il n'est né que pour eux'. Dans les éditions de La Ligue de 1723-1724, ce

Est comme un riche avare, à son or attaché,
Entassant un trésor inutile et caché, [23]
Le poids embarrassant de sa triste opulence   85
D'un pauvre industrieux ne vaut pas l'indigence.
Qu'un roi n'aille donc pas, épris d'un faux éclat,
Pâlissant sur un livre oublier son état.
Que, plus il est instruit, plus il aime sa gloire. [24]
De ce monarque Anglais vous connaissez l'histoire: 90
Dans un fatal exil Jacques [25] laissa périr
Son gendre infortuné qu'il eût pu secourir.
Ah! qu'il eût mieux valu, rassemblant ses armées,
Délivrer des Germains les villes opprimées,
Venger de tant d'états les désolations   95

85   PR44: de la triste
87   MS2, W42-K, sauf PR44: donc point épris
91   W56-K: [avec note] (c) Le roi Jacques fit un petit traité de théologie, qu'il
dédia à l'enfant Jésus.

---

thème est longuement développé (OC, t.2, p.532-33 cite cette importante variante).
Le roi doit être 'attentif aux besoins' de son peuple, aimer, pardonner, récompenser
les services rendus, en bref imiter saint Louis et Henri IV.

[23] Allusion probable à l'avarice de Frédéric-Guillaume Ier. Frédéric est le fils
d'un roi qui thésaurise. Ce n'est pas sans raison que ces vers furent supprimés dans
les éditions du XVIIIe siècle.

[24] Il était bien inutile de dispenser cette leçon à Frédéric II. Voltaire ne connaît
pas le jeune prince auquel il s'adresse. Frédéric se considère d'abord comme le
serviteur de l'Etat. Son vif intérêt pour les ouvrages de l'esprit ne lui fera jamais
oublier les devoirs de sa charge. Cet article, modulé différemment, fait partie des
institutions du prince. Selon Ronsard, il doit avoir l'esprit orné: 'Car l'esprit d'un
grand Roy ne doit rien ignorer' ('Institution pour l'adolescence', p.4). Pour Bossuet,
le prince lit et médite l'Evangile, laisse aux autres 'les livres de curiosités', car 'c'est
assez pour lui d'exciter l'industrie des savants par les récompenses' (Politique,
p.146).

[25] Jacques Ier (1566-1625), roi d'Angleterre en 1603, qu'Henri IV appelait 'maître
Jacques', bien qu'à la tête du parti protestant, ne le soutint pas durant la guerre de
Bohême, abandonnant son gendre, l'Electeur Palatin. Lorsqu'enfin, il se décide à le
soutenir, la dernière année de son règne, il n'en est plus temps (Essai sur les mœurs,
ii.652-55).

Et tenir la balance entre les nations,
Que d'aller des docteurs briguant les vains suffrages
Au doux enfant Jésus dédier ses ouvrages. [26]
Un monarque éclairé n'est pas un roi pédant,
Il combat en héros, et pense en vrai savant.
Tel fut de Julien l'éclatant caractère, [27]
Philosophe et guerrier, terrible et populaire.

100

96 MS2: [absent]
98 MS2: Jésus [avec appel pour la note (c)]
100 MS2, W42-K, sauf PR44: héros, il pense
101 W42-K, sauf PR44: fut ce Julien méconnu du vulgaire

[26] Jacques Ier avait du goût pour les discussions théologiques. Il a composé un Commentaire de l'Apocalypse dans lequel il s'efforce de prouver que le Pape est l'antéchrist. Voltaire se moque à plusieurs reprises de cette dédicace à l'enfant Jésus (*Carnets*, *OC*, t.81, p.70, 109, 368, 374). Th. Besterman, qui a consacré une longue note à cette remarque de Voltaire, pense que ce dernier a mal compris la dédicace de 'A Declaration concerning the proceedings with the States Generall', publiée dans *The Workes of the most high and mightie prince, James* (London 1616). En effet, Voltaire ajouta cette note: 'Le roi Jacques fit un petit traité de théologie, qu'il dédia à l'enfant Jésus'. Or cette dédicace ne concerne pas un ouvrage de théologie, et elle n'est pas adressée 'au doux enfant Jésus': 'To the honovr of ovr lord and saviovr Jesus Christ, the eternall sonne of the eternall father, the onely mediator, and reconciler of mankind, in sign of thankfvlness, his most humble, and most obliged servant, Iames by the grace of God, king of Great Britaine, France and Ireland, defender of the faith, doeth dedicate and consecrate this his déclaration' (*OC*, t.81, p.70, note 3).

[27] Dès sa première lettre au prince royal, Voltaire avait glissé une allusion à l'empereur Julien 'ce grand homme si calomnié' (D1139, c.1er septembre 1736). Julien est une figure tutélaire de la correspondance de Voltaire et de Frédéric. Au moment de l'avènement de Frédéric, 'les Antonins, les Titus, les Julien' descendent du ciel pour assister à ce triomphe (D2199, c.15 avril 1740). Mais au soir de sa vie, Voltaire dut se rendre à l'évidence: Julien second n'est qu'un 'Julien minor' (D20925, 26 novembre 1777, à d'Alembert); voir C. Mervaud, 'Julien l'Apostat dans la Correspondance de Voltaire et Frédéric II', *Rhl*, 1976, p.724-43. Sur Julien dans l'œuvre de Voltaire, on se reportera à l'article 'Julien le philosophe' du *Dictionnaire philosophique*, *OC*, t.36, p.267-80, et à l'édition par J.-M. Moureaux du *Discours de l'empereur Julien contre les chrétiens*, *SVEC* 322 (1994).

Tel fût même César, on sait qu'il écrivait
En grand homme, en héros ainsi qu'il combattait. [28]
Il serait aujourd'hui votre modèle auguste,   105
Et votre exemple en tout, s'il avait été juste. [29]

103-106   W42-K, sauf PR44
     Ainsi ce grand César, soldat, prêtre, orateur,
     Fut du peuple romain l'oracle et le vainqueur.
     On sait qu'il fit encore bien pis dans sa jeunesse;
     Mais tout sied au héros, excepté la faiblesse. // [w68: *donne la leçon du texte de base en bas de page sous le titre 'Variante, pour les deux derniers vers'*]
     105   W42: votre modèle, Auguste
     106   MS2: iuste. [*ajout:*] A Cirey en Champagne 9ᵉ 8ᵇʳᵉ 1736

[28] Référence obligée à l'empereur romain, comblé d'honneurs extraordinaires, qui fut un homme de guerre remarquable et un écrivain de talent. Un jeune prince qui aime les lettres devait avoir lu ses Commentaires sur la guerre des Gaules. Les relations de Voltaire avec le nouveau César furent parfois difficiles et, dans un moment de colère, il répond à des reproches insultants du roi: 'J'appelle de César à César, et de Salomon à Salomon' (D8376, 29 juin 1759). Dans une note ajoutée en 1762 au chant IV de *La Pucelle*, Voltaire se moque de ceux qui comparent 'tous les jours le premier roi venu à César' (*OC*, t.7, p.323). Frédéric ne sera pas le premier roi venu, même si les compliments de Voltaire étaient pour le moins prématurés. Lorsque Frédéric envahit la Silésie, Voltaire, qui avait encensé le prince pacifique, auteur de l'*Anti-Machiavel*, restera fasciné par celui qui 'va être ou faire un César' (D2392), non sans faire part de sa désillusion. Il proposera alors une nouvelle dédicace de *La Henriade* (D2520, 3 août 1741). Reconnaissant à Frédéric une 'supériorité de raison', il admet que le roi soit philosophe et conquérant. La variante de l'*Eloge historique de la Raison*, citée dans la note 21 de l'Introduction, se situe dans le prolongement de cette première épître de 1736 qui célèbre les philosophes guerriers. Sur la crise qui suit l'invasion de la Silésie et qui, au contraire, fait entendre au héros un certain nombre de vérités sur 'les saccageurs de province', sur 'le fracas de gloire', voir C. Mervaud, *Voltaire et Frédéric II*, p.122-34.

[29] Dans *La Mort de César* Voltaire avait mis en scène la passion de la liberté (voir l'édition de cette pièce et les appendices qui l'accompagnent, *OC*, t.8).

APPENDICE A

Epître de Frédéric II à Voltaire

Epître à Monsieur de Voltaire
En quoi consiste la fausse et la véritable grandeur[1]

Voltaire, ce n'est point le rang et la puissance,
Ni les vains préjugés d'une illustre naissance,
Qui peuvent procurer la solide grandeur.
Du vulgaire ignorant telle est souvent l'erreur;
Mais un homme éclairé tient en main la balance,   5
Lui seul sait distinguer le vrai de l'apparence:
Il n'est point ébloui par un trompeur éclat,
Sous des titres pompeux il découvre le fat,
Et d'illustres ayeux ne compte point la suite,
Si vous n'héritez d'eux leurs vertus, leur mérite.   10
Il est d'autres moyens de se rendre fameux,
Qui dépendent de nous et sont plus glorieux.
Chacun a des talents dont il doit faire usage
Selon que le destin en régla le partage.
L'esprit de l'homme est tel qu'un diamant précieux,   15
Qui sans être taillé ne brille point aux yeux.
Quiconque a trouvé l'art d'anoblir son génie,
Mérite notre hommage en dépit de l'envie.
Rome nous vante encor les sons de Corelli;
Le Français prévenu fredonne avec Lulli;   20
L'Enéide immortelle, en beautés si fertile,
Transmet jusqu'à nos jours l'heureux nom de Virgile;
Carrache, le Titien, Rubens, Buonarotti

---

[1] Nous imprimons le texte (modernisé) de cette épître de Frédéric d'après D1200. L'épître se trouve également dans Kehl (lxiv.34-36) et Koser-Droysen (i.18-19).

Nous sont aussi connus que l'est Algarotti,
Lui dont l'art du compas et le calcul excède   25
Le savoir tant vanté du célèbre Archimède.
On respecte en tous lieux le profond Cassini;
La façade du Louvre exalte Bernini;
Aux mânes de Newton tout Londres encore encense;
Henri le grand, Colbert, sont chéris de la France;   30
Et votre nom, fameux par de savants exploits,
Doit être mis au rang des héros et des rois.

à Remusberg ce 13 de nov. 1736.

APPENDICE B[1]

PR44. Les notes suivantes de l'éditeur, 'un amateur des lettres fort connu à Paris', paraissent en bas de page:

Vers 3. Antonins: Antonin surnommé *le Pieux* ou *le Bon*, XVIe empereur, mort l'an de J.C. 138.

Vers 4. Marc-Aurèle: XVIIe empereur, mort en l'an 161.

Vers 36. dernier roi d'Espagne: Charles II, mort le 1er novembre 1700.

Vers 39. en sa hauteur: Le baromètre.

Vers 46. antipodes: Ce grave décret est celui du Pape Zacharie, élu le 3 décembre 741, et mort le 15 mars 752. Il le fit en confirmant la condamnation de Virgile missionnaire et depuis évêque de Salzbourg qui avait été déclaré hérétique par le fameux Boniface archevêque de Mayence et légat du siège de Rome, pour avoir enseigné qu'il y avait des antipodes. *Hist. Ecclés. de l'Abbé Fleury, sous l'année 748. Liv. 42, num. 57*.[2]

Vers 91. Jacques: Jacques Stuart VIe roi en son nom en Ecosse, et Ier en Angleterre, où il succéda à la Reine Elisabeth.

Vers 92. Son gendre infortuné: Frédéric, surnommé *le Constant*, Electeur palatin élu roi de Bohême en 1619 mais sans effet, cette

---

[1] Cet appendice a été établi par Nicholas Cronk.

[2] 'L'amateur des lettres' renvoie à ce passage de l'*Histoire ecclésiastique* de Fleury, évoquant une lettre du pape Zacharie à saint Boniface qui concernait Virgile: 'Quant à sa perverse doctrine, s'il est prouvé qu'il soutienne qu'il y a un autre monde et d'autres hommes sous la terre, un autre soleil et une autre lune, chassez-le de l'Eglise dans un concile, après l'avoir dépouillé du sacerdoce. Nous avons aussi écrit au duc de Bavière de nous l'envoyer, afin de l'examiner nous-même et le juger suivant les canons' (tome ix, Paris 1770, p.350-51). La référence est exacte (livre 42, numéro 57).

couronne lui ayant été enlevée par la Maison d'Autriche qui le dépouilla même de son Electorat.

Vers 98. ses ouvrages: Jacques, extrêmement religieux dans la communion Anglicane, écrivit plusieurs livres de spiritualité, et dans sa dévotion dégrada plus la majesté du trône qu'il n'aurait fait par des galanteries que le préjugé ne poursuit souvent que pour substituer un esclavage à l'autre.

Shorter verse of 1736

Critical edition

by

Ralph A. Nablow

CONTENTS

COLLECTIVE EDITIONS OF VOLTAIRE'S WORKS
CITED IN THIS EDITION

w38

Œuvres de M. de Voltaire. Amsterdam: Ledet [or] Desbordes, 1738-1750. 8 vol. 8°.
Volumes i-iv at least were produced under Voltaire's supervision.
Bengesco 2120; Trapnell 39A; BnC 7-11.
Paris, BnF: Ye 9213, Z. 24566, and Rés. Z Bengesco 468.

RP40 (1739)

Recueil de pièces fugitives en prose et en vers. [Paris: Prault], 1740 [1739]. 1 vol. 8°.
Bengesco 2193; BnC 369-70.

w40

Œuvres de M. de Voltaire. Amsterdam [Rouen?]: Compagnie, 1740. 4 vol.
No evidence of Voltaire's participation.
Bengesco 2122; Trapnell 40R. BnC 18.
Paris, Arsenal: 8° B 34045 and 8° B 34046 (2 copies).

w41C

Œuvres de M. de Voltaire. Amsterdam [Paris: Didot, Barrois]: Compagnie, 1741-1742. 5 vol. 12°.
Based upon w38. No evidence of Voltaire's participation and suppressed at his request. Reissued as w42.
Bengesco 2124; Trapnell 41C; BnC 20-21.

w41R

Œuvres de M. de Voltaire. Amsterdam [Rouen?] Compagnie, 1741. 4 vol. 12°.
Based upon w38. No evidence of Voltaire's participation.
Bengesco 2123; Trapnell 41R; BnC 19.

w42

Œuvres mêlées de M. de Voltaire. Genève: Bousquet, 1742. 5 vols. 12°.
Reissue of w41C, produced with Voltaire's participation.
Bengesco 2125; Trapnell 42G; BnC 22-24.
BnF: Z 24570.

w46

Œuvres diverses de M. de Voltaire. Londres [Trévoux] Nourse. 1746. 6
vol. 12°.
Bengesco 2127; Trapnell 46; BnC 25-26.
Paris, Arsenal: THEAT. N. 1043. BnF: Rés. Z Beuchot 8.

w48D

Œuvres de M. de Voltaire. Dresde: Walther, 1748-1754. 10 vol. 8°.
Produced with Voltaire's particpation.
Bengesco 2129; Trapnell 48D; BnC 28-35.
Paris, BnF: Rés. Z. Beuchot 12. Bengesco 70.

w50

La Henriade et autres ouvrages. Londres [Rouen] Société, 1750-1752. 10
vol. 12°.
No evidence of Voltaire's participation.
Bengesco 2130; Trapnell 50R; BnC 39.
Grenoble, Bibliothèque municipale. ImV: A 1751/1.

w51

Œuvres de M. de Voltaire. [Paris: Lambert] 1751. 11 vol. 12°.
Based on w48D, with additions and corrections. Produced with the
participation of Voltaire.
Bengesco 2131; Trapnell 51P; BnC 40-41.
Oxford, Taylor: V1 1751. Paris, Arsenal: 8° B 13057; BnF: Rés. Z
Beuchot 13.

w52

Œuvres de M. de Voltaire. Dresde: Walther, 1752. 9 vol. 8°.

Based on w48D with revisions. Produced with the participation of Voltaire.
Bengesco 2132; Trapnell 52 and 70x; BnC 36-38.
Oxford, Taylor: VI. 1752. Paris, BnF: Rés. Z. Beuchot 14. Vienna, Österreichische Nationalbibliothek: *38 L 1.

w56

Collection complette des œuvres de Mr. de Voltaire. [Genève: Cramer], 1756. 17 vol. 8°.
The first Cramer edition. Produced under Voltaire's supervision.
Bengesco 2133; Trapnell 56, 57G; BnC 55-56.
Paris, Arsenal: 8° B 34 048; BnF: Z. 24585.

w57G1

Collection complette des œuvres de Mr. de Voltaire. [Genève: Cramer], 1757. 10 vol. 8°.
A revised edition of w56, produced with Voltaire's participation.
Bengesco 2134; Trapnell 56, 57G; BnC 67.
Paris, BnF: Rés Z Beuchot 21.

w57G2

A reissue of w57G1.
Paris, BnF: Rés. Z. Beuchot 20. St Petersburg, GpgbVM 11-74.

w57P

Œuvres de M. de Voltaire. [Paris: Lambert], 1757. 22 vol. 12°.
Based in part upon w56 and produced with Voltaire's participation.
Bengesco 2135; Trapnell 57P; BnC 45-54.
Paris, BnF: Z. 24644.

s058

Supplément aux œuvres de M. de Voltaire. Londres [Paris: Lambert], 1758 2 vol. 12°.
Bengesco 2131; BnC 42-44.

MP61

Mélanges de poésies, de littérature, d'histoire et de philosophie. [Paris, Prault], 1761.

OC61

Œuvres choisis de M. de Voltaire. Avignon: Giroud, 1761. 12°.
Bengesco 2182, 2206; Trapnell 61A; BnC 430-33.

TS61

Troisième suite de mélanges de poésie, de littérature, d'histoire et de philosophie. [Paris, Prault], 1761.

W64G

Collection complette des œuvres de M. de Voltaire. [Genève: Cramer], 1764. 10 vol. 8°.
A revised edition of w57G produced with Voltaire's participation.
Bengesco 2133; Trapnell 64, 70G; BnC 89.
Oxford, Taylor, V1 1764; VF; Merton College.

W64R

Collection complette des œuvres de M. de Voltaire. Amsterdam: Compagnie [Rouen: Machuel], 1764. 22 tomes in 18 vol. 12°.
Volumes 1-12 were produced in 1748 and belong to the edition suppressed by Voltaire (w48R).
Bengesco 2136; Trapnell 64R; BnC 145-148.

W68

Collection complette des œuvres de M. de Voltaire. [Genève: Cramer; Paris: Panckoucke], 1768-1777. 30 vol. 4°.
Volumes i-xxiv were produced by Cramer under Voltaire's supervision.
Bengesco 2137; Trapnell 68; BnC 141-44.
Oxford, Taylor, VF.

W70G

Collection complette des œuvres de M. de Voltaire. [Genève: Cramer], 1770.
10 vol. 8°.
A new edition of w64G with few changes.
Bengesco 2133; Trapnell 64, 70G; BnC 90-91.
Oxford, Taylor: VI 1770G/1. Paris, Arsenal: 8 BL 34054.

W70L

Collection complette des œuvres de M. de Voltaire. Lausanne: Grasset,
1770-1781. 57 vol. 8°.
Some volumes, particularly the theatre, were produced with Voltaire's
participation.
Bengesco 2138; Trapnell 70L; BnC 149-150 (1-6, 14-21, 25).
Lausanne, Bibliothèque cantonale et universitaire. Oxford, Taylor: VI
1770L.

ES71

Epîtres, satires, contes, odes, et pièces fugitives du poète philosophe (Londres
[Lausanne: Grasset] 1771). 1 vol. 8°.

W71

Collection complette des œuvres de M. de Voltaire. Genève [Liège:
Plomteux], 1771-1777. 32 vol. 8°.
No evidence of Voltaire's participation.
Bengesco 2139; Trapnell 71; BnC 151.
Oxford, Taylor, VF.

W72P

Œuvres de M. de V... Neufchâtel [Paris: Panckoucke], 1771-1777. 34 or
40 vol. 8° and 12°.
Reproduces the text of w68. No evidence of Voltaire's participation.
Bengesco 2140; Trapnell 72P; BnC 152-157.
Paris, Arsenal: Rf. 14095.

W72X

Collection complette des œuvres de M. de Voltaire. [Genève: Cramer?],
1772. 10 vol. 8°.
A new edition of W70G, probably printed for Cramer. No evidence of
Voltaire's participation.
Bengesco 2133; Trapnell 72X; BnC 92-110.
Oxford, Taylor: VI 1770G/2. Paris, BnF: 8° Yth. 5949.

W75G

La Henriade, divers autres poèmes et toutes les pièces relatives à l'épopée,
[Geneva: Cramer & Bardin], 1775. 37 [40] vol. 8°.
The *encadrée* edition, produced at least in part under Voltaire's super-
vision.
Bengesco 2141; Trapnell 75G; BnC 158-161.
Oxford, Taylor, VF.

K

Œuvres complètes de Voltaire. [Kehl] Société littéraire-typographique,
1784-1789. 70 vol. 8°.
Oxford, Taylor, VF. Paris, BnF: Rés. p. Z. 2209.

À M. D'ARNAUD, QUI LUI AVAIT ADRESSÉ DES VERS TRÈS FLATTEURS

In late 1735 or early 1736 the then unknown François-Thomas de Baculard d'Arnaud (1718-1805) launched his literary career by writing to Voltaire, thereby beginning a close relationship which would continue for fifteen years.[1] This letter to Voltaire has unfortunately not come down to us. Baculard also sent Voltaire some flattering verses on the latter's tragedies – verses to which Voltaire replies in this eleven-line poem and on which he comments in his letter to Baculard of 22 January. Here he repeats the theme of the poem: the need for self-improvement. 'Les vers que vous m'avez envoyés sur mes tragédies', he wrote, 'en me donnant beaucoup d'estime pour vous, me laissent le regret de mériter si peu vos éloges' (D994).[2]

Voltaire took pains to encourage the fledgling poet,[3] and embellished this theme in an original image. 'Le goût que vous avez pour la poésie monsieur vous fait regarder avec trop d'indulgence mes faibles ouvrages. [...] Vous ressemblez aux connaisseurs en peinture qui ne laissent pas de mettre dans leur cabinet des tableaux médiocres en faveur de quelques coups de pinceau qui leur auront plu' (*ibid.*).

Baculard's verses to Voltaire, although not necessarily the original ones, appear in the *Mercure de France* of April 1736, p.703-708, under the title of *Vers envoyés à M. de Voltaire le 30. Janvier 1736.*[4]

---

[1] See D994, commentary, and Robert L. Dawson, *Baculard d'Arnaud: life and prose fiction*, *SVEC* 141 (1976), p.31-33.

[2] In conformity with our practice for quotations we have modernised the spelling, but not the punctuation, of Voltaire's correspondence.

[3] See also D1164, D1206.

[4] See also Dawson, p.33, note 6.

The text

The poem was first printed in 1784 by the Kehl editors (xiv.333), whose text is reproduced here.

A M. d'Arnaud,
qui lui avait adressé des vers très flatteurs

Mon cher enfant, tous les rois sont loués,
  Lorsque l'on parle à leur personne;
  Mais ces éloges qu'on leur donne
  Sont trop souvent désavoués.
J'aime peu la louange, et je vous la pardonne;   5
Je la chéris en vous puisqu'elle vient du cœur.
  Vos vers ne sont pas d'un flatteur;
Vous peignez mes devoirs, et me faites connaître
Non pas ce que je suis, mais ce que je dois être.
Poursuivez et croissez en grâces, en vertus;   10
Si vous me louez moins, je vous louerai bien plus.

LETTRE À M. BERGER,
QUI LUI AVAIT ENVOYÉ LA DESCRIPTION
DU HAMEAU, DE BERNARD

In January 1736 Voltaire asked Berger for *Le Hameau* by Pierre-Joseph Bernard [1] (D985, n.4; *c*.10 January 1736). Berger evidently complied, and on 29 January Voltaire sent him this poem in the same metre as *Le Hameau*, together with its accompanying prose (D998).

Little is known of Berger (on whom see D690, n.1). He entered Voltaire's correspondence around December 1733 (D690) and was serving Voltaire from Paris during these years as secretary and informant. As for Bernard, a writer of light verse, it will be recalled that Voltaire nicknamed him Gentil-Bernard; he entered Voltaire's correspondence in 1732 (D478, D488, D494), and probably met Voltaire at about this time. Voltaire sent him three pieces of verse, including the poem *Les Trois Bernards* (M.x.515).

Albert de La Fizelière states that Voltaire disavowed this poem to Berger, in his own hand, on a copy of volume x of the *Nouveaux Mélanges* (1770). [2]

The poem, which is indeed by Voltaire, is noteworthy for several reasons: it is unique among his writings for its four-syllabled lines ('ces vers nains', line 20), which create a lightness of touch and perfect congruity between form and content; it attests to his sensitivity to nature poetry ('C'est la peinture / De la nature', lines 7-8); it contains one of Voltaire's rare references to Watteau (line 10), reproductions of whose paintings were to be seen at Cirey; [3] and it illustrates his delightful sense of humour, as he

---

[1] For the text of this poem see Bernard, *Œuvres complettes* (Paris 1775), p.94-98.

[2] La Fizelière, *Variétés littéraires. Voltaire était-il complètement étranger à la publication des Mélanges publiés sous son nom* (Paris [18–]), p.5.

[3] See Françoise de Graffigny, *Correspondance* (Oxford 1985-), i.198.

concludes that his own longer-lined poems could hardly be so good as the dwarfish lines of Bernard.

The text

Voltaire's prose and verse letter to Berger was first printed in *Lettres secrettes de M. de Voltaire* (Geneva 1765). The verse, which was first printed without the prose in the *Almanach des muses* of 1767, p.19-20, entered Voltaire's works in NM (1770), x.350-51. There are two readings of the text: (1) that of MS1, which inverts lines 5 and 6 and interpolates three new lines between lines 6 and 7; and (2) that of the printed versions. Since the verse does not appear in w75G, and in the absence of a holograph, the text of Kehl (xv.95-96) is reproduced.

Manuscripts

MS1: Contemporary copy of D998, dated 'à Cirey ce 29 Janvier 1736'. Wrongly entitled 'Epitre à M. Thieriot'. BnF N 24337, f.114.

MS2: Contemporary copy of D998. Not seen. St Petersburg, BV, Annexes manuscrites, ii.91v.

Editions

Lettres secrettes de M. de Voltaire (Geneva 1765), p.34-36 (LS); *Almanach des muses* (Paris 1767), p.19-20; *Mercure de France*, January 1769, i.45-46; NM (1770), x.350-51; w72P (1771), iv.174; w72P (1773), xv.292; w68 (1777), xxxii.62; K, xv.95-96. The verse also appears in *Elite de poésies fugitives* (London 1770), v.307-308.

Base text: K. Collated texts: LS; NM; w68.

Lettre à M. Berger, qui lui avait envoyé la description
du Hameau, de Bernard, en vers de quatre syllabes, et
qui commence ainsi; Rien n'est si beau / Que mon
hameau, etc. A Cirey, janvier [1736]

De ton Bernard
J'aime l'esprit,
J'aime l'écrit
Que de sa part
Tu viens de mettre   5
Avec ta lettre.
C'est la peinture
De la nature;
C'est un tableau
Fait par Vatteau.   10
Sachez aussi
Que la déesse
Enchanteresse
De ce lieu-ci,
Voyant l'espèce   15
De vers si courts
Que les Amours
Eux-mêmes ont faits,
A dit qu'auprès
De ces vers nains   20
Vifs et badins,
Tous les plus longs
Faits par Voltaire,
Ne pourraient guère
Etre aussi bons.   25

a-d NM: A M. B., qui lui avait envoyé des vers de M. Bernard
     LS: Lettre IX, à M. Berger, à Cirey [...] janvier 1736
12   NM: [*with note*] madame Du Châtelet
16   NM: Des vers

À MADEMOISELLE GAUSSIN JOUANT ALZIRE

Voltaire had already sent two pieces of verse to the actress Jeanne-Catherine Gaussin (1711-1767), who performed major roles in many of his plays: the *Chanson pour Mlle Gaussin, le jour de sa fête* (1731) (M.x.489), and the *Epître à Mlle Gossin, jeune actrice* (1732) (*OC*, vol.8, p.406-407) – the latter on the occasion of her successful performance of the role of Zaïre, a role composed for her (D996).

It was Mlle Gaussin again who was largely responsible for the success of *Alzire*. Two days before its première on 27 January 1736, Voltaire asked Thiriot to coach her in the title role. 'Que je vous ai d'obligation, mon cher et solide ami', he told him, 'd'encourager notre petite Américaine Gaussin, et de l'élever un peu sur les échasses du cothurne! You must exalt her tenderness, into a kind of savage loftiness and natural grandeur. Let her enforce her own character' (D996). Several days later Voltaire acknowledged the success of Mlle Gaussin with the quatrain before us. It forms part of his letter of 9 February 1736 to Thiriot, who is invited to recite the poem on Voltaire's behalf to 'cette Américaine', 'la naïve, jeune et gentille Gossin' (D1006).

The poem illustrates an effective use of antithesis. It is not the author who is applauded, but Mlle Gaussin, who is admired and loved, the young actress is told. Her charm, moreover, damns all those whom Gusman has converted. Zamore, it will be recalled, was converted to Christianity by Gusman's magnanimity.

The text

The poem was first printed (without the prose) in 1768 in NM (v.335). All versions of it fall into the same textual tradition. Since MS2 and the editions all give an identical text, w75G (xiii.395) is reproduced.

Manuscripts

MS1: An original of D1006, dated 'à Cirey ce 9 février 1736', with the last paragraph and the corrections in Voltaire's hand. Bh, Rés.2034, f.116-17.

MS2: Contemporary copy in the hand of Henri Rieu; undated. St Petersburg, BV, annexes manuscrites 50, f.53.

Editions

NM (1768), v.335; W68 (1771), xviii.487; W72P (1771), iv.137; W70L (1773), xxxv.354; W72P (1773), xv.294; W75G, xiii.395; K, lii.346. The poem is also printed in *Elite de poésies fugitives* (London 1770), iv.96, and in *Contes et poésies diverses de M. de Voltaire* (London 1778), p.184.

Base text: W75G. Collated texts: MS1; MS2; NM; W68; W70L; K.

A mademoiselle Gossin jouant Alzire

Ce n'est point moi qu'on applaudit,
C'est vous qu'on aime et qu'on admire;
Et vous damnez, charmante Alzire,
Tous ceux que Gusman convertit.

---

1 MS1: n'est pas moi
3 MS1: ^v↑charmante [*original reading illegible*]

405

ÉPÎTRE À M. PALLU,
CONSEILLER D'ÉTAT

Bertrand-René Pallu, an administrator and writer of light verse, was appointed *intendant* of Moulins and Lyons in 1734 and 1738 respectively, and *conseiller d'Etat* in 1749. Voltaire met him in 1726 when Pallu visited him in the Bastille (D286, D348, n.5), and continued to consult him on literary and practical matters for some thirty years. His *Lettre écrite de Plombières à monsieur Pallu* (*OC*, vol.5, p.593-97) belongs to 1729. The date of this next epistle turns on a letter of Voltaire to Pallu, dated Cirey, 9 February 1736 (D1004): both poem and letter treat of Pallu's interest in literature combined with his administrative duties as *intendant* of Moulins.

The poem, with its references to the marquis de La Fare, reflects the influence of the Société du Temple. Its carefree, lightly ironic tone is that of Chaulieu, La Fare, and other devotees of this literary centre.[1]

The text

The poem was first published in 1784 by the Kehl editors (xiii.51), whose text is reproduced here.

Epître à M. Pallu, *conseiller d'Etat*

Quoi! le dieu de la poésie
Vous illumine de ses traits!

[1] On Voltaire and the Temple, see Wade, *The Intellectual development of Voltaire*, p.18-21.

Malgré la robe, les procès,
Et le conseil et ses arrêts,
Vous tâtez de notre ambrosie!   5
Ah! bien fort je vous remercie
De vous livrer à ses attraits
Et d'être de la confrérie.
Dans les beaux jours de votre vie,
Adoré de maintes beautés,   10
Vous aimiez Lubert et Silvie;
Mais à présent vous les chantez,
Et votre gloire est accomplie.
La Fare, joufflu comme vous,
Comme vous rival de Tibulle, [2]   15
Rima des vers polis et doux,
Aima longtemps sans ridicule, [3]
Et fut sage au milieu des fous. [4]
En vous c'est le même art qui brille;
Pallu comme la Fare écrit: 20
Vous recueillîtes son esprit
Dessus les lèvres de sa fille. [5]
Aimez donc, rimez tour à tour:
Vous, la Fare, Apollon, l'Amour,
Vous êtes de même famille.   25

[2] La Fare translated the first elegy of Tibullus; see *Poésies de Monsieur le marquis de La Farre* (London 1781), p.117-21.

[3] La Fare had, we are told, a tender passion for Mme de La Sablière.

[4] La Fare wasted the last half of his life in high living; elsewhere Voltaire stresses his laziness: see D36 and *Le Temple du goût* (*OC*, vol.9, p.163).

[5] On 10 September 1724 Voltaire told Thiriot: 'Je pourrais bien vous trouver quelques pièces de Mr de la Fare qui sont entre les mains de madame sa fille' (D206). La Fare's daughter, Mme de La Fare de Montclar, deemed it unwise to have her father's amatory and deistic verse printed: the first noteworthy collection did not appear until 1755; see *The Unpublished poems of the marquis de La Fare*, ed. Gustave L. van Roosbroeck (Paris 1924), p.5, 19-20.

À M. PALLU, INTENDANT DE [MOULINS], QUI AVAIT ENVOYÉ DES CYGNES À MME LA MARQUISE DU CHÂTELET, POUR LE BASSIN DES JARDINS DE CIREY

The date of this poem, as the preceding one, turns on Voltaire's letter of 9 February 1736 to Bertrand-René Pallu (D1004), in which he reminds him of his promise to send some cygnets from Moulins (of which Pallu was *intendant*) to Cirey for Mme Du Châtelet. 'Vous aviez promis à madame du Châtelet des petits cygnes de Moulins et des petits bateaux', he writes. 'Savez-vous bien que des bagatelles, quand on les a promises, deviennent solides et sacrées, et qu'il vaudrait mieux être deux ans sans faire payer la taille aux peuples de *la mère aux gaînes*[1] que de manquer d'envoyer des petits cygnes à Cirey? Vous croyez donc qu'il n'y a dans le monde que des ministres, Moulins et Versailles?' It seems that Pallu could not ignore this prompt.

The poem reflects the influence of Horace, who was one of Voltaire's mentors, and indirectly that of the Temple, where Horace's poetry was much appreciated and imitated. Of particular interest is the reference to the paintings of Francesco Albani (line 4).

The text

The poem was first printed in *Pièces inédites de Voltaire* (Paris 1820), p.92, which is reproduced here.

---

[1] The town of Moulins, famous for its cutlery (see D1004, note 4).

A M. Pallu, intendant de Nevers, [2] qui avait envoyé des cygnes à madame la marquise Du Châtelet, pour le bassin des jardins de Cirey

Le cygne est un oiseau que j'aimerai toujours;
Virgile en était un; [3] l'aisé, le tendre Horace
Lui-même s'est nommé le cygne du Parnasse; [4]
Le pinceau de l'Albane [5] en ses heureux contours,
Par deux cygnes brillants qu'il attelle avec grâce,   5
   Conduit la mère des Amours. [6]
Je sers, vous le savez, cette grande Déesse;
Le Parnasse me compte entre ses habitants:
   J'avais des droits à vos présents
   Par mes vers et par ma tendresse.   10

[2] An error. Pallu was *intendant* of Moulins.

[3] Voltaire called Virgil '[le] cygne de Mantoue' (*OC*, vol.14, p.543).

[4] See *Carmina*, II.xx.10-11: 'et album mutor in alitem / superne'.

[5] Voltaire was at this time acquiring prints of paintings by Francesco Albani (1578-1660), who was known as 'the painter of the Graces' (D1006, n.6, D1031). There is nothing in the catalogue of his paintings corresponding to Voltaire's description; see Catherine R. Puglisi, *Francesco Albani* (New Haven, Conn. and London 1999), p.85-227.

[6] Cf. Horace who describes Venus as 'purpureis ales oloribus' (*Carmina*, IV.i.10).

MADRIGAL À MADAME DE ***
SUR UN PASSAGE DE POPE

During his visit to England Voltaire made the acquaintance of Alexander Pope, 'the best poet of England, and at present, of all the world' (26 October 1726; D303). He was profoundly influenced by the English poet, and in 1737-1738 wrote his *Discours en vers sur l'homme* with Pope's *Essay on man* (publ. 1733-1734) very much in mind.[1] This eight-line poem for Mme Du Châtelet forms part of two letters he sent respectively to his friends Pallu and Thiriot on 9 February 1736 (D1004, D1006);[2] it reflects both his and Mme Du Châtelet's great interest in the *Essay on man*, of which a prose translation by Etienne de Silhouette had just appeared in January (D995, n.5). 'Avez-vous lu la traduction en prose de l'*Essay on man*?' she asks Algarotti on 20 April (D1065). 'Plus je relis cet ouvrage de Pope et plus j'en suis contente', she goes on, quoting in English a line from the fourth epistle of the *Essay* that particularly took her fancy. Voltaire, too, in his letter to Thiriot, notes that Mme Du Châtelet had been reading the fourth epistle, 'sur le bonheur' (D1006). Here, then, is the genesis of Voltaire's poem. Its purpose, he tells us, was to refute what he considered to be Pope's false ideas on happiness. 'Voici ne vous déplaise un petit huitain qui m'échappa apropos de l'épître sur le prétendu bonheur', he stated in sending the poem to Thiriot (*ibid.*). In his letter to Pallu the poem is preceded by a similar remark: 'En lisant aujourd'hui des vers anglais de Pope, sur le bonheur, voici comme j'ai réfuté ce raisonneur' (D1004).[3] But what was false about Pope's conception of happiness? In her letter

---

[1] See Wade, *The Intellectual development of Voltaire*, p.665-70, and Haydn T. Mason, *OC*, vol.17, p.404-405.

[2] On Voltaire's relations with Pallu see above, p.406.

[3] Three days later Voltaire remarked to Pierre d'Olivet: 'C'est un beau poème en anglais quoique mêlé d'idées bien fausses sur le bonheur' (D1012; see also D1039).

of 20 April to Algarotti (D1065), Mme Du Châtelet reproduces Voltaire's poem and quotes the couplet from Pope's *Essay* which, she says, shocked Voltaire:

> All reason's pleasures, all the joys of sense
> Lie in three words, health, peace, and competence.[4]

What Voltaire missed was 'l'amour'. 'Mettez l'amitié à la place de l'amour, et vous verrez combien vous manquez à ma félicité', he tells Pallu (D1004).

The text

First printed (without the prose) in the *Mercure de France* of August 1736, the poem entered Voltaire's works in w42 (iv.115). All the editions in which Voltaire participated give the same text, whereas MS1 (an original) presents a slight variant; w75G, the last edition revised under Voltaire's supervision, has accordingly been chosen as the base text. Apart from MS1 and the *Mercure de France*, all versions published during Voltaire's lifetime fall into the same textual tradition.

Manuscript

MS1: An original of D1006, dated 'à Cirey ce 9 février 1736', with the last paragraph and corrections in Voltaire's hand and paginated 1 to 6 in Voltaire's hand. A diagonal line is drawn through the poem. In the left margin beside the poem is written in Voltaire's hand: 'se trouve dans la lettre à M. Pallu du même jour'. Bh, Rés. 2034, f.116.

Editions

Mercure de France, August 1736, p.1184 (MF); w42, iv.115; w38 (1745), vi.173; w48D, ix.207; w52, iii.131; w56, ii.131; w57G1, ii.131; w57G2,

---

[4] *An Essay on man*, iv.79-80.

ii.131; w57P, vi.119; s058, i.361; MP61, p.211; TS61, p.401-402; w64G,
ii.148; w64R, v.419 and xvii.II.598; w70G, ii.148; w68 (1771), xviii.475;
w72P (1771), iv.129; w70L (1772), xxiii.209; w75G, xiii.78; K, lii.350. The
poem is also printed in *Le Portefeuille trouvé* (Geneva 1757), i.201;
Nouvelle anthologie françoise (Paris 1769), i.214, in *Elite de poésies
fugitives* (London 1770), v.50, and *Lettre philosophique par M. de V****
avec plusieurs pièces galantes et nouvelles de différens auteurs (London
1776), p.205-206.

Base text: w75G. Collated texts: MS1; MF; w42; w38, w48D; w52; w56;
w57G1; w57G2; w57P; s058; w64G; w68; w70L; K.

Madrigal à madame de ***
sur un passage de Pope

Pope l'Anglais, ce sage si vanté,
Dans sa morale au Parnasse embellie,
Dit que les biens, les seuls biens de la vie,
Sont le repos, l'aisance et la santé.
Il s'est trompé. Quoi! dans l'heureux partage   5
Des dons du ciel faits à l'humain séjour,
Ce triste Anglais n'a pas compté l'amour?
Qu'il est à plaindre! il n'est heureux, ni sage.

a-b   MS1, K: [*absent*]
       MF: Epigramme
       w42: A la même [madame de ***] sur un passage de Pope
       w38: Vers à madame de *** sur un passage de Pope
  4   MF: l'aisance, la santé;
  5   MS1, K: s'est mépris.
  6   MF: Des présents faits au terrestre séjour,
  7   MF: Le triste
  8   MF: Pope est à plaindre;

À M. DE VERRIÈRE,
QUI AVAIT ADRESSÉ À L'AUTEUR
UNE TRÈS LONGUE ÉPÎTRE EN VERS

Little is known about the 'jeune m^r de Verriere' (D1037), who appears only once in Voltaire's correspondence. In 1735 Voltaire sent him a quatrain, 'Sais-tu que celui dont tu parles'.[1] The only other poem he addressed to him is, so far as we know, the one before us, which was elicited by the *Epître de M. de Verrière à M. de Voltaire*, a rambling verse epistle, dated 10 February 1736.[2] It forms part of Voltaire's letter to Thiriot, dated Cirey, 16 March 1736 (D1037), where it is preceded by the remark: 'Il ne faut pas oublier ce jeune m^r de Verriere, car nous devons encourager la jeunesse.' A portion of the poem was, however, conceived a few years earlier, since a variant of the last four lines forms part of a sextain in Voltaire's letter of 2 March 1731 to Cideville (D404).

Both versions expound the classical doctrine of a correct, natural style. They are thus consistent with Voltaire's later views on the subject,[3] and help to explain his censure of Shakespeare and of parts of the Hebrew Bible. Concerning the poem and its theme of literary craftsmanship, Voltaire exclaimed: 'C'est ce qui fait que je me corrige tous les jours moi, et mes ouvrages' (D1037). Boileau's 'Vingt fois sur le métier remettez votre ouvrage' comes immediately to mind.[4] It is Verrière's own verse that would have most benefited from this advice – a fact which influenced Voltaire's poem.

---

[1] *OC*, vol.14, p.539-40.

[2] *Epître de M. de Verrière à M. de Voltaire. Du 10 février 1736* (Paris 1736), 16 pp.

[3] See his articles 'Goût', *Articles pour l'Encyclopédie* (1757) (*OC*, vol.33, p.128-32), and 'Goût,' *Questions sur l'Encyclopédie* (1771) (M.xix.273-84).

[4] *L'Art poétique*, i.171.

The text

The poem was first printed (without the prose) in two different versions in the *Journal de politique et de littérature*, 15 March 1778, p.353 and 469 (JPL1 and JPL2). It did not enter Voltaire's works until the Kehl edition (xiv.324 and lii.376) (K1 and K2). There are five readings of the text: (1) MS1-MS3, a version of the last four lines; (2) MS4, a nine-line version of the poem; (3) JPL1, a seven-line version; (4) JPL2 and K1, another seven-line version; and (5) K2, another nine-line version. MS4, a holograph, presents the most authoritative text and has been chosen as the base text. The title is that of K1.

Manuscripts

MS1: Holograph of D404, with seal in red wax, dated 2 March 1731, containing the last four lines. Rouen, Bibliothèque de la ville, Archives de l'Académie de Rouen, Lettres de Voltaire 13.

MS2: A certified copy of D404, dated 2 March 1731, containing the last four lines. BnF F 12941, p.37-38.

MS3: An old copy of D404, dated 2 March 1731, containing the last four lines. BnF F 12944, f.423*v*-24*r*.

MS4: Holograph of D1037, dated 16 March 1736; the poem is bracketed, and against the bracket is written in the left margin 'poësies mêlées', apparently in Voltaire's hand. Bh, Rés. 2034, f.129.

Editions

JPL1; JPL2; K1; K2.

Base text: MS4. Collated texts: MS1-MS3; JPL1; JPL2; K1; K2.

A M. de Verrière,
qui avait adressé à l'auteur une très longue épître en vers

Elève heureux du dieu le plus aimable,
Fils d'Apollon, digne de ses concerts,
Voudriez vous être encor plus louable[?]
Louez pas tant, travaillez plus vos vers[:]
Le plus bel arbre a besoin de culture[.]   5
Emondez moy ces ramaux trop épars[,] [5]
Rendez leur sève, et plus forte et plus pure;
Il faut toujours en suivant la nature
La corriger, c'est le secret des arts.

a-b   β, MS1-MS3, JPL2, K2: [absent]
       JPL1: Réponse à une Epître de M. de Verriere imprimée en 1738
1-3   JPL1, JPL2, K1: Vous qu'Apollon admit à ses concerts,
4   β [margin]: Ne me
       β: < >pas tant
       JPL1: Louez-moi moins, travaillez mieux vos vers.
       JPL2, K1: Ne me louez pas tant: travaillez mieux vos vers.
       K2: Ne me louez pas tant, travaillez plus vos vers.
6   MS1-3, JPL2, K1: Emondez ces ramaux confusément épars,
7   MS1-3, JPL2, K1: Ménagez cette sève. Elle en sera plus pure.
       β: Rendez <sa> leur
8-9   MS1-3, JPL2, K1:
       Songez [JPL2, K1: Sachez] que le secret des arts
       Est de corriger la nature.
8   JPL1: Il faut, Verrière, en
9   JPL1: de l'art

[5] Frederick of Prussia quotes this line in connection with his own poetry in his letter to Voltaire of 8 May 1737 (D1323 and n.4).

SONNET
À M. LE COMTE ALGAROTTI, VÉNITIEN

Francesco Algarotti (1712-1764), a connoisseur of the arts and sciences, began his life-long friendship with Voltaire in Paris in 1734;[1] the next year he was invited to Cirey. 'Nous avons ici', Voltaire told Thiriot on 3 November 1735, 'le marquis Argalotti, jeune homme qui sait les langues et les mœurs de tous les pays, qui fait des vers comme l'Arioste, et qui sait son Loke et son Newton' (D935). The previous month (D930) he had sent Algarotti a verse epistle on the latter's projected participation, as poet, in the Maupertuis expedition, 'Lorsque ce grand courrier de la philosophie'.[2]

The next poem that Voltaire addressed to the young Venetian was this sonnet, which forms part of his letter to Thiriot, dated Cirey, 16 March 1736 (D1037). Here it is preceded by a revealing description: 'Vous trouverez encore sur une dernière feuille, une chose que je n'avais faite de ma vie, un sonnet.[3] Présentez-le au marquis, ou non marquis[4] Algaroti, et admirez avec moi son ouvrage sur la lumière. Ce sonnet est une galanterie italienne. Qu'elle passe par vos mains, la galanterie sera complète.'

The 'ouvrage sur la lumière', for which Voltaire expresses admiration, is Algarotti's *Il Neutonianismo per le dame*, a popular exposition of Newtonian optics in dialogue form, which the author read aloud to Voltaire and Mme Du Châtelet during his visit to

---

[1] See Ida Treat, *Un cosmopolite italien du XVIIIe siècle. Francesco Algarotti* (Trévoux 1913), p.45-48.

[2] *OC*, vol.14, p.541-44.

[3] Voltaire had already composed his only other sonnet: *Les Souhaits* (1711-1712) (*OC*, vol.1B, p.371-72).

[4] Although often given this title, Algarotti was a commoner until Frederick II made him a count of Prussia in 1741.

416

Cirey in the autumn of 1735[5] and published in 1737. Although Voltaire praises this work in his sonnet, he had a mixed opinion of it. He first commented on it in another letter to Thiriot, also dated 16 March 1736. 'Apprenez que ce vénitien là a fait des dialogues sur la lumière', he remarked, 'où il y a malheureusement autant d'esprit que dans les mondes,[6] et beaucoup plus de choses utiles et curieuses' (D1035). Two years later his criticism is more severe: 'Quand m^r Algarotti me lut ses dialogues sur la lumière', he commented to Berger on 14 May 1738, 'je lui donnai l'éloge qu'il méritait, d'avoir répandu infiniment d'esprit et de clarté sur cette belle partie de la physique; mais alors il avait peu approfondi cette matière' (D1502). 'J'ai lu le livre de Mr Algaroti', he told Maupertuis on 22 May 1738. 'Il y a, comme de raison, plus de tours et de pensées que de vérités' (D1508). In the obituary of Algarotti, which he contributed to the *Gazette littéraire* (27 June 1765), Voltaire tried to be more conciliatory in comparing Algarotti with Fontenelle: 'l'Italien avait des vérités de calcul à démontrer. Cependant il imita M. de Fontenelle, s'il ne l'égala pas; il sut plaire encore après lui, et il eut la même clarté s'il n'eut pas la même délicatesse' (M.xxv.195). To be sure, the *Neutonianismo per le dame* made an impact on Voltaire. This work, writes Ira Wade, 'has always been credited with having inaugurated the scientific movement at Cirey'.[7]

Finally, it is noteworthy that Voltaire chose the sonnet form to praise the *Neutonianismo*. Despite his description of the poem as a 'galanterie italienne', it falls into none of the regular sonnet classifications. In some respects it is quite unconventional. It is in decasyllables, and consists of two quatrains and two tercets rhyming abba, baba, ccc, ccc. Its main ideas, however, which are presented in the quatrains, are further developed in the tercets:

---

[5] D935, and see the introduction to *Eléments de la philosophie de Newton*, *OC*, vol.15, p.42-43.

[6] Fontenelle, *Entretiens sur la pluralité des mondes* (1686).

[7] *The Intellectual development of Voltaire*, p.291; see also p.363, 439-42. See also the *Eléments de la philosophie de Newton* (*OC*, vol.15 *passim*).

comparisons to city walls on or near the sea (Venice and Troy), praise of literary works (Algarotti's *Neutonianismo* and his poetry), the identification of Algarotti with Apollo as the god of light and poetry.

The text

The sonnet was first printed in Algarotti, *Il Neutonianismo per le dame, ovvero dialoghi sopra la luce, i colori, e l'attrazione*, novella edizione emendata ed accresciuta (Naples 1739), facing p.[1] of the text.[8] It did not enter Voltaire's works until the Kehl edition (xiv.309-10), which is taken as the base text. Despite three slight variants, there is but one textual tradition.

Manuscripts

The holograph of D1037 (Bh, Rés.2034, f.129) does not include the sonnet.

Editions

Algarotti, *Il Neutonianismo per le dame* (A); K, xiv.309-10.

Base text: K. Collated text: A.

Sonnet
à M. le comte Algarotti, vénitien

On a vanté vos murs bâtis sur l'onde;[9]
Et votre ouvrage[10] est plus durable qu'eux.

---

[8] I am grateful to W. H. Barber for drawing this edition to my attention.
[9] Algarotti was born in Venice.
[10] The as yet unpublished *Il Neutonianismo per le dame*.

Venise et lui semblent faits pour les dieux;
Mais le dernier sera plus cher au monde.

Qu'admirons-nous de ce dieu merveilleux   5
Qui, dans sa course éternelle et féconde,
Embrasse tout et traverse à nos yeux
Des vastes airs la campagne profonde?

L'invoquons-nous pour avoir sur les mers
Bâti ces murs que la honte a couverts,   10
Cet Ilion caché dans la poussière? [11]

Ainsi que vous il est le dieu des vers; [12]
Ainsi que vous il répand la lumière.
Voilà l'objet des vœux de l'univers.

3   A: faits par les dieux,
11 A: caché sous la

[11] By command of Zeus, Apollo and Poseidon built for Laomedon the walls of Troy (*Iliad*, vii.452-53). See also D895.
[12] For Voltaire's praise of Algarotti's poetry, see D935, D3470, and the obituary (M.xxv.195).

À M. DE LA BRUÈRE

Voltaire's interest in the work of the dramatic author and diplomat Charles-Antoine Leclerc de La Bruère (1714-1754) dates from 1736, the year in which the two men probably met (D1119, D1145). This six-line poem was occasioned by the production in Paris, at the Académie royale de musique on 3 May 1736, of La Bruère's opéra-ballet, *Les Voyages de l'amour*, with music by Joseph Bodin de Boismortier.[1] Already on 5 April Voltaire had reported to Berger that he found La Bruère's 'opéra' 'plein de grâces & d'esprit'. 'Je lui souhaite un musicien aussi aimable que le poète', he added (D1054). His poem must have been written between this time and 16 May, on which day the abbé Jean Bernard Le Blanc quoted it ('de fort jolis vers') in a letter.[2] The Kehl editors (xiv.323) were the first to address the poem to La Bruère.

The text

First printed in the *Almanach des muses* of 1770, p.114, the poem entered Voltaire's works in 1771 in w72P, iv.273. There are two readings of the text: (1) that of K; (2) that of MS1 and the other editions. Since the poem does not appear in an edition in which Voltaire participated, and in the absence of a holograph, K (xiv.323) is reproduced.

---

[1] See Clarence D. Brenner, *A bibliographical list of plays in the French language 1700-1789* (Berkeley 1947), no.7532.

[2] See Hélène Monod-Cassidy, *Un voyageur-philosophe au XVIIIᵉ siècle. L'abbé Jean-Bernard Le Blanc* (Cambridge, Mass. 1941), p.241.

Manuscript

MS1: Contemporary copy in the hand of Henri Rieu; undated.
St Petersburg, BV, Annexes manuscrites 45, f.3.

Editions

Almanach des muses (Paris 1770), p.114 (AM); W72P (1771), iv.273; W72P
(1773), xv.307; *Opuscules poétiques* (Amsterdam and Paris 1773), p.43; K,
xiv.323.

Base text: K. Collated texts: MS1; AM.

A M. de La Bruère

L'amour t'a prêté son flambeau;
Quinault, son ministre fidèle,
T'a laissé son plus doux pinceau.
Tu vas jouir d'un sort si beau
Sans jamais trouver de cruelle,   5
Et sans redouter un Boileau.[3]

---

a   MS1, AM: A un auteur lyrique
4   MS1, AM: Tu jouiras d'un sort si beau,
5   MS1, AM: jamais craindre de Boileau,
6   MS1, AM: sans rencontrer de cruelle.

---

[3] Unflattering references to Quinault are scattered throughout Boileau's writings.
On Voltaire's defence of Quinault against Boileau, see also D11837, D17702, and the
article 'Critique' in the *Dictionnaire philosophique* (*OC*, vol.35, p.657-59).

ODE SUR LE FANATISME

Voltaire's *Ode sur le fanatisme*, also known as *Ode à Emilie* (D1207) and *Ode sur la superstition* (D1232), is first mentioned in his letter of 6 May 1736 to Cideville, to whom he sent the poem for criticism (D1072). It was no doubt composed in this year, despite Voltaire's assertion that it belongs to 1732 (see his note to the title). Indeed the correspondence of 1736 makes this clear. Voltaire told Cideville on 30 May that the ode was intended only for him, for Formont, and for Mme Du Châtelet (D1080). And from the latter, to whom it is addressed (see line 1), we learn that it was not intended for public circulation (21 December 1736; D1232), and that it was not a finished piece, although it deserved to be (31 December 1736; D1240).

Writing to Formont from Paris on 11 May, Voltaire indicates that he considered his ode as a vehicle for criticism. 'Je vous ai aussi envoyé, par m. de Cideville', he tells him, 'certaine ode sur la superstition, Si j'avais du temps j'en ferais une contre les procureurs et les avocats' (D1073). In his poem, as elsewhere, Voltaire reproves fanaticism and superstition without reserve.[1] For, as he shows, these faults go hand in hand with intolerance, persecution, lack of progress, obscurantism, sectarian controversy, and religious wars. To all of these he opposes philosophy and natural religion, which he associates with humanitarian concern and virtue. Virtue is to be found even among atheists, Voltaire contends, echoing in part Bayle's ideas concerning a society of atheists.[2] Such indeed were bold ideas. In the midst of

---

[1] The ode invites comparison with the articles 'Fanatisme' and 'Superstition', both in the *Dictionnaire philosophique* and the *Questions sur l'Encyclopédie* (*OC*, vol.36, p.105-11 and 536-44; M.xix.77-85, xx.446-53), and with the second of the *Homélies prononcées à Londres* ('Sur la superstition') (*OC*, vol.62, p.448-60). See also the *Examen important de milord Bolingbroke* (*OC*, vol.62, p.163).

[2] See Bayle's *Pensées diverses sur la comète* (1682), §172. Voltaire opposes Bayle's

422

the Desfontaines affair,[3] Mme Du Châtelet feared the explosive nature of the poem, and on 7 May 1739 asked d'Argental to see that it not appear in a forthcoming volume by Prault,[4] the thought of which, she said, made her tremble (D2006). But it did indeed appear that year, both in the Prault volume and in w38 (iv).

The poem was variously judged. In May 1736 Formont disparaged it unduly to Cideville: 'Cette ode est très faible pour ne rien dire de plus. La muse de notre ami ne veut pas être contrainte. Il n'y a presque rien d'heureusement ni de fortement exprimé. Je ne la crois pas bonne à montrer ni pour ses intérêts ni pour son honneur' (D1076). Quite different was the opinion of Frederick of Prussia, to whom Voltaire sent a copy of the ode on 24 November 1736 (D1207): 'L'ode, remplie de beautés, ne contient que des vérités très évidentes', he exclaimed to Voltaire on 3 December (D1218). In 1752 five stanzas were quoted in *La Bigarure*, xix (1752), p.76-78, with a similarly favourable comment: 'Voilà le langage de la raison: Français, si vous êtes faits pour l'entendre, écoutez-le, et profitez-en' (p.78).[5] A few years later, however, the poem was attacked by the Christian apologist Gabriel Gauchat, (immortalised in *Candide*), who cited lines 13-17, 31-34, 45-50 as examples of irreligious writing.[6]

The ode was translated into Portuguese by Francisco Manoel do Nascimento (1734-1819).[7]

---

idea in his article 'Athée, athéisme' of the *Dictionnaire philosophique* (1764) (*OC*, vol.35, p.375-92). On Voltaire, Bayle, and atheism, see Wade, *The Intellectual development of Voltaire*, p.646-49.

[3] See below, p.456-57 and elsewhere in this volume.

[4] Probably the *Recueil de pièces fugitives en prose et en vers. Par M. de V**** ([Paris, Prault fils], 1740 [1739]).

[5] See below, p.428, note 13.

[6] See his *Lettres critiques ou analyse et réfutation de divers écrits modernes contre la religion* (Paris 1755-1763), iii.144, 146. For *Candide* see *OC*, vol.48, p.215.

[7] *Obras completas de Filinto Elysio* [pseud.], 11 vols (Paris 1817-1819), xi.1-5.

The text

The ode was first printed in 1739 in W38, iv.45-51, and RP40. There are three textual traditions: (1) that of MS1 and W38 (iv), which present the original version of the ode; (2) that of RP40, *Recueil de nouvelles pièces fugitives* (1741), W38 (vi)-W70G, W72X, and W72P, all of which contain variants among themselves; (3) W68, W70L, W71, K, *Epîtres* (1771) and *Poèmes* (1777), all of which agree with the base text. Since no one version of the ode is clearly preferable to the others, W75G (xii.232-39), the latest edition prepared with Voltaire's participation, has been chosen as the base text.

Manuscript

MS1: An old copy, undated. Arsenal, ms. 6810, f.66-68.

Editions

W38; W43, iv (1739).45-51, vi (1745).136-42; RP40, p.111-17; W40, iv.46-52; W41R, iv.46-52; W41C (1742), v.82-87, 199-203; W42, v.82-87; W46, v.13-18; W48D, iii.135-41; W50, iii.163-69; W51, iii.141-46; W52, iii.47-51; W56, ii.97-103; W57G1, ii.97-103; W57G2, ii.97-103; W57P, vi.89-93; W64G, ii.110-16; W64R, iv.45-51; W70G, ii.110-16; W68 (1771), xviii.244-50; W72P (1771), iii.224-28; W70L (1772), xxii.328-33; W72X, ii.98-102; W72P (1773), xiv.235-42; W71 (1774), xviii.208-13; W75G, xii.232-39; K, xiii.338-45. The ode also appears in *Recueil de nouvelles pièces fugitives en prose et en vers. Par M. de Voltaire* (London 1741), p.80-85; in *Epîtres, satires, contes, odes et pièces fugitives du poète philosophe* (London 1771), p.322-27 (edition in 422 pp.), p.387-93 (edition in 448 pp.); and in *Poèmes, épîtres et autres poésies, par M. de Voltaire* (Geneva 1777), p.[103]-107.

Base text: W75G. Collated texts: W38 (vols. iv and vi); RP40; W42; W46; W48D; W51; W52; W56; W57G1; W57G2; W57P; W64G; W70G; W68; W70L; K; a variant of stanza 4 given in Voltaire's *Fragment sur l'histoire générale* (1773), xvi (F).

Ode sur le fanatisme

Charmante et sublime Emilie,
Amante de la vérité,
Ta solide philosophie
T'a prouvé la divinité.
Ton âme éclairée et profonde,   5
Franchissant les bornes du monde,
S'élance au sein de son auteur.
Tu parais son plus bel ouvrage;
Et tu lui rends un digne hommage,
Exempt de faiblesse et d'erreur.   10

Mais si les traits de l'athéisme
Sont repoussés par ta raison,
De la coupe du fanatisme
Ta main renverse le poison:
Tu sers la justice éternelle,   15
Sans l'âcreté de ce faux zèle
De tant de dévots malfaisants;
Tel qu'un sujet sincère et juste

---

a   w38 (iv): Ode sur la superstition
    w48D-K: [*with note*] Cette ode est de l'an 1732. [8] Elle est adressée à l'illustre
madame la marquise Du Châtelet, qui s'est rendue par son génie l'admiration de tous
les vrais savants, et de tous les bons esprits de l'Europe.
1   RP40, w42-w48D: sublime Aspasie,
5-7   w38 (iv)-w52:
        Tu connais [w42, w38 (vi): Tout connaît; *corrected in the Errata*] cet
        Etre suprême,
        Dont [w38 (iv), RP40, w38 (vi), w51: Dans] ton cœur est sa [w46: la]
        bonté même;
        Dans ton esprit est sa [w46: la] grandeur,
17   RP40-w68, K: [*with note*] Faux dévots.

---

[8] On the date of the ode, see above, p.422.

Sait approcher d'un trône auguste
Sans les vices des courtisans.   20

Ce fanatisme sacrilège
Est sorti du sein des autels;
Il les profane, il les assiège;
Il en écarte les mortels.
O religion bienfaisante!   25
Ce farouche ennemi se vante
D'être né dans ton chaste flanc.
Mère tendre, mère adorable!
Croira-t-on qu'un fils si coupable
Ait été formé de ton sang?   30

On a vu souvent des athées
Estimables dans leurs erreurs:
Leurs opinions infectées
N'avaient point corrompu leurs mœurs.
Spinosa fut toujours fidèle   35
A la loi pure et naturelle
Du Dieu qu'il avait combattu. [9]

30 w42: formé dans ton [*errata*: de]
31 w38(iv)-w70G: vu du moins des
32 w38(iv)-w70G: Sociables dans
    F: Vertueux malgré leurs
34 F: point infecté leurs
35-40 w38 (iv), RP40, w42-w68, F:
    Des Barreaux fut doux, juste et aimable: [w38(iv), F: Spinosa fut doux,
    simple, aimable]
    Le Dieu que son esprit coupable
    Avait follement combattu,
    Prenant pitié de sa faiblesse,
    Lui laissa l'humaine sagesse
    Et les ombres de la vertu.

[9] Voltaire maintained at this time that Spinoza was an atheist; he later modified
his perspective, but not without contradictions; see Wade, The *Intellectual
development of Voltaire*, p.708-10. On Voltaire and Spinoza, see also Paul Vernière,

Et ce Des-Barreaux qu'on outrage,
S'il n'eut pas les clartés du sage,
En eut le cœur et la vertu. [10]   40

38   RP40-K: [*with note*] Il était conseiller au parlement; il paya à des plaideurs les frais de leur procès, qu'il avait trop différé de rapporter.

40-41   K: [*inserts as a variant between these lines*]
        Au vaste empire de la Chine
        Il est un peuple de lettrés
        Qui de la nature divine
        Combat les attributs sacrés. [11]
        O vous qui de notre hémisphère
        Portez le flambeau salutaire
        A ces faux sages d'Orient,
        Parlez; est-il plus de justice,
        Plus de candeur et moins de vice
        Chez nos dévots de l'Occident? [12]

Spinoza et la pensée française avant la Révolution, 2nd ed. (Paris 1982), p.495-527, and Edward James, 'Voltaire and the *Ethics* of Spinoza', *SVEC* 228 (1984), p.67-87. See also above *Discours de M. de Voltaire en réponse aux invectives et outrages de ses détracteurs*.

[10] Voltaire quotes this stanza (with a few variants) in the *Fragment sur l'histoire générale* (1773) (§16), preceding it with the words: 'Nous savons, et nous l'avons souvent avoué, qu'il est des athées par principes, dont l'esprit n'a point corrompu le cœur' (M.xxix.282). In the 'Catalogue' of the *Siècle de Louis XIV* ('Des Barreaux'), Voltaire remarks: '[Des Barreaux] était conseiller au parlement. On sait qu'ennuyé d'un procès dont il était rapporteur, il paya de son argent ce que le demandeur exigeait, jeta le procès au feu, et se démit de sa charge' (*OH*, p.1156). See also Tallemant des Réaux, *Historiettes*, ii.29-30. Des Barreaux's materialism informs much of his poetry. 'Il presche l'athéisme partout où il se trouve', wrote Tallemant des Réaux, *Historiettes*, ii.33.

[11] Voltaire believed at this time that the Chinese literati were atheists – a view he later abandoned: see *La Philosophie de l'histoire* (*OC*, vol.59, p.156-57), *Essai sur les mœurs*, ch.2, and *Dieu et les hommes* (*OC*, vol.69, p.286-89). On this belief see John Locke, *Essay concerning human understanding*, I.iv.8 (ed. Nidditch [1979], p.88).

[12] We recall in this connection Voltaire's admiration of the Chinese ('le premier peuple de la terre dans la morale'), and the failure of the Jesuits to establish Christianity in China (*OH*, p.1101-1109; quotation, p.1102).

Je sentirais quelque indulgence
Pour un aveugle audacieux,
Qui nierait l'utile existence
De l'astre qui brille à mes yeux.
Ignorer ton être suprême,   45
Grand Dieu! c'est un moindre blasphème,
Et moins digne de ton courroux,
Que de te croire impitoyable,
De nos malheurs insatiable,
Jaloux, injuste comme nous.   50

Lorsqu'un dévot atrabilaire,[13]
Nourri de superstition,
A, par cette affreuse chimère,
Corrompu sa religion,
Le voilà stupide, et farouche;   55
Le fiel découle de sa bouche;
Le fanatisme arme son bras;
Et dans sa piété profonde
Sa rage immolerait le monde
A son Dieu qu'il ne connaît pas.   60

Ce sénat proscrit dans la France,
Cette infâme Inquisition,[14]
Ce tribunal, où l'ignorance

51   w38 (vi)-w48D: un mortel atrabilaire
55-60   w38 (iv)-w48D:
    Son âme alors est endurcie,
    Sa raison s'enfuit obscurcie,
    Rien n'a plus sur lui de pouvoir:
    Sa justice est folle et cruelle;
    Il est dénaturé par zèle
    Et sacrilège par devoir.

[13] *La Bigarure*, xix (La Haye 1752), p.76-78 quotes lines 51-60 (with the variant to lines 55-60), lines 71-90, the interpolation between lines 90-91, and lines 111-20.
[14] The Inquisition was not abolished in France until 1772.

Traîna si souvent la raison;
Ces Midas en mitre, en soutane,   65
Au philosophe de Toscane
Sans rougir ont donné des fers.
Aux pieds de leur troupe aveuglée,
Abjurez, sage Galilée,
Le système de l'univers.[15]   70

64   RP40, W42: souvent ta [W42, *errata*: la] raison
65-70   W38 (iv)-W48D:
         Cette troupe folle, inhumaine,
         Qui tient le bon sens à la gêne,
         Et l'innocence dans les fers;
         Par son zèle absurde aveuglée
         Osa condamner Galilée,
         Pour avoir connu l'univers.
68   W51: leur docte assemblée
70-71   K: [*inserts as a variant between these lines*]
         Ce Bacon qui fut de la poudre
         L'innocent et sage inventeur,
         Ne put jamais se faire absoudre
         Au consistoire de l'erreur.[16]

[15] Galileo, who was born at Pisa, in Tuscany, was summoned before the Inquisition in 1633, forced to repudiate the Copernican theory of the solar system, and sentenced to prison; his sentence however was not carried out. 'Galilée obligé de se retracter par ces marionetes mitrées qui sont aujourduy les tirans, et la honte de l'Italie', Voltaire remarked in his *Notebooks* (*OC*, vol.81, p.88). See also the *Essai sur les mœurs*, ch.121 (ed. Pomeau, ii.172).

[16] Roger Bacon (*c*.1220-1292) was the first person in the West to describe in detail the process of making gunpowder, but although he knew of its possible use in warfare, he speculated no further. Voltaire returns to this subject several times: e.g., in his article 'Bacon (Roger)' (M.xvii.521), in his long note to line 21 of *La Tactique*, and in his *Remarques pour servir de supplément à l'Essai sur les mœurs*, sec.8 ('De la poudre à canon'). See 'Roger Bacon and gunpowder', in *Roger Bacon: essays*, ed. A. G. Little (Oxford 1914), p.321-35. Towards the end of his life Bacon was condemned by his fellow Franciscans for unorthodoxy, and might have spent time in prison; see Voltaire's article 'Bacon (Roger)' (M.xvii.520), and Stewart C. Easton, *Roger Bacon and his search for a universal science* (New York 1952), p.192-202.

Ecoutez ce signal terrible
Qu'on vient de donner dans Paris; [17]
Regardez ce carnage horrible;
Entendez ces lugubres cris,
Le frère est teint du sang du frère;   75
Le fils assassine son père;
La femme égorge son époux.
Leurs bras sont armés par des prêtres.
O ciel! sont-ce là les ancêtres
De ce peuple léger et doux?   80

Jansénistes et molinistes, [18]
Vous qui combattez aujourd'hui

Les chrétiens ont vu sur la terre
Le trouble, un concile et la guerre
Pour la forme d'un capuchon; [19]
Et leurs églises divisées,
Du sang des pasteurs arrosées
Pour les sophismes de Platon. [20]

---

[17] The reference is to the St Bartholomew massacres of 1572.

[18] The Molinists in France were in conflict with the Jansenists in the latter part of the reign of Louis XIV, and thereafter. In the article 'Fanatisme' of the *Questions sur l'Encyclopédie*, Voltaire remarked: 'Lisez, si vous pouvez, les cinq ou six mille volumes de reproches que les jansénistes et les molinistes se sont faits pendant cent ans sur leurs friponneries, et voyez si Scapin et Trivelin en approchent' (M.xix.82).

[19] Other references to disputes concerning the shape of the Franciscans' cowl occur in the *Lettres philosophiques*, XIII (M.xxii.127), in *Sottise des deux parts* (M.xxii.65), in the *Essai sur les mœurs*, ch.68 (ed. Pomeau, i.672), and in the *Annales de l'empire* ('Louis V, ou Louis de Bavière') (M.xiii.393).

[20] See also the article 'Sophiste' in the *Questions sur l'Encyclopédie*, where Voltaire writes: 'Platon ne se doutait pas que sa doctrine pût un jour diviser une Eglise qui n'était pas encore née' (M.xx.436). Clement of Alexandria and Origen set Christianity upon a Platonic foundation, but the Church could not reconcile Platonist eschatology with such dogmas as the resurrection of the flesh and the last judgement; see *Dieu et les hommes*, ch.38 ('Chrétiens platoniciens, Trinité') and the 'Addition du traducteur' (*OC*, vol.69, p.458-64, 502-506). See also Charles Bigg, *The Christian Platonists of Alexandria* (Oxford 1968), p.321-27.

Avec les raisons des sophistes,
Leurs traits, leur bile et leur ennui;
Tremblez qu'enfin votre querelle   85
Dans vos murs un jour ne rappelle
Ces temps de vertige et d'horreur;
Craignez ce zèle qui vous presse;
On ne sent pas dans son ivresse,
Jusqu'où peut aller sa fureur.   90

Malheureux, voulez-vous entendre
La loi de la religion?
Dans Marseille il fallait l'apprendre,
Au sein de la contagion;[21]
Lorsque la tombe était ouverte   95
Lorsque la Provence couverte
Par les semences du trépas,
Pleurant ses villes désolées,
Et ses campagnes dépeuplées,
Fit trembler tant d'autres Etats.   100

83   w42: de Sophistes,
90-91   w38-w48D: [see Appendix A.i]
        w51-w68: [insert between these lines]
        Vous riez des sages d'Athènes
        Que la terre a trop respectés;
        Vous dissipez leurs ombres vaines
        Par vos immortelles clartés:
        Mais au moins dans leur nuit profonde,
        Conducteurs aveugles [w51: aveuglés] du monde,
        Ils n'étaient point persécuteurs:
        Imitez l'esprit pacifique
        Et du Lycée et du Portique,
        Quand vous condamnez leurs erreurs.[22]

[21] The plague at Marseilles in 1720-1721.
[22] See *La Philosophie de l'histoire*, where Voltaire again contrasts the philosophy of the Greeks ('Ce galimatias du bon Platon') with their tolerance (*OC*, vol.59, p.179-80).

Belzuns,[23] ce pasteur vénérable,
Sauvait son peuple périssant:
Langeron, guerrier secourable,
Bravait un trépas renaissant;
Tandis que vos lâches cabales,   105
Dans la mollesse et les scandales,
Occupaient votre oisiveté,
De la dispute ridicule
Et sur Quesnel, et sur la bulle,[24]
Qu'oubliera la postérité.[25]   110

101   W48D-K: [*with note*] M. de Belzunce, évêque de Marseille, et M. de Langeron, commandant, allaient porter eux-mêmes les secours et les remèdes aux pestiférés moribonds, dont les médecins et les prêtres n'osaient approcher.

108-109   RP40, W42-W46:
    De ces disputes furieuses,
    Sur des chimères épineuses

108   W38 (iv): Par la

[23] While most of the physicians and clergy in Marseilles either fled or perished during the plague, the bishop, Henri Xavier de Belsunce de Castelmoron, and the *commandeur*, M. de Langeron, remained. See *A brief journal of what passed in the city of Marseilles, while it was afflicted with the plague, in the year 1720* (London 1721), p.50-68.

[24] The papal bull *Unigenitus* (1713) condemned 101 propositions in the *Réflexions morales* of the Jansenist Quesnel.

[25] Voltaire quotes this stanza in *Les Honnêtetés littéraires* (1767), sec.22 (M.xxvi.149).

432

Pour instruire la race humaine,
Faut-il perdre l'humanité?
Faut-il le flambeau de la haine
Pour nous montrer la vérité?
Un ignorant, qui de son frère   115
Soulage en secret la misère,
Est mon exemple et mon docteur;
Et l'esprit hautain, qui dispute,
Qui condamne, qui persécute,
N'est qu'un détestable imposteur.   120

111-114   w38 (iv):
        Dans votre pédantesque audace,
        Digne de votre faux savoir,
        Vous argumentez sur la grâce,
        Et vous êtes loin de l'avoir. [26]
114   RP40, W42-W51: Pour éclairer la
117-120   w38 (iv):
        Qui fuit la cour et les flatteurs,
        Doux, clément, sans être timide,
        Voilà mon apôtre et mon guide,
        Les autres sont des imposteurs.

[26] Similarly, Voltaire concludes his article 'Grâce' in the *Questions sur l'Ency-clopédie* with the words: 'Ah! supralapsaires, infralapsaires, gratuits, suffisants, efficaciens, jansénistes, molinistes, devenez enfin hommes, et ne troublez plus la terre pour des sottises si absurdes et si abominables' (M.xix.305).

IMPROMPTU

The dating of these stanzas has led to some confusion. In all the eighteenth-century printings up to and including Kehl, they are undated. Whereas Baculard d'Arnaud stated that Voltaire wrote them while 'encore fort jeune',[1] G. Avenel dated them to 1750, the year of Voltaire's second trip to Berlin;[2] and in the editions from NM to K, they are in fact entitled *Impromptu fait à un souper dans une cour d'Allemagne*.

The date of 1750 was questioned by Maurice Tourneux,[3] who pointed to Clogenson's contention that the stanzas must have been composed at Cirey in the autumn of 1734.[4] Mme Du Châtelet, Tourneux added, quotes the third and fourth lines of the first stanza in her *Discours sur le bonheur*, which, as Robert Mauzi points out,[5] was composed around 1747 – a fact which casts serious doubt on the date of 1750. The stanzas reflect the spirit of Cirey rather than of Prussia. They were probably written for Mme Du Châtelet (witness the last two lines) at Cirey during the 1730s. A secondary manuscript (MS1), entitled 'La Vie heureuse', bears the date of 15 May 1736, and this date has been adopted. This year saw moreover the composition of *Le Mondain* and its *Défense*, to both of which these stanzas in their praise of pleasure (see in particular stanza 4) invite comparison.

The poet sings of sensual pleasures, to be sure, but also of intellectual pursuits ('Il faut penser', line 1), and all within the

---

[1] See *Préface d'une édition des Œuvres de M. de Voltaire, que des libraires de Rouen se proposaient de faire en 1750*, in Longchamp and Wagnière, *Mémoires sur Voltaire*, 2 vols (Paris 1826), ii.488.

[2] *Œuvres complètes de Voltaire*, 8 vols (Paris 1866-1870), vi.522.

[3] *Revue critique d'histoire et de littérature*, nouvelle série, xiv (1882), p.369-70.

[4] See also *Le Bonheur de la vie, par Voltaire. Réimpression à 40 exemplaires des stances composées par Voltaire pendant l'automne de 1734 à Cirey* [Rouen 1868].

[5] *Discours sur le bonheur*, ed. Mauzi (Paris 1961), p.28.

bounds of moderation ('Et sans être ivre il faut sortir de table', line 16). The poem thus partakes of the epicurean tradition, and has its roots in Horace and a long line of libertine poets extending from Théophile de Viau through La Fontaine to Chaulieu and La Fare. Voltaire, as he shows here, is heir to them all.[6]

The *Impromptu* was favourably received. Quoting all but the second stanza, Baculard d'Arnaud wrote of this 'petite pièce de vers': 'Elle prouve, à mon avis, que si [Voltaire] avait voulu se borner à la vie oisive et voluptueuse des Bachaumont, des Chaulieu, et restreindre ses talens aux agrémens de ces poésies de société que Tacite appelle *Levia carmina et faciles versus*, il aurait cu par ce seul genre une grande réputation.'[7] And Diderot, sending all but the second stanza to Sophie Volland around November 1759, remarked: 'A la place de ma Sylvie, mettez ma Sophie, si vous voulez. Ces vers m'ont paru jolis, et je vous les envoye pour vous, pour mad[e] Le Gendre et pour mad[e] votre mère.'[8]

The text

The poem was first printed in 1750 (w50, iii.271). There are four readings of the text: (1) MS1, which contains slight variants; (2) MS2; w64R2-w75G; *Elite de poésies fugitives*; *Poëmes, épîtres et autres poésies*, which agree with the base text; (3) w50-w64R1, which omit the second stanza and give a different version of the fifth; and (4) K, which again presents slight variants. The *encadrée* (w75G, xiii.320), which is the most authoritative version, has been chosen as the base text; the title has been shortened, and the poem divided into quatrains.

[6] See Wade, *The Intellectual development of Voltaire*, p.44-81.
[7] See Longchamp and Wagnière, ii.488.
[8] Roth-Varloot, ed., ii.322-23.

Manuscripts

MS1:   A secondary manuscript, entitled 'La Vie heureuse,' dated 15 mai 1736. BnF F 15363, p.1113-14.

MS2:   Contemporary copy in the hand of Henri Rieu; undated; entitled 'Impromptu fait à un soupé dans une Cour d'Allemagne. St Petersburg, BV, Annexes manuscrites 49, f.15.

Editions

W50, iii.271; W51, iii.237; W57P, vi.136; W64R, iii.II.17, and vi.324 (W64R1 and W64R2); NM (1768), v.307-308; W52 (1770), ix.476-77; W68 (1771), xviii.437; W72P (1771), iv.152; W70L (1772), xxii.414; W72P (1773), xv.285; W71 (1774), xviii.370; W75G, xiii.320; K, xiii.309-10. The poem also appears in *Elite de poésies fugitives* (London 1770), v.145-46, and in *Poëmes, épîtres et autres poésies. Par M. de Voltaire* (Geneva 1777), p.180.

Base text: W75G.

Collated texts: MS1-2; W50; W51; W57P; NM; W52; W68; W70L; K.

Impromptu

Il faut penser, sans quoi l'homme devient
Un animal, un vrai cheval de somme:
Il faut aimer, c'est ce qui nous soutient;
Sans rien aimer il est triste d'être homme.

a   MS1: La Vie heureuse
    W50-W57P: Les il faut
    MS2, NM-K: Impromptu fait à un souper dans une cour d'Allemagne
2   W50-W57P: Malgré son âme, un franc [K: vrai] cheval
4   MS1: Car sans aimer
    W50-W57P: Car sans amour, il

Il faut avoir douce société 5
De gens savants, instruits sans suffisance,
Et de plaisirs grande variété,
Sans quoi les jours sont plus longs qu'on ne pense.

Il faut avoir un ami, qu'en tout temps
Pour son bonheur, on écoute, on consulte, 10
Qui puisse rendre à notre âme en tumulte
Les maux moins vifs, et les plaisirs plus grands.

Il faut le soir un souper délectable,
Où l'on soit libre, où l'on goûte à propos
Force bons vins, avec quelques bons mots: 15
Et sans être ivre il faut sortir de table.

Il faut la nuit tenir entre deux draps
Le tendre objet que votre cœur adore,
Le caresser, s'endormir dans ses bras,
Et le matin recommencer encore. 20

Mes chers amis, avouez que voilà
De quoi passer une assez douce vie:
Or dès l'instant que j'aimai ma Silvie,
Sans trop chercher je trouvai tout cela.

5-8 w50-w57p: [*absent*]
6 ms1: De gens d'esprit,
11 w50-w57p: Qui sache rendre à votre âme, en tumulte,
15 w50-w57p, k: Les mets exquis, les bons vins, les bons mots;
17-20 w50-w57p:
        Il faut la nuit dire tout ce qu'on sent,
        Au tendre objet que votre cœur adore,
        Se réveiller pour en redire autant,
        Se rendormir, pour y songer encore.
19 ms1: La caresser,
22 ms1, w50, w51, w57p: Ce qui ferait [w57p: serait] une
23 ms1, w50-w57p: dès le jour que
24 ms1: Sans plus chercher j'ai trouvé
        w50-w57p: Sans plus chercher

EPIGRAMME

The *Epîtres nouvelles du sieur Rousseau* appeared in July 1736. The work consists of three epistles: 'Au R. P. Brumoy', 'A Thalie', and 'A monsieur Rollin', in the first and third of which Voltaire is indirectly attacked.[1] Not surprisingly he viewed them as 'les trois infâmes épîtres de mon ennemi' (D1214). He replied almost immediately with his *Utile examen des trois dernières epîtres du sieur Rousseau* (see above), with personal letters (D1125, D1168), and with the epigram before us. The latter bears a striking resemblance to a statement that Voltaire made in a letter of 6 August 1736 to Thiriot. 'Tenez', he wrote, 'voici des réponses[2] aux trois épîtres du doyen des fripons, des cyniques, et des ignorants qui s'avise de donner des règles de théâtre et de vertu, après avoir été sifflé pour ses comédies, et banni pour ses mœurs' (D1125).

The poem is syntactically noteworthy in that it consists of one 15-line sentence. For the amusing statement with which the Kehl editors claim that Voltaire sent it to Mme Du Châtelet, see the note to the following poem.

As examples of the epigram, this poem and two others[3] should be read in the light of Voltaire's criticisms of some of Rousseau's epigrams. These he rejected for violating, in his opinion, the first rule of the epigram, 'qui veut que le sujet puisse faire rire les honnêtes gens'.[4]

---

[1] 'Rousseau, dans sa première épître, semblait désigner par des traits fort piquants son ennemi, M. de Voltaire' (*Vie de M. J.-B. Rousseau*, 1738; M.xxii.351).

[2] The *Utile examen*.

[3] See below, p.443, 469.

[4] *Vie de M. J.-B. Rousseau* (M.xxii.337); see also Voltaire's article 'Epigramme' in the *Questions sur l'Encyclopédie* (M.xviii.558-62).

The text

The poem was first printed in 1784 by the Kehl editors (xiv.292), whose text is reproduced here.

Epigramme

Certain émérite envieux,
Plat auteur du *Capricieux*,[5]
Et de ces *Aïeux chimériques*,[6]
Et de tant de vers germaniques,[7]
Et de tous ces sales écrits,   5
D'un père infâme enfants proscrits,
Voulait, d'une audace hautaine,
Donner des lois à Melpomène,[8]

---

[5] *Le Capricieux, ou les apparences trompeuses* (1700), a comedy by J.-B. Rousseau. 'Cette pièce réussit encore moins que ses opéras', Voltaire remarked, 'et l'auteur eut la mortification de se voir siffler lui-même quand il parut sur le théâtre' (*Vie de M. J.-B. Rousseau*; M.xxii.333).

[6] *Les Aïeux chimériques, ou la comtesse de Critognac*, another comedy by Rousseau, was sent to Paris in 1732 and rejected by the French actors. 'La comédie des *Aïeux chimériques* fut totalement oubliée en naissant', Voltaire remarked (*Vie de M. J.-B. Rousseau*; M.xxii.352).

[7] Rousseau replied to this charge in his letter of 22 May 1736 to the *Bibliothèque française*, in which he said that he never knew a word of German and that when visiting German-speaking countries always lived with Francophones (D1078, p.454).

[8] An allusion to Rousseau's epistles 'Au R. P. Brumoy' and 'A Thalie', respectively on tragedy and comedy. 'Je persiste à trouver les trois épîtres de Rousseau mauvaises en tous sens, et je les jugerais telles si Rousseau était mon ami', Voltaire remarked to Thiriot on 15 October 1736. 'La plus mauvaise est sans contredit celle qui regarde la comédie. Elle est digne de l'auteur des aïeux chimériques, et se ressent tout entière du ridicule qu'il y a dans un très mauvais poète comique de donner des règles d'un art qu'il n'entend point' (D1168). And on 8 December he told Cideville that he wrote the comedy of *L'Enfant prodigue* (1736) 'pour répondre à une partie des impertinentes épîtres de Rousseau, où cet auteur des

Et régenter ses favoris;
Quand du sifflet le bruit utile, 10
Dont aux pièces de ce Zoïle
Nous étions toujours assourdis,
Pour notre repos a fait taire
La voix débile et téméraire
De ce doyen des étourdis. 15

aïeux chimériques et des plus mauvaises pièces de théâtre que nous ayons, ose donner
des règles sur la comédie' (D1220).

À MME LA MARQUISE DU CHÂTELET

This madrigal, with its philosophical underpinnings (lines 1-2), its sustained antithesis, and concluding *pointe*, is a gracious compliment to Mme Du Châtelet. We follow the Kehl editors in linking it to the preceding epigram (see note 1 to the text).

The text

The poem was first printed in 1739 in w38, iv.142. Since all the editions up to κ give virtually the same text, w75G (xiii.80) has been chosen as the base text. The title is that of κ.

Editions

w38 (1739), iv.142; w41C, iv.115; w42, iv.115; w48D (1750), ix.210; w51, iii.242; w52, iii.133; w56, ii.133; w57G1, ii.133; w57G2, ii.133; w57P, vi.121; w64G, ii.150; w64R, iv.130; w70G, ii.150; w68 (1771), xviii.477; w72P (1771), iv.131; w70L (1772), xxiii.211; w75G, xiii.80; κ, xiv.292-93. The poem also appears in *Recueil de pièces fugitives en prose et en vers. Par M. de V****** ([Paris] 1740 [1739]), p.227-28; in *Recueil de nouvelles pièces fugitives en prose et en vers. Par M. de Voltaire* (London 1741), p.172; in *Nouvelle anthologie françoise* (Paris 1769), i.122; and in *Elite de poésies fugitives* (London 1770), iv.118.

Base text: w75G. Collated texts: w38; w42; w48D; w51; w52; w56; w57G1; w57G2; w57P; w64G; w70G; w68; w70L; κ.

A madame la marquise Du Châtelet[1]

Tout est égal, et la nature sage
Veut au niveau ranger tous les humains:
Esprit, raison, beaux yeux, charmant visage,
Fleur de santé, doux loisir, jours sereins;
Vous avez tout, c'est là votre partage.   5
Moi, je parais un être infortuné,
De la nature enfant abandonné,
Et n'avoir rien semble mon apanage;
Mais vous m'aimez, les dieux m'ont tout donné.

a   w38-w48d, w52-w75g: A la même [A madame de **]
    w51: Autre. A madame de ***
6   w51: parais être un infortuné,

[1] The Kehl editors add this note: 'M. de Voltaire ayant joint à l'envoi de ce madrigal l'epigramme sur J.-B. Rousseau: *Certain émérite envieux*, etc mandait à madame du Châtelet: "Voici des fleurs et des épines que je vous envoie. Je suis comme saint Pacôme qui, récitant ses matines sur sa chaise percée, disait au diable: 'Mon ami, ce qui va en haut est pour dieu; ce qui tombe en bas est pour toi.' Le diable, c'est Rousseau; et pour dieu, vous savez bien que c'est vous."' St Pachomius (c.290-346) was the founder of Christian cenobitic monasticism. See also D1130, ?August 1736. Voltaire in all likelihood owes this remark to Bernard de La Monnoye; see R. Nablow, 'Voltaire, La Monnoye, and an epigram on St Pachomius', *Romance Notes* 41 (2000), p.105-11.

ÉPIGRAMME CONTRE J.-B. ROUSSEAU

This ten-line epigram is probably another reaction to the *Epîtres nouvelles du sieur Rousseau*. Indeed at various points it resembles in content and vocabulary two of the epistles of that collection. In the opening line the words 'cet œuf cuit dans sa coque' remind us of line 94 of the 'Epître au R. P. Brumoy', where Rousseau, with reference to Voltaire, exclaims: 'Le brûler vif dans ses propres ouvrages.'[1] Line 8 ('Ton temps n'est plus; l'hiver n'a point de fleur') recalls line 182 of Rousseau's epistle, where he tells Voltaire: 'C'est que vos fleurs n'ont vécu qu'une aurore.'[2] Again, Voltaire's injunction to Rousseau: 'Quitte la rime, Apollon te révoque' (line 9) brings to mind lines 213-14 of Rousseau's 'Epître à Thalie': 'Et qu'Apollon, suivant votre hypothèse, / Devroit chasser du Pinde?'[3]

There are further points of contact between this epigram and other poems that Voltaire directed against Rousseau in 1736. In *La Crépinade* (above) Voltaire twice uses the verb 'rimailler' (lines 28 and 29), which in the epigram becomes 'vétéran rimailleur' (line 2), while the idea of 'vétéran' is suggested by the words 'Certain émérite' (line 1) of the *Epigramme* above, p.439.

The text

The *Epigramme contre J.-B. Rousseau* was first published in *Pièces inédites de Voltaire* (Paris 1820), p.90; this text is reproduced here.

---

[1] *Œuvres de J.-B. Rousseau* (Paris 1820), 5 vols, ii.93.
[2] ii.97.
[3] ii.111.

Epigramme contre J.-B. Rousseau

Qu'il est mauvais *cet œuf cuit dans sa coque!*[4]
Pauvre Rousseau, vétéran rimailleur,
Comme on te berne, hélas! comme on se moque
De tes écrits! Que je plains ta douleur!
Des gens de bien la haine réciproque[5]   5
Etait ton lot, mais sur le ton railleur
Tout honnête homme aujourd'hui te provoque.
Ton temps n'est plus; l'hiver n'a point de fleur;
Quitte la rime, Apollon te révoque:
Il t'aima peintre, et te hait barbouilleur.   10

[4] This expression is taken from an epigram (II.v) that Rousseau directed against Voltaire (*Œuvres*, ii.284).
[5] Cf. 'amitié réciproque' (line 2) of the epigram cited above.

444

ÉPÎTRE À M. DE SAINT-LAMBERT

Voltaire met Jean-François, marquis de Saint-Lambert (1716-1803), in the 1730s in the social circle of the actress Jeanne-Françoise Quinault.[1] He first mentions him in a letter to Mme de Graffigny, dated Cirey, 5 August 1736 (D1123). 'Je ne sais Madame', he tells her, 'ce qui m'a le plus flatté ou votre prose aimable, ou les vers de M^r de St Lambert.' These 'vers' are probably the latter's *Vers à M. de Voltaire* ('Que la tendresse vous attire') – lines which probably called forth the first of Voltaire's three verse epistles to Saint-Lambert.

With his letter to Mme de Graffigny Voltaire encloses his poem to Saint-Lambert, hoping that it will amuse her and be passed on to him (see D1123 and note 1). After praising the verses he received from Saint-Lambert, Voltaire comments on his own sluggish muse and points to his dual interest in poetry and science – all of which he repeats in his poem. 'Ses vers ont réveillé ma muse assoupie', he tells her. 'Je ne travaillais à Cirey que pour les Varinges;[2] les grâces sont venues me tirer du labyrinthe épineux de la philosophie. Elles se sont servies de vous Madame et de Mr de St Lambert pour me rendre à mon premier goût.'

The text

First printed in 1766 in the *Journal encyclopédique* of 1 September, p.122-23, together with the Saint-Lambert's 'Vers', the epistle entered Voltaire's works in NM (1768), v.316. There are two readings of the text: (1) K; (2) all other editions, which differ only

---

[1] See R. Vaillot, *Avec Madame Du Châtelet*, *Voltaire en son temps*, ed. R. Pomeau, 2nd edn (Oxford 1995), i.326.

[2] The physicist Philippe Vairinge.

in leaving blank line 18, an omission which affects the rhyme. K
(xiii.88-89) has accordingly been taken as the base text.

Editions

Journal encyclopédique (see above) (JE); NM (1768), v.316; W52 (1770),
ix.483; W68 (1771), xviii.413; W70L (1772), xxii.395; W72P (1773), xv.119;
W71 (1774), xviii.349; W75G, xii.412; K, xiii.88-89.

Base text: K. Collated texts: JE; NM; W52; W68; W70L; W75G.

Epître à M. de Saint-Lambert

Mon esprit avec embarras
Poursuit des vérités arides;
J'ai quitté les brillants appas
Des muses, mes dieux et mes guides,
Pour l'astrolabe et le compas   5
Des Maupertuis et des Euclides.
Du vrai le pénible fatras
Détend les cordes de ma lyre;
Vénus ne veut plus me sourire,
Les Grâces détournent leurs pas.   10
Ma muse, les yeux pleins de larmes,
Saint-Lambert, vole auprès de vous;
Elle vous prodigue ses charmes,
Je lis vos vers, j'en suis jaloux.
Je voudrais en vain vous répondre;   15

a   JE: Réponse de Mr. de Voltaire [Vers à Mr. de Voltaire, par Mr. de St.
Lambert]
    NM, W52: Réponse à Mr. de St. L...
    W68: Réponse au même [à monsieur de Saint-Lambert]
    W70L: Réponse à monsieur de St. Lambert

Son refus vient de me confondre;
Vous avez fixé ses amours,
Et vous les fixerez toujours.
Pour former un lien durable,
Vous avez sans doute un secret;   20
Je l'envisage avec regret,
Et ce secret, c'est d'être aimable.

18   JE-W75G: [*absent*]
22   W52, W68: ce regret, [*error*]

ODE SUR LA PAIX DE 1736

This ode, composed in all likelihood in 1736, is first mentioned in Mme Du Châtelet's letter to Cideville of 10 October (D1166). Entitled *Ode sur la paix* or *Ode sur la paix de 1737* (see variants), it is given its present title in w50 and all subsequent editions.

The poem relates to the ending of the War of the Polish Succession, which began in 1733 from the rival claims to the Polish throne of Stanislas Leszczynski and Augustus III of Saxony. In this year a great majority of the Polish Diet, influenced by Louis XV, re-elected Stanislas as king, while a dissident minority, influenced by Russia and Austria (the latter ruled by the Holy Roman Emperor, Charles VI), elected Augustus. There were two theatres of war: Italy and the Rhine. Spain, hoping to gain territory in Italy at the expense of Austria, allied herself with France and invaded Austrian-occupied Lombardy and Naples, while France, retaliating for Austria's support of Augustus III, declared war on Charles VI, invaded the duchy of Lorraine (then part of the Holy Roman Empire), and encountered his forces on the upper Rhine. The war was terminated by the final Franco-Austrian Peace of Vienna, which was signed on 18 November 1738, although the preliminary Peace of Vienna had been signed on 3 October 1735, and the declaration on 15 May 1736. France recognised Augustus III as king of Poland, while Stanislas received the duchies of Lorraine and Bar. [1]

In December 1736 Mme Du Châtelet told Thiriot that the *Ode sur la paix de 1736* (like the *Ode sur le fanatisme*, above) was not intended for public circulation (D1232), that it was not a finished piece, but deserved to be (D1240). Voltaire's own attitude towards the poem was a blend of admiration and disparagement. In

[1] See the *Précis du siècle de Louis XV*, ch.4, and John L. Sutton, *The King's honor and the king's cardinal: the War of the Polish Succession* (Lexington, Kentucky 1980).

October and November 1736 he sought the advice of Pierre
d'Olivet ('le meilleur ami et le meilleur critique qu'il y ait au
monde'), asking him whether, as a result of changes, it could be
published and even compared to the *Ode sur la paix* (1736) of
Louis Racine (D1174, D1189).[2] 'Parlez-moi donc un peu du fonds
de la pièce et parlez-moi toujours en ami', he told him. 'Si vous
voulez je vous enverrai de temps en temps quelques-unes de mes
folies. Je m'égaie encore à faire des vers, même en étudiant
Neuton' (D1174). And on 2 May 1739 he sent the ode to the
marquis d'Argenson, with the words, 'Vous aimez donc aussi les
odes, monsieur; et bien en voici une qui me paraît convenable à un
ministre de paix tel que vous êtes' (D1999). But on another
occasion he was less positive. He asked Formont on 23 December
1737 whether he would like to receive 'une ode que j'ai faite sur la
paix[.] On a tant fait de ces drogues que je n'ai pas voulu donner la
mienne. Envoyez-la à notre ami Cideville, et dites-m'en votre
avis, mais qu'elle n'ennuie que Cideville et vous' (D1410).

Tedious or not, the ode is noteworthy for various reasons. For
one thing, the verse is enhanced by metaphors, personifications,
and a formal epic simile (51-60). Of particular note are its
descriptions of nature in its more destructive aspects (1-27).
What is more, the poem is an important expression of Voltaire's
aversion to aggressive war, and his conviction of a nation's right to
military self-defence (71-74).[3] It concludes with high praise of
Louis XIV ('le modèle des rois', line 110), by which Voltaire,
overlooking the latter's expenditures and costly wars, by implication criticises Louis XV. Like the two other odes of 1736, it
exemplifies the poetry of ideas. As such, it hardly illustrates, any
more than they, a remark that Voltaire made to La Harpe many

---

[2] *Ode VI, sur la suspension d'armes, en 1736, lorsque notre armée était près d'investir
Mantoue.* Besterman comments that 'Voltaire's ode is not a masterpiece, but it
comfortably bears the comparison' (D1174, n.3).

[3] See the article 'Guerre' in the *Dictionnaire philosophique* (*OC*, vol.36, p.185-94)
and the *Questions sur l'Encyclopédie* (M.xix.321-22).

years later: 'Une ode après tout est une chanson, c'est un des attributs de la joie' (19 April 1772; D17702).

The ode received little critical attention. The Christian apologist Claude-Marie Guyon quoted lines 35-50 as an example of subversive writing (*L'Oracle des nouveaux philosophes*, p.212-13).

The text

The ode was first printed in 1739 in w38 (1739), iv.53-58, and RP40, p.124-29. There are three textual traditions: (1) w38, RP40, w40, w41C, w41R, w43, w64R, and *Recueil de nouvelles pièces fugitives* (1741), which interpolate two stanzas between lines 30 and 31 and omit 41-60; (2) w42 and w48D, which interpolate just the second of these stanzas beween lines 30 and 31; (3) all other versions, which agree with the base text. Since no one eighteenth-century version of the poem is clearly preferable to the others, w75G (xii.245-50) has been chosen as the base text.

Manuscripts

MS1: Holograph of D1174, dated 'à Cirey ce 18 oct. [1736]', containing a few variants. Caen, Bibliothèque municipale, ms. 218, no.8.

MS2: Copy of D1174 by Pierre A. E. L. T. Delaunay, comte d'Entraigues, dated 'à Cirey ce 18 octobre [1736]', containing a few variants. Dijon, Bibliothèque publique, ms. 1553, p.21-22.

MS3: Copy of D1174 by Boissy d'Anglas, dated 'à Cirey, le 18 octobre 1736', containing a few variants. Cambridge, Fitzwilliam Museum, Louis C. G. Clarke collection.

MS4: An old copy of D1174, dated 'A Cirey, ce 18 octobre 1736', containing a few variants. BnF F 12945, f.183.

Editions

w38 (1739), iv.53-58; RP40; w40, iv.53-58; w41R, iv.53-58; w41C (1742),
v.91-95; w42, v.91-95; w43, iv.53-58; w46, v.23-27; w48D, iii.147-52;
w50, iii.175-80; w51,iii.151-55; w52, iii.56-59; w56, ii.109-13; w57G1,
ii.109-13; w57G2, ii.109-13; w57P, vi.98-101; OC61, p.11-15; w64G, ii.121-
25; w64R, iv.52-57; w70G, ii.121-25; w68 (1771), xviii.256-61; ES71,
p.332-36 (edition in 422 pages), p.399-404 (edition in 448 pages); w72P
(1771), iii.233-36; w70L (1772), xxii.339-43; w72X, ii.121-25; w72P
(1773), xiv.247-52; w71 (1774), xviii.218-21; w75G, xii.245-50; K,
xiii.355-59. The ode also appears in *Recueil de nouvelles pièces fugitives
en prose et en vers. Par M. de Voltaire* (London 1741), p.89-93; in *Poèmes,
épîtres et autres poésies, par M. de Voltaire* (Geneva 1777), p.108-12.

Base text: w75G. Collated texts: MS1; w38; RP40; w42; w46; w48D;
w51; w52; w56; w57G1, w57G2; w57P; w64G; w70G; w68; w70L; K.

Ode sur la paix de 1736

L'Etna renferme le tonnerre
Dans ses épouvantables flancs;
Il vomit le feu sur la terre,
Il dévore ses habitants. [4]
Fuyez, dryades gémissantes,   5
Ces campagnes toujours brûlantes,
Ces abîmes toujours ouverts,
Ces torrents de flamme et de soufre,

---

a   w38, RP40, w46: Ode sur la paix
    w42, w48D: Ode sur la paix de 1737
5   w38: Ah! fuyez, nymphes gémissantes,

---

[4] Voltaire quotes lines 1-4 in D1174.

Echappés du sein de ce gouffre,
Qui touche aux voûtes des enfers.   10

Plus terrible dans ses ravages,
Plus fier dans ses débordements,
Le Pô renverse ses rivages
Cachés sous ses flots écumants:
Avec lui marche la ruine,   15
L'effroi, la douleur, la famine,
La mort, les désolations;
Et dans les fanges de Ferrare
Il entraîne à la mer avare
Les dépouilles des nations. [5]   20

Mais ces débordements de l'onde,
Et ces combats des éléments,
Et ces secousses, qui du monde
Ont ébranlé les fondements,
Fléaux que le ciel en colère   25
Sur ce malheureux hémisphère
A fait éclater tant de fois,
Sont moins affreux, sont moins sinistres,
Que l'ambition des ministres,
Et que les discordes des rois.   30

De l'Inde aux bornes de la France,
Le soleil, en son vaste tour,
Ne voit qu'une famille immense,
Que devait gouverner l'amour.
Mortels, vous êtes tous des frères;   35
Jetez ces armes mercenaires.

15   All versions except RP40, W46: marchent
30-31   [see Appendix A.2]

[5] On the Po campaign and in particular the crossing of the Po by the Austrian army (1734), see Sutton, p.95, 162-63.

Que cherchez-vous dans les combats?
Quels biens poursuit votre imprudence?
En aurez-vous la jouissance
Dans la triste nuit du trépas?   40

Encor si pour votre patrie
Vous saviez vous sacrifier!
Mais non; vous vendez votre vie
Aux mains qui daignent la payer.
Vous mourez pour la cause inique   45
De quelque tyran politique
Que vos yeux ne connaissent pas;   ·
Et vous n'êtes, dans vos misères,
Que des assassins mercenaires,
Armés pour des maîtres ingrats.   50

Tels sont ces oiseaux de rapine,
Et ces animaux malfaisants,
Apprivoisés pour la ruine
Des paisibles hôtes des champs;
Aux sons d'un instrument sauvage,   55
Animés, ardents, pleins de rage,
Ils vont d'un vol impétueux,
Sans choix, sans intérêt, sans gloire,
Saisir une folle victoire,
Dont le prix n'est jamais pour eux.   60

O superbe, ô triste Italie!
Que tu plains ta fécondité!
Sous tes débris ensevelie,
Que tu déplores ta beauté!
Je vois tes moissons dévorées   65
Par les nations conjurées
Qui te flattaient de te venger.

40 All versions except w70L: horrible nuit
41-60 w38, RP40, w46: [absent]

453

Faible, désolée, expirante,
Tu combats d'une main tremblante,
Pour le choix d'un maître étranger.[6]   70

Que toujours armés pour la guerre
Nos rois soient les dieux de la paix;
Que leurs mains portent le tonnerre,
Sans se plaire à lancer ses traits.
Nous chérissons un berger sage,   75
Qui dans un heureux pâturage
Unit les troupeaux sous ses lois.
Malheur au pasteur sanguinaire,
Qui les expose en téméraire
A la dent du tyran des bois.   80

Eh! que m'importe la victoire
D'un roi qui me perce le flanc,
D'un roi dont j'achète la gloire
De ma fortune et de mon sang?
Quoi! dans l'horreur de l'indigence,   85
Dans les langueurs, dans la souffrance,
Mes jours seront-ils plus sereins,
Quand on m'apprendra que nos princes,
Aux frontières de nos provinces,
Nagent dans le sang des Germains?[7]   90

Colbert, toi qui dans ta patrie
Amenas les arts et les jeux,
Colbert, ton heureuse industrie
Sera plus chère à nos neveux,[8]

[6] On the war in Italy, see above and Sutton, p.88-111, 162-75, 187-89.

[7] On the war in the Rhineland, see above and Sutton, p.135-61, 178-86.

[8] In the *Siècle de Louis XIV* Voltaire praises Colbert, the 'Mécène de tous les arts', for his industrial organisation and economic policies (*OH*, p.983-88, 1019).

Que la vigilance inflexible   95
De Louvois, dont la main terrible
Embrasait le Palatinat;[9]
Et qui sous la mer irritée,
De la Hollande épouvantée
Voulait anéantir l'Etat.[10]   100

Que Louis, jusqu'au dernier âge,
Soit honoré du nom de *Grand*:
Mais que ce nom s'accorde au sage;
Qu'on le refuse au conquérant.
C'est dans la paix que je l'admire;   105
C'est dans la paix que son empire
Florissait sous ses justes lois,[11]
Quand son peuple aimable et fidèle
Fut des peuples l'heureux modèle,
Et lui le modèle des rois.   110

95-97 MSI:

    Que La politique inflexible,
    De Louvois prudent et terrible
    Qui brûloit le palatinat,

[9] The devastation of the Palatinate (1689) was commanded by Louvois, whose policies had always conflicted with those of his enemy Colbert; see the *Siècle*, ch.16 (*OH*, p.772-73). Voltaire quotes lines 93-97 in D1174 (see variant to lines 95-97).

[10] In his *Commentaire sur l'Esprit des lois* (1777), §38, Voltaire speaks of 'les ordres signés *Louvois*, d'embraser le Palatinat et de noyer la Hollande' (M.xxx.433). On Louvois's desire in 1672 to inundate the Netherlands, see André Corvisier, *Louvois* (Paris 1983), p.258-59.

[11] On Louis XIV's legal reforms, see *Le Siècle de Louis XIV*, in particular ch.29: *OH*, p.972, 978-79.

ODE SUR L'INGRATITUDE

The *Ode sur l'ingratitude* was in all likelihood composed in 1736. In that year Voltaire sent it to a number of his friends, among others to d'Argental (4 April; D1052), to the marquis de Caumont (5 August; D1121), to Jean François Le Vayer (6 August; D1124), and to Thiriot (13 September; D1146).

In the *Vie de M. J.-B. Rousseau* Voltaire implies that this ode is a reply to Rousseau's *Epîtres nouvelles du sieur Rousseau* of 1736. Since it is first mentioned on 4 April and the *Epîtres* did not appear before about July, either Voltaire became confused in his chronology, or the ode underwent revision over the summer and after the appearance of the *Epîtres nouvelles*.[1] It bears a resemblance to four stanzas that Voltaire sent to the comte de Tressan on 21 October, stanzas which may well in some way be connected with the poem (see below, *A M. le comte de Tressan*).

In 1784 the Kehl editors printed the ode as addressed to the duc de Richelieu (xiii.346), but in none of the above letters is the duc de Richelieu mentioned. Nor does Voltaire's correspondence of 1736 contain a single letter addressed to him; and Besterman was in all probability right in suggesting that Voltaire, who in 1736 would have had no reason to flatter Richelieu so extravagantly (see the opening lines), had d'Argental in mind (D1052, note 1).

'Mon cœur vous adresse cette ode que je n'ose décorer de votre nom', Voltaire exclaimed on sending the ode to d'Argental. 'Vous êtes fait pour partager des plaisirs, et non des querelles. Recevez donc ce témoignage de ma reconnaissance, et soyez sûr que je vous aime plus que je ne hais Desfontaines et Rousseau' (D1052). The poem indeed arose from Voltaire's quarrels with Desfontaines and Jean-Baptiste Rousseau, which at this time were in full

---

[1] See the three epigrams in this section and the *Utile examen des trois dernières épîtres du sieur Rousseau* above.

swing. The ex-Jesuit Pierre-François Guyot Desfontaines (1685-1745) was a model of ingratitude, for Voltaire had intervened on his behalf when he was in the prison of Bicêtre for sodomy (1725),[2] and yet Desfontaines persisted in intriguing against him.[3] '[JJ]'apprends que l'abbé Desfontaines continue de me déchirer', Voltaire exclaimed on 3 March; 'c'est un chien poursuivi par le public et qui se retourne tantôt pour lécher et tantôt pour mordre. L'ingratitude est chez lui aussi dominante que le mauvais goût. Ses mœurs et ses livres inspirent également le mépris et la haine' (D1028). The feud with Jean-Baptiste Rousseau (1671-1741), which goes back to 1723 and earlier,[4] led to the publication in 1736 of Voltaire's *Epître à Mme Du Châtelet sur la calomnie* with its excoriation of this 'vil Rufus' (*OC*, vol.9, p.304). 'Je ne crains point Roussau. Je le méprise', Voltaire told Thiriot on 26 February 1736 (D1023). He even referred to his ode as 'le duplicata de *la Crépinade*', and hoped to have it inserted in the *Lettres juives* (1736) of d'Argens.[5] Amid such tribulations it is not surprising to see Voltaire turning to his loyal friend of thirty years, the comte d'Argental.

The ode begins with philosophical reflections on the themes of friendship and ingratitude, but soon turns to virulent attacks in the manner of Juvenal. In its harsh realism it is indeed a striking example of Juvenalian satire. Voltaire had, however, some reservations about the personal nature of his satire. He suppressed the direct reference to Desfontaines because of the latter's praise of *Alzire* (*OC*, vol.14, p.46-47), but suspecting the sincerity of his enemy, decided to restore it. 'Il est vrai que j'avais gâté mon ode en supprimant le nom de ce maraud d'abbé Desfontaines', he told Berger on *c*.5 September 1736. 'Je peignais l'enfer et j'oubliais

---

[2] See D232, commentary, and D235.

[3] See D997, D1147, D1192, and Thelma Morris, *L'Abbé Desfontaines et son rôle dans la littérature de son temps*, *SVEC* 19 (1961), p.38-56.

[4] See D147, D1078, D1150, and Besterman, *Voltaire* (London 1969), p.199-202.

[5] D'Argens did not, however, take the hint; see D1190, note 2, and D1204, note 2.

Asmodée' (D1142).[6] This restoration, Voltaire points out, was also for the sake of the transitions. 'J'avais ôté ce monstre subalterne d'abbé Desfontaines, de L'ode sur l'ingratitude', he told Thiriot on 13 September, 'mais les transitions ne s'accommodaient pas de ce retranchement, et il vaut mieux gâter des Fontaines que mon ode, d'autant plus qu'il n'y a rien de gâté en relevant sa turpitude' (D1146). He regrets, however, having indulged in personal satire. 'Chacun est content de son ouvrage', he continues, 'cependant je ne le suis pas de m'être abaissé à cette guerre honteuse. Je retourne à ma philosophie. Je ne veux plus connaître qu'elle, le repos et l'amitié.' And again, in the *Vie de M. J.-B. Rousseau* (1738), §7, Voltaire remarks apropos of his ode: 'Il est triste qu'un homme comme M. de Voltaire, qui jusque-là avait eu la gloire de ne se jamais servir de son talent pour accabler ses ennemis, eût voulu perdre cette gloire' (M.xxii.352-53).

The critical reception of the ode was mixed. Mme Du Châtelet praised it, defending the personal nature of the satire. 'L'ode sur l'ingratitude me paraît l'ouvrage d'un honnête homme que des coquins ont forcé à les punir, c'est la défense des honnêtes gens contre les ingrats. Ne trouvez-v[ou]s pas cette strophe admirable, *n[ou]s admirons le fier courage* &c.?[7] Enfin n'est-elle pas belle et juste?', she asked Thiriot (21 December 1736; D1232). Quite different was the opinion of Mme Du Deffand. Writing to Formont, she remarked that she would not have thought of attributing the ode to Voltaire, nor even to Mme Du Châtelet, but rather to M. Du Châtelet (14 August 1736; D1127). And writing to Jean-Baptiste Rousseau the following day, Desfontaines stated that he had not seen the 'ode de *L'Ingratitude*, qui passe pour très mauvaise. Mr Boindin qui l'a vue, me dit hier à la Comédie, que c'est une pièce misérable' (D1128). Again highly critical, though in a different way, was the Christian apologist

---

[6] See the last stanza.
[7] Stanza 5, lines 25-30.

Claude-Marie Guyon, who cited lines 31-54 as an example of subversive and irreligious writing.[8]

The text

The first dated printing of the poem is that of w48D (1750), although the first of two undated printings (PR1-2, see below) may predate this. As the collective editions up to and including K give practically the same text, w75G (xii.257-60), the last complete edition of Voltaire's works published under his supervision, has been chosen as the base text. There are two main textual traditions: (1) that of MS1 and PR1, which give the first version of the text; and (2) that of the editions, which agree with the base text (w75G). OC61, while giving the base text, is limited to the first five stanzas; PR2 mixes the first version (PR1) with that of the editions.

Manuscripts

MS1: An old copy, undated. Arsenal, ms. 6810, f.10-11.

MS2: Holograph of Voltaire's letter of 16 April 1739 to d'Argenson (D1982), containing the first stanza of the ode. ImV, CD63.

MS3: A Beaumarchais-Kehl transcript of D1982, dated 16 April 1739, containing the first stanza. ImV BK97.

Editions

PRI

Ode sur l'ingratitude, followed by *La Ménagerie, ou Psaphon* (a verse satire on Voltaire) (n.p. n.d.). In-12°. Sig. A Aii Aiii. 12 p.; the ode comprises pages 1-6. Bengesco: Additions et corrections, i.487, no.541.

---

[8] See *Oracle des nouveaux philosophes. Pour servir de suite et d'éclaircissement aux Œuvres de M. de Voltaire* (Bern 1759), p.245-47.

BnC: 214², no.2270.

BnF: Ye. 29228 and Rés. Z. Bengesco 149.

PR2

Ode sur l'ingratitude, in a fragment of a collection entitled *Réponse de M. de La Chaussée, auteur du 'Préjugé à la mode,' aux trois épîtres de Rousseau* (n.p. n.d.). 12°, paginated 25-48; the ode comprises pages 41-48. Page catchwords. BnC 214², no.2271; BnF: Ye. 24946.

The ode appears in the following collective editions of Voltaire's works: w48D (1750), ix.203-206; w52, iii.73-76; w56, ii.123-26; w57G1, ii.123-26; w57G2, ii.123-26; w57P, vi.111-14; so58, i.[358]-61; oc61, p.183-84; w64G, ii.135-39; w64R, iii.II.21-24 and xiii.52-57; w70G, ii.135-39; es71, p.346-49 (edition in 422 pp.), p.415-18 (edition in 448 pp.); w68 (1771), xviii.268-71; w72P (1771), iii.229-32; w70L (1772), xxii.353-56; w72X, ii.120-23; w72P (1773), xiv.243-46; w71 (1774), xviii.226-28; w75G, xii.257-60; K, xiii.346-51.

Base text: w75G. Collated texts: MS2; PR1; w48D; w52; w56; w57G1; w57G2; w57P; so58; w64G; w70G; w68; w70L; K.

Ode sur l'ingratitude

O toi, mon support et ma gloire,
Que j'aime à nourrir ma mémoire
Des biens que ta vertu m'a faits!
Lorsqu'en tous lieux l'ingratitude
Se fait une pénible étude
De l'oubli honteux des bienfaits. [9]   5

---

5   MS2: une farouche étude

[9] Voltaire quotes this stanza in his letter of 16 April 1739 to d'Argenson (D1982).

Doux nœuds de la reconnaissance,
C'est par vous que dès mon enfance
Mon cœur à jamais fut lié;
La voix du sang, de la nature, 10
N'est rien qu'un languissant murmure,
Près de la voix de l'amitié.

Eh quel est en effet mon père?
Celui qui m'instruit, qui m'éclaire,
Dont le secours m'est assuré; 15
Et celui, dont le cœur oublie
Les biens répandus sur sa vie,
C'est là le fils dénaturé.

Ingrats, monstres que la nature
A pétris d'une fange impure 20
Qu'elle dédaigna d'animer,
Il manque à votre âme sauvage
Des humains le plus beau partage,
Vous n'avez pas le don d'aimer.

Nous admirons le fier courage 25
Du lion fumant de carnage,
Symbole du dieu des combats.
D'où vient que l'univers déteste
La couleuvre bien moins funeste?
Elle est l'image des ingrats. 30

8 PRI: C'est pour vous
10 PRI: La voix même de la nature
11 PRI: Est peut-être un faible murmure
24-25 PRI [*inserts between these lines*], K [*gives as a variant*]:
        Je crois voir les [K: ces] plaines stériles,
        Dont nos cultures inutiles
        N'ont pu fertiliser le sein;
        Ou le bronze informe et rebelle,
        Indocile à la main fidèle
        Qui conduit les traits du burin.
26 PRI: Du lion tout fumant de rage

Quel monstre plus hideux s'avance?
La nature fuit et s'offense
A l'aspect de ce vieux giton;
Il a la rage de Zoïle,
De Gacon (a) l'esprit et le style,   35
Et l'âme impure de Chausson. [10]

C'est Desfontaines; c'est ce prêtre,
Venu de Sodome à Bissêtre,
De Bissêtre au sacré vallon;
A-t-il l'espérance bizarre,   40
Que le bûcher qu'on lui prépare
Soit fait des lauriers d'Apollon?

(a) Gacon était un misérable écrivain satirique universellement
méprisé. Chausson a laissé un nom immortel.

    31-66 [see Appendix A.3]
    31-73 oc61: [absent]
    n.a w48D-w68: [...] méprisé. Chausson fut brûlé publiquement pour le
même crime pour lequel l'abbé des Fontaines fut mis à Bissêtre.
    42-60 K: [gives as a variant]
        Vieux, languissant et sans courage,
        Souvent dans un accès de rage
        Qui l'enflamme et dont il périt,
        Un chien de sa gueule édentée,
        Horrible, écumante, empestée,
        Poursuit la main qui le nourrit.
        Il me dut l'honneur et la vie;
        Et dans son ingrate furie,
        De Rousseau lâche imitateur,
        Ami traître, ennemi timide,
        Des flots de sa bile insipide
        Il veut couvrir son bienfaiteur.

[10] The satirist François Gacon (1667-1725) was, it is true, despised by many; see
G. B. Watts, 'François Gacon and his enemies', Philological Quarterly 3 (1924),
p.58-68, and the 'Catalogue' of the Siècle de Louis XIV ('Gacon'). Chausson: the
reference is to Benjamin Deschauffours, a homosexual who was burned alive in
1726; see La Guerre civile de Genève, i.134 (OC, vol.63A, p.87), and Voltaire's
Notebooks (OC, vol.81, p.347, 351).

Il m'a dû l'honneur et la vie,
Et dans son ingrate furie,
De Rufus lâche imitateur,   45
Avec moins d'art et plus d'audace,
De la fange où sa voix croasse,
Il outrage son bienfaiteur. [11]

Qu'un Hibernois, (*b*) loin de la France,
Aille ensevelir dans Bizance   50
Sa honte à l'abri du croissant;

(*b*) Un abbé irlandais, fils d'un chirurgien de Nantes, qui se disait de l'ancienne maison de Makarti, [12] ayant subsisté longtemps des bienfaits de notre auteur, et lui ayant emprunté deux mille livres en 1732, s'enfuit aussitôt avec un Ecossais, nommé Ramsay, [13] qui se disait aussi des bons Ramsay, et avec un officier français, nommé Mornay; ils passèrent tous   5
trois à Constantinople, et se firent circoncire chez le comte de Bonneval. [14] Remarquez qu'aucun de ces folliculaires, de ces trompettes de scandale qui fatiguaient Paris de leurs brochures, n'ont écrit contre cette apostasie: mais ils ont jeté feu et flamme contre les Bayles, les Montesquieu, les Diderot, les d'Alembert, les Helvetius, les Buffons,   10
contre tous ceux qui ont éclairé le monde. [15]

45 K: De Rousseau
n.*b* w48D-w68: [*second sentence absent*]

[11] On Voltaire's kindnesses to Desfontaines and the latter's betrayal of him, see D235, D300, D937, D997, and above, p.457.
[12] On the abbé Abel MacCarthy d'Aglish, who indeed swindled Voltaire, see D217, n.1, D1020, and *La Guerre civile de Genève*, ii.164 (*OC*, vol.63A, p.102).
[13] André-Michel, chevalier de Ramsay (1686-1743), a friend of J.-B. Rousseau and author of *Voyage de Cyrus* (1727); see the 'Catalogue' of the *Siècle de Louis XIV* ('Racine (Louis)').
[14] Claude-Alexandre, comte de Bonneval (1675-1747), a French officer who passed into the service of the Austrians and then took refuge in Turkey where he embraced Islam and became an artillery general. See D2844 (*c.*September 1743), *Les Oreilles du comte de Chesterfield* (1775) (M.xxi.585-86), and *Mémoires du comte de Bonneval*, nouvelle édition (London 1755).
[15] All these were victims of attack. Jurieu was the most vehement of Bayle's many enemies; Montesquieu was forced to write a *Défense* (1750) to his *Esprit des lois*

D'un œil tranquille et sans colère,
Je vois son crime et sa misère,
Il n'emporte que mon argent.

Mais l'ingrat dévoré d'envie,   55
Trompette de la calomnie,
Qui cherche à flétrir mon honneur,
Voilà le ravisseur coupable,
Voilà le larcin détestable,
Dont je dois punir la noirceur.   60

Pardon, si ma main vengeresse
Sur ce monstre un moment s'abaisse
A lancer ces utiles traits;
Et si de la douce peinture,
De ta vertu brillante et pure,   65
Je passe à ces sombres portraits.

Mais lorsque Virgile, et le Tasse,
Ont chanté dans leur noble audace
Les dieux de la terre et des mers,
Leur muse, que le ciel inspire,   70

w48D-w68: maison de M**, ayant subsisté longtemps des bienfaits de
Mr. de Voltaire, et lui ayant en dernier lieu emprunté deux mille livres, s'associa en
1732 avec un Ecossais nommé
  67   PRI: Quand Virgile, Homere [16] et
  69   PRI: Le dieu

(1748), the latter of which was placed on the Index (1751); Diderot's *Lettre sur les aveugles* (1749) led to his detention at Vincennes; D'Alembert's article 'Genève' in the seventh volume (1757) of the *Encyclopédie* created a storm of protest; Helvétius's *De l'esprit* (1758) was condemned by the *parlement* and burned; fourteen propositions from Buffon's *Histoire naturelle* (1749-1789) were condemned by the Sorbonne in 1751.

[16] In book XI of the *Odyssey*, Odysseus recounts his visit to the underworld, where he sees the shades of the dead; they were not, as Voltaire says, 'monstres' (line 72); cf. Virgil and Tasso, below, note 17.

Ouvre le ténébreux empire,
Et peint les monstres des enfers. [17]

72   PRI: [adds]
Raphaël peintre et Michel Ange,
Sous les pieds du divin archange,
Ont montré le diable abattu; [18]
Et par un heureux artifice,
Massillon peint l'horreur du vice,
Pour mieux embellir la vertu. [19]
        K: [gives this stanza as a variant, changing the first line to: Raphaël,
Rubens, [20] Michel-Ange,]

[17] See the depiction of Tartarus in the *Aeneid*, vi.548-636, and in the *Gerusalemme liberata*, IV.i-x; here the inhabitants are described as monsters.

[18] See Raphael's painting, *St. Michael subdues Satan* (1518), in the Louvre; also *The Complete Paintings of Raphael*, introduction by Richard Cocke; notes and catalogue by Pierluigi de Vecchi (New York 1966), p.117, no.135. Michelangelo did not treat this theme; see *L'Opera completa di Michelangelo pittore*. Presentazione di Salvatore Quasimodo; apparati critici e filologici di Ettore Camesasca (Milan 1966).

[19] See Massillon's *Sermon pour le mardi de la troisième semaine de Carême. Sur le mélange des bons et des méchants* from the *Grand Carême* (preached between 1699 and 1704) and his *Sermon sur les vices et les vertus des grands* from the *Petit Carême* (preached in 1718).

[20] See Rubens's painting, *St. Michael conquering Satan* (1620), in the Musées royaux des beaux-arts de Belgique, Brussels; see also Julius S. Held, *The Oil sketches of Peter Paul Rubens; a critical catalogue* (Princeton, N.J. 1980), i.38, and ii, black and white plate 6.

À M. LE COMTE DE TRESSAN

Louis-Elisabeth de La Vergne, comte de Tressan (1705-1783), a *lieutenant général* and an academician, is chiefly known today for his translations and adaptations of old romances of chivalry. Voltaire, who no doubt met him through Cideville and Formont, sent him in 1732 a letter in prose and verse in praise of his poetic style (D508). This was followed two years later by the *Epître à M. le comte de Tressan*, 'Hélas que je me sens confondre'.[1] Then in 1736, as part of his war on Jean-Baptiste Rousseau, Voltaire sent him *La Crépinade* (D1172, n.1) and, in reply to Tressan's verse and prose epistle of 5 October (D1162), these four stanzas together with their accompanying prose (21 October; D1180). 'Ah, monsieur', he exclaimed, 'votre charmante épître, vos vers qui, comme vous, respirent les grâces, méritaient une autre réponse. Mais s'il fallait vous envoyer des vers dignes de vous, je ne vous répondrais jamais; vous me donnez en tout des exemples que je suis loin de suivre. Je fais mes efforts; mais malheur à qui fait des efforts!'

It was no doubt Tressan's unflattering references to Rousseau (D1162) that prompted Voltaire to send him these stanzas. They in turn are a satire on Rousseau, and as such invite comparison with the preceding *Ode sur l'ingratitude*, to which they are identical in stanzaic form and similar in tone and treatment. Is this similarity a mere coincidence? It is interesting to conjecture that the stanzas may originally have been connected with the ode, and that Voltaire then took them up again and put them to their present use.

[1] *OC*, vol.14, p.536-37.

The text

First printed (without the prose) in *Œuvres diverses de M. le comte de Tressan* (Amsterdam 1776), p.384, the stanzas entered Voltaire's works (with the prose) in 1784 in the Kehl edition (xv.103-104). All versions of them are practically the same.

Editions

Œuvres diverses (see above) (OD); *Almanach des muses* (Paris 1777), p.187; *Mercure de France* (January 1777), ii.33-34; K, xv.103-104.

Base text: K. Collated text: OD.

A M. le comte de Tressan
A Cirey, 21 octobre

Tandis qu'aux fanges du Parnasse,
D'une main criminelle et basse,
Rufus[2] va cherchant des poisons,
Ta main délicate et légère
Cueille aux campagnes de Cythère   5
Des fleurs dignes de tes chansons.

Les grâces accordent ta lyre;
Le plaisir mollement t'inspire,
Et tu l'inspires à ton tour.
Que ta muse tendre et badine   10

a   OD: Réponse de M. de Voltaire
2   OD: et lasse,
3   OD: Rousseau va

[2] The red-haired Jean-Baptiste Rousseau.

Se sent bien de son origine!
Elle est la fille de l'amour.

Loin ce rimeur atrabilaire,
Ce cynique, ce plagiaire[3]
Qui, dans ses efforts odieux,   15
Fait servir à la calomnie,
A la rage, à l'ignominie,
Le langage sacré des dieux.

Sans doute les premiers poètes,
Inspirés, ainsi que vous l'êtes,   20
Etaient des dieux ou des amants:
Tout a changé, tout dégénère,[4]
Et dans l'art d'écrire et de plaire;
Mais vous êtes des premiers temps.

---

[3] There is no evidence that Rousseau was a plagiarist.
[4] France's cultural decline became a perennial theme with Voltaire (e.g. D3450).

[EPIGRAM]

This epigram on Jean-Baptiste Rousseau was composed in 1736, probably in the last months of the year. Voltaire, having left Cirey to escape from the scandal caused by the circulation of *Le Mondain*, arrived in Brussels to learn that *Alzire* was going to be performed and that Rousseau was attacking the play and its author. He replied with the epigram below.[1]

In a letter to d'Argental of 27 January 1737 Voltaire writes: 'Roussau apprit mon passage par Bruxelles, et se hâta de répandre et de faire insérer dans les gazettes que je me réfugiais en Prusse, que j'avais été condamné à Paris à une prison perpétuelle etc.' (D1270).[2] A few days later Mme Du Châtelet informs d'Argental: 'Le jour qu'il [Voltaire] a passé à Bruxelles on y jouait Alzire' (30 January 1737; D1274).

Other passages in the correspondence of 1736 reflect the content and tone of the poem. 'Est-il vrai que Rousseau est mort?', Voltaire asks Berger and Prault on *c*.1 October (D1160). 'Si Roussau est mort c'est un méchant homme de moins, et ses derniers ouvrages ne font pas plus regretter le poète que sa conduite ne fait regretter l'homme', he remarks to Baculard d'Arnaud on 9 October (D1164).

The text

Recorded by Grimm in his *Correspondance littéraire* of August 1786

---

[1] See Mme Du Châtelet's letter to d'Argental of 27 December 1736: 'J'ai reçu des nouvelles de lui [Voltaire] de Bruxelles [...] Il n'a pas séjourné à Bruxelles, et j'en suis bien aise. Rousseau y est et de plus il y est trop connu' (D1235). See also Théophile Du Vernet, *La Vie de Voltaire* (Geneva 1786), p.102-103.

[2] See also D1272 and D1273. Voltaire's journey to the low countries and rumours that he had taken refuge in Prussia followed the storm over the circulation of *Le Mondain* (see above).

(*CL*, xiv.437), the poem was first printed the same year by Du Vernet (*La Vie de Voltaire*, p.103). It entered Voltaire's works in 1828 in the Dalibon-Delangle edition (xviii.269-70), where it is dated January 1736. *CL*, Du Vernet, and Dalibon-Delangle all give the same text; *CL* is reproduced here.

On dit qu'on va donner *Alzire*;
Rousseau va crever de dépit,
S'il est vrai qu'encore il respire;
Car il est mort quant à l'esprit;
Et s'il est vrai que Rousseau vit,   5
C'est du seul plaisir de médire.

RÉPONSE À MONSIEUR DE FORMONT, AU NOM DE MME DU CHÂTELET

Jean-Baptiste-Nicolas Formont (1694-1758), of an epicurean and philosophical turn of mind (D988, D1220), met Voltaire through Cideville in his native Rouen in 1723, and got to know him better during Voltaire's longer stay there in 1731.[1] Voltaire appreciated his sound judgement and good taste. Thus, in addition to sending him much occasional verse,[2] he submitted a number of his works to him for criticism, including *Le Mondain*, which Formont probably received in the late summer or early autumn of 1736 (see D1116, D1122, D1154). He was delighted with the poem, and replied in verse to Mme Du Châtelet.[3] These lines by Voltaire, written in her name in all likelihood in late 1736, are a reply to those by Formont, by which they were directly inspired. Voltaire pays Formont the compliment of repeating a number of his terms: 'le paradis', 'les plaisirs', 'la raison', 'heureux', 'le véritable Eden', 'souveraine', 'aimable'.

The *Réponse à monsieur de Formont, au nom de madame Du Châtelet* is, like *Le Mondain*, a paean to worldliness, albeit a less spirited one. While laying less stress on luxury than does *Le Mondain* itself, it nonetheless expresses many of its ideas: opposition between this life and the next, the nature of pleasure and happiness, the importance of good sense, and of freedom, especially from prejudice, the prohibitions of the Bible and of the Roman Catholic church, the relativity of religion (lines 15-16). In

---

[1] See D148, note 1, and D419.

[2] See, for example, *OC*, vol.8, p.530-32, and *OC*, vol.20 (*Lettre* [...] *à M. de Formont*).

[3] *Vers de M. de Formont à madame Du Châtelet, sur le 'Mondain'*, in *Pièces inédites de Voltaire* (1820), p.56-57.

short, the true garden of Eden ('[le] véritable Eden', line 11) is to be found in this life. [4]

The text

First printed in 1773 in the *Opuscules poétiques*, p.21, the poem did not enter Voltaire's works until the Beuchot edition (1828). There are two slightly different readings of the text: that of the *Opuscules poétiques*, followed by Beuchot, who supplies the missing line 10 and what is surely the correct title; and that of the *Pièces inédites*.

Editions

Opuscules poétiques, ou le plus charmant des recueils (Amsterdam and Paris 1773), p.21 (OP); *Pièces inédites de Voltaire* (Paris 1820), p.58 (PI); Beuchot (M.x.506).

Base text: Beuchot. Collated texts: OP, PI.

Réponse à monsieur de Formont, au nom de madame Du Châtelet

Chacun cherche le paradis;
Je l'ai trouvé, j'en suis certaine.
Les vrais plaisirs, la raison saine,
La liberté, tous gens maudits
Par la sainte Eglise romaine,   5
Habitent dans ce beau pays;

a-b OP: Réponse de M. de Voltaire au nom de Mme Du Châtelet
     PI: Réponse de M. de Voltaire pour Mme la marquise Du Châtelet

[4] Cf. the last line of *Le Mondain* (above): 'Le Paradis terrestre est où je suis'.

Les préjugés en sont bannis;
Le bonheur est notre domaine.
Vous, heureux proscrit du jardin
Qu'a chanté la Bible chrétienne,   10
Venez au véritable Eden,
Si vous m'en croyez souveraine;
Venez; de cet aimable lieu
Les plaisirs purs ouvrent l'entrée:
Vous savez qu'il est plus d'un dieu   15
Et plus d'un rang dans l'empyrée.

10   OP: [*absent*]
13   PI: Pour vous de
16   PI: d'un saint dans

LETTRE DE L'AUTEUR
À MONSIEUR LE COMTE DE SAXE,
DEPUIS MARÉCHAL GÉNÉRAL

Hermann Maurice, comte de Saxe (1696-1750), who figures prominently in Voltaire's historical writings, became acquainted with him in 1729 at the latest (D365). In 1744 he was made *maréchal de France*.

These three quatrains form part of Voltaire's prose and verse letter of *c.*15 January 1737 to the comte de Saxe (D1256), to whom Voltaire sent at the same time a copy of the *Défense du Mondain*. Although written in early 1737, the quatrains belong to the spirit of 1736. 'Voici, monsieur le comte, la défense du Mondain', Voltaire tells him; 'j'ai l'honneur de vous l'envoyer, non seulement comme à un mondain très aimable, mais comme à un guerrier très philosophe, qui sait coucher au bivouac aussi lestement que dans le lit magnifique de la plus belle de ses maîtresses, et tantôt faire un souper de Luccullus, tantôt un souper de hussard.' The poem follows, preceded by a reference to Horace, 'qui vivait dans le siècle du plus grand luxe, et des plaisirs les plus raffinés'.

Like the *Mondain* and its *Défense*, the quatrains are a defence of pleasure and luxury, expressed in the same playful mood ('Buvez, ne vous enivrez pas', line 8). Luxury, the poet tells us, not only enhances the individual, but contributes to the greatness of empires. In its caution against excess, the poem looks forward to the *Discours en vers sur l'homme* and to the article 'Luxe' of the *Dictionnaire philosophique*.

The poem entered Voltaire's collective works in ES71.

The text

The verse was first printed in 1771, both in ES71 and (without the prose) w72P. The eighteenth-century printings of the poem all give the same text; w75G, the last complete edition of Voltaire's works published under his supervision, has therefore been chosen as the base text.

Editions

w72P (1771), iv.270; ES71, p.94-95 (ed. in 422 pages), p.117-18 (ed. in 448 pages); *Almanach des muses* (Paris 1772), p.140; w72P (1773), xiv.190; *Opuscules poétiques* (Amsterdam and Paris 1773), p.47; w75G, xii.70-71; w68 (1777), xxvi.309-10.

Base text: w75G. Collated texts: w72P (1771); ES71; w68.

Lettre de l'auteur à monsieur le comte de Saxe, depuis maréchal général*

Oui, je suis loin de m'en dédire,
Le luxe a des charmes puissants;
Il encourage les talents,
Il est la gloire d'un empire.

Il ressemble aux vins délicats,   5
Il faut s'en permettre l'usage:
Le plaisir sied très bien au sage;
Buvez, ne vous enivrez pas.

* Cette lettre n'avait pas encore paru, elle a été trouvée dans les papiers de Monsieur le maréchal de Saxe.[1]

a-b w72P: Vers au maréchal de Saxe en lui envoyant la Défense du Mondain
   w68: [*absent*]

---

[1] The statement about the finding of the poem among the papers of the comte de Saxe was made in ES71.

Qui ne sait pas faire abstinence
Sait mal goûter la volupté;
Et qui craint trop la pauvreté
N'est pas digne de l'opulence.[2]

10

[2] See also the fifth *Discours en vers sur l'homme*: 'L'abstinence ou l'excès ne fit jamais d'heureux' (*OC*, vol.17, p.510). Similarly, in the article 'Luxe' of the *Dictionnaire philosophique*, Voltaire remarks: 'Si par luxe vous entendez l'excès, on sait que l'excès est pernicieux en tout genre: dans l'abstinence comme dans la gourmandise, dans l'économie comme dans la libéralité' (*OC*, vol.36, p.327).

À UNE DAME À QUI L'AUTEUR ENVOYAIT UNE BAGUE OÙ SON PORTRAIT ÉTAIT GRAVÉ

This quatrain probably dates from late 1736 (possibly early 1737), as is evidenced by Voltaire's correspondence with his Paris man of business Bonaventure Moussinot, who was having a ring bearing Voltaire's portrait made for Mme Du Châtelet. On about 6 November Voltaire inquires of Moussinot whether his 'portrait en bague' is being made (D1191); by 17 November we learn that he has received it. He wants it, however, to be 'un peu plus empâté et plus vif de couleurs', and asks Moussinot to have a copy made that is 'un peu plus animée'. 'On dit qu'il y a un homme à Paris qui fait les portraits en bague d'une manière parfaite', he continues. 'J'ai vu un portrait de Louis 15 de sa façon très ressemblant. Vous trouverez impertinent que la même main peigne le roi et moi chétif, mais on le veut, et j'obéis. Ayez donc la bonté de déterrer cet homme' (D1201). This man would in all likelihood have been François-Jules Barier (1680-1746), who had acquired a considerable reputation as an engraver of portraits, and whom Louis XV had appointed gem-engraver to the Court. As Moland noted (x.519), Moussinot's order would not have taken long to carry out.[1]

In thought and expression the poem is similar to Voltaire's quatrain *A madame la duchesse de Bouillon, qui vantait son portrait, fait par Clinchetet* (1732-1733) (*OC*, vol.9, p.471).[2]

---

[1] Voltaire refers to Barier in D1542, D1557, and D2070. On him, see L. Forrer, *Biographical dictionary of medallists*, 8 vols (London 1904-1930), i.125 and vii.48. It might be noted moreover that other references in the correspondence of late 1736 and 1737 to the making of a ring with Voltaire's portrait involve not the engraver Barier, but the miniaturist painter Penel (see D1226 and D1306, note 2).

[2] See Voltaire's *Notebooks* (*OC*, vol.81, p.89).

The text

The quatrain was first printed in 1784 by the Kehl editors (xiv.278), whose text is reproduced here.

A une dame à qui l'auteur envoyait
une bague où son portrait était gravé

Barier grava ces traits destinés pour vos yeux:
Avec quelque plaisir daignez les reconnaître:
Les vôtres dans mon cœur furent gravés bien mieux;
Mais ce fut par un plus grand maître.

APPENDIX A

LONGER VARIANTS

---

1. Variant to *Ode sur le fanatisme*

w38 (iv)-w48D insert the following between lines 90-91:

> Enfants ingrats d'un même père,
> Si vous prétendez le servir
> Si vous aspirez à lui plaire,
> Est-ce à force de vous haïr?
> Est-ce en déchirant l'héritage   5
> Qu'un père, et si tendre, et si sage,
> Du haut des cieux nous a transmis?
> L'amour était votre partage.
> Cruels! auriez-vous plus de rage
> Si vous étiez nés ennemis?   10

5-7 w48D:
> Est-ce par l'insulte et l'outrage?
> Est-ce en déchirant l'héritage
> Que Dieu même vous a transmis?

6 w38 (iv): père si tendre et

2. Variant to *Ode sur la paix de 1736*, lines 30-31

w38, RP40, and w46 insert the following two stanzas between
these lines. w42 and w48D insert lines 11-20 only. Lines 15-20 are
cited in Voltaire's letter of 18 October 1736 to d'Olivet (D1174;
MS1). The base text here is w38.

> Que de nations fortunées
> Reposaient au sein des beaux-arts,
> Avant qu'au haut des Pyrénées
> Tonnât la trompette de Mars![1]
> Des jeux la troupe enchanteresse,   5
> Les plaisirs, les chants d'allégresse,
> Régnaient dans nos brillants palais,
> Tandis que les flûtes champêtres,
> Mollement à l'ombre des hêtres,
> Vantaient les charmes de la paix.   10
> Paix aimable, éternel partage
> Des heureux habitants des cieux,
> Vous étiez l'unique avantage
> Qui pouviez nous approcher d'eux!
> Ce tigre acharné sur sa proie,   15
> Sent d'une impitoyable joie
> Son âme horrible s'enflammer;
> Notre cœur n'est point né sauvage,
> Grand Dieu! si l'homme est votre image,
> C'est qu'il était fait pour aimer.   20

7   RP40, w46: Faisaient retentir nos palais;
8   RP40: Et les sons des
    w46: Et les sons de
10 RP40, w46: Célébraient l'amour et la paix.
14 RP40, w42, w46, w48D: pouvait
15 MS1, RP40: Le tigre
18 MS1: Mais notre cœur
19 MS1, RP40, w42, w46, w48D: Grands Dieux
20 MS1: Il n'étoit fait que pour aimer.

[1] On Spain's role in the war, see above, p.448, and Sutton, p.104-105, 164-65.

480

3. Variant to *Ode sur l'ingratitude*, lines 31-66

The base text is PRI. Variants are from K (which gives these stanzas as a variant).

> Tel fut ce plagiaire habile,
> Singe de Marot et d'Ouville,
> Connu par ses viles chansons;[2]
> Semblable à l'infâme Locuste,[3]
> Qui, sous les successeurs d'Auguste,   5
> Fut illustre par ses poisons.
> Dis-nous, R**, quel premier crime
> Entraîna tes pas dans l'abîme
> Où j'ai vu Saurin[4] te plonger?
> Ah! ce fut l'oubli des services: 10
> Tu fus ingrat; et tous les vices
> Vinrent en foule t'assiéger.

2   K: Et de Marot et de d'Ouville,
7   K: Dis-nous, Rousseau,

[2] J.-B. Rousseau. The charge of plagiarism is unfounded. On Marot's influence on Rousseau, see Henry A. Grubbs, *Jean-Baptiste Rousseau; his life and works* (Princeton, NJ, 1941), p.20, 257-62, 267-68; on the writer Antoine Le Métel d'Ouville (*c.*1590-*c.*1656), see Voltaire's letter of September 1736 to the *Bibliothèque française* (D1150, n.2). Although Voltaire described some of Rousseau's verses as 'chansons' (M.xxii.342), there is nothing in Rousseau's published works with this designation.

[3] Locusta (or Lucusta) was a poisoner under Claudius and Nero; see Tacitus, *Annales*, xii.66, Juvenal, i.71, and Suetonius, vi (*Nero*).33.

[4] Defamatory verses which Joseph Saurin (1659-1737) attributed to Rousseau caused the latter's exile in 1712. Rousseau's first offence, however, was to have satirised his patron, the baron de Breteuil, Mme Du Châtelet's father (see M.xxii.329-30, and *OC*, vol.9, p.279-80). For Voltaire's version of the Rousseau–Saurin affair, see the 'Catalogue' of the *Siècle de Louis XIV* ('La Motte-Houdart' and 'Saurin (Joseph)'), and Voltaire's *Vie de M. J.-B. Rousseau*, §4-5 (M.xxii.342-46).

Aussitôt le dieu qui m'inspire,
T'arracha le luth et la lyre
Qu'avaient déshonorés tes mains: 15
Tu n'es plus qu'un reptile immonde,
Rebut du Parnasse et du monde,
Rongé de tes propres venins.
En vain ta triste hypocrisie
Des fureurs de la frénésie   20
Veut couvrir ses traits odieux:
Sous ce masque reconnaissable,
Ton cœur n'en est que plus coupable,
Et ton esprit plus ennuyeux.
Des forêts le tyran sauvage,   25
Vieux, languissant, plein de rage,
Périssant de faim dans les bois,
Pour tromper les troupeaux paisibles,
Prétend-il par ses cris horribles
Des pasteurs imiter la voix?   30
Les faibles troupeaux en gémirent;
Mais quand les pasteurs entendirent
Ces détestables hurlements,
On écrasa dans son repaire
Cet hypocrite sanguinaire,   35
Pour prix de ses déguisements.
Oh! qu'en sa fureur impuissante,

20   K: de sa frénésie
21   K: couvrir ces traits
22-24 K:
        Ton cœur n'en est que plus coupable,
        Et, dans la noirceur qui t'accable,
        Ton esprit moins ingénieux.
26   K: languissant, et plein
29   K: Prétendit par
33   K: Ses détestables

Une âme effrénée et tremblante
Donne de mépris et d'horreur;
Quand le style glacé par l'âge,   40
En vain ranimé par la rage,
Languit énervé de froideur.
Il faut que ma main vengeresse
Sur ce monstre un moment s'abaisse
A lancer ces utiles traits: 45
Il faut de la douce peinture
De la vertu brillante et pure,
Passer à de sombres portraits.

38   K: âme abattue et
48   K: d'horribles portraits.

APPENDIX B

A madame la m[arquise] Du C[hâtelet]

This poem, which Voltaire describes as 'un fort joli quatrain', forms part of a letter to Thiriot, dated Cirey, 9 February 1736 (D1006). Here he attributes it to Michel Linant. Preceded by the remark: 'Voici quatre vers que fit Linant ces jours passés sur le château', it reads:

> Un voyageur qui ne mentit jamais
> Passe à Cirey, s'arrête, le contemple.
> Surpris, il dit, c'est un palais,
> Mais voyant Emilie il dit que c'est un temple.

Linant repeats the poem in this form in his letter of *c*.10 February 1736 to Cideville (D1010), preceding it with the remark: 'Je fais de mon mieux pour plaire à Emilie, témoin ce nouveau quatrain qui n'a pas mal réussi.' But who wrote the poem? It is true that it appears in none of the editions published during Voltaire's lifetime; it does appear, however, with minor variants, in the *Mercure de France* of February 1739 (p.315) and in the *Nouveaux amusements du cœur et de l'esprit* (1742) (iii.94), in both of which it is again attributed to Linant.

While we have no proof of authorship, the poem as revised by Voltaire presents an interesting example of his artistic taste. For according to a note (on MS1), probably by Clogenson, Voltaire 'corrected' the above-cited lines to read:

> Un voyageur qui ne mentit jamais
> Passe à Cirey, l'admire, le contemple.
> Il croit d'abord que ce n'est qu'un palais,
> Mais il voit Emilie. Ah! dit il, c'est un temple!

This version of the poem Clogenson records at the end of MS1. It exhibits, especially in its last two lines, the ease and smoothness which characterise Voltaire's verse. In this form it appears in the *Mercure de France* of September 1768 (p.7), where in a footnote we read: 'Ces poésies sont attribuées à M. de Voltaire, et l'on ne peut guères l'y méconnaître.' [1] In this form, too, the nineteenth-century editors included the poem in Voltaire's works.

The text

First printed (without the prose) in the *Mercure de France* of February 1739 (p.315), the quatrain did not enter Voltaire's works until the Kehl edition, where it appears as part of his letter to Thiriot (D1006). There are three readings of the text: (1) MS1 (the 'corrected' version of the poem), the *Mercure de France* of 1768, and the *Elite de poésies fugitives* (1770), all of which give the 'corrected' version of the poem (see base text, below); (2) MS1 (the original version of the poem), MS2, and K, all of which give the original version; (3) the *Mercure de France* of 1739 and the *Nouveaux amusements du cœur et de l'esprit*, which show slight variants. The *Mercure de France* of 1768, which gives the 'corrected' version of the poem, has been taken as the base text.

Manuscripts

MS1: An original of D1006, dated 'à Cirey ce 9 février 1736', with the last paragraph and the corrections in Voltaire's hand. Here the quatrain appears twice: the original version forms part of the letter, while the 'corrected' version, probably in the hand of Clogenson, is given at the end. Bh Rés.2034, f.116-18.

MS2: A holograph of D1010, dated 'févr. 1736'. Bibliothèque de la ville: Archives de l'Académie de Rouen, Dossier Linant-Cideville, f.38-39.

---

[1] Desforges-Maillard replied to the quatrain in the *Mercure de France* of April 1739 (p.753): 'Toi, qui dis que Cirey fut un temple à tes yeux, / Tu pouvais sans mentir, Linant, en juger mieux; / Et tu dus, y voyant Apollon et Minerve, / Te croire, emporté par ta verve, / Sur le Parnasse ou dans les cieux.'

Editions

Le Mercure de France (MF), February 1739, p.315, and September 1768, p.7; *Nouveaux amusements du cœur et de l'esprit* (The Hague 1742), iii.94; *Elite de poésies fugitives* (London 1770), iv.251; K, lii.348-49.

A madame la m Du C

Un voyageur qui ne mentit jamais,
Passe à Cirey, l'admire, le contemple:
Il croit d'abord que ce n'est qu'un palais;
Mais il voit Emilie... Ah! dit-il, c'est un temple!

WORKS CITED

Ages, Arnold, 'Voltaire, Calmet and the Old Testament', *SVEC* 41 (1966), p.87-187.

Argenson, René-Louis de Voyer de Paulmy, marquis d', *Notices sur les œuvres de théâtre*, ed. H. Lagrave, *SVEC* 42-43 (1966).

Arnaud, Baculard d', *Préface d'une édition des Œuvres de M. de Voltaire, que des libraires de Rouen se proposaient de faire en 1750*, in Longchamp and Wagnière, *Mémoires sur Voltaire*, 2 vols (Paris 1826).

Ascoli, Georges, *Voltaire. Poèmes philosophiques* (Paris [1935]).

Aubailly, Jean-Claude, 'Variations dramatiques sur la parabole du fils prodigue à la fin du moyen âge', in *Et c'est la fin pour quoy sommes ensemble. Hommage à Jean Dufournet*, ed. J.-C. Aubailly *et al.*, 2 vols (Paris 1993), i.109-24.

Balcou, J., *Fréron contre les philosophes* (Geneva and Paris 1975).

Barber, W. H., 'Voltaire at Cirey: art and thought', in *Studies in eighteenth-century French literature presented to Robert Niklaus*, ed. J. H. Fox, M. H. Waddicor and D. A. Watts (Exeter 1975), p.1-13.

Barton, A., *The Names of comedy* (Oxford 1990).

Beck, Ervin, 'Terence improved: the paradigm of the prodigal son in English Renaissance comedy', *Renaissance drama* 6 (1973), p.107-22.

Belaval, Y., *et al.* (eds), *Le Siècle des Lumières et la Bible* (Paris 1986).

Bergson, Henri, 'Le Rire. Essai sur la signification du comique', in Bergson, *Œuvres*, ed. A. Robinet and H. Gouhier, 2nd ed. (Paris 1963), p.381-485.

Berkeley, George, *Alciphron: or the minute philosopher, in seven dialogues, containing an apology for the Christian religion, against those who are called free-thinkers* (Dublin and London 1732).

Bernard, Pierre-Joseph, *Œuvres complètes* (Paris 1775).

Bessire, François, *La Bible dans la correspondance de Voltaire*, *SVEC* 367 (1999).

Besterman, Theodore, 'A provisional bibliography of Scandinavian and Finnish editions and translations of Voltaire', *SVEC* 47 (1966), p.53-92.

– *Voltaire* (London 1969).

Bigg, Charles, *The Christian Platonists of Alexandria* (Oxford 1968).

Boileau-Despréaux, Nicolas, *L'Art poétique*, in *Œuvres* (Paris 1713).

Bonneval, Claude-Alexandre, comte de, *Mémoires*, nouvelle édition (Londres 1755).

Bossuet, Jacques-Bénigne, *Politique tirée de l'Ecriture sainte* (Paris 1714).

Bouhier, Jean, le président, *Correspondance littéraire du président Bouhier*, ed. Henri Duranton (Saint-Etienne 1988).

Boysse, Ernest, *Le Théâtre des jésuites* (Paris 1880).

Brenner, Clarence D., *A bibliographical*

list of plays in the French language
1700-1789 (Berkeley 1947).

Brown, Andrew, 'Calendar of Voltaire manuscripts other than correspondence', *SVEC* 77 (1970), p.11-101.

Brumfitt, John Henry, *Voltaire historian* (Oxford 1958).

Calmet, Augustin, *Commentaire littéral sur tous les livres de l'Ancien et du Nouveau Testament*, 23 vols (Paris 1707-1716).

– 26 vols (Paris 1709-1730).

Cardy, Michael, 'Le "nécessaire" et le "superflu": antithèse des Lumières', *SVEC* 205 (1982), p.183-90.

Carlson, M., *Voltaire and the theatre of the eighteenth century* (Westport, Conn. 1998).

Cayrou, G., *Dictionnaire du français classique, La Langue du XVIIe siècle* (Paris 2000).

Chesnais, Jacques, *Histoire générale des marionnettes* (Paris 1947).

Coffey, M., *Roman satire* (London 1976).

Collé, Charles, *Journal et mémoires*, ed. H. Bonhomme, 3 vols (Paris 1868).

Colonia, Dominique de, *Bibliothèque janséniste, ou catalogue alphabétique des principaux livres jansénistes ou suspectes de jansénisme* (n.p. 1722; 2nd edn 1731).

Conlon, P. M., *Voltaire's literary career from 1728 to 1750*, *SVEC* 14 (1961).

Contant d'Orville, G. V., *Lettre critique sur la comédie intitulée l'Enfant prodigue ou l'école de la jeunesse* (Paris 1737).

Corneille, Pierre, *Œuvres*, ed. Ch. Marty-Laveaux (Paris 1862).

Corvisier, André, *Louvois* (Paris 1983).

Cotoni, Marie-Hélène, *L'Exégèse du Nouveau Testament dans la philosophie française du XVIIIe siècle, SVEC* 220 (1984).

Cronk, Nicholas, 'The epicurean spirit: champagne and the defence of poetry in Voltaire's *Le Mondain*', *SVEC* 371 (1999), p.53-80.

Dawson, Robert L., *Baculard d'Arnaud: life and prose fiction, SVEC* 141 (1976).

Dédéyan, Charles, 'Une version inconnue du *Mondain*', *Rhl* 49 (1949), p.67-74.

Descartes, René, *Epistola Renati Descartes ad Gisbertum Voëtium* (Amsterdam 1643).

Deschanel, Emile, *Le Théâtre de Voltaire* (Paris 1888).

Desfontaines, Pierre-François Guyot, *Le Nouvelliste du Parnasse* (Paris 1731).

– *Observations sur les écrits modernes* (Paris 1735-1743).

Destouches, Philippe Néricault, *L'Irrésolu*, ed. John Dunkley (Paris 1995).

Diderot, Denis, *Œuvres complètes*, ed. H. Dieckmann *et al.* (Paris 1975-).

Didier, Béatrice, 'Représentations du sacré dans le livret d'opéra: *Samson*', *SVEC* 358 (1997), p.237-46.

Dubois, J., and R. Lagane, *Dictionnaire de la langue française classique* (Paris 1960).

Du Bos, Jean-Baptiste, *Histoire de la ligue, faite à Cambrai, entre Jules II, pape, Maximilien Ier, empereur, Louis XII, roi de France, Ferdinand V, roi d'Aragon, et tous les princes d'Italie, contre la république de Venise* (Paris 1709).

– *Réflexions critiques sur la poésie et sur la peinture*, 2 vols (Paris 1719).

Du Châtelet, Gabrielle-Emilie, *Discours*

sur le bonheur, ed. R. Mauzi (Paris 1961).

Dufresny, Charles, *Amusements sérieux et comiques*, ed. J. Dunkley (Exeter 1976).

Dunkley, John, 'Destouches and moralising comedy: the defining of a genre', in *Essays on French comic drama from the 1640s to the 1780s*, ed. D. Connon and G. Evans (Bern 2000), p.153-70.

Du Vernet, Théophile, *La Vie de Voltaire* (Geneva 1786).

Dybikowski, J., *On burning ground: an examination of the ideas, projects and life of David Williams*, SVEC 307 (1993).

Easton, Stewart C., *Roger Bacon and his search for a universal science* (New York 1952).

Ehrard, Jean, *L'Idée de nature en France dans la première moitié du XVIIIe siècle* (Chambéry 1963-1964).

Emelina, J., *Les Valets et les servantes dans le théâtre comique en France de 1610 à 1710* (Grenoble 1975).

Evans, Hywel Berwyn, 'A provisional bibliography of English editions and translations of Voltaire', *SVEC* 8 (1959), p.9-121.

Fénelon, François de Salignac de La Mothe, *Les Aventures de Télémaque* (1699; ed. A. Cahen, Paris 1927).

Fenger, H., 'Voltaire et le théâtre anglais', *Orbis litterarum* 7 (1949), p.161-287.

Flaubert, Gustave, *Le Théâtre de Voltaire*, ed. Theodore Besterman, *SVEC* 50-51 (1967).

Fontaine, Léon, *Le Théâtre et la philo-*

sophie au XVIIIe siècle (Versailles 1878).

Fontenelle, Bernard Le Bovier de, *Entretiens sur la pluralité des mondes* (Paris 1686).

Forrer, L., *Biographical dictionary of medallists*, 8 vols (London 1904-1930).

Fournel, Victor, *Curiosités théâtrales anciennes et modernes* (Paris 1859).

Frederick II, *Briefwechsel Friedrichs des Grossen mit Voltaire*, ed. R. Koser and H. Droysen (Leipzig 1908-1911).

Fromm, Hans Walter Herbert, *Bibliographie deutscher Übersetzungen aus dem Französischen, 1700-1948*, 6 vols (Baden-Baden 1950-1953).

Fussell, Paul, *Theory of prosody in eighteenth-century England* (New London, Conn. 1954).

Gaiffe, Félix, *Le Drame en France au XVIIIe siècle* (Paris 1910).

Gaillard, Gabriel-Henri, *Poétique française à l'usage des dames*, 2 vols (Paris 1749).

Garnier, Jean-Jacques, *Le Bâtard légitimé ou le triomphe du comique larmoyant* (Amsterdam 1757).

Gauchat, Gabriel, *Lettres critiques ou analyse et réfutation de divers écrits modernes contre la religion* (Paris 1755-1763).

Girdlestone, C., *La Tragédie en musique (1693-1750)* (Geneva 1972).

Gofflot, L. V., *Le Théâtre au collège du Moyen Age à nos jours* (Paris 1907).

Graffigny, Françoise d'Issembourg de, *Correspondance*, ed. J. A. Dainard et al. (Oxford 1985-).

Granet, François, *Réflexions sur les ouvrages de littérature* (Paris 1736-1740).

Green, Frederick Charles, *Minuet: a*

critical survey of French and English literary ideas in the XVIIIth century (London 1935).

Grimarest, Jean-Léonor de, Traité du récitatif (Paris 1708; Amsterdam 1740).

Grubbs, Henry A., Jean-Baptiste Rousseau: his life and works (Princeton, NJ 1941).

Gunny, Ahmad, Voltaire and English literature: a study of English literary influences on Voltaire, SVEC 177 (1979).

Guyon, Claude-Marie, L'Oracle des nouveaux philosophes. Pour servir de suite et d'éclaircissement aux Œuvres de M. de Voltaire (Berne 1759).

Hankiss, János, Philippe Néricault Destouches, l'homme et l'œuvre (Debreczen 1918).

Hardouin, Jean, Opera varia (Amsterdam and The Hague 1733).

Held, Julius S., The Oil sketches of Peter Paul Rubens: a critical catalogue (Princeton, NJ 1980).

Hoffmann-Liponska, A., 'Destouches et Voltaire: relations et correspondance', Cahiers de Varsovie 10 (1982), p.251-58.

– Philippe Néricault Destouches et la comédie moralisatrice (Poznan 1979).

Huet, Pierre-Daniel, Traité de la situation du paradis terrestre (Paris 1691).

Irailh, Auguste-Simon, Querelles littéraires, 4 vols (Paris 1761).

James, Edward, 'Voltaire and the Ethics of Spinoza', SVEC 228 (1984), p.67-87.

Jaucourt, Louis de, article 'Rire', Encyclopédie ou dictionnaire raisonné des sciences, des arts et des métiers, 28 vols (Paris, Neuchâtel 1751-1772), xiv.298-300.

Jeffrey, D. L., Dictionary of biblical tradition in English literature (Grand Rapids, Mich. 1992).

Joannidès, A., La Comédie-Française de 1680 à 1920. Tableau des représentations par auteurs et par pièces (Paris 1921).

Jourdain, Eleanor Frances, Dramatic theory and practice in France, 1690-1808 (London 1921).

Kennedy, E., et al., Theatre, opera and audiences in Revolutionary Paris: analysis and repertory (Westport, Conn. 1996).

Knutson, H. C., 'Comedy as a "school": the beginnings of a title form', Australian journal of French studies 20 (1983), p.3-14.

Krieger, B., Friedrich der Grosse und seine Bücher (Leipzig 1914).

Krummrich, D. B., 'The theater of ideas: the treatment of the moral and social collective themes in French philosophical comedy and drama in the first half of the eighteenth century', doctoral dissertation, Fordham University 1976.

Labrousse, Elisabeth, 'Une foi, une loi, un roi'. La révocation de l'édit de Nantes (Paris and Geneva 1985).

La Chaussée, Nivelle de, L'Ecole des mères, ed. I. Bernard (Geneva 1982).

– Mélanide, ed. W. D. Howarth (Brighton 1973).

La Fare, Charles Auguste, marquis de, Poésies de monsieur le marquis de La Fare (London 1781).

– *The Unpublished poems of the marquis de La Fare*, ed. Gustave L. van Roosbroeck (Paris 1924).

La Fizelière, Albert de, *Variétés littéraires. Voltaire était-il complètement étranger à la publication des Mélanges publiés sous son nom?* (Paris n.d.).

Lagrave, Henri, *Le Théâtre et le public à Paris de 1715 à 1750* (Paris 1972).

La Harpe, Jean-François, *Commentaire sur le théâtre de Voltaire* (Paris 1814).

Lancaster, Henry Carrington, 'The Comédie-Française 1701-1774: plays, actors, spectators, finances', *Transactions of the American philosophical society* 41 (1951), p.593-849.

Lanson, Gustave, *Nivelle de La Chaussée et la comédie larmoyante*, 2nd ed. (Paris 1903).

La Porte, Joseph de, and Sébastien-Roch-Nicolas Chamfort, *Dictionnaire dramatique*, 3 vols (Paris 1776).

La Porte, Joseph de, and Jean-Marie-Bernard Clément, *Anecdotes dramatiques*, 3 vols (Paris 1775).

Larkin, Stephen, *Correspondance entre Prosper Marchand et le marquis d'Argens*, *SVEC* 222 (1984).

Lenient, Charles Félix, *La Comédie en France au XVIIIe siècle*, 2 vols (Paris 1888).

Lerber, Walther de, *L'Influence de Marot aux XVIIe et XVIIIe siècles* (Lausanne 1920).

Longchamp, Sébastien G., and Jean-Louis Wagnière, *Mémoires sur Voltaire*, 2 vols (Paris 1826).

Lopez, D., 'Quelques repères sur l'usage mondain de l'épître en vers (1630-1650)', in *Littératures classiques* 85 (1993).

Luynes, Albert-Charles-Philippe, duc de, *Mémoires sur la cour de Louis XV*

(1735-1758), ed. L. Dussieux and E. Soulié, 17 vols (Paris 1860-1865).

Lyonnet, Henry, *Dictionnaire des comédiens français. Biographie, bibliographie, iconographie*, 2 vols (Paris 1910-1912).

Manne, Edmond Denis de, *Galerie historique des portraits des comédiens français de la troupe de Voltaire* (Lyon 1877).

Marion, Marcel, *Dictionnaire des institutions de la France aux XVIIe et XVIIIe siècles* (Paris 1923).

Marivaux, Pierre Carlet de Chamblain de, *Le Jeu de l'amour et du hasard* (Paris 1730).

– *La Vie de Marianne* (1734; ed. F. Deloffre, Paris 1957).

Marmier, Jean, *Horace en France au XVIIe siècle* (Paris 1962).

Mason, Haydn T., *French writers and their society, 1715-1800* (London 1982).

– *Pierre Bayle and Voltaire* (Oxford 1963).

– 'La tolérance chez Locke, Bayle et Voltaire: fausses influences?', in *Etudes sur le 'Traité sur la tolérance' de Voltaire*, ed. N. Cronk (Oxford 2000), p.7-11.

– 'Voltaire and luxury', *Studi filosofici* 2 (1981), p.183-201.

– 'Voltaire's poems on luxury', in *Essays presented to John Lough*, ed. D. J. Mossop *et al.* (Durham 1978), p.108-22.

Maza, S. C., *Servants and masters in eighteenth-century France: the uses of loyalty* (Princeton, NJ 1983).

Mazouer, C., 'Les *Ecoles* au théâtre jusqu'à Marivaux', *Revue Marivaux* 3 (1992), p.5-19.

– 'Le Gascon dans le théâtre comique sous Louis XIV', *Cahiers de l'université de Pau et des pays de l'Adour* 21 (1984), p.85-108.

McCabe, W. H., *An introduction to the Jesuit theater* (St Louis, Missouri 1983).

Melon, Jean-François, *Essai politique sur le commerce* (n.p. 1734).

Menant, Sylvain, *La Chute d'Icare. La crise de la poésie française (1700-1750)* (Geneva 1981).

– *L'Esthétique de Voltaire* (Paris 1995).

Mervaud, Christiane, 'Julien l'Apostat dans la Correspondance de Voltaire et Frédéric II', *Rhl*, 1976, p.724-43.

– *Voltaire et Frédéric II. Une dramaturgie des Lumières 1736-1778*, *SVEC* 234 (1985).

– 'Voltaire et la pratique testamentaire de l'épître: "A Horace"', in *L'Eveil des Muses. Poétique des Lumières et au-delà. Mélanges offerts à E. Guitton*, rassemblés par C. Seth et présentés par M. Bertaud et F. Moureau (Rennes 2002), p.49-60.

Molière, *Œuvres complètes*, ed. G. Couton, 2 vols (Paris 1971).

Monod-Cassidy, Hélène, *Un voyageur-philosophe au XVIIIᵉ siècle. L'abbé Jean-Bernard Le Blanc* (Cambridge, Mass. 1941).

Morier, H., *Dictionnaire de poétique et de rhétorique*, 3rd ed. (Paris 1981).

Morize, André, *L'Apologie du luxe au XVIIIᵉ siècle et 'Le Mondain' de Voltaire* (Paris 1909; rep. 1970).

Morris, Thelma, *L'Abbé Desfontaines et son rôle dans la littérature de son temps*, *SVEC* 19 (1961).

Moulinas, R., *L'Imprimerie, la librairie et la presse à Avignon au XVIIIᵉ siècle* (Grenoble 1974).

Moureaux, José-Michel, 'Dans le droit fil de *La Henriade*. Charles XII ou Pierre le Grand?', *Revue Voltaire* 2 (2002).

Nablow, Ralph A., *A study of Voltaire's lighter verse*, *SVEC* 126 (1974).

– 'Voltaire, La Monnoye, and an epigram on St Pachomius', *Romance notes* 41 (2000), p.105-11.

Naves, Raymond, *Le Goût de Voltaire* (Paris 1938).

Niderst, Alain, 'Aux origines de la comédie larmoyante', in *Métamorphoses de la création dramatique et lyrique à l'épreuve de la scène*, ed. I. Mamczarz (Florence 1998), p.115-24.

Nies, F., 'L'épître en vers dans son contexte social et générique', in *Littératures classiques* 18 (1993).

Olivier-Martin, François, *Histoire du droit français des origines à la Révolution* (Paris 1951).

Piron, Alexis, *Œuvres inédites*, ed. H. Bonhomme (Paris 1859).

Pitou, Spire, 'The Players' return to Versailles, 1723-1757', *SVEC* 73 (1970), p.7-145.

Pomeau, René, *La Religion de Voltaire*, new ed. (Paris 1969).

Poubeau de Bellechaume, Auguste, *Lettre critique, ou parallèle des trois poëmes épiques anciens* [...], *avec La Ligue, ou Henri le Grand, poème épique, par M. de Voltaire* (Paris 1724).

– *Réponse à l'Apologie du nouvel Œdipe* (Paris 1719).

Puglisi, Catherine R., *Francesco Albani* (New Haven, Conn. and London 1999).

Quérard, Joseph Marie, *La France litté-*

raire, ou dictionnaire bibliographique des savants, historiens et gens de lettres de la France, ainsi que des littérateurs étrangers qui ont écrit en français, plus particulièrement pendant les XVIIIe et XIXe siècles, 12 vols (Paris 1827-1859).

Quéro, Dominique, *Momus philosophe: recherches sur une figure littéraire du XVIIIe siècle* (Paris 1995).

Ramazzini, Bernardo, *De morbis artificum diatriba* (Modena 1701).

Réau, Louis, *Iconographie de l'art chrétien*, 3 vols (Paris 1955-1959).

Ridgway, Ronald S., *Voltaire and sensibility* (Montreal 1973).

– 'Voltaire's operas', *SVEC* 189 (1980), p.119-51.

Ronsard, Pierre de, *Œuvres complètes*, xi, ed. P. Laumonier (Paris 1990).

Rougemont, Martine de, 'Bible et théâtre', in *Le Siècle des Lumières et la Bible*, ed. Y. Belaval *et al.* (Paris 1986), p.269-87.

– *La Vie théâtrale en France au XVIIIe siècle* (Paris 1988).

Rousseau, André-Michel, *L'Angleterre et Voltaire (1718-1789)*, *SVEC* 145 (1976).

Rousseau, Jean-Baptiste, *Correspondance de Jean-Baptiste Rousseau et de Brossette* (Paris 1911).

– *Epîtres nouvelles* (Amsterdam 1736).

– *Œuvres*, 5 vols (Paris 1820).

– *Œuvres diverses* (Amsterdam 1734).

Sandhu, M., 'Le théâtre de Voltaire: tragédie ou drame?', *Dalhousie French studies* 38 (1997), p.77-84.

Scanlan, Timothy M., 'The return of the prodigal sons', *Studi di letteratura francese* 5 (1979), p.191-99.

Sgard, Jean, 'Le premier *Samson* de Voltaire', in *L'Opéra au XVIIIe siècle* (Aix-en-Provence 1982), p.513-25.

Spica, J., 'Le Fils substitué ou les *Ménechmes* de Voltaire', in *Le Siècle de Voltaire. Hommage à René Pomeau*, ed. C. Mervaud and S. Menant, 2 vols (Oxford 1987), ii.867-80.

Steinberger, D., 'Spectacles of intimacy: a new look at the *comédie larmoyante*', *L'Esprit créateur* 39/3 (1999), p.64-75.

Sutton, John L., *The King's honor and the king's cardinal: the War of the Polish Succession* (Lexington, Kentucky 1980).

Tallemant des Réaux, Gédéon, *Historiettes* (1834) (Paris 1960-1961).

Thou, Jacques-Auguste de, *Historia sui temporis* (Geneva 1620-1626); trans. Prévost, Desfontaines *et al.* as *Histoire universelle, depuis 1543 jusqu'en 1607* (Londres [Paris] 1734).

Tippens, Darryl, 'Shakespeare and the prodigal son tradition', *Explorations in Renaissance culture* 14 (1988), p.57-77.

Tissier, André, *M. de Crac, gentilhomme gascon. Etude de la formation littéraire et des transformations d'un 'type populaire'* (Paris 1959).

Torrey, Norman L., *Voltaire and the English deists* (New Haven, Conn. 1930).

Trapnell, William, 'Survey and analysis of Voltaire's collective editions 1728-1789', *SVEC* 77 (1970), p.103-99.

Treat, Ida, *Un cosmopolite italien du XVIIIe siècle. Francesco Algarotti* (Trévoux 1913).

Turner, Alison M., 'The motif of the prodigal son in French and German literature to 1910', doctoral dissertation, University of North Carolina at Chapel Hill, 1966.

Vaillot, René, *Avec madame Du Châtelet, Voltaire en son temps*, ed. R. Pomeau, 2nd ed. (Oxford 1995).

Vercruysse, Jeroom, 'Bibliographie provisoire des traductions néerlandaises et flamandes de Voltaire', *SVEC* 116 (1973), p.19-64.

– *Les Editions encadrées des Œuvres de Voltaire de 1775*, *SVEC* 168 (1977).

– *Voltaire et la Hollande*, *SVEC* 46 (1966).

Vernière, Paul, *Spinoza et la pensée française avant la Révolution*, 2nd ed. (Paris 1982).

Voisenon, Claude-Henri de Fusée de, *Anecdotes littéraires* (Paris 1880).

Voltaire, *Alzire*, ed. T. E. D. Braun, *OC*, vol.14 (1989)

– *Candide*, ed. R. Pomeau, *OC*, vol.48 (1980).

– *Carnets / Notebooks*, ed. Th. Besterman, *OC*, vol.81-82 (1968).

– *Dictionnaire philosophique*, ed. Christiane Mervaud *et al.*, *OC*, vol.35-36 (1994).

– *Discours de l'empereur Julien contre les chrétiens*, ed. José-Michel Moureaux, *SVEC* 322 (1994).

– *Discours en vers sur l'homme*, ed. Haydn T. Mason, *OC*, vol.17 (1991).

– *Eléments de la philosophie de Newton*, ed. R. L. Walters and W. H. Barber, *OC*, vol.15 (1992).

– *Epître à Uranie*, ed. H. Mason, *OC*, vol.1B (2002).

– *Epîtres, satires, contes, odes, et pièces fugitives du poète philosophe* (London 1771).

– *Essai sur les mœurs*, ed. R. Pomeau (Paris 1963).

– *L'Examen important de milord Bolingbroke*, ed. R. Mortier, *OC*, vol.62 (1987).

– *La Guerre civile de Genève*, ed. J. Renwick, *OC*, vol.63A (1990).

– *La Henriade*, ed. O. R. Taylor, *OC*, vol.2 (1970).

– *Homélies prononcées à Londres*, ed. J. Marchand, *OC*, vol.62 (1987).

– *La Mort de César*, ed. Dennis Fletcher, *OC*, vol.8 (1988).

– *Œuvres alphabétiques* I, ed. Jeroom Vercruysse *et al.*, *OC*, vol.33 (1987).

– *Œuvres historiques*, ed. R. Pomeau (Paris 1957).

– *La Philosophie de l'histoire*, ed. J. H. Brumfitt, *OC*, vol.59 (1969).

– *La Pucelle*, ed. J. Vercruysse, *OC*, vol.7 (1970).

– *Romans et contes*, ed. F. Deloffre and J. van den Heuvel (Paris 1979).

– *Romans et contes en vers et en prose*, ed. E. Guitton (Paris 1994).

– *Les Souhaits*, ed. N. Masson, *OC*, vol.1B (2002).

– *Le Temple du goût*, ed. Samuel S. B. Taylor, *OC*, vol.9 (1999).

– *Traité sur la tolérance*, ed. John Renwick, *OC*, vol.56C (2000).

– *Zaïre*, ed. Eva Jacobs, *OC*, vol.8 (1988).

Wade, Ira O., *The Intellectual development of Voltaire* (Princeton 1969).

– *Studies on Voltaire* (Princeton 1947).

Watts, G. B., 'François Gacon and his enemies', *Philological Quarterly* 3 (1924), p.58-68.

Willens, Lilian, *Voltaire's comic theatre:*

composition, conflict and critics, *SVEC* 136 (1975).

Williams, David, *Voltaire: literary critic*, *SVEC* 48 (1966).

Yashinsky, Jack, 'Voltaire's *Enfant prodigue*', *SVEC* 163 (1976), p.31-51.

Young, Alan R., *The English prodigal son plays* (Salzburg 1979).

INDEX OF VERSE INCIPITS

GENERAL INDEX